权威・前沿・原创

皮书系列为

“十二五”“十三五”“十四五”时期国家重点出版物出版专项规划项目

YELLOW BOOK

智库成果出版与传播平台

阿拉伯黄皮书
YELLOW BOOK OF ARAB

阿拉伯发展报告（2021）

ANNUAL REPORT ON DEVELOPMENT OF ARAB (2021)

教育部国别和区域研究培育基地
北京语言大学阿拉伯研究中心
主　编 / 罗　林
副主编 / 田文林　涂龙德

社会科学文献出版社
SOCIAL SCIENCES ACADEMIC PRESS (CHINA)

图书在版编目（CIP）数据

阿拉伯发展报告.2021/罗林主编.--北京：社会科学文献出版社，2022.7
（阿拉伯黄皮书）
ISBN 978-7-5228-0054-7

Ⅰ.①阿… Ⅱ.①罗… Ⅲ.①区域经济发展-研究报告-阿拉伯国家-2021②社会发展-研究报告-阿拉伯国家-2021 Ⅳ.①F137.14

中国版本图书馆 CIP 数据核字（2022）第085991号

阿拉伯黄皮书
阿拉伯发展报告（2021）

主　　编／罗　林
副 主 编／田文林　涂龙德

出 版 人／王利民
责任编辑／李明伟
责任印制／王京美

出　　版／社会科学文献出版社·国别区域分社（010）59367078
地址：北京市北三环中路甲29号院华龙大厦　邮编：100029
网址：www.ssap.com.cn
发　　行／社会科学文献出版社（010）59367028
印　　装／三河市东方印刷有限公司

规　　格／开 本：787mm×1092mm　1/16
印 张：28.75　字 数：432千字
版　　次／2022年7月第1版　2022年7月第1次印刷
书　　号／ISBN 978-7-5228-0054-7
定　　价／189.00元

读者服务电话：4008918866

《阿拉伯发展报告（2021）》
编　委　会

主要编撰者简介

罗林 阿拉伯语语言文学博士，先后毕业于北京大学、北京外国语大学。现任教育部高等学校外国语言文学类专业教学指导委员会副主任委员、阿拉伯语专业教学指导分委员会主任委员、高校国别和区域研究工作秘书处主任、教育部国别和区域研究培育基地北京语言大学阿拉伯研究中心主任，中国外国文学学会阿拉伯文学研究分会副会长，北京语言大学术委员会副主任委员，中东学院院长、国别和区域研究院院长，教授、博士生导师，博士后合作导师，主要研究领域为阿拉伯伊斯兰文化和中东问题等。中国中东学会常务理事，中国亚非学会理事，中国阿拉伯友好协会理事、中信改革发展研究基金会咨询委员、中信改革发展研究院资深研究员、察哈尔学会高级研究员。国家社会科学基金重大项目“阿拉伯史学经典《历史大全》的汉译与研究（项目编号：19ZDA238）”首席专家，北京市高精尖学科国别区域学负责人，主持教育部国别和区域研究重大课题“一带一路”沿线国家研究系列智库报告、教育部“中非高校20+20合作计划——北京语言大学与埃及苏伊士运河大学合作项目”。2006年荣获“北京市优秀教师”称号，2014年8月获“第十届北京市高校教学名师奖”，2016年享受国务院政府特殊津贴。

田文林 法学博士，中国人民大学国际关系学院教授，中国人民大学“杰出学者”，兼任中东学会常务理事，中信改革发展研究基金会资深研究员、中国世界政治研究会特邀研究员、北京语言大学中东学院客座教授、西北大学叙利亚研究中心特邀研究员等职，主要研究中东政治、民族宗教和国际战略问题，曾在《世界经济与政治》《现代国际关系》《当代世界与社会主义》《马克思主义研究》《国际问题研究》《世界民族》《西亚非洲》《阿拉伯世界研究》《求是》等核心期刊发表学术论文上百篇，著有《困顿与突围：变化世界中的中东政治》《走出依附性陷阱：第三世界的发展困境与道路选择》等，主持参与多项国家社科课题，担任多家媒体特约评论员，在《人民日报》《光明日报》《环球时报》《世界知识》《瞭望》等时政媒体上发表评论数百篇。

涂龙德　北京语言大学中东学院教授，阿拉伯语译审。1991 年毕业于上海外国语大学阿拉伯语系，同年进入中国国际广播电台（现中央广播电视总台）阿拉伯语部工作，曾任中国国际广播电台中东问题首席专家，2011 年被确定为全国宣传文化系统“四个一批”人才，享受国务院政府特殊津贴。2018 年调入北京语言大学中东学院任教。长期从事与中东地区相关的新闻工作和学术研究，著有《伊斯兰激进组织》（合著），发表相关学术论文若干篇。

摘 要

2021年正好是“阿拉伯之春”十周年。本年度黄皮书的核心主题就是对“阿拉伯之春”进行系统的回顾与反思。“阿拉伯之春”是阿拉伯国家各种弊病长期累积的结果，也是中东国家探索复兴之路的新尝试。然而，“阿拉伯之春”十年来，阿拉伯世界非但未能走出逆境，反而陷入更加深重的灾难。从国内局势看，阿拉伯国家始终未找到适合自己的发展道路，阿拉伯国家的极度迷茫与经济困境形成恶性循环。从地区格局看，阿拉伯国家地区影响力明显下降，非阿拉伯国家首次成为地缘博弈主角；地区主义矛盾从阿以矛盾转向伊朗问题；地区认同危机空前加剧；外部干涉门槛空前降低。尤其在2020年新冠肺炎疫情蔓延的冲击下，中东经济更加困难，并可能酝酿着新一轮的政治动荡。阿拉伯世界之所以深陷困境，除了外部干涉因素外，主要原因就是阿拉伯国家“看到了病症，开错了药方”。当初这些国家矛盾激化的主要症结是当权者出台了违背民众利益的政策，但“阿拉伯之春”后各国却误将集权政体当成问题症结，并将“民主转型”作为纾解困境的方法，最终因无效民主造成无效治理。未来，阿拉伯国家要想摆脱困境需要克服多重挑战。

《阿拉伯发展报告（2021）》主要分为六个部分。第一部分是总报告，主要探讨“阿拉伯之春”十年来阿拉伯国家的政治经济处境、地区博弈态势、美国中东政策等主要问题。第二部分是国别报告，主要对埃及、利比亚、突尼斯、阿尔及利亚、沙特、叙利亚、伊拉克等国年度形势进行了评估。第三部分是专题报告，主要围绕低油价下的阿拉伯油气市场、巴以问题、伊朗在阿拉伯世界影响扩大态势、海湾地区的非伊朗系什叶派力量发展变化等问题进行深入分析。第四部分是中东与世界，主要探讨美国、欧盟、俄罗斯在中东问题上的博弈态势。第五部分是中阿关系，主要介绍中东经济形势和中阿经贸新格局发展态势。第六部分是附录，主要介绍中东地区智库发展态势和阿拉伯国家大事记。

关键词：“阿拉伯之春” 大变局 新冠肺炎疫情 阿拉伯国家 地区博弈

目 录

Ⅰ 总报告

Ⅱ 国别报告

Ⅲ 专题报告

Ⅳ 中东与世界

Ⅴ 中阿关系

Ⅵ 附录

皮书数据库阅读**使用指南**

总 报 告

General Report

Y.1

“阿拉伯之春”十年后的中东局势

田文林*

摘　要：本报告旨在全面总结“阿拉伯之春”十年来的中东局势。从阿拉伯世界自身看，这场剧变导致阿拉伯国家的制度迷茫与经济困境形成恶性循环；阿拉伯世界地区影响力明显下降；新冠肺炎疫情冲击下，中东经济困境加剧，并酝酿着新一轮政治动荡。从地区格局看，非阿拉伯国家首次成为地缘博弈主角；地区主义矛盾从阿以矛盾转向伊朗问题；地区认同危机空前加剧；外部干涉门槛空前降低。阿拉伯世界之所以深陷困境，主要原因是“开错了药方”，民众误将集权政体本身当成革命对象。阿拉伯国家要想摆脱困境需要克服多重挑战。

关键词：“阿拉伯之春”　中东　大变局　地区主义

---

* 田文林，中国人民大学国际关系学院教授，主要从事中东政治和国际战略问题研究。

从2011年（准确地说是2010年底）算起，2021年正好是“阿拉伯之春”十周年。这场被称为“阿拉伯之春”的运动，使中东格局出现了翻天覆地的变化。遗憾的是，十年过去了，阿拉伯世界总体处境并未好转，反而在困境与动荡中越陷越深，并对中东局势产生了深远的影响。

一 “阿拉伯之春”十年盘点：阿拉伯世界结构性困境加剧

“阿拉伯之春”原本是阿拉伯世界遭遇发展困境的结果，也是另寻突围路径的开端，但十来年的大量事实表明，阿拉伯国家并未找到解决自身困境的办法，反而使结构性矛盾进一步加深，阿拉伯国家元气大伤。

（一）制度迷茫与经济困境形成恶性循环

近百年来，阿拉伯国家为实现国富民强，尝试过多种道路和制度。政治道路包括阿拉伯社会主义、国家资本主义、自由资本主义、政治伊斯兰主义等；政体制度包括传统君主制、议会民主制、威权-强人政体等。然而，这些道路和制度未能真正解决阿拉伯国家面临的挑战与困境。2011年“阿拉伯之春”既是阿拉伯国家道路迷茫和制度迷茫的结果，又反过来加剧了这一困境。“阿拉伯之春”发生后，转型国家尝试通过“民主转型”，用分权制衡的办法解决自身困境，结果事与愿违，出现政局动荡、权力内耗、治安恶化、教派和民族矛盾加剧等一系列弊端，最后连稳定也成了问题。部分国家甚至面临“回不到过去，看不到未来”的尴尬处境。

在阿拉伯世界，“民主政治”日趋成为各国避之唯恐不及的政治瘟疫。突尼斯政治转型看似最为成功，实则同样饱受诟病。有学者指出，这个国家的实验创造了一种没有任何社会价值的形式民主，它就像失去光泽被孩子们随意丢弃的旧玩具。在“茉莉花革命”十周年之际，突尼斯革命建立的民主制度已经完全从民众生活中消失。现实与他们的梦想相反，各领域情况都在恶化而不是改善。国际金融机构发布的统计数据证实，突尼斯经济正处于一场没有明确出路的复杂危机中。[①] 在这种情况下，中东国家民众对民主化道路普遍质疑。2018 年 8 ~ 9 月，佐格比调查机构对 10 个中东国家开展的一项民调显示，多数受访者对现状深感焦虑和挫败。当初阿拉伯民众渴望政治自由，但现在"民主"在优先次序中排名垫底。[②]

经济基础决定上层建筑，但上层建筑反过来影响经济基础。发展滞后原本就是导致爆发"阿拉伯之春"的最主要原因。据"阿拉伯战略论坛"和"阿拉伯新闻"2019 年 12 月的一项民调数据，经济问题是当前呼唤变革的主要催化剂：61% 的受访者希望政府将经济列为优先事项，42% 的受访者"最关心"失业问题，57% 受访者认为腐败是"最大问题"。2020 年 10 月的一项民调发现，86% 的利比亚年轻人、56% 的也门和突尼斯年轻人不排除在他们的国家进行抗议以推动变革的可能性。[③] 然而，中东政治转型不畅反过来加剧了中东国家的发展困境。无论产油国还是非产油国，都没有找到经济发展路径的突破口。

通常来说，发展中国家实现工业化主要有两条路径：一个是奉行进口替代战略，通过产业保护来培育本土产业，待到产业发展壮大再参与国际竞争；另一个办法是出口导向战略，通过对外贸易获取"第一桶金"，然后利用举国之力逐步从低端产业向高端产业迈进。说到底，这两种发展战略是殊途同归，都是在坚持主体性的前提下，通过较强的竞争优势，实现经济赶超。中东经济落后最大的根源就是工业化水平低。历史上中东工业化进程几起几落，但最终日渐回到原点，成为凭借旅游、资源、侨汇等过活的"地租国家"。中东国家工业化进程屡屡受挫，一个重要原因就是发展战略不断从一个极端跳向另一个极端。20 世纪五六十年代，埃及、阿尔及利亚、叙

---

① Mokhtar Dabbabi, "Formal Democracy cannot Save Tunisia or Its Failed Political Class," *The Arab Weekly*, September 20, 2020.

② Mark Habeeb, "Poll Rellects Anxiety, Frustration in the Arab World," *The Arab Weekly*, October 9, 2020.

③ "For Arab Youth, the Future is in the Gulf," Al-Monitor, October 9, 2020.

利亚、利比亚等国采用的是进口替代战略，这也是矢志使本国变成工业化国家的战略。但一个国家实现工业化需要漫长的时间积累，民族产业从“幼稚”到“成熟”至少需要几十年时间。但埃及等阿拉伯国家自 20 世纪 70 年代就调整发展战略，从“进口替代战略”转向“出口导向战略”。这其实是让本国相对弱小的民族产业过早地进入国际市场、参与国际竞争，由此导致中东国家出现“去工业化”现象。

2011 年“阿拉伯之春”爆发后，以埃及为代表的中东国家虽然认识到“再工业化”的重要性，但始终未能改变导致“去工业化”的新自由主义经济路线。这场剧变后，政局动荡带来的资本外流和外汇减少，使这些中东转型国家不得不继续向世界银行和国际货币基金组织贷款，并被迫接受这些国际经济组织的贷款条件（去管制化、减少福利开支等），由此使这些国家的经济政策“换汤不换药”，与过去几十年的政策并无本质区别。埃及等国甚至通过加大私有化力度来获取发展资金。这种旧的经济路线不可能帮助中东国家实现工业化。

长远看，阿拉伯国家谋发展的国际经济环境也很糟糕。中东国家经济高度依赖国际环境，国际经济发展状况直接影响中东国家经济复苏的步伐。问题在于，新冠肺炎疫情的蔓延导致国际经济环境整体持续恶化，全球将陷入二战以来前所未有的衰退。中东经济发展高度依赖外部环境，而当前世界经济形势普遍萧条，极大制约了中东国家提升经济发展规模和速度的进程。

（二）阿拉伯世界地区影响力明显下降

自现代中东诞生以来，阿拉伯国家就是中东政治舞台上的绝对主角，阿拉伯世界几乎就是“中东”的同义词。然而，2011 年席卷阿拉伯世界的“阿拉伯之春”彻底改变了地区权力格局。这场剧变是阿拉伯世界诸多结构性问题长期积累的结果，同时催生出更多新问题，由此导致阿拉伯世界元气大伤。

首先，阿拉伯世界“领头羊”的引领作用下降。二战结束以来，埃及一直处于阿拉伯世界“领头羊”的地位，其一举一动对其他阿拉伯国家乃至整个中东具有巨大的引领和示范作用。然而，萨达特时期埃及与以色列单独媾和，导致埃及遭到阿拉伯世界集体孤立和抵制，其地区影响力大打折扣。2011 年埃及政坛剧变后，埃及深受经济和安全两大问题困扰，无暇他顾，在地区事务中的话语权和影响力空前减弱。

相比之下，以沙特为首的海湾国家凭借“福利换稳定”模式，成功躲过 2011 年“政权更替潮”，成为阿拉伯世界新的“领头羊”。然而，沙特无论生产方式、意识形态还是对外政策，都不足以成为阿拉伯世界的新楷模。从生产方式看，沙特经济发展高度依赖石油出口，处在全球产业链下游，不可能成为其他阿拉伯国家发展经济的效仿对象。事实上，沙特也通过“2030 愿景”谋求经济多元化，谋求摆脱过分依赖石油出口的局面。从意识形态看，沙特长期奉行以传统保守著称的瓦哈比教义，尽管近年来沙特倡导“去极端化”，但传统宗教仍是沙特社会意识形态的根基，这也是其他阿拉伯世俗国家很难效仿的。从外交政策看，沙特以支持恐怖主义为由与卡塔尔断交，加剧了阿拉伯世界内部的分裂和动荡，使阿拉伯国家经济发展的外部环境更趋恶劣；沙特带头干涉也门冲突，不仅使自身国力消耗严重，还直接面临胡塞武装的袭击，此外还使也门陷入人道主义灾难，这场冲突如何收场仍是未知数；沙特积极与伊朗进行全面对抗，此举不仅使海湾安全局势日趋紧张，还导致中东地区逊尼派与什叶派之间的教派矛盾空前激化。

其次，阿拉伯世界内部分裂加剧。自二战以来，阿拉伯世界始终未能实现团结联合，对外“用一个声音说话”。相反，在一系列重大历史事件中，阿拉伯国家相互内耗，政治碎片化趋势持续加剧。一是 1977 年埃及单方面与以色列媾和，由此导致埃及被整个阿拉伯世界孤立，阿盟总部还一度从开罗迁至突尼斯。二是 1990 年伊拉克入侵科威特，导致阿拉伯世界再次陷入分裂，多数国家反对伊拉克的武力吞并，唯有约旦、巴勒斯坦等少数国家站在伊拉克一边。三是 2011 年“阿拉伯之春”，不仅折射出阿拉伯世界国家治理的深刻危机，还导致阿拉伯世界的深度分裂。

四是2014年沙特领导的联军干涉也门冲突，这次冲突不仅使也门陷入最严重的人道主义危机，也使沙特这一阿拉伯世界新的“领头羊”深陷冲突泥潭。五是2017年沙特与卡塔尔断交，导致以团结著称的海合会公开分裂。

历史反复证明，对地缘版图已经碎片化的阿拉伯世界来说，团结才是力量，而分裂势必引发灾难。当前阿拉伯世界内部分裂持续加剧，给阿拉伯世界带来难以估量的灾祸和动荡。最主要的，内部分裂和自相残杀导致阿拉伯世界“溃疡面”越来越大。伊拉克、叙利亚、利比亚等昔日阿拉伯强国，均因阿拉伯世界内耗从稳定的绿洲变成动荡的旋涡，从地区棋手变成地缘棋子，从解决问题的一部分变成了问题的一部分。此外，阿拉伯世界内部分裂客观上为外部干涉提供便利，有些国家为了一己私利甚至“开门揖盗”，由此使阿拉伯世界更难摆脱霸权主义的威胁。

（三）新冠肺炎疫情加剧中东经济困境，经济危机酝酿着新一轮政局动荡的风险

2020年新冠肺炎疫情蔓延对原本风雨飘摇的中东经济冲击巨大。疫情期间，中东各国不同程度出现断路封城、停工歇业、关闭边界，导致经济停摆，中东服务型经济（侨汇、旅游、金融等）遭遇空前挑战，尤其中东的旅游业深受冲击。埃及、突尼斯、摩洛哥、黎巴嫩等国家的休闲旅游，以及沙特、伊朗、伊拉克的宗教旅游，均受到很大影响。在埃及，旅游业为超过100万个埃及家庭提供就业机会，行业停滞造成大量家庭失去经济来源。在突尼斯，新冠肺炎疫情导致其2020年前4个月出口比去年同期下降20.6%，进口下降46.8%。旅游业损失40亿第纳尔（约14亿美元），丧失40万个就业机会。2020年4~6月GDP下降46.4%。[①] 2020年前5个月，突尼斯旅游收入比去年同期下降50%。许多酒店面临永久关闭的危险。失业率从2020年初的15%上升到21.1%。突尼斯经济可能萎缩4.4%，并可能达到

① “Tunisian Dinar Holds Steady Amid Crisis,” *The Arab Weekly*, May 27, 2020.

6% ~7%。[①]

沙特近年来大力发展旅游业。“2030 愿景”明确将发展宗教旅游业作为提振经济的重要举措，原计划每年吸引 120 万（非宗教）游客和 3000 万朝圣者。2019 年约 260 万朝圣者参加朝觐，宗教旅游获得 120 亿美元的收入。2020 年新冠肺炎疫情导致所有朝圣活动都被暂停。[②] 沙特已经在麦加新建 7000 家酒店，9000 多栋房子，但新冠肺炎疫情导致沙特推迟签证签发并最终暂停朝觐，由此导致沙特旅游业遭受重创。2016 年沙特旅游收入为 760 亿美元，但 2020 年旅游收入（主要是国内旅游）只有 480 亿美元。[③] 在伊朗，根据伊朗旅游部数据，2020 年 3 ~6 月，仅有 74 名外国游客赴伊朗旅游，而上一年同期的数据是 230 万人。普华永道（PwC）2020 年 4 月估计，因疫情影响，海合会国家的旅游业失去了 40 万个工作岗位。在大中东地区，旅游业失去了超过 300 万个工作岗位。另据联合国西亚经济社会委员会估计，2020 年，流入阿拉伯国家的直接投资减少了 45%。[④] 此外，受疫情影响，阿联酋和卡塔尔等国作为国际航空港的地位，因全球航空业萧条而受到极大影响。[⑤]

中东非产油国的侨汇收入也大幅减少。目前，埃及、约旦、黎巴嫩等国来自海外的侨汇收入下降 10%。巴勒斯坦原来有 15 万人在以色列合法工作，另有 6 万人在以非法工作，平均日工资是 350 以色列新谢克尔，这意味着每月有大量的美元汇回巴勒斯坦。以色列为防范新冠肺炎疫情实行封锁政策，导致巴勒斯坦上万家庭收入下降。世界银行 2020 年 4 月 17 日发布的报告称，如果新冠肺炎疫情持续、巴勒斯坦人难以重返以色列工作，巴勒斯坦

---

① “Unemployment Expected to Soar in Tunisia, Adding to Risks of Instability,” *The Arab Weekly*, June 18, 2020.

② F. William Engdahl, “Twilight in the Desert for Saudi Arabia and Crown Prince Mohammed Bin Salman?” Global Research, September 17, 2020.

③ Mohammad Reza Mohammadi, “Coronavirus and Saudi Arabia’s ‘Soft Power’,” Global Research, May 4, 2020.

④ Karen Young, “Diplomacy in the Gulf Follows the Money,” Al-Monitor, January 13, 2021.

⑤ Jon B. Alterman, “Add Coronavirus to Other Crises, and the Middle East Faces a Catastrophe,” The Hill, March 22, 2020.

经济将萎缩 7%。[①] 旅游业和侨汇减少导致部分中东国家出现外汇短缺或经济危机。国际货币基金组织预测，受新冠肺炎疫情影响，中东经济可能缩水 3.3%。联合国西亚经济社会委员会预计，疫情将导致中东地区新增 830 万贫困人口。[②]

从国别来看，黎巴嫩的经济状况最为典型。目前，该国债务占 GDP 比例高达 150% ~160%（位居全球第三）。据世界收入不平等数据库的统计，黎巴嫩半数以上人口的财富总量还赶不上最富裕的 0.1% 人口的财富总额。[③] 近两年来，黎巴嫩爆发严重的经济危机。2019 年 10 月至 2020 年 1 月，大约 22 万黎巴嫩人失去了工作，40% 的公司倒闭。经济下滑、外汇短缺、债务上升。[④] 2020 年新冠肺炎疫情令黎巴嫩经济雪上加霜，尤其外汇短缺加剧。2020 年头两个月，黎巴嫩尽管采取禁止取款和向国外转移举措，但外汇存款仍降至 57 亿美元，黎镑兑美元的汇率从 1500∶1 跌到 3800∶1。[⑤] 6 月 11 日，黎巴嫩央行报告称，黎镑兑美元的汇率实际降至 7000∶1，而官方汇率仍是1500∶1。这意味着，黎巴嫩人的薪水之前如果是 1000 ~1300 美元，那么现在实际收入大大降低。[⑥] 2020 年 3 月，因无法偿还到期的 12 亿美元债务，黎巴嫩首次正式债务违约。根据联合国西亚经济社会委员会 2021 年 2 月 2 日发布的报告，黎巴嫩 2019 年经济萎缩 6.7%，2020 年经济萎缩 20%。黎巴嫩面临自 1943 年以来最困难的局面。[⑦]

新冠肺炎疫情带来的油价暴跌还使经济相对宽裕的中东产油国遭遇生存

---

① Adnan Abu Amer, "Coronavirus Reveals Palestinian Economic Dependence on Israel," Al-Monitor, April 24, 2020.

② 周�：《中东国家疫情防控力度持续加大》，《人民日报》2020 年 4 月 14 日，第 17 版。

③ Pepe Escobar, "Battleground Beirut: Western Colony or Back to the East?" Global Research, August 14, 2020.

④ Michal Kranz, "Lebanon's Economic Crisis is Decimating Its Middle Class," Al-Monitor, May 25, 2020.

⑤ "Lebanon Bank Attacked with Explosive Amid Economic Crisis," Al-Monitor, April 25, 2020.

⑥ Michal Kranz, "Protests Erupt Across Lebanon as Government Scrambles to Rein in Crumbling Currency," Al-Monitor, June 12, 2020.

⑦ "Future Scenarios as Lebanon Sinks Deeper into Crisis," *The Arab Weekly*, April 7, 2020.

危机。2020 年新冠肺炎疫情导致全球能源需求下降 30%。2020 年 3 月 25 日，国际能源署执行干事法提赫·比罗尔估计，全球能源日需求减少 2000 万桶，并预测未来石油需求降幅将达到 3000 万桶/日。世界能源市场面临的危机超过 1929 年和 2008 年。[①] 加之 2020 年 3 月沙特与俄罗斯发动价格战，国际油价一路下滑。2020 年初，布伦特原油价格在每桶 65 美元左右，2020 年 4 月跌至不到每桶 20 美元的历史低点，此后虽然油价回升，但长期徘徊在每桶 40 美元左右，远低于疫情发生前的水平。

油价暴跌导致中东产油国收入锐减。国际金融研究所（IIF）2020 年 3 月的分析认为，西亚北非地区石油出口国油气领域收入将减少 1920 亿美元，经常账户余额从 650 亿美元盈余转为 670 亿美元赤字。IIF 已将沙特 2020 年经济增长预期从 3% 下调至 0.8%，将石油进口国经济增长从 2.4% 下调至 0.8%。流入本地区的外来资金预计将从 2019 年的 1820 亿美元下降至 1010 亿美元。[②] 还有研究表明，海合会国家 2020 年财政赤字将达 1800 亿美元，预计到 2023 年将达到 4900 亿美元。沙特财政赤字将占 55%，科威特占 17%，阿联酋占 11%。[③] 国际货币基金组织 2020 年 4 月预计，海湾阿拉伯国家经济将萎缩 3%。6 月 30 日在报告中又预计海湾阿拉伯国家经济萎缩超过预期两倍，达到 7.6%[④]，为近 40 年来最低。

从国别情况看，各产油国普遍面临严重的财政赤字压力。沙特是中东第一大石油生产国，油价下跌对该国影响甚大。2020 年 4 月沙特石油出口收入较 2019 年 4 月下降 65%。2020 年预期收益可能不会达到 1500 亿美元。[⑤] 沙特外汇储备降至 4480 亿美元，相比之下，2016 年高达 7000 亿美元。沙

① Adam Hanieh, "When Oil Markets Go Viral," The Bullet, April 23, 2020.

② 《中东北非经济增长预期受疫情影响》，https://www.360kuai.com/pc/9565b3085bb31bbc9?cota=3&kuai_so=1&sign=360_57c3bbd1&refer_scene=so_1。

③ "Gulf Arab States Set to Accumulate $490 Billion by 2023," Middle East Online, July 20, 2020.

④ Al-Monitor Staff, "IMF Official: Gulf Economies to Contract by 7.6% in 2020," Al-Monitor, June 30, 2020.

⑤ F. William Engdahl, "Twilight in the Desert for Saudi Arabia and Crown Prince Mohammed Bin Salman?" Global Research, September 17, 2020.

特阿美石油公司报告称，该公司 2020 年第三季度净利润下降 44.6%。[①] 根据惠誉评级数据，沙特需要油价达到每桶 90 美元才能实现预算平衡。2020 年 6 月，有机构预测 2020 年沙特经济将萎缩 6.8%。[②] 伊拉克原本就有 450 万人（占 11.7%）生活在贫困线以下。新冠肺炎疫情使伊拉克的贫困率从 2018 年的 20% 增加到 31.7%。[③] 伊拉克政府 90% 的财政收入依靠石油出口。当前伊拉克财政预算是按照国际油价每桶 56 美元计算的。新冠肺炎疫情导致油价暴跌，伊拉克 2020 年 4 月的石油收入仅 14 亿美元，还不够政府公职人员的工资支出（每月 40 亿美元）。[④] 科威特石化产品出口占国家收入比重超过 90%。当前油价下跌导致科威特财政缺口高达 460 亿美元。科威特财政部部长 2020 年 8 月下旬表示，倘若议会再不批准借款与经济改革方案，科威特流动资金不出几月便会耗尽，届时恐无法支付公共部门 10 月以后的薪水。阿尔及利亚石油出口占外汇收入的 93%，政府收入的 40%。当前油价下滑导致该国外汇收入锐减。2020 年 3 月底，该国外汇储备降至 600 亿美元，大约是 2014 年油价下跌时的 1/3。阿政府被迫将石油收入占预算比重下调至 30%。[⑤]

在这种情况下，中东国家面临两难选择。一种方式是"增收节支"，但增加赋税很容易引发民众抗议（如黎巴嫩），削减民众福利（如食品和燃料补贴），又导致物价飞涨，民众生活状况更加困难，乃至起身抗议和造反。另一种办法是向国际货币基金组织和世界银行等国际金融机构贷款，但对方提出的条件就是缩减财政开支、削弱民众福利开支、贱卖国企等新自由主义药方——这些药方已经被证明是导致国家衰败的"慢性毒药"。对产油国来

① Al-Monitor Staff, "Saudi Aramco Sees Massive Drop in Third Quarter Profits," Al-Monitor, November 4, 2020.

② "Has China Gained an Edge on the US in the Gulf?" Al-Monitor, July 2, 2020.

③ Nabil Salih, "For Iraqis, the Choice Is between Pandemic and Poverty," Open Democracy, August 18, 2020.

④ "Iraq Seeks Gulf Funds to Stave off Liquidity Crisis," *The Arab Weekly*, May 25, 2020.

⑤ Sarah Feuer, "Corona in the Casbah: The Pandemic's Destabilizing Impact on Algeria," The Washington Institute for Near East Policy, April 22, 2020.

说，油价下跌导致海湾国家“花钱买稳定”模式难以维系。为应付不断增加的预算赤字，沙特政府将增值税率提高（从2018年的5%提高到2020年的15%），汽油价格提高一倍，但这些举措并不受民众欢迎。[①]

经济困难往往是政坛动荡的先导。事实上，已经有多个国家出现选举难产或领导人下台的局面。在“阿拉伯之春”中，苏丹、阿尔及利亚政权更替，黎巴嫩、伊拉克两国总理辞职，以及埃及、约旦等出现大规模抗议，均与这些国家的经济困境有关。进入2020年后，阿拉伯国家领导人因经济问题下台的情况仍层出不穷。2020年7月15日，执政不到5个月的突尼斯总理埃利亚斯·法赫法赫辞职。8月4日，黎巴嫩总理迪亚卜因贝鲁特港大爆炸事件而辞职。有分析认为，当前中东正处在一场足以动摇整个地区的大动荡的边缘。[②] 还有人预测，在疫情防控常态化时代和后石油危机时代，中东很有可能发生大剧变。[③]

二　“阿拉伯之春”对中东地缘格局的深刻影响

2011年“阿拉伯之春”是近百年来中东地区发生的最重大的政治变动，由于中东政治生态复杂脆弱，牵一发而动全身。因此，这场剧变对中东格局产生了深远的影响。

（一）地区权力转移：非阿拉伯国家首次成为地区争霸主角

阿拉伯世界地区影响力加速下降，而中东地区的土耳其、伊朗、以色列等非阿拉伯国家的影响力突然上升，成为中东政治舞台的主角。而阿拉伯世界动荡导致中东出现诸多“权力真空”，为这些非阿拉伯国家角逐地区霸权

① F. William Engdahl, “Twilight in the Desert for Saudi Arabia and Crown Prince Mohammed Bin Salman?” Global Research, September 17, 2020.

② Jon B. Alterman, “Add Coronavirus to Other Crises, and the Middle East Faces a Catastrophe,” The Hill, March 22, 2020.

③ Khairallah, “The Upcoming Middle East Upheaval in the Post-COVID-19, Post-Oil Crisis World,” *The Arab Weekly*, April 27, 2020.

提供了前所未有的历史机遇。正是在这种背景下，中东地缘博弈空前加剧，中东进入新一轮政治动荡期。

土耳其一直渴望重温奥斯曼帝国荣光。2021 年 2 月，土耳其电视台在一档节目中设想三十年后土耳其国际影响力，其展示的地图显示，到 2050 年，希腊东部、塞浦路斯、利比亚、埃及、沙特阿拉伯、黎巴嫩、叙利亚、伊拉克、高加索（俄罗斯的北高加索地区和阿塞拜疆、亚美尼亚、格鲁吉亚三国）、里海北部和东部地区等都将成为土耳其势力范围的一部分。① 土耳其大国野心可见一斑。过去相当长时期，土耳其一直“向西看”，试图借投靠西方实现逆势崛起。但由于加入欧盟进程屡屡受挫，自埃尔多安上台后，土耳其日渐“向东看”，重点在伊斯兰世界扩大影响力。2011 年“阿拉伯之春”为埃尔多安政府推行“新奥斯曼主义”提供了难得机遇。

正是在这种背景下，土耳其一改此前“与邻国零问题”的全方位和平外交政策，转而全面在中东扩大势力、彰显地区影响力。2011 年“阿拉伯之春”以来，土耳其频频插手利比亚、叙利亚等阿拉伯国家事务，积极策动政权更替。尤其在叙利亚，土耳其先是支持叙反对派推翻巴沙尔政权，该措施受挫后，又打着“反恐”旗号出兵叙利亚，先后发动可“幼发拉底河盾牌行动”（2017）、“橄榄枝行动”（2018）和“春天之盾行动”（2020）等重大军事行动，谋求在叙利亚北部建立缓冲地带和势力范围。2020 年 1 月，土耳其又出兵利比亚，武力介入利比亚内战，图谋在北非拓展势力范围。

伊朗历史上曾出现了第一个地跨亚非欧三大洲的帝国——波斯帝国，为此该国一直以来都雄心勃勃，谋求重现历史辉煌。近年来，中东格局接连发生变化，总体趋势对伊朗越来越有利：美国先后发动的阿富汗战争和伊拉克战争，客观上帮伊朗清除了两大宿敌；美国在中东战略收缩和 2011 年“阿拉伯之春”，使中东出现诸多“真空地带”，为伊朗提供难得的机遇以“填补真空”。近年来，伊朗抓住有利时机加紧对外拓展，积极构筑“什叶新月

① 《土耳其媒体“设想”三十年后势力范围，俄官员：美梦不会成真》，https：//news. china. com/international/1000/20210214/39287148. html。

地带”。目前，在所有包含什叶派民众的阿拉伯国家，几乎都能看到伊朗干预的身影，尤其在黎巴嫩、伊拉克等什叶派穆斯林较多的国家，伊朗的影响力比较大。

以色列作为西方列强安插在中东的代言人，从建国时就受到西方大国的强力支持。美国更是将以色列视为“铁杆盟友”，不遗余力地对其进行经济、军事和外交支持。正是依托美国等外部强国的鼎力支持，以色列在持续半个多世纪的阿以冲突中日渐占据上风。尤其2011年“阿拉伯之春”导致阿拉伯世界元气大伤，以色列在阿以博弈中的处境更加有利。在此背景下，以色列对巴勒斯坦、叙利亚、黎巴嫩等国咄咄逼人：以色列继续蚕食巴勒斯坦领土、镇压巴勒斯坦人反抗；以色列公然吞并原属叙利亚的戈兰高地，并动辄对叙境内军事目标发动空袭；以色列屡屡越境打击黎巴嫩真主党，乃至大规模摧毁黎巴嫩基础设施建设。面对以色列的打击，这些国家基本无可奈何，日渐成为板上任人宰割的鱼肉。

总体来看，这些非阿拉伯国家竞相参与地区争夺，导致中东“低烈度冲突”此起彼伏，中东进入新一轮动荡期。这主要表现在以下几个方面。

一是国家间矛盾空前激化。中东地区国家林立，相互间关系原本就十分错综复杂。土耳其、伊朗、以色列作为新的地区主导国在中东舞台上纵横捭阖，致使地区国家间关系空前复杂。例如，土耳其在中东四面扩张势力范围导致其四面树敌，目前土耳其与叙利亚、埃及等国关系均对立，外交上从“零问题”变成“零朋友”；伊朗因在阿拉伯世界扶植什叶派势力、推动代理人战争，导致其与以沙特为首的逊尼派阿拉伯国家日趋对立，在伊拉克、等什叶派占主导的国家内部同样存在反伊朗情绪；以色列因竭力遏制伊朗扩张，导致以伊两国全方位对抗，同时，以色列对叙利亚、黎巴嫩等国频频发动袭击，加剧了这些国家民众的反以情绪。

二是弱势国家生存状况悲惨。当前中东地缘争夺遵循的基本上是弱肉强食的“丛林法则”：地区强国充当地缘棋手，弱小国家则沦为地缘棋子，乃至大国征战的棋盘。在新一轮地缘博弈中，弱小国家是最大的牺牲品和受害者。也门原本就是中东地区最贫困落后的国家。2015年由沙特带头的阿拉伯多国武力介入也门内战导致也门出现前所未有的人道主义灾难。持续多年的战争导致25万人丧生。该国2800万人口中，2/3处于饥饿状态。2020年也门至少有9.8万5岁以下儿童死亡。① 根据联合国2021年2月的报告，叙利亚持续十年的内战造成50万人死亡，一半人口流离失所，经济面临多重挑战。利比亚内战已造成4.3万人丧生，700万人口中有39.2万人流离失所，100万人需要救济，同时利比亚卫生系统近乎瘫痪，每天不能供水、供电的时间经常超过18个小时。②

三是地区"无头案"增多。在新一轮地缘争夺中，各种不上台面的"混合战争"手法（如袭击油轮、暗杀、绑架乃至植入病毒等）层出不穷。例如，2019年9月14日，沙特阿美石油公司两处石油设施遭无人机袭击，迫使沙特阿美石油公司暂时关闭输油管道，致沙特石油产量每天减少570万桶；同年10月11日，伊朗油轮在沙特吉达港附近遭遇导弹袭击。2020年以来，伊朗高官接连被暗杀：2020年1月3日，伊朗革命卫队圣城旅总司令苏莱曼尼遭美暗杀；11月27日，伊朗顶级核物理学家法赫里扎德遭袭身亡；11月29日，伊朗伊斯兰革命卫队高级指挥官沙赫丹遭袭身亡。

四是极端恐怖势力难以根除。中东地缘博弈旨在"填补真空"，但无形中制造出更多的"权力真空"，由此为极端恐怖势力发展提供巨大空间。这些年来，不仅"基地"组织死灰复燃，还出现了"伊斯兰国"等极端恐怖组织。近年来，国际社会勠力反恐，使极端恐怖影响力明显下降，但"伊斯兰国"衰而不亡，至今仍是中东安全最大的威胁。据美国五角大楼评估，"伊斯兰国"在伊拉克和叙利亚仍拥有8000~16000名极端分子，保持着"强有力组织"和"低水平叛乱"。③

需要指出的是，参与地缘政治博弈的地区大国自身实力有限，地区争霸普遍"心有余而力不足"，因此其"活动能量"和破坏能力总体有限。而且，当前中东经济形势不佳客观上限制了这些国家对外扩张势力的强度。历

① "UN Raises Alarm about Spectre of Famine in Yemen," *The Arab Weekly*, November 20, 2020.

② "Biden Administration Shouldn't Stop with Yemen," Al-Monitor, February 26, 2021.

③ "Can Turkey Fit into the Biden Administration's Syria Policy?" Al-Monitor, February 19, 2021.

史表明，油价上涨与地区冲突呈正相关性。1967~1973年，阿拉伯国家石油禁运导致国际油价暴涨，在此期间，中东地区发生过两次阿以战争，阿尔及利亚、利比亚和伊拉克等国家出现了激进的石油国有化运动。伴随新一轮油价上涨，仅1979年就发生了伊朗伊斯兰革命、苏联入侵阿富汗和极端分子占据沙特麦加大清真寺等若干事件，此后，还发生了两伊战争、以色列入侵黎巴嫩和利比亚入侵乍得等事件。当油价从20世纪80年代中期开始长达14年的下降后，在此期间，中东地区仅发生了1990~1991年的海湾危机及战争。[①] 鉴往知今。2020年以来，新冠肺炎疫情冲击带来的经济萧条和油价暴跌，导致中东国家经济陷入低迷，大肆对外扩张更是捉襟见肘，容易引发民众反对。事实表明，随着这些国家实力透支加剧，相关国家越来越有意降低冲突规模和烈度，由此使中东地区出现了“冲突频率上升，冲突烈度下降”的特征，尤其2020年热点降温成为中东博弈的大趋势。

一是地区冲突普遍降温。第一个是也门冲突。自2015年3月以来，也门冲突始终处于胶着状态，沙特更是骑虎难下，谋和退出想法日趋显露。2018年以来，对战双方开启和谈进程，并最终于2020年2月达成停火协议。2020年4月24日，沙特单方面宣布停火两周。10月15日，也门政府与胡塞武装15日开始大规模换俘行动。也门冲突虽未结束，但冲突降温成为大势所趋。第二个是利比亚内战。卡扎菲政权垮台后，利比亚陷入长期内战，并形成“两个政府、两个议会”的分裂局面。2020年以来，在联合国的斡旋下，西部的民族团结政府与东部的国民军开启谈判进程，并最终在10月就利比亚全境“完全永久”停火签署协议。2020年11月，利比亚双方在突尼斯举行会谈，探讨成立过渡政府，并同意在18个月内举行自由、公平、包容和可信的总统和议会选举。第三个是叙利亚内战。截至2021年，叙利亚内战已持续10年，但随着巴沙尔政府站稳脚跟，外部武力干涉叙利亚内战的力度下降，局势总体缓和。

① Jacob Mundy, “The Oil for Security Myth and Middle East Insecurity,” *Middle East Report*, Issue 294, June 9, 2020.

二是国家间关系总体趋缓。沙特与伊朗过去互为死敌，但近年来出现缓和迹象。2019 年 9 月 25 日，伊朗总统鲁哈尼在出席联大会议期间提出霍尔木兹海峡和平倡议，致力于实现海湾地区持久和平。此后，伊朗将该和平倡议传递给海合会国家和伊拉克，并得到包括沙特在内的积极回应，沙特王储表示“通过与伊朗谈判解决问题”①。沙特与土耳其关系此前因卡舒吉事件高度紧张，但 2020 年出现关系松动迹象。沙特已经解除对土耳其的经济制裁，土耳其也积极回应。2020 年 11 月 27 日，土耳其外长在推特发文称“强大的土沙伙伴关系不仅有利于土耳其，也有利于整个地区”②。

这其中，最典型的是沙特与卡塔尔断交风波画上句号。2017 年沙特等海湾国家与卡塔尔断交，并对卡塔尔实施海陆空禁运。2019 年 9 月，沙特阿美石油公司遭袭促使沙特高层认识到，沙特的真正安全威胁不是卡塔尔，而是该地区其他行为体。③ 因此，沙特开始主动与卡塔尔缓和关系。2018 年和 2019 年卡塔尔埃米尔塔米姆均收到出席海合会峰会的邀请。2021 年 1 月初，沙特和卡塔尔宣布互相开放陆海空边界。1 月 5 日，海合会首脑在沙特西部城市欧拉举行，成员国签署“团结与稳定”协议，该协议标志着沙特、巴林等海湾国家与卡塔尔之间的断交危机结束。

（二）地区主要矛盾从阿以矛盾转向伊朗问题

自以色列建国以来，阿以矛盾就是中东地区牵涉面最广、对抗性最强的地区矛盾。迄今为止，阿以矛盾至少引发五次地区战争，以色列单方面军事行动更是数不胜数。某种程度上，阿以问题是衡量阿拉伯世界团结程度和行动能力的风向标。阿拉伯世界内部越团结、实力越强大，阿以矛盾就越激烈。反之则不然。近年来，随着阿拉伯世界内部分裂和综合国力日渐下降，

---

① Al-Monitor Staff, “Iran Welcomes Saudi Signals for De-escalation,” Al-Monitor, October 1, 2019.

② Sabena Siddiqui, “Saudi Arabia Makes Major Regional Moves as Biden Administration Arrives,” Al-Monitor, December 20, 2020.

③ Sabena Siddiqui, “Saudi Arabia Makes Major Regional Moves as Biden Administration Arrives,” Al-Monitor, December 20, 2020.

阿以问题的对抗程度随之下降：该矛盾从最初阿拉伯世界与以色列的对抗，降格为“前线国家”与以色列的对抗，再降格为巴勒斯坦与以色列的对抗，最后变成“哈马斯”与以色列的对抗。

阿拉伯世界在阿以博弈中被动弱势，还可以从阿拉伯国家对以色列的立场看出端倪。1967 年第三次中东战争后，阿拉伯国家领导人在苏丹首都喀土穆开会，提出了著名的对以“三不政策”（不和解、不谈判、不承认）。在此之后，随着阿拉伯世界内部分化加剧，阿拉伯世界对以立场出现明显松动。2002 年，沙特王储阿卜杜拉（后任国王）在阿盟峰会提出沙特版“阿拉伯和平倡议”（API），主张以色列从 1967 年以来占领的阿拉伯领土上全面撤军，换取所有阿拉伯国家与以色列“建立正常关系”，并在“公正”和“一致同意”基础上解决巴勒斯坦难民问题。该和平倡议基本体现阿拉伯世界对以政策松动，但以色列政府并未回应。

2011 年“阿拉伯之春”后，阿拉伯世界内外交困、自顾不暇，巴勒斯坦问题在阿拉伯国家决策议程中的优先地位明显下降。沙特“阿拉伯和平倡议”的实现条件不复存在。[①] 相反，部分阿拉伯国家开始与以色列秘密接触。2020 年，阿拉伯世界又出现“扎堆”与以色列建交的罕见场景。2020 年 8 月 13 日，阿联酋宣布与以色列实现关系全面正常化，阿联酋成为继埃及、约旦之后，第三个与以色列关系正常化的阿拉伯国家。美国华盛顿近东政策研究所学者认为，阿联酋与以色列签订建交的《亚伯拉罕协议》，反映了过去十年来中东地缘结构的巨大转变，代表了中东的新篇章。这一突破性举动引发阿以建交的“多米诺效应”：2020 年 9 月 11 日，巴林与以色列宣布建立全面外交关系；10 月 23 日，苏丹宣布与以色列实现关系正常化；12 月 10 日，摩洛哥宣布与以色列实现关系正常化。沙特与以色列关系正常化也提上日程。据以色列新闻网站“Walla”披露，2020 年 11 月 22 日，以色列总理内塔尼亚胡秘密飞赴利雅得，与沙特王储穆罕默德·本·萨勒曼进行

① Ghaith al-Omari, “Normalization Can Inject New Life into the Arab Peace Initiative,” The Washington Institute for Near East Policy, August 31, 2020.

会晤，讨论关系正常化协议、伊朗问题等内容。

阿以关系缓和进程加速，除了阿拉伯世界整体衰落的因素之外，一个重要原因就是共同遏制伊朗。海湾国家对自身安全利益的关注远远超过对以“反以”为标志的泛阿拉伯主义的关注。近年来，以沙特为代表的海湾国家将伊朗视为最大威胁，为遏制伊朗，海湾国家“病急乱投医”，除了继续依靠美国，还将以色列视为抗衡伊朗的重要力量，部分海湾国家甚至期待以色列为海湾地区提供安全保护，以弥补美国撤离中东引发的安全担忧。在海湾国家看来，抵制以色列的旧模式未能帮助这些国家应对国内挑战，或帮助巴勒斯坦人完成任何期待的目标。① 正是在这种背景下，许多国家与以色列暗通款曲。2017 年 11 月 19 日，以色列能源部部长施泰尼茨公开承认，以色列与包括沙特在内的许多阿拉伯国家保持“秘密联系”。在巴以问题上，沙特以停止经济援助相威胁，逼迫巴勒斯坦接受特朗普政府提出的“世纪协议”。

以色列也对阿拉伯世界“远交近攻”，加紧拉拢与以色列没有领土纠纷和直接利害冲突的阿拉伯国家，目标就是让这些国家认识到，巴勒斯坦问题已经微不足道，共同遏制伊朗才是当务之急。以色列与海湾阿拉伯国家关系改善，很大程度依赖于这些国家对伊朗的敌视。当阿联酋、巴林等国接连与以色列实现关系正常化，巴解执委会总书记埃雷卡特认为：“巴林、以色列、美国签署的关系正常化协议与和平无关，与两国关系无关，它是以色列领衔创立的军事联盟。”这个军事联盟针对的就是伊朗。② 根据阿联酋与以色列达成的和平协议，以色列将在阿联酋建立军事基地，该基地距离霍尔木兹海峡和阿曼海只有几千米。如果以色列在亚丁建立军事基地，将足以控制连通红海、苏伊士运河和亚喀巴湾的曼德海峡。③

---

① “Dividends and Caveats in Arab Gulf Countries' Normalisation Moves,” *The Arab Weekly*, September 14, 2020.

② Mitchell Plitnick, “Israel, the UAE, & Bahrain Didn't Sign Peace Deals, They're Military Alliances to Counter Iran,” Responsible Statecraft, September 15, 2020.

③ Abdel Bari Atwan, “UAE-Israel Deal: ‘Peace-for-Protection’ …?” Raialyoum, September 8, 2020.

美国则在阿以关系改善过程中“穿针引线”，发挥了重要的助力和桥梁作用。2020 年 9 月，特朗普公开称，美国涉足中东的目标不是谋求中东石油，而是“想要保护以色列”①。特朗普上台以来，对阿拉伯盟友软硬兼施，积极鼓动这些国家与以色列关系正常化，形成“反伊统一战线”。在阿联酋、巴林、苏丹和摩洛哥等国与以色列关系正常化过程中，美国更是积极参与、大力支持。美国推动海湾国家与以色列实现关系正常化，极大改善了以色列的地缘环境。② 这客观上形成以色列与阿拉伯国家联手对抗伊朗的局面。阿联酋、巴林相继与以色列关系正常化，也为特朗普外交加分，有人甚至提议特朗普为诺贝尔和平奖候选人。③ 总之，阿以关系缓和标志着阿以矛盾不再是中东主要矛盾，伊朗与反伊朗阵营的矛盾则取而代之，上升为中东新的主要矛盾。

需要指出的是，阿拉伯国家指望通过强化与以色列的关系来遏制伊朗，实际是缘木求鱼之举。以色列长期生活在阿拉伯世界的敌对包围中，始终具有强烈的不安全感。确保以色列安全最根本的办法，就是设法颠覆和重构阿拉伯世界的地缘版图，使阿拉伯国家日趋分裂、内耗，从而无暇、无力对付以色列。中东其他国家越弱，以色列就越安全；反之，中东其他国家越强，以色列就越不安全。就此而言，以色列的战略目标与阿拉伯国家谋求繁荣强大的基本目标背道而驰。

当前，伊朗是中东地区唯一能够对以色列构成威胁的地区强国。联合阿拉伯亲美国家共同抗伊，是以色列长期对外战略中的重要一环。一旦伊朗政权被摧垮或改变性质，以色列很有可能会反过头来重新整肃阿拉伯世界，最终在牺牲阿拉伯国家权益的基础上，建立一个前所未有的“大以色列”。当年埃及《金字塔报》主编海卡尔曾将阿拉伯世界近现代史分成几个时期：

① Philip Weiss, “U. S. Is in Middle East ‘to Protect Israel’ Not for Oil, Trump Says,” Mondoweiss, September 12, 2020.

② “Dividends and Caveats in Arab Gulf Countries’ Normalisation Moves,” *The Arab Weekly*, September 14, 2020.

③ “Dividends and Caveats in Arab Gulf Countries’ Normalisation Moves,” *The Arab Weekly*, September 14, 2020.

英法主导的帝国主义时代，然后是纳赛尔主导的阿拉伯时代，接下来是海湾产油国主导的沙特时代，最后是以色列帝国时代。[①] 这并非危言耸听。

（三）地区体系根基动摇，认同危机日趋加重

中东地区体系原本就十分脆弱。现代中东的主权国家体系本质是英法殖民者从外部强加的结果。一战结束后，英法根据此前秘密达成的《赛克斯－皮科协定》，将原本完整统一的阿拉伯世界分成若干“委任统治国”，由此造就了中东地缘版图碎片化的恶果。因此，阿拉伯世界许多领导人和民众始终不认可、不接受这种外部强加的主权体系，并试图颠覆和重塑地区秩序。

2011 年“阿拉伯之春”后，叙利亚、利比亚等主权国家被极大削弱，重塑地区秩序的各种势力日趋抬头。尤其 2014 年异军突起的“伊斯兰国”更是野心勃勃。该组织宣称，它的目标就是要摧毁《赛克斯－皮科协定》划定的边境和国家[②]，并扬言要占领中东、非洲中北部、欧洲伊比利亚半岛以及黑海东部、南部和西部，亚洲中西部（包括印度和中国西部），建立一个“哈里发帝国”。为实现这一目标，“伊斯兰国”有两大战略性政策。一是摧毁伊拉克和叙利亚之间的边境，抹掉近百年来由英法殖民者根据《赛克斯－皮科协定》规定的边界。二是在社会中进行区别对待，如通过攻击什叶派社区和什叶派宗教圣地的方式，人为加剧逊尼派和什叶派教派紧张，以打破由民族主义意识形态造就的共同体纽带。[③] 当然，“伊斯兰国”重塑地区秩序完全是自不量力，但其打破国家边界自行建国并力主重划中东版图，则使维系近百年的中东主权国家体系的根基发生动摇。

当前，中东同时面临四场不同类型的战争与冲突。

第一种类型是教派冲突导致的“代理人战争”。伊斯兰教内部并非铁板

---

① 〔埃及〕穆罕默德·海卡尔：《萨达特遇刺记》，发恩、黎启译，新华出版社，1987，第 324 页。

② As-Safir (Lebanon), "ISIS's Political Islam the Latest Arab Tragedy," Al-Monitor, June 29, 2014.

③ Ross Harrison, "Time Is Running Out to Defeat ISIS," The National Interest, August 21, 2015.

一块，而是划分为逊尼派和什叶派两大教派。中东多数国家都是逊尼派与什叶派混居，过去相当长时期，教派矛盾并不突出或至少不是主要矛盾。2011年“阿拉伯之春”发生以来，随着中东主权国家权威弱化、政治伊斯兰得势，导致中东教派矛盾空前加剧。沙特与伊朗地区影响力凸显。沙特与伊朗分别作为逊尼派阵营和什叶派阵营的代表，两国的地缘争夺激化了地区教派矛盾。在叙利亚、也门和黎巴嫩等国，处处能看到两大教派矛盾激化的痕迹。“沙特和伊朗之间的竞争，推动了逊尼派和什叶派的极端主义，加深了整个地区的危机。”①

第二种类型是地区霸权导致的军事冲突。中东地区小国林立，没有哪个国家具有绝对支配权，因此各国争夺地区主导权的博弈十分激烈。2011年“阿拉伯之春”发生后，沙特凭借“福利换稳定”，成功躲过政权更替潮，并取代埃及成为阿拉伯世界新的“领头羊”。2015年3月26日，沙特出兵也门，试图将胡塞武装“推回”到北部山区。但这场战乱导致也门陷入南北割据状态，沙特自己也深陷冲突泥潭无法自拔，也门民众更是陷入前所未有的人道主义灾难。

第三种类型是恐怖主义与反恐的矛盾。中东地区原本就是极端恐怖袭击的高发地带。2011年“阿拉伯之春”后，中东国家转型不畅，地区安全真空增大，为恐怖活动滋生蔓延提供了丰厚土壤。“基地”组织原本已经元气大伤，但借这场地区危机有东山再起之势。2014年6月异军突起的极端组织“伊斯兰国”，封疆裂土，成为中东极端恐怖势力新的“领头羊”。中东极端恐怖势力肆虐，尤其是“伊斯兰国”兴起，使恐怖主义与反恐矛盾成为中东主要矛盾。中东反恐战争虽取得重大胜利，但极端恐怖主义势力并未被根除，中东国家仍面临恐怖主义威胁，反恐战争短期不会停歇。

第四种类型是库尔德分离运动引发的地区矛盾。库尔德人是仅次于阿拉

---

① Andrew McKillop, “Geopolitics and Islam in the MENA,” http://www.marketoracle.co.uk/Article42109.html.

伯人、土耳其人和波斯人的中东第四大民族，但始终没有建立自己的民族国家，因此一直谋求民族独立，但因相关国家高压严打，始终未能形成气候。2011 年“阿拉伯之春”后，中东地缘格局根基动摇，库尔德人独立迎来百年不遇良机。叙利亚危机、“伊斯兰国”崛起和外部势力介入等，促使库尔德武装借机不断发展壮大。目前，叙利亚库尔德武装在该国东北部高度自治；伊拉克库尔德人在 2017 年首次举行独立公投。库尔德人力量的壮大及独立趋势的发展，令伊拉克、伊朗、叙利亚和土耳其四个“利益相关方”高度紧张，并采取各种举措进行打压。在可见的未来，库尔德武装壮大势头不可避免，库尔德人独立就像“定时炸弹”一样随时可能爆炸，由此意味着类似的反分裂战争也将会继续出现。

（四）内部动荡使外部干涉门槛越来越低

中东能源资源丰富，地缘位置重要，历来是大国称霸的必争之地。自近代被纳入西方主导的国际体系之后，中东地区便频频面临来自外部大国的干涉乃至武装侵略，并由此给中东国家带来难以估量的巨大灾难。二战前，英法两大殖民帝国是影响和塑造中东政治的最大外部因素，尤其一战期间英法通过《赛克斯－皮克协定》将中东地缘版图碎片化，使中东国家陷入“小国林立”的结构性矛盾。同时，英国通过扶植犹太人在中东移民，人为制造出阿以这一“世纪冲突”，使中东地区始终难以实现“公正的和平”。二战后，美苏两个超级大国又开始在中东纵横捭阖，竞相扶植代理人，由此造成中东国家分别站队。冷战结束后，美国成为世界唯一的超级大国，在中东更加肆无忌惮。美国将中东视为建立“世界新秩序”的试验田，日趋加大对中东战略的投入力度。尤其“9·11”事件后，美国借机在中东接连发动两场反恐战争，并积极推进“中东民主改造”，将中东搅得乱作一团，尤其是伊拉克，从地区强国沦为人道灾难严重的“失败国家”。

2011 年“阿拉伯之春”既是西方长期渗透和干预的结果，又反过来降低了外部大国干预中东事务的“门槛”。这场剧变看似是中东国家自发的社会政治运动，实则从头至尾都受到西方大国的干预和影响。“阿拉伯之春”

爆发前，西方国家就对中东进行了长期的意识形态渗透，使阿拉伯国家从上到下都将“民主化”视为实现发展的必然选择，可惜最终结果却截然相反。“阿拉伯之春”爆发后，西方大国通过资助非政府组织、提供网络技术支持等手段，煽动民众发起抗议活动，最终，执政多年的中东强人基本被推翻。与此同时，面对席卷阿拉伯世界的民众抗议运动，西方国家采取“选择性干预”的双重标准，一面对海湾国家镇压民众抗议活动视而不见，另一面不遗余力地支持叙利亚、利比亚等国的反对派推翻本国政府。正是由于西方国家“拉偏架”，原本政局稳固的利比亚、叙利亚出现政权垮台或长期内战，政体保守的海湾国家反而安然无恙。某种程度上，正是由于西方外部干涉，“阿拉伯之春”才误入歧途，使中东地区力量对比日渐有利于西方大国。

反过来，中东政局动荡和力量对比变化，使外部势力介入和塑造中东局势变得更加方便。一是阿拉伯世界热点越来越多，导致外部介入的借口增多。二是阿拉伯世界衰落和不团结（尤其是亲美保守力量上升），导致地区国家独立自主和抵御外部干涉能力下降，部分国家甚至主动邀请外部势力介入，尤其是伊斯兰世界什叶派与逊尼派的对抗趋势，更使外部势力得以“坐山观虎斗”，坐收渔翁之利。

事实表明，近年来，美国利用中东局势出现的新变化，加大了对伊朗及其地区盟友的打击力度。针对伊朗，特朗普政府于2018年单方面退出伊核协议，并对伊朗进行“极限施压”，尤其试图断绝伊朗石油出口和对外金融联系。2020年8月中旬，美国要求启动针对伊朗的“快速恢复制裁”机制，恢复联合国对伊朗的所有制裁，并延长联合国的武器禁运令。该决议8月14日在联合国被否决后，美国于9月19日单方面恢复所有针对伊朗的联合国制裁措施。美国的严厉制裁，甚至使伊朗购买呼吸机、核酸检测试剂盒等医疗物资也十分困难。连国际货币基金组织批准向伊朗拨付的50亿美元抗疫贷款也被美国政府无理阻挠。此外，美国还对伊朗进行外交妖魔化和舆论封杀。美国国务院《2019年全球恐怖主义报告》中，称伊朗政府是“世界上最坏的恐怖主义支持者”，称其在中东建立代理人网络，挑动教派矛盾，并在全球范围内策划和实施恐怖袭击。① 同时，美国的脸书公司还关闭了伊朗389个社交媒体账号和网页，同时也删除了伊朗的7个群组和6个照片墙（Instagram）账号。②

美国对伊朗的全方位制裁，给伊朗经济造成严重损害。根据国际货币基金组织的数据，2016年伊朗经济增长12.5%，2017年增长3.7%，但特朗普政府“极限施压”加上油价下跌，直接导致2018年伊朗经济下降5.4%，2019年更是萎缩7.6%。③

美国对叙利亚问题的干预和打压则更是肆无忌惮。叙利亚危机爆发后，以美国为首的西方国家先是煽动民众抗议，企图借助“街头革命”推翻巴沙尔政府；该图谋落空后，美国转而资助包括极端分子在内的所谓“反政府武装”，谋求武力推翻现政权；2015年俄罗斯军事介入叙利亚后，巴沙尔政府转危为安，美国的企图再次落空。

在此背景下，美国“退而求其次”，在叙利亚制造事实分裂并对叙利亚政府进行经济绞杀。据估计，叙利亚重建需要2000亿~5000亿美元。④ 在叙利亚亟待经济重建的当口，美国加大了对叙利亚的经济绞杀战力度。2019年12月，美国国会通过制裁叙利亚法案，将任何与叙利亚有商业往来的个人或公司列为制裁对象，且特别强调建筑、工程、能源和航空领域。2020年6月17日，美国通过所谓《凯撒法案》，全称是《叙利亚平民保护法》，制裁所有旨在参与叙利亚重建的外国投资者。有人认为，《凯撒法案》和此前的经济制裁，目的就是阻止叙利亚经济恢复，建设必要的基础设施，以及提供食品、水、电力和医疗等。美国及其盟国刻意将叙利亚民众推向封闭、

① “US Report Singles out Iran as ‘World’s Worst Terror Sponsor’,” *The Arab Weekly*, June 26, 2020.

② Al-Monitor Staff, “Facebook Says It Closed Accounts, Pages with Links to Iranian Government,” Al-Monitor, May 5, 2020.

③ “Iran’s Nuclear Deal and the US Presidential Election,” Al-Monitor, September 4, 2020.

④ Khairallah Khairallah, “The Upcoming Middle East Upheaval in the Post-COVID-19, Post-oil Crisis World,” *The Arab Weekly*, April 26, 2020.

饥馑和贫困的深渊。[①]

美国还以焚烧麦田这种残忍而极端的方式，破坏叙利亚的粮食安全。叙利亚原本可以实现粮食自给。2011 年叙利亚危机以来，战乱频繁导致叙利亚小麦产量从每年平均 410 万吨降至 2019 年的 220 万吨。叙利亚由此从 20 世纪 90 年代以来的粮食出口国变成粮食进口国。2020 年 5 月，美军直升机在叙利亚北部和南部的麦田投掷燃烧气球，点燃了大量丰收在望的庄稼。土耳其武装人员也在塔尔塔姆镇（Tal Tamr）和阿布·拉塞地区（Abo Raseen）放火，导致 2000 公顷庄稼被毁。据估计，这一时期，刻意纵火导致叙利亚 13 万亩麦田全部被毁，18 万亩麦田几近被毁。同时，美国支持的库尔德控制区则严禁农民将小麦卖给叙利亚政府，而该地区小麦产量占叙利亚小麦总产量的 70%。[②] 美国控制的叙利亚东北部的油田，也被严禁将油气产品和石油收益输往缺乏收入和燃料的叙利亚政府控制区。[③]

美国还肆意破坏叙利亚的自然环境，摧毁叙利亚经济恢复的物质基础。据报道，在美国控制区，原油和废物被直接排入河流和小溪，这些污水多被用于灌溉沿岸农田。空气和土壤污染还导致树木枯萎、植被减少。有报道称，上述地区癌症发病率明显上升，患有甲状腺功能减退、贫血和血友病等的病人数量明显增多。所有这些，与美国控制区的自然环境污染都直接相关。美国人自己也承认，他们在叙利亚东北部使用贫铀弹，由此导致环境污染。[④] 叙利亚拉塔基亚省农业部门领导 2019 年称，美国支持的反政府武装摧毁了叙利亚 30% 的森林。有 30% 的林木被砍伐，这些林木都被卖往土耳其。2011 ~2015 年，恐怖组织在占领的拉塔基亚附近地区，破

① Vanessa Beeley, "Hunger is a Weapon of War: Syria Under US Coalition Blockade and Scorched Earth Policy," Global Research, July 19, 2020.

② Vanessa Beeley, "Hunger is a Weapon of War: Syria Under US Coalition Blockade and Scorched Earth Policy," Global Research, July 19, 2020.

③ Rick Sterling, "Economic Terrorism: U. S. 'Caesar' Act Tries to Suffocate 17 Million Syrians," Global Research, June 22, 2020.

④ Vanessa Beeley, "Hunger is a Weapon of War: Syria Under US Coalition Blockade and Scorched Earth Policy," Global Research, July 19, 2020.

坏了当地260种珍稀植物，包括65种药用植物。叙利亚约种植了9000万棵橄榄树，年均出产15万吨橄榄油，35万吨橄榄。当前半数控制在土耳其及其代理人之手。土耳其贸易商通过低价收购叙利亚橄榄油而大获其利。[①] 叙利亚官方对此极为愤怒却又无可奈何。叙利亚驻联合国代表贾法里指责西方国家的做法是“精神分裂症”。“当美国从叙利亚偷窃20万桶石油/日、40万吨棉花、500万只绵羊、焚烧大量的麦田、刻意让叙利亚货币贬值和对被占领土进行强制管理时，美国驻联合国代表们却宣称他们关切日趋恶化的叙利亚局势和叙利亚民众生活，他们的做法难道不是精神分裂症吗?”[②]

此外，美国还力挺库尔德“叙利亚民主军”控制叙利亚东北部地区，美国向上述地区派发5000万美元用于“人道主义援助”，但对叙利亚政府控制下的1700万叙利亚人则严厉制裁。美国制裁的目标就是防止叙利亚经济恢复、尽可能延长叙利亚冲突。美国叙利亚问题特使詹姆斯·杰佛里（James Jeffrey）称，“我的任务就是使叙利亚成为俄罗斯的沼泽”。这一政策类似于1979年苏联入侵阿富汗后美国与沙特的做法。[③]

在美国的经济绞杀战之下，叙利亚经济濒临崩溃，人道主义灾难日趋严重。首先，货币大幅贬值。美国出台《凯撒法案》之前，叙镑兑换美元汇率为940∶1，到2020年6月8日达到3000∶1（2011年之前为47∶1）。[④] 到2021年3月15日（即叙利亚危机十周年之际），叙镑兑换美元汇率更是达到4250∶1。其次，战争破坏导致叙利亚电力供应极为紧张，大多数城市居民都有过一天断电12小时的经历。电力匮乏是导致问题成堆的根源：没有

① Vanessa Beeley, “Hunger is a Weapon of War: Syria Under US Coalition Blockade and Scorched Earth Policy,” Global Research, July 19, 2020.

② Vanessa Beeley, “Hunger is a Weapon of War: Syria Under US Coalition Blockade and Scorched Earth Policy,” Global Research, July 19, 2020.

③ Rick Sterling, “Economic Terrorism: U. S. ‘Caesar’ Act Tries to Suffocate 17 Million Syrians,” Global Research, June 22, 2020.

④ Fehim Tastekin, “Why is Ankara pouring Turkish Liras into Syria?” Al-Monitor, June 15, 2020.

电力就没有工业，没有工业就没有产品，没有产品就没有出口。[①] 最后，田园荒芜加上美国等肆意焚烧麦田，导致叙利亚粮食供应日趋紧张。自 2019 年 11 月以来，叙利亚粮食价格平均上涨 251%，2020 年叙利亚有 930 万人面临食品短缺。[②] 另有媒体称，截至 2021 年，叙利亚 1240 万在册人口中，有 450 万人面临食品短缺，占其总人口的 36.3%。有人感叹：“这场饥饿、贫困和经济萧条的战争带来的恐慌，远甚于真枪实弹的战争。”[③]

三　结论与思考

用“缘木求鱼”这个成语来形容“阿拉伯之春”十年后的阿拉伯世界是再合适不过的。导致这一结果，除了外部干涉因素外，主要原因就是中东国家在“阿拉伯之春”中“看到了病症，开错了药方”。当前中东国家出现种种结构性矛盾，主要症结是当权者“忘记初心”，从最初为中下层民众服务转向为少数权贵和精英服务，而并非集权政体本身。正是由于当权者背叛民众，最终被民众抗议推翻。然而，2011 年“阿拉伯之春”最大的错误在于，许多阿拉伯人倒果为因，将集权政体当成了中东国家陷入困境的罪恶渊薮，由此将“民主转型”视为纾解困境的不二法门。方向错误导致相关阿拉伯国家非但未能解决既存问题，反而将集权政体的优势一并丧失。最终，无效民主造成无效治理，“阿拉伯之春”变成了“阿拉伯之冬”，阿拉伯转型国家面临“重走回头路”的困境。

---

① Danny Makki, “The War of Hunger … Scares Me More than the War of Cannons: As Inflation Soars,” Syria’s Economy Spirals Downward, https://www.mei.edu/publications/war-hunger-scares-me-more-war-cannons-inflation-soars-syrias-economy-spirals-downward, accessed: 2021-3-22.

② “Addressing the Growing Hunger Crisis in Syria,” Center for Strategic and International Studies, February 18, 2021.

③ Danny Makki, “The War of Hunger … Sscares Me More than the War of Cannons: As Inflation Soars,” Syria’s Economy Spirals Downward, https://www.mei.edu/publications/war-hunger-scares-me-more-war-cannons-inflation-soars-syrias-economy-spirals-downward, accessed: 2021-3-22.

面向未来，阿拉伯世界仍处在何去何从的十字路口。中东国家要想实行凤凰涅槃，必须克服几大挑战。一是重塑强政府，增强国家能力。强国家不是治理困境的根源，而是实现良治的前提，尤其对发展中国家来说，无论捍卫国家安全、维护政权稳定还是实现发展经济，都需要强政府而不是弱政府。因此，中东国家政治转型的基本方向应该是增强国家行动能力，而不是弱化国家能力。二是将谋发展而不是争霸权当成优先事项。大量事实证明，和平与发展是国家进步的基本取向。中东国家在国内问题（尤其发展问题）没搞好的情况下便急于参与地区霸权博弈，结果国力加剧透支，生存状况更加困难。要想改变这种状况，当权者需要从“战争与冲突模式”转向“和平与发展模式”。三是阿拉伯世界团结联合。历史一再表明，团结联合是强大的基础，分裂对抗是动荡衰落的根源。阿拉伯世界同宗教同血缘，却被分割成若干小国，并很容易被外部势力各个击破。阿拉伯世界克服地缘版图碎片化的唯一出路，就是效仿二战后的欧洲，通过政治、经济乃至军事上的团结联合，在国际舞台上“用一个声音说话”。唯有如此，阿拉伯世界才能内修经济，外御霸权。

国别报告

Country Reports

Y.2

2020年埃及总体形势评估

南北宝*

摘　要：2020年，面对自二战结束以来最严重的全球公共卫生突发事件和全球油价大幅下跌的不利形势，埃及国内政局基本保持稳定，埃及政府反恐战果显著，并出台多项抗疫措施延缓疫情扩散，埃及议会上下两院的选举结果进一步巩固了塞西的执政地位。疫情未对埃及经济造成严重冲击，但这场疫情暴露出埃及经济长期存在的深层次问题，过度依赖地租型经济、本土制造业薄弱、中小型私营企业发展缓慢仍制约着埃及经济持续稳定健康发展。塞西政府继续开展多元务实外交政策，与世界大国保持外交平衡，积极参与非洲、中东地区事务，但受资源争夺、国家间关系变化等因素影响，埃及与周边国家地缘博弈加剧。

* 南北宝，北京语言大学国别和区域研究院博士研究生，今日中国杂志社阿文部主编助理，主要研究方向为阿拉伯历史、阿拉伯国家国际传播。

关键词： 埃及 塞西 新冠肺炎疫情 全球油价 多元外交

塞西2014年就任埃及总统后，大力平息国内反对势力，大刀阔斧推行改革，国内政局日趋稳定，经济社会发展渐入正轨。2020年，埃及迈入转型关键期，但新冠肺炎疫情全球大流行和油价暴跌，使埃及各领域发展面临机遇与挑战并存的局面。

一 埃及整体形势保持稳定 塞西执政地位得到巩固强化

2020年，塞西政府对恐怖极端势力继续保持高压态势，制定多项防控措施延缓疫情蔓延，完成议会上下两院选举，国内政治局势保持基本稳定，塞西政治权威越发牢固。

（一）保持铁腕统治，严厉打击国内恐怖主义

2020年，塞西政府通过完善法律法规、开展军事打击、加强司法机关审判力度等举措，持续清剿国内极端分子和恐怖分子，扩大反恐成果。2020年1月14日，埃及议会批准塞西的总统令，以“国家的安全状况非常危险”为由，将全国紧急状态延长三个月。此后，为配合全国疫情防控需要，在该次紧急状态到期后又顺延三次，使埃及全年处于紧急状态中，便于集中力量打击境内“黑暗势力”。2020年3月9日，埃及政府颁布《反恐法》修正案，将“帮助任何个体和在国内外运营的集团或实体筹集、提供、转移资金及其他资产，提供武器、爆炸物、设备和数据信息等，为开展恐怖活动提供便利的行为”① 纳入恐怖主义活动范畴；将“为一名或多名恐怖分子提

① “Egypt's Sisi Ratifies Amendments to Anti-terrorism Law,” ahramoline, March 9, 2020, https://english.ahram.org.eg/NewsContent/1/64/364938/Egypt/Politics-/Egypts-Sisi-ratifies-amendments-to-antiterrorism-l.aspx, accessed: 2021-3-1.

供训练场所，以任何方式向恐怖分子提供武器和文件，为恐怖分子出行提供资金等支持，即便提供者与恐怖主义犯罪无直接关联”也会被列入“资助恐怖主义行为”① 的范畴。

相较2015年出台的《反恐法》，此次修正案更为严苛，对可能有助于恐怖主义活动的行为都加以具体说明，极大地提升相关机构对恐怖主义的识别认定与打击惩处能力，但也引发国际社会对埃及人权问题的担忧。2020年4月9日，联合国人权事务高级专员办事处认为“埃及最新修正的《反恐法》将为更多侵犯人权的行为敞开大门”，“可能导致更多任意拘留、失踪、刑讯逼供、随意指控事件发生，对言论自由、结社、和平集会将造成更大压制”②。

自2020年2月以来，埃及安全部队在北西奈省继续开展反恐行动，清除西奈半岛等地的恐怖分子和极端分子。截至2020年12月25日，埃及安全部队共挫败90余起恐怖袭击，击毙恐怖分子120名，阻止暴力与恐怖事件发生率从过去的85%提至95%。与此同时，穆兄会残余势力也受到猛烈打击。2020年8月28日，逃亡7年的穆兄会代理头目马哈茂德·伊扎特（Mahmoud Ezzat）在开罗一处公寓被捕，缴获用于与境内外其他成员联络的电脑和手机若干。12月，埃及安全部门以“资助恐怖组织”等罪名逮捕埃及部分商界、政界名流，包括朱哈纳食品公司创始人兼董事长的萨夫万·萨贝特（Safwan Thabet）、埃及塔希德·努尔公司经理萨义德·拉杰布·斯维尔基（Sayed Rajab Al-Sweirki）、尼罗河棉花公司经理萨米尔·塔哈辛·阿卜杜勒-哈利姆·阿菲菲（Samir Tahseen Abdel-Halim Afifi）、埃及人力资源部前部长哈立德·扎哈尔（Khaled al-Azhari）和交通部前部长哈塔姆·阿卜

① “Egypt's Parliament Approves New Amendments to Terrorism Law,” Egypt Independent, February 11, 2020, https://egyptindependent.com/egypts－parliament－approves－new－amendments－to－terrorism－law/, accessed: 2021－3－1.

② “خبيرة من الأمم المتّحدة: اعتماد مصر قانونًا محدّثًا لمكافحة الإرهاب يفتح الباب أمام المزيد من انتهاكات حقوق الإنسان"، مكتب المفوض السامي لـ ”, للأمم المتحدة، https://www.ohchr.org/AR/NewsEvents/Pages/DisplayNews.aspx?NewsID=25787&LangID=A حقوق الإنسان, accessed: 2021－3－1.

杜勒拉－蒂夫（Hatem Abdel-Latif）等。12 月 24 日，开罗紧急事务法庭查明埃及富豪穆罕默德·塔基丁（Mohamed Taj El-Din）自 20 世纪 90 年代起负责向穆兄会提供资金支持，管理穆兄会在埃及境内外约 70 亿英镑的资产，并通过直系亲属为穆兄会提供资金等事实，决定没收穆罕默德·塔基丁之子的财产，禁止其出售房屋、股票和债券等资产，冻结其所有银行账户、存款、债券和短期国库券等。此举旨在切断穆兄会在埃及境内的资金来源，防止其残余势力反扑。

（二）出台多项抗疫措施，维护埃及社会稳定

新冠肺炎疫情是二战结束以来最严重的全球公共卫生突发事件，给世界各国政府都带来了巨大考验，也给发展重回正轨不久的埃及带来前所未有的挑战。由于埃及公共卫生体系薄弱，塞西政府缺乏应对重大突发卫生事件的能力与经验，自 2020 年 2 月 14 日埃及卫生部报告全国首例新冠肺炎确诊病例以来，疫情在埃及迅速蔓延，3 月 8 日出现首例死亡病例，5 月 12 日确诊病例猛增至 10093 例，死亡病例达 544 人。斋月结束后，疫情防控放松导致疫情出现反弹，9 月 9 日埃及确诊病例突破 10 万例。

疫情快速扩散造成埃及医疗资源紧缺。疫情发生初期，埃及每 1000 人拥有床位数仅为 1.6 张，呼吸机、监护仪等治疗仪器设备严重不足，很多患者得不到及时医治，埃及社会深陷疫情泥潭。加拿大研究报告指出，由于埃及国内病毒检测能力与检测试剂有限，实际感染人数远高于官方公布的数据。更令人担忧的是，埃及医护人员因缺少防护面具、N95 口罩等防护用品，不得不把自己暴露在高感染风险的工作环境中，成为最容易感染新冠肺炎的群体，进一步削弱医疗救治能力。世界卫生组织在 2020 年 4 月 13 日的报告中指出，被感染的医务人员占埃及总病例的 13%。部分埃及医护人员在网上发起抗议活动，他们不愿意被称作“白色军队”，更希望得到与军队、政府官员同等的社会保护和经济权益，而非所谓的歌颂或头衔。埃及医护人员和医院系统之间的紧张关系更增添了埃及疫情防控的难度。

突发疫情让埃及政府有些措手不及，但快速增长的确诊病例引起政府相关部门高度重视，并采取了一些重要措施。

首先，政府有关部门出台多项法令，严格控制人员聚集。2020 年 3 月初，埃及总理穆斯塔法·马德布里宣布停止举办大规模公民集会或涉及大规模人员流动的活动。随后内阁发言人纳迪尔·萨阿德宣布取消宗教节日庆典活动，表示相关部门有权取消任何其认为不适宜举办的活动。埃及卫生部宣布加大力度阻止疫情在卢克索、阿斯旺和胡尔加达等旅游景点地区蔓延，并随机抽查这些地区酒店的防控情况。到 3 月中旬，随着疫情扩散，埃及政府收紧疫情防控措施。3 月 14 日，马德布里宣布次日起埃及大中小学停课两周，并在 3 月 24 日的电视讲话中表示埃及学校停课时间将延长 15 天，自 3 月 25 日起在全国范围实施为期两周的宵禁。宵禁期间，埃及公共交通暂停，多数公共服务和政府办公场所不对公众开放。除杂货店、面包店和药店，各地其他商业场所营业时间为 7：00 ~ 17：00，周五和周六全天关闭。马德布里表示，埃及有关部门有权根据《紧急状态法》处罚违反宵禁规定的相关主体。4 月 23 日，马德布里宣布将宵禁延长至整个斋月。为遏制斋月期间疫情的扩散，5 月 3 日，埃及宗教事务部部长穆罕默德·居马宣布禁止在清真寺做间歇拜，倡导穆斯林在家里做间歇拜。5 月初，为推动国内经济社会生活回归正常化，埃及政府提出“与病毒共存”计划，逐步放宽限制措施。6 月 27 日起，全国范围的宵禁时间调整为每日零时至 16 时，允许餐厅、咖啡馆、电影院以 25% 的运营能力开放并营业至 22 时，允许商店营业至 21 时。[①] 7 月 1 日起，受疫情影响较轻的南西奈省、红海省和马特鲁省的国际航班率先恢复，准备接待外国游客，随后埃及各地国际航班也逐步恢复。尽管埃及政府未能迅速从根本上改善薄弱的公共医疗卫生体系，且随着“与病毒共存”计划实施，埃及疫情出现反弹，但政府出台的一系列强制性法令在不同程度上减少疫情发生初期

① 《埃及解除部分防控措施》，新华社百家号，2020 年 6 月 28 日，https：//baijiahao. baidu. com/s? id = 1670724256550066990&wfr = spider&for = pc，最后访问时间：2021 年 5 月 28 日。

人员聚集，提高民众疫情防控意识，减缓 2020 年上半年疫情蔓延速度，有力维护了国内社会秩序的稳定。

其次，军队参与抗疫行动，缓解埃及社会医疗资源压力。自新冠肺炎疫情在埃及暴发后，埃及军队全力支援各地疫情防控工作，承担起公共场所消毒消杀、防疫物资生产、民众生活物资运输、医疗救治等工作。4 月初，埃及武装部队工厂口罩生产线进行升级，单条流水线日均产量达 10 万只，并在地铁站、广场和车站等地向民众免费发放，向民众宣传防疫知识；各类消毒剂日产量均为 5000 吨，定期在全国主要道路、火车站、地铁站和医院开展消毒消杀工作；向埃及社会供应 2.5 万吨冻肉、家禽、鱼及 15000 吨豆类、蔬菜、水果和食用油，部署 1200 辆卡车向各省运送主要物资，保障埃及民众正常的生活需求；新增 45 家军队医院收治确诊患者，腾出 22 家医院用于医学隔离观察，修建消毒岗亭，在开罗大学、艾因·沙姆斯大学新建方舱医院等，在一定程度上缓解埃及社会医疗资源压力，有效维护社会秩序和社会稳定，帮助埃及取得疫情防控第一阶段的胜利。

最后，强化疫情期间社会管控，巩固塞西政权合法性与权威性。针对疫情暴发后埃及社会出现的动荡与民众对政府执政能力的质疑，2020 年 4 月 22 日，埃及议会通过了政府提出对 1958 年《紧急状态法》的修正案；5 月 7 日，塞西对该修正案予以批准并立即生效。此版修正案赋予总统更多权力，如总统有权关闭大中小学校，暂停政府和私人机构工作，延期缴纳水、电及天然气费用，禁止公共和私人聚集，隔离入境旅客，限制特定产品贸易，等等。虽该修正案有助于填补国家相关法律的“真空”状态，遏制疫情进一步蔓延，但也在社会上引发激烈争论——在此次修正的 18 项内容中，与公共卫生明确相关的仅有 5 项，这就意味着无论埃及社会是否出现公共卫生紧急状态，总统都有权在宣布紧急状态时执行这些措施。与此同时，根据此版修正案中“扩大军事法庭起诉平民的管辖权”①，部分人士担忧此版修

① “Egypt: COVID – 19 Cover for New Repressive Powers Amendments Could Curb Rights in Name of ‘Public Order’,” Human Right Watch, https://www.hrw.org/news/2020/05/07/egypt – covid – 19 – cover – new – repressive – powers, May 7, 2020, accessed: 2021 – 5 – 15.

正案是以“国家安全和公共秩序”为名，进一步强化塞西政权合法性，巩固并扩大总统和军队权力。

（三）举行埃及议会上下两院选举，塞西支持者大获全胜

2020 年是埃及选举大年，埃及议会上下两院先后举行选举。埃及议会制度的形成一波三折。2013 年 6 月 2 日，埃及最高宪法法院裁定议会上院（协商议会）无效，2014 年通过的新宪法规定埃及议会实行一院制，废除议会上院。2019 年 4 月，埃及经全民公投通过的 2014 年宪法修正案决定重新设立议会上院。2020 年 8 月 11～12 日，埃及“1・25 革命”以来的首次议会上院选举顺利举行。重新设立的议会上院共设 300 个席位，其中 1/3 由总统任命，女性占比不得低于 10%，每届任期为五年，发挥政治协商咨询作用，有权起草社会经济发展总体规划，国家间和解、结盟以及国家领土主权相关条约；提议修改总统和议会议长提交的法律草案和宪法补充条例及国家大政方针；等等。

埃及议会下院选举于 2020 年 10～11 月举行，这是塞西执政以来举行的第二次议会选举，也是重新设立议会上院后的首次选举。此次选举投票共分两阶段，第一阶段于 10 月 24～25 日在亚历山大、红海、阿斯旺等 14 个省举行；第二阶段于 11 月 7～8 日在开罗、苏伊士、北西奈等剩余的 13 个省进行。相较于 2015 年议会选举，该届议会下议院中的女性议员人数增至 162 人，较上届增长 45.1%，表明埃及政治领导集团对女性参政的看法正在发生明显转变。埃及议会上院和下院选举顺利结束，埃及选举制度得到进一步完善，为政治民主化进程奠定了重要基础。

但不容忽视的是，从选举参与程度看，埃及社会表现得较为消极。大选前夕，埃及各地大街小巷挂满了候选人的竞选宣言横幅，电视、广播等传统媒体和社交媒体纷纷给选举宣传造势；为提高投票率，埃及最高选举委员会规定所有具有投票资格的埃及公民必须投票，否则将被罚款 500 埃镑。但从投票统计数据看，这两次选举的参与率普遍较低。例如，在议会上院选举投票中，符合条件的选民约有 6300 万人，全国范围内设立的投票站达 1.15 万

个，但最终选举参与率仅为 14.23%。① 议会下院两阶段选举参与率基本与 2015 年持平，未有明显增长。

出现这一现象的原因主要包括以下方面。一方面，部分选民受疫情影响，担心在投票过程中因人群聚集引发感染。有媒体报道指出，一些偏远地区投票点的疫情防控工作不到位，选民和工作人员都没有按要求佩戴口罩，也没有保持安全社交距离，只有当媒体拍摄时才按要求做好防护措施。另一方面，自埃及政变以来，虽推翻了穆巴拉克极权统治和穆尔西代表的政治伊斯兰势力，但塞西的强人政治并未将埃及引向真正的“民主之路”。人口增长速度快，失业率、贫困率居高不下，民众生活水平没有明显改善，种种问题都降低了民众对民主的热情与期待，“选票换食物”现象屡见不鲜。在部分选民看来，选票上的候选人是谁不重要，竞选宣言也不重要，通过选票换得油、大米、意大利面、番茄酱、小麦和豆类等食物，一家人不饿肚子才是最重要的。

从议会上下两院选举结果来看，塞西支持者大获全胜，塞西执政地位再次得到巩固。塞西当政以来，恢复了穆巴拉克时期的内政政策，并通过打击穆兄会残余势力，延长总统任期，扩大埃及军方权力，加强统治根基，因此他被外界批评为“新法老”“新穆巴拉克”。2020 年的两次选举成为加速埃及集权化进程的必要措施。议会上院 300 个席位中有 1/3 由总统直接任命，不用投票选举；另有 1/3 是从政党提名名单中选出，但大多数由塞西支持者所在的祖国未来党（Nation's Future Party）把控，反对派几乎没有任何机会获得席位。祖国未来党赢得近 75% 的席位，成为日后主导上议院的绝对核心力量。2020 年议会下院选举更进一步扩大了塞西支持者的胜利，祖国未来党的候选人在此番选举中共获得 315 个席位，其中独立候选人席位为 170 个，政党候选人席位为 145 个；另一个支持塞西的政党共和人民党（Republican People's Party）赢得 50 个席位。此外，根据议会下院席位构成

① “2020 Senate Elections' Participation Rate Reaches 14.23%, with 8M Voters: Egypt's NEA,” Egypt Today, August 19, 2020, https://www.egypttoday.com/Article/1/91022/2020 – Senate – elections – participation – rate – reaches – 14 – 23 – with – 8M, accessed: 2021 – 5 – 22.

规定，塞西可直接依法任命28人[①]，如此一来，塞西成为2020年两场大选的最终赢家。但埃及议会大选结果的毫无悬念引起外界担忧，有批评者尖锐地指出，立法机构只是塞西政府的“傀儡”，让他拥有几乎不受约束的权力。

二　疫情对埃及经济的冲击得到基本控制，结构性问题未能根治

2020年，受新冠肺炎疫情全球蔓延影响，埃及经济形势面临严峻的挑战。为缓解国内经济下行压力，埃及政府做出相关调整，接受外部资金援助，成为西亚和北非地区唯一实现经济正增长的经济体，但受国内经济结构制约，埃及经济可持续发展动力不足。

（一）多措并举，降低疫情对埃及经济的严重冲击

2016年，根据国际货币基金组织提出的对埃及的货币、财政和经济结构性改革方案，塞西在全国范围内展开经济改革计划，提出自由汇率改革、削减补贴和增加税收等中短期经济刺激计划和事关国民经济中长期可持续发展的“埃及2030愿景”。到2020年初，埃及跻身全球十大最具吸引力的新兴市场行列，持有的外国债券规模从2016年不足6000万美元增至200亿美元。

然而，来势汹汹的新冠肺炎疫情打断了塞西政府经济改革措施的落地，国内经济危机和民生危机十分严重。为缓解疫情对经济造成的负面影响，塞西政府在2020年3月推出总值1000亿埃镑的经济刺激措施，其中包括落实减税降费，降低企业成本，如工业用电价格每千瓦时平均降低10皮阿斯特（约合0.0064美元），工业用天然气价格每百万英热单位降低4.5美元，为

---

① “Pro-Sisi Party Wins Majority in Egypt’s Parliamentary Polls,” Reuters, December 15, 2020, https://www.reuters.com/article/egypt-election-int-idUSKBN28O2T0, accessed: 2021-5-23.

工厂和旅游景区提供为期3个月的免缴纳房产税政策，两年内免征农业土地税；发放疫情补贴，扩大社会保障和养老金法案覆盖范围，向全国240万户家庭（共约1000万人）提供276亿埃镑补贴，全国退休人员养老金上调14%；为在人力资源部网上登记的季节工提供为期3个月的500埃镑一次性津贴，延长季节性工人工资支付至2020年末；个人所得税申报截止日期延长至4月中旬，免除相关电子支付手续费；加大金融支持力度，保障金融市场平稳有序运行，如外国投资者在埃及的证券（股票）交易印花税率从0.15%下调至0.125%，本国投资者缴纳的证券（股票）交易印花税率从0.15%下调至0.05%；本国居民股票交易的资本利得税延缓缴纳至2022年1月1日，永久性免除外国投资者股票交易的资本利得税。

为应对疫情对全球经济的影响、保护埃及经济改革的成果，埃及央行也推出相应财税金融优惠措施，如一年之内连续三次降息，其中3月降息幅度最大，基准利率下调300个基点，9月和11月又分别降息50个基点①，帮助政府削减财政赤字，降低企业贷款利息成本，增加市场资金流动性；延长企业和个人客户的还款期限，免缴还款滞纳金和其他扣费；2020年9月到还款延长期限后，在央行的指导下，埃及各大银行根据客户偿还能力和现金流量制定适合的还款程序、重组客户债务，帮助客户缓解现金流不足的压力，改善企业资产负债结构；鼓励电子支付，开展在线办理支付结算等业务，自2020年3月起，埃及央行宣布取消POS机、ATM取款、电子钱包提现手续费，提高手机钱包和预付卡额度上限，通过无接触方式向客户发放免手续费（6个月）的预付卡等，既有助于减少人员接触，避免交叉感染，也有助于引导企业和个人形成新的支付习惯，更释放了消费势能，降低疫情对经济社会发展的影响。

长期以来，埃及经济发展离不开外部资金援助，塞西政府的经济改革计划更是在世界银行、国际货币基金组织等国际金融组织全力扶持下进行的。

① "Central Bank of Egypt's Measures to Offset the Impact of COVID-19," Central Bank of Egypt, December 19, 2020.

面对史无前例的突发公共卫生灾难，外部经济援助成为埃及短时间内改善经济状况的重要保障。2020 年 3 月，世界银行启动“改造埃及卫生系统项目”下的应急响应相关工作，为埃及提供 790 万美元，用于新冠肺炎疫情应急处置；5 月批准向埃及提供约 5000 万美元的新冠肺炎疫情快速通道基金，帮助埃及提高应对疫情的能力和水平，如支持埃及采购和分配医疗物资、培训医护人员、修建定点隔离治疗中心、开展新冠肺炎确诊病例溯源工作、开发疫情信息查询平台与工具以及强化疫情防控宣传并提高民众防控意识等。国际货币基金组织于 2020 年 5 月批准向埃及提供 27.72 亿美元的紧急财政援助，解决国际收支和财政需求；6 月再次批准在未来一年内向埃及提供 52 亿美元的普通贷款，帮助埃及应对新冠肺炎疫情对社会和经济造成的负面影响，并在 2020 年 12 月完成审查后提取约 16.7 亿美元。此外，埃及还于 2020 年 5 月收到疫情暴发以来的首笔投资。欧洲复兴开发银行向埃及第二大私人银行 QNB ALAHLI 银行提供 1 亿美元的高级贷款，扶持业务、营业额或盈利能力不断下降的中小企业渡过疫情难关。[①] 同月，非洲开发银行批准向埃及提供 50 万美元的紧急援助，关爱疫情防控中的弱势群体，保障他们的基本生活需求。2020 年 7 月，非洲进出口银行向埃及提供 35.5 亿美元，刺激疫情期间埃及央银行和地方银行资金流动，保障食品和医疗用品等重要物品的贸易持续进行，促进区域一体化，并捐赠 25 万美元，专门用于救治新冠病毒感染者。

（二）喜忧参半，埃及经济复苏动力不足

2020 年疫情暴发以来，塞西政府推出经济刺激措施，借助国际和区域金融机构紧急资金援助和投资，埃及经济形势基本保持稳定。国际货币基金组织在 2020 年 4 月和 10 月发布的《世界经济展望》报告都对埃及经济给予

① “Egypt: First Investment Delivered under European Bank for Reconstruction and Development Coronavirus Solidarity Package,” EU Neighbors, May 13, 2020, https: //www. euneighbours. eu/en/south/stay – informed/news/egypt – first – investment – delivered – under – european – bank – reconstruction – and, accessed: 2021 – 5 – 24.

积极评价，表示埃及将是唯一可实现经济正增长的阿拉伯国家。世界银行在2020年10月发布的中东北非经济报告中指出，埃及2020年国内生产总值预期增速3.5%，预计埃及的经济将在2021年恢复到疫情前的增长速度。正如国际组织预期，2020年埃及国内生产总值约为3618.5亿美元，创历史新高，虽低于"埃及2030愿景"中的10%经济高速增长目标，但仍以3.6%的增速成为北非地区唯一实现经济正增长的国家，是阿拉伯地区第二大经济体，仅次于沙特。2020年，埃及通胀率为5.1%，低于2019年8.5%的通胀率，是2006年以来的最低水平，蔬菜、肉、海鲜、蛋和奶等商品价格均未出现明显上涨。

埃及房地产行业保持稳定发展，成为全年发展势头最好的行业之一。惠誉评级在2020年4月的报告中表示埃及房地产行业发展将"依旧强劲"。2020年埃及房地产开发投资同比增长4.4%，占国内生产总值的6.7%；埃及新行政首都、新阿拉曼、新曼苏拉城等数十个大型项目带动扩岗就业，截至2020年8月底，虽受疫情影响，埃及房地产行业相关岗位减少28.8万个，但不足零售和批发业相关岗位减少量的一半。

埃及银行业保持稳健运行，资产质量显著改善。2020年埃及银行平均资产回报率从2019年的1.4%增至1.8%，平均股本回报率从19.2%升至23.4%，净利润率从3%增至4.1%；[①] 不良贷款率从4.2%下降至3.6%，不良贷款拨备覆盖率从97.2%降至96%，贷存比从44.8%上升至48.2%[②]，较充分地发挥了资本市场作用，有效改善了埃及的营商环境，为埃及经济复苏提供坚实的支持。

埃及经济实现正增长、通胀率稳定、房地产行业发展强劲和银行业运营

① Hossam Mounir, "EGP 1.166trn Increase in Financial Position of Banks in Egypt during 2020: CBE," *Daily News Egypt*, March 21, 2021, https://dailynewsegypt.com/2021/03/21/egp-1-166trn-increase-in-financial-position-of-banks-in-egypt-during-2020-cbe/, accessed: 2021-5-24.

② "Egypt's Banking Sector Assets Significantly Improved by End of 2020, Says Report," Egypt Today, March 18, 2021, https://www.egypttoday.com/Article/3/99863/Egypt-s-banking-sector-assets-significantly-improved-by-end-of, accessed: 2021-5-24.

良好证明了塞西执政以来推行的经济改革措施经得住实践的“检验”，但这些成效并不能概括当前埃及经济的全貌。相反，疫情客观上放大了埃及经济存在的深层次问题与风险点。

第一，地租型经济对国民经济影响深重。旅游业是埃及四大创汇行业中受疫情影响最深刻的行业。受全球多国实施“居家隔离”和关闭边境等政策影响，2020 年埃及旅游业损失惨重，全年收入仅为 40 亿美元，较上年骤降 70%；游客人数从 2019 年的 1310 万人次下降至 350 万人次，降幅达 73%；外国游客在埃及酒店的入住率只有 2019 年的 10% ~15%；300 余万埃及旅游从业人员失业。随着疫苗投入使用，全球疫情逐步得到控制，但由于埃及旅游业受疫情影响的人数多、产业链长，短期内仍难以恢复到疫情前的水平，未来两年内仍将会持续低迷。

侨汇是埃及又一大创汇行业，也是受此次疫情影响较为明显的行业。不同于旅游业收入的大幅下降，2020 年埃及侨汇为 296 亿美元，同比增长 10.5%，但这一反周期波动却侧面印证了埃及经济的脆弱性。受疫情影响与国际油价持续低迷，阿联酋、科威特、阿曼等海湾国家劳动力本土化政策逐步实施，对包括埃及人在内的外国劳工需求大幅下降，大批长期在外务工的埃及人面临失业风险，例如，截至 2020 年 10 月，至少有 20 万埃及人因拿不到沙特工作签证而被迫离境。这些埃及人在回国前清算资产，集中向国内汇款，短期内缓解了埃及国内亲属经济问题，帮助政府实现外汇储备稳定，弥补因疫情造成的外贸赤字。但从中长期看，随着海外务工的埃及人陆续离开海湾国家，埃及侨汇收入将呈下降趋势，如 2021 年第一季度埃及侨汇为 78.5 亿美元，低于去年同期的 78.7 亿美元，预计该下滑趋势将会持续一段时间，直至海湾国家经济明显好转。埃及侨汇收入降低将会引发国家外汇储备减少，国际收支逆差扩大，抵御国际金融风险能力减弱等连锁反应。

第二，埃及本土制造业羸弱，抗风险能力不足。2020 年，受新冠肺炎疫情和国际油价下跌的双重影响，埃及油气行业与非石油行业等制造业损失惨重，整体增长放缓。2020 年第二季度，埃及石油和天然气开采业增加值同比下降 8.2%，非油气产业下降 15.9%；由于疫情期间全球产业链与供应链网络遭遇冲击，埃及 30% 的纺织厂关停，全国纺织品和服装出口减少 29%；2020 年埃及 16 家汽车制造厂和组装厂中只有 10 家继续经营，其余 6 家均已停工，全年汽车市场销量同比下降约 30%。这些不尽人意的表现，凸显了埃及本土制造业长期存在的单一性与依赖性问题。自 20 世纪 70 年代萨达特政府推行新自由主义改革，实施“对外开放”政策以来，纳赛尔时期建立起的完整工业体系受到沉重打击，主体经济逐步地租化，竞争优势日趋衰弱。虽塞西政府在“埃及 2030 愿景”中提出到 2030 年将制造业产值占国内生产总值的比重从 12.5% 提至 18% 的目标，但上下游生产要素配置扭曲，劳动力资源、自然资源、资金、技术和经验得不到合理利用，自主创新能力不高的问题并未得到改善，埃及本土制造业仍面临技术设备依赖进口，产品自给率低，难以全面融入全球经济，且无法有效应对外部冲击等难题。

第三，中小型私营企业发展缓慢。2020 年 6 月，脸书、经济合作与发展组织、世界银行联合发起的“未来商业”调查项目显示，自疫情暴发以来，埃及是中东地区中小型企业裁员最多的国家，发生裁员的企业占全国中小型私营企业总量的 51%；在维持营业的企业中，有 80% 的负责人表示难以负担各项经营费用开支；在疫情导致停业的企业中，有 40% 的负责人表示不确定未来是否会重新开业。[①] 塞西政府虽然推出面向中小微型企业的 100 万埃镑贷款的刺激措施，以及阶段性减免企业部分费用，但由于军队主导的产业体量巨大，基本垄断埃及国内市场，中小微型企业生存空间非常有限，疫情更加剧了此类企业的生存难度，迫使它们在“夹缝”中恶性竞争或被淘汰。此外，90% 以上的埃及中小型私营企业集中于产品加工、零售批发、服务等行业，大多企业生产技术落后，产品附加值低，长期处于全球价值链的中低端，吸引优质外资能力有限，政府贷款“杯水车薪”，很难从根本上解决企业融资难、转型升级慢的问题。

① “Global State of Small Business Report,” Facebook, OECD, World Bank.

三　埃及继续开展全方位外交，地区博弈日趋激烈

2020年，塞西政府继续以维护国家利益为核心诉求，以拓展外交空间为主要目标，推动外交多元化战略，以更加灵活、自主的方式平衡与世界大国的关系，深度参与非洲和中东地区事务。但受资源争夺、国家间关系变化等因素影响，埃及与周边国家地缘政治博弈加剧。

（一）推进“大国平衡外交”，谋求本国利益最大化

埃及与世界大国关系总体保持稳定，各领域合作取得新进展。其中，埃及与欧美国家关系遭遇人权问题考验，但双边关系仍保持密切。在埃及裔美国公民穆斯塔法·卡西姆（Mustafa Qasim）2020年1月13日死于埃及监狱、美国政府应对疫情的巨额支出、美国总统大选等多种因素的作用下，埃及与美国关系发生微妙变化。美国国务院近东事务局、美国中东民主项目与国际政策中心（Project on Middle East Democracy and the Center for International Policy）都要求大幅削减对埃及的军事援助；2020年12月底，美国国会首次提出应以释放政治犯为条件向埃及提供军事援助。此外，美国总统候选人拜登在竞选期间就表示“不能再给特朗普‘喜欢的独裁者’[①]开空头支票”；[②]当选后又承诺要将人权问题置于外交政策的首要位置，恢复美国对世界各地民主和人权的支持，增添了未来美埃关系变数。同美国一样，欧盟也就埃及人权问题加大向塞西政权施压力度。2020年12月初，欧洲议会通过了对埃及采取限制性措施的决议，呼吁欧盟高级代表和成员国以“统一和坚决的方式”对埃及侵犯人权的行为做出回应，被称为“迄今最严

① 此处的“独裁者”指埃及总统塞西，源于2019年8月比亚里茨七国集团峰会期间，特朗普在等待与塞西会面时说道：“我最喜欢的独裁者在哪。”

② “Opinion: It's Time for Trump's ‘Favorite Dictator’ to Hear a Different Message,” *The Washington Post*, November 22, 2020, https://www.washingtonpost.com/opinions/global-opinions/its-time-for-trumps-favorite-dictator-to-hear-a-different-message/2020/11/20/7c6a0034-2b5e-11eb-8fa2-06e7cbb145c0_story.html, accessed: 2021-5-31.

厉”的监督和问责机制。

埃及与欧美国家在外交、经济、军事领域的合作，并未受埃及人权问题的干扰。美国特朗普政府在涉及埃及、埃塞俄比亚、苏丹三国的复兴大坝争端上改变了一贯的中立和沉默立场，坚决支持埃及。2020 年 9 月 2 日，特朗普以复兴大坝争端谈判未取得进展为由，授权美国国务院暂停对埃塞俄比亚的部分援助；10 月 24 日，美国总统特朗普在同苏丹总理阿卜杜拉·哈姆杜克、以色列总理内塔尼亚胡的通话中表示埃塞俄比亚违反了美国为三国就复兴大坝问题达成的协议，是一个巨大的错误。

2020 年，埃及与法国的密切关系成为埃及与欧美大国合作的亮点。2020 年 1 月，埃及航天局和法国航天局国家空间研究中心（CNES）在开罗举行首次埃及 – 法国空间研讨会，签署双边空间合作协议，推动埃及在地球观测、空间天气观测站、空间应用、纳米卫星方面的发展；2020 年 3 月和 11 月，埃及、法国两国海军在地中海海域举行联合军事演习，加强应对东地中海地区紧张局势的军事力量；12 月 6 ~ 8 日，塞西访问法国受到高规格接待，法国总统马克龙表示不会把在人权问题上的分歧作为国防和经济合作的条件，并授予塞西荣誉军团大十字勋章，成为 2020 年两国关系的“高光时刻”。

不同于穆巴拉克时期的“亲美”立场，塞西当政后逐渐将外交重点转向俄罗斯。2014 年 12 月，塞西首访俄罗斯，两国关系迅速升温；2018 年 10 月，两国签署《最高级别的全面伙伴关系和战略合作协议》，为两国各领域合作开辟了更加广阔的空间，在一定程度上降低了埃及对美国的高度依赖。2020 年，埃及与俄罗斯继续加强在防务和军事领域的合作，共同维护地区安全与稳定。2020 年 7 月，埃及向俄罗斯购买的首批 5 架苏 – 35 战斗机从俄罗斯阿穆尔河畔共青城加加林飞机制造厂（KnAAZ）起飞转场飞向埃及。作为“超级侧翼”，苏 – 35 是一款超机动性多用途战斗机，能够对尾追目标进行及时捕捉和攻击，埃及希望通过部署苏 – 35 战斗机、米格 – 29 战斗机、阵风战斗机、F – 16 猎鹰战斗机等共同保卫领空安全，扩大埃及的空中优势，对周边国家具有强大震慑力。11 月 17 ~ 24 日，埃及与俄罗斯首次在黑海展开为期一周的“友谊之桥－2020”联合军演，演练内容涵盖联合打击水面和空中目标进行，共同进行防御演练、开展对失事船只搜寻、对落水人员救助等，通过两国武装部队的交流与合作，有效增强了两国军队在海上安全方面的配合默契程度。

2020年，在充满不确定性的国际形势下，中国与埃及经过疫情的考验，两国关系的基础更加牢固，两国的合作更加广泛，两国的友好关系更加深入。[①] 首先，中埃关系迈向更高水平。2020年1月，国务委员兼外交部部长王毅在新的一年首访埃及，双方同意朝着新时代构建命运共同体的目标，提升两国关系水平，推动中埃全面战略伙伴关系迈上新台阶；2020年3月23日，习近平主席在与塞西通话中提出深化各领域务实合作，把中埃关系打造成构建中阿和中非命运共同体的先行先试样板，有力夯实双边关系发展的政治基础，为新时代中埃关系发展指明了方向。其次，中埃携手抗疫为双边关系发展注入新动力。2020年3月1日，埃及开罗、卢克索、阿斯旺的三大世界文化遗产同时点亮五星红旗，坚决支持中国抗击疫情；次日，埃及总统特使、卫生部部长哈莱访华，成为疫情发生后首位访华的卫生部部长，并赠送大量的医用物资，以实际行动支持中国抗击疫情。随着中国境内疫情得到控制，中国政府先后向埃及提供四批医疗物资、最新的诊疗方案和防控方案，召开9场卫生专家视频会议，多次开展两国检测机构同行之间的技术交流，同埃及签署《中埃关于新冠病毒疫苗合作意向书》，向埃及援助首批30万剂疫苗，等等，彰显了中国与埃及特殊友好的双边关系。最后，中埃各领域务实合作取得重要成果。经贸方面，2020年中国与埃及双边货物进出口额为145.66亿美元，同比增长10.34%，中国连续多年稳居埃及最大贸易伙伴和第一大进口来源国。航天航空方面，2020年7月，援埃及二号卫星项目全面进入研制生产阶段。作为“一带一路”倡议建设的标志性项目之一，援埃及二号卫星项目是埃及卫星总装集成测试中心的延续，预计该项目

① 陆隽弘、米春泽：《中国驻埃及大使廖力强：2020年是中埃两国书写新辉煌的一年》，中央广电总台国际在线，2020年12月24日，http://news.cri.cn/20201224/808ccf5c-b9b6-5ab1-9f0b-ce585db54674.html，最后访问时间：2021年5月31日。

卫星的成功发射将极大提升埃及航天技术能力建设。人文交流方面，2020年8月，中国与埃及首次联合考古取得阶段性成果，揭开了拥有3000多年历史的古埃及孟图神庙的神秘面纱，探明22座建筑遗迹，在孟图神庙西南角附近的泥砖上发现印有始建孟图神庙的法老阿蒙霍特普三世登基名的椭圆形印章印记，为古埃及文明演进研究提供丰富的实物资料，促进中国与埃及文明交流互鉴、民心相通。

（二）持续深化同非洲国家关系，大国地位面临严峻挑战

2020年，塞西政府继续将非洲作为国家外交优先方向，通过双边和多边渠道，努力提升埃及在非洲地区的影响力与话语权，但由于自身实力限制，深陷资源争夺泥潭，地区大国竞争激烈。

一方面，埃及主动加强同非洲国家开展疫情防控合作，为非洲抗疫提供支持，缓解疫情对非洲国家的冲击。尽管埃及已结束非洲联盟轮值主席国任期，但作为地区的“领头羊”，对参与非洲地区事务的热情有增无减，在疫情暴发后表现得更加积极主动。2020年3月26日，塞西在非盟领导人小型视频峰会上表示埃及将为新成立的非盟新冠肺炎应对基金提供资金支持，呼吁二十国集团、七国集团、国际货币基金组织和世界银行等组织减免对非洲国家债务的倡议，赢得新一届非盟轮值主席国南非总统拉马福萨及非洲其他国家领导人的一致赞同。为提高中部非洲、西非以及萨赫勒地区等“埃及在非洲南部与西部战略纵深的延伸”[①] 及其他非洲国家疫情防控与救治能力，埃及先后向33个非洲国家提供消毒剂、医用口罩等疫情防护用品援助，总价值约400万美元，在短期内延缓疫情在这些国家的扩散，不同程度上降低了疫情对非洲地区本已脆弱的公共卫生系统和刚刚起步的经济转型发展成果的“双重”打击。在疫情的冲击下，欧美大国自保内顾倾向上升，对非洲关注程度有所降低，埃及却始终与其他非洲国家保持政策立场一致，积极

① 郝诗羽、段九州：《塞西执政以来埃及的非洲政策取向与变化》，《西亚非洲》2020年第3期。

维护非洲国家整体利益，主动提供力所能及的援助，凸显了埃及作为非洲地区传统大国的担当与责任，也充分表明非洲大陆在塞西政府外交战略布局的重要地位，更是埃及顺利重返地区强国、主导非洲事务的关键之举。

另一方面，埃及陷入复兴大坝问题谈判的僵局，资源争夺背后的地缘博弈进入“白热化”，严重挑战埃及的地区大国地位。随着复兴大坝建成，埃及与埃塞俄比亚为主的尼罗河沿岸国家围绕“坝权”“水权”等展开激烈争夺，双方都迫切希望从中获得更多的政治利益与经济利益，一时间，尼罗河流域地缘政治紧张局势加剧。

2020 年 1 月 13 ~ 15 日和 28 ~ 31 日，在美国主导下，埃及、埃塞俄比亚、苏丹三国外长、水资源方面的部长与美国财政部部长、世界银行行长在美国华盛顿举行两轮谈判，对装机 645 万千瓦的复兴大坝蓄水和运营进行协商，并就复兴大坝蓄水计划和应对干旱机制达成协议。然而，埃塞俄比亚不久后表示协议对复兴大坝蓄水设置条件苛刻，其实质仍是维护 1959 年的《全面利用尼罗河水协议》，并以此为由拒绝在协议上签字，美国和世界银行在复兴大坝问题上的调解就此以失败而告终。

2020 年 6 月 9 日，埃及、埃塞俄比亚、苏丹再次就复兴大坝问题进行磋商，但未有结果。当月底，非盟宣布介入复兴大坝问题，于 2020 年 7 ~ 13 日召集三方启动新一轮谈判，但仍未能取得实质性成果。埃塞俄比亚水、灌溉和电力部部长将谈判中断归咎于埃及与苏丹不变的立场和过分的要求。7 月 22 日，在埃及、苏丹、埃塞俄比亚三方谈判取得进展的第二天，埃塞俄比亚突然宣布复兴大坝水库已完成第一阶段蓄水，尼罗河地区紧张局势达到顶点，刚有起色的三方谈判重回原点。在非盟的斡旋下，埃及、埃塞俄比亚、苏丹三国于 8 月、11 月、12 月进行多次谈判，但由于埃及与埃塞俄比亚不变的立场，各方在法律、技术要点等方面存在诸多难以化解的分歧，复兴大坝问题谈判再次不了了之。

作为曾经尼罗河水资源分配的主导者，埃及在与埃塞俄比亚的较量中并未占得上风，也暴露出其在地缘战略竞争中的劣势。美国调解失败后让埃及不得不承认依靠大国不再是解决本地区冲突的“灵丹妙药”，外部力量撑腰并不能从根本上扭转自身综合实力下滑、地区形象受损的问题。同时，复兴大坝问题谈判不仅是简单的资源争斗，更是和埃及与周边国家关系、埃及在非洲地位等整体战略问题相关联。埃及在这场“马拉松”式的谈判中急于短期应对，未能把历史和军事层面优势转化为话语优势，反而处处受制于人，对埃塞俄比亚单方面蓄水和苏丹在复兴大坝问题的立场摇摆等问题缺乏全局性判断，难以提出符合各方利益，实现长久共同发展的方案与机制。就目前看来，埃及在复兴大坝问题上的被动处境将加剧尼罗河流域国家间的博弈，削弱其在非洲的地位与影响力，增添其重返地区强国的不确定因素。

（三）与周边国家龃龉不断，中东事务战略自主性不强

2020 年，受疫情影响，埃及与其他中东国家官方和民间互动往来大幅降低。埃及与土耳其的对垒，以及阿拉伯四国先后与以色列关系正常化，都对埃及在该地区的地位与话语权产生深刻影响。

2020 年，埃及与土耳其在利比亚内战和东地中海油气开发问题上的博弈加剧。利比亚内战方面，2020 年 5 ~ 6 月，利比亚民族团结政府军在土耳其的帮助下夺回利比亚第二重要空军基地、国民军西部战线行动指挥中心瓦提雅，反攻到中部重镇苏尔特，哈夫塔尔领导的国民军被迫撤退，国民军为夺取首都而进行长达 14 个月的进攻最后以失败收场。为帮助扭转利比亚内战局势，维护埃及在利比亚东部的经济利益与本国西部边界安全，改变与土耳其博弈中的被动处境，塞西于 2020 年 6 月 6 日提出“开罗宣言”政治倡议，呼吁各方在 6 月 8 日停火，恢复在日内瓦的谈判等，却遭民族团结政府和土耳其强烈的反对。6 月 14 日，埃及空军调集多架战机部署在埃及西部边界、土耳其到利比亚的必经之路西迪·巴拉尼（Sidi Barani）空军基地，加强针对利比亚民族团结政府和土耳其的威慑。6 月 20 日，塞西视察埃及西部军区，表示埃及已做好对利比亚进行军事干预的准备，强调埃及有权保护其与利比亚的边境不受“外国阴谋”的影响。7 月 9 日，土耳其在地中海举行大规模海上军演后，埃及随即一连多日在西部边境举行海陆空三军军

演，两国剑拔弩张，军事对峙局势到达顶峰。7 月 20 日，埃及议会通过在利比亚部署埃及军队的议案，以打击民兵罪犯和外国恐怖分子，捍卫埃及国家安全。

从 2020 年埃及与土耳其在利比亚的对峙情况看，军人出身的塞西深谙大规模出兵利比亚的“高风险，低回报”，转而采取有限且隐蔽的支持，利用沙特和阿联酋对利比亚国民军的资金援助，向国民军提供大量武器和军事培训，提高利比亚国民军实力，维护自身西部边界地区安全，更向土耳其乃至整个中东地区表明埃及对地区事务的影响力与话语权。

东地中海油气方面，2020 年，随着土耳其进一步推进在东地中海海域油气资源的勘探活动，与埃及在油气资源分配、贸易及地区地位等问题上的分歧明显。为降低土耳其对埃及天然气出口贸易的影响，阻止其在东地中海地区获得更多油气资源，埃及利用该地区国家数量多，对油气资源需求大，且部分国家与土耳其恩怨颇深不满土耳其“一家独大”的态势，对土耳其进行合围。2020 年 8 月 6 日，埃及与希腊签署海上边界协议，设立海上专属经济区，与土耳其和利比亚民族团结政府签订的《关于限制海洋管辖权限的谅解备忘录》针锋相对，被土耳其外交部抗议指其“无效”。[①] 2020 年 9 月 22 日，埃及与塞浦路斯、希腊、以色列、意大利和约旦签署《东地中海天然气论坛章程》，正式成立东地中海天然气论坛，后于 11 月 16 日变更为总部位于埃及开罗的永久性区域组织，成员国包括埃及、塞浦路斯、希腊、以色列、意大利、约旦和巴勒斯坦[②]，旨在加强成员国在油气资源勘探、开采、运输和贸易等环节的合作。虽然埃及等国创立的东地中海天然气论坛欢迎其他东地中海沿岸国家加入，但就目前来看，土耳其并未参与其中。埃及积极参与组建该组织的地缘政治意义大于能源开发意义，更倾向于

① Stuart Elliott, “East Med Gas Tensions Ratchet Up as Greece, Egypt Sign Sea Border Deal,” S&P Global, Platts, https://www.spglobal.com/platts/en/market-insights/latest-news/natural-gas/080720-east-med-gas-tensions-ratchet-up-as-greece-egypt-sign-sea-border-deal, accessed: 2021-6-5.

② 该论坛创始国之一的巴勒斯坦未参加论坛章程签署仪式。

在美国减少对该地区事务插手的情形下，扩大反土耳其的区域联盟范围，试图将土耳其“边缘化”，防止其在该地区建立绝对优势。

过去近十年间，严重的政治分歧一直主导埃及与土耳其两国的关系，但不可否认，2020 年底两国关系在对峙中出现了缓和迹象。2020 年 12 月 30 日，土耳其外交部部长恰武什奥卢在回答记者提问时表示土耳其与埃及两国关系并没有中断，两国间保持着情报机构交流合作与外交层面会谈。埃及也并未对土方关于两国关系的表态予以否认，有默认两国关系趋于缓和之意，这为 2021 年两国关系解冻释放了积极信号。

“没有永远的敌人，也没有永远的朋友”，对土耳其而言，受 2020 年新冠肺炎疫情冲击，国内经济形势日益严峻，社会发展矛盾集中，四处出击反遭其他国家集体“孤立”，改善与埃及关系是缓解国内压力最有效的途径之一。对埃及而言，土耳其的积极示好从侧面承认了塞西政权的合法性，打击了国内穆兄会残余势力，更有利于埃及重返中东。从长远看，埃及 - 土耳其关系走向仍将受两国内政外交政策、中东地区局势以及域外大国中东政策等诸多因素的影响。

此外，阿拉伯国家接连与以色列实现关系正常化引起埃及“不适”，地区战略自主性受到挑战。2020 年 8 ~ 12 月，在美国的斡旋与撮合下，阿联酋、巴林、苏丹、摩洛哥先后与以色列关系实现正常化，引发“中东地缘地震”①。埃及对此次建交高潮表现得异常冷淡。除塞西在个人推特账号上分别对四国与以色列关系正常化表示欢迎或赞赏外，埃及各方鲜有实质性举动。作为首个与以色列建交的阿拉伯国家，埃及非但未从以色列“朋友圈扩容”中获利，反而陷入更加复杂的地区博弈棋局。

首先，埃及苏伊士运河的航运地位受到挑战。随着阿联酋与以色列关系好转，两国正在合作建设阿布扎比—埃拉特—阿什凯隆—欧洲的油气运输管道；阿联酋迪拜环球港务集团（DP World）与以色列 Dover Tower 签署协议

① Thomas L. Friedman, “Geopolitical Earthquake Hits the Mideast,” *The New York Times*, August 14, 2020, Section A, p. 22.

合作开发以色列港口和自由贸易区，在以色列埃拉特港和迪拜杰贝阿里港（Port of Jebel Ali）之间开通直达航线，将容纳目前主导石油运输的巨型超大型油轮，缩短海湾地区与欧洲之间的货物运输距离，节省时间、燃料与成本，且能降低被海盗侵扰的风险。若阿联酋与以色列的“亲密合作”顺利，苏伊士运河年交通量将至少减少16%，长此以往，将严重危及运河在中东乃至全球的航运地位，也将降低埃及政府征收的过境税数额。

其次，埃及在巴勒斯坦问题上的调解作用有所降低。自埃及与以色列建交以来，埃及凭借着地理优势与阿拉伯地区大国身份同巴以双方保持较为紧密的联系，与以色列合作打击西奈半岛的恐怖势力；协调巴解组织和哈马斯之间矛盾，促进巴内部和解，斡旋于以色列与哈马斯之间，达成停火协议，举行换俘会谈；等等。但随着阿联酋、巴林、苏丹等阿拉伯国家与以色列关系正常化，埃及成为诸多与以色列建交的阿拉伯国家之一，在中东和平进程中的优势将逐渐消退，对巴以和平进程的影响力与话语权将大不如前。

最后，埃及在中东地区的大国地位再度被削弱。由此波同以色列的建交高潮不难看出，阿拉伯世界内部的分裂趋势明显，在自身利益的驱使下可随时调整对以色列的态度，全然不顾巴勒斯坦的合法权益和阿拉伯民族尊严，巴勒斯坦问题一再被边缘化，逐渐成为阿拉伯国家政府从美国获取利益的筹码。以色列此次实现重大外交突破后，在中东地区的“朋友”涵盖海湾地区、沙姆地区和马格里布地区等阿拉伯世界大部分区域，可合作的政治资本、油气资源和资金实力都得到显著提升。相比之下，革命后元气大伤的埃及尚未恢复到中东强国之列，甚至需要依附于沙特、阿联酋等海湾国家，昔日的战略优势不再，对地区事务的塑造能力明显下降，恐将不再是美国、以色列的首要合作伙伴。外界将之称为阿联酋王储从塞西手中夺走了同美国和以色列“窃窃私语”的角色。

结　语

2020年，面对来势汹汹的新冠肺炎疫情与世界超低油价的打击，塞西政府稳住了埃及基本盘：安全方面，继续打击西奈半岛等地的恐怖势力，有力维护了埃及社会稳定；抗疫方面，紧急制定疫情防控措施，调派军队参与抗疫，延缓了疫情蔓延的速度；内政方面，举行议会上下两院选举，巩固了自身执政地位；经济方面，及时推出经济刺激方案，借助国际和区域组织的资金援助，降低了疫情对国民经济造成的损失，以3.6%的GDP增速成为北非地区唯一实现经济正增长的国家；外交方面，开展平衡外交，与世界大国保持良好关系，联合东地中海沿岸国家对土耳其形成了合围之势。

与此同时，埃及也面临诸多困难与挑战，国家民主转型艰难，回到强人政治后，埃及民众政治参与热情不高；地租型经济顽疾尚未根治，本土制造业基础薄弱，中小型私营企业发展缓慢，增加了疫情防控常态化时代埃及经济发展的不确定性；美国拜登政府对埃及日趋强硬的态度将影响未来埃及与欧美国家的密切关系，在复兴大坝问题谈判、利比亚内战、阿拉伯诸国与以色列实现关系正常化等非洲与中东地区事务上缺乏战略主动性。长期来看，埃及需加强国内民主政治建设，调整经济结构，转变经济发展方式，解决好经济与民生问题，继续开展多元平衡外交政策，增强国际和地区竞争力，唯有如此才能真正实现转型发展。

Y.3
沙特经济转型评析

丁 隆 李 楠*

摘 要： “2030愿景”是沙特为摆脱对石油的依赖，实现经济多元化发展的经济转型计划，未来城建设与对外投资则是“2030愿景”的核心内容。2020年，受新冠肺炎疫情和油价下跌影响，沙特石油收入减少，财政困境日显。未来城建设等大型项目暂缓实施，沙特对外投资风险上升，并出现亏损。拜登政府上台后，美国重新审视美沙关系，对沙特产生负面影响。受诸多不利因素影响，“2030愿景”目标恐难如期实现，沙特经济转型困难加大。

关键词： 沙特 “2030愿景” 未来城建设 对外投资

20世纪70年代以来，沙特凭借石油收入实现经济快速发展，并成为中东地区经济大国。由于过度依赖石油，沙特经济长期受到国际油价波动影响，食利经济模式弊端日渐凸显。萨勒曼国王执政以来，为使沙特经济摆脱对石油的过度依赖，实现产业机构与收入来源多元化，沙特进入全面改革和经济转型时代。2016年4月，沙特正式出台“2030愿景”，旨在推动沙特经济多元化发展。该计划将沙特打造成为阿拉伯－伊斯兰世界领导国家、全

* 丁隆，上海外国语大学中东研究所教授；李楠，对外经济贸易大学外语学院博士研究生。

球投资强国、连接亚欧非三大洲的世界枢纽①，建设活力社会、实现经济繁荣。主要内容是实施经济、社会改革，减少对石油依赖，实现经济多元化。该愿景主要措施包括推进私有化、壮大私营经济、改善营商环境、吸引外资、扩大主权财富基金投资、创造就业岗位、增加非石油部门收入、建立符合市场需求的教育体系、建设责任政府等。② 本报告拟分析“2030 愿景”中的未来城建设计划以及对外投资战略，评估在新冠肺炎疫情和油价下跌背景下，沙特经济转型的进展。

一　沙特未来城建设进展

建设未来城“纽姆”（NEOM）是“2030 愿景”的重要内容之一。未来城位于红海海岸西北角，毗邻亚喀巴湾和苏伊士运河，沙特根据未来城的区位优势，将其打造为跨越红海，连接埃及和约旦的桥梁，进而发展成为“全球贸易、创新和知识中心”。

2017 年 10 月，沙特王储穆罕默德·本·萨勒曼在第一届“未来投资倡议”大会上首次宣布未来城项目。根据项目规划，2030 年，未来城将创造 38 万个工作岗位，每年为沙特经济贡献 1800 亿里亚尔。③ 沙特计划投入 5000 亿美元，拟将未来城打造为依靠人工智能、完全使用太阳能和风能等清洁能源的新型城市，实现零碳排放。未来城在周边 95% 的区域建设自然保护区，利用脱盐技术淡化海水，将水资源分配网与水资源基础设施网相连接，确保水资源流失最小化，建设大型发电厂，并推动海水淡化技术创新，吸引相关研究机构及企业入驻。未来城已与沙特国际电力和水务公司（ACWA Power）、美国空气化工产品有限公司签署价值 50 亿美元的合同，

① “Vision 2030 Kingdom of Saudi Arabia,” https：//www. saudiembassy. net/sites/default/files/u66/Saudi_ Vision2030_ EN. pdf，p. 6，accessed：2021－2－19.

② “Vision 2030 Kingdom of Saudi Arabia,” https：//www. saudiembassy. net/sites/default/files/u66/Saudi_ Vision2030_ EN. pdf，p. 13，accessed：2021－2－19.

③ “Saudi Arabia to Build a Zero Emissions City,” January 11，2021，https：//www. dw. com/en/saudi－arabia－to－build－a－zero－emissions－city/a－56189240，accessed：2021－2－26.

共同建设世界最大的绿色氢和绿色氨工厂，拟于2025年投产。此外，纽姆机场已开工建设，拟于2030年投入运营。①

沙特还计划在红海沿岸打造一条长达170千米、连接并围绕自然景观而建的未来社区。预计建成后，未来城将容纳100万居民，并实现零汽车、零街道和零碳排放。未来城社区分为三层，第一层为表面层，供行人使用，余下两层为地下层，用于高速运输和基础设施。预计在未来城社区最远步行不超过20分钟，学校、医院、休闲设施等日常服务设施均可步行5分钟内到达。未来城社区以其狭长、线状布局为特点，区别于一般以某建筑物为圆心的弧形设计，其设计理念在于利用街道旁的建筑物遮挡阳光，以保护行人免受阳光直射，降低气温，控制微气候，人为改善沙漠气候。

此外，沙特还计划将首都利雅得打造成世界十大城市之一。2021年1月28日，沙特王储穆罕默德宣布启动利雅得城市建设计划，该计划主要有3个目标：一是种植70万株树，绿化率提高至9%，人均绿地面积增长约15.5倍，由1.7平方米增至28平方米；② 二是建设世界级艺术展馆，成为世界艺术中心之一；三是建设大型娱乐城奇地亚（Qiddiya），目标是将其打造成沙特标志性娱乐胜地、全球最大的娱乐城市，将建设主题公园、体育中心、文化活动和购物中心等设施，以及1万多个度假屋，吸引沙特国民在国内度假。预计到2030年，该项目将创造5.7万个就业机会，为沙特经济贡献170亿里亚尔。③

当前，未来城建设项目面临诸多挑战。

---

① Mariam Nihal, "Neom: Everything You Need to Know about Saudi Arabia's $500 Billion 'Megacity of the Future'," The National Gulf, January 17, 2021, https: //www. thenationalnews. com/gulf/neom – everything – you – need – to – know – about – saudi – arabia – s – 500 – billion – megacity – of – the – future – 1. 1147655, accessed: 2021 – 3 – 15.

② "Mashārī ' al-Riyād al-Kubray…Ru'yah Tamūhah Tanqul al- ' āsimah Lil- ' ālamiyyah," Saudi Press Agency, March 21, 2019, https: //www. spa. gov. sa/1902215, accessed: 2021 – 3 – 23.

③ "All You Need to Know about Saudi Arabia's Biggest Investments and Giga-Projects, from Qiddiya to NEOM," https: //blooloop. com/theme – park/in – depth/giga – projects – saudi – arabia, accessed: 2021 – 3 – 1.

第一，未来城项目在征地拆迁方面遇到阻力，影响项目进度。如何解决与当地居民的矛盾，是推进未来城建设面临的首要问题。

第二，资金匮乏。未来城建设耗资巨大，在油价低迷背景下，项目实施遇到资金困难。法国学者马克·拉弗内（Marc Lavergne）认为，在缺乏财政和技术支持的情况下，沙特无法如期完成诸多大型项目。①

第三，吸引外国居民及投资困难。沙特学者艾哈迈德·奥姆兰（Ahmed Al-Omran）认为，受疫情和油价下跌影响，沙特经济停滞，政府实行紧缩政策，这促使沙特本土企业对未来城项目投资产生担忧，外国企业也不愿在疫情下投资能源以外的领域。② 利雅得地理位置和自然、人文环境缺乏吸引力，外国企业不愿将地区总部迁至该市。相比而言，中东地区的外国居民更倾向于选择迪拜作为居住地。根据 2020 年海湾地区外籍人士调查报告显示，2020 年，迪拜在 66 座外国人居住城市排行榜中排在第 20 位，利雅得排在第 42 位。③

沙特为吸引外资采取诸多措施，提供优惠投资条件，改善营商环境。沙特在全球举办招商推介会，并在利雅得举办一年一度的“未来投资倡议”大会，即“沙漠达沃斯”，其是沙特主办的国际投资对话平台，旨在吸引外资，助力实现“2030 愿景”目标。但受卡舒吉事件和新冠肺炎疫情影响，沙漠达沃斯未达到预期效果。

第四，美国对沙政策调整不利于沙特经济转型。拜登总统对美国中东政策做出调整，重新审视美沙关系。因卡舒吉事件和也门人道主义危机，拜登政府暂停对沙特军售，并公布卡舒吉事件调查报告。美国对沙政策调整将对沙特吸引外资、“2030 愿景”实施带来负面影响。

---

① Sahar Actia, Zeinab Shafik, Asmaa Ibrahim eds. *New Cities and Community Extensions in Egypt and the Middle East*, Springer, 2019, p. 45.

② “Madīnah al-Malik ‘Abd Allah h ‘ikāyah tahdhīriyyah’ ‘an al-Tahdiyāt alatiy Tuwājih Mashrū ‘ Muhamad Bin Salmān al-Tahdīthīy,” BBC News, May 28, 2018, https://www.bbc.com/arabic/inthepress-44275810, accessed: 2021-3-23.

③ “Cities in the Middle East,” Expat Insider 2020, https://www.internations.org/expat-insider/2020/cities-middle-east-40075, accessed: 2021-3-20.

二　沙特投资立国战略评估

“2030 愿景”的第二大支柱是将沙特打造成全球投资大国。沙特将投资领域扩大到石油与天然气以外的其他产业，以减少对油气的依赖，实现收入多样化。[①] 为此，沙特拟建立世界最大的主权财富基金，即沙特公共投资基金，在全球市场投资，并支持国内中小企业发展。

为实现此目标，沙特计划将沙特公共投资基金总资产增至 2 万亿美元以上。[②] 沙特阿美石油公司拿出 5% 的股份在国内上市，将募集资金注入沙特公共投资基金，使其成为全球最大的主权财富基金。美国国际金融研究所指出，截至 2019 年 7 月，沙特公共投资基金资产已达 3000 亿美元，2020 年将达 4000 亿美元。[③] 到 2030 年，总资产将超过 7 万亿里亚尔。[④]

沙特公共投资基金已在海外市场投资众多项目，其中包括日本软银集团、美国黑石集团、特斯拉、优步（Uber）等。2016 年，沙特公共投资基金向优步公司投资 35 亿美元，并拥有优步 10% 的股份。2017 年，沙特公共投资基金对日本软银愿景基金投资 450 亿美元，对美国黑石集团投资 200 亿美元。[⑤] 但目前来看，这些投资已蒙受巨额亏损。2019/2020 财年，

---

① “Vision 2030 Kingdom of Saudi Arabia,” https：//www. saudiembassy. net/sites/default/files/u66/Saudi_ Vision2030_ EN. pdf，p. 6，accessed：2021 -2 -19.

② “Saudi Investment Fund PIF ‘Has $300bn in Assets and Counting’,” Arab News，June 9，2019，https：//www. arabnews. com/node/1508481/business - economy，accessed：2021 -2 -21.

③ “Saudi Investment Fund PIF ‘Has $300bn in Assets and Counting’,” Arab News，June 9，2019，https：//www. arabnews. com/node/1508481/business - economy，accessed：2021 -2 -21.

④ Ismaeel Naar，“Saudi Arabia’s PIF to Invest 3 Trillion Riyals over Next 10 Years：Crown Prince,” Al Arabiya News，January 24，2021，https：//english. alarabiya. net/News/gulf/2021/01/24/Saudi - Vision - 2030 - Saudi - Crown - Prince - to - speak - on - Kingdom - s - Public - Investment - Fund，accessed：2021 -2 -21.

⑤ “Blackstone，Saudi’s PIF Plan $40 Billion Infrastructure Investment Fund,” May 20，2017，https：//www. reuters. com/article/us - usa - trump - saudi - blackstone - group - idUSKCN18G0OW accessed：2021 -2 -21.

软银愿景基金亏损近 2 万亿日元。[①] 受疫情和油价下跌的影响，2020 年第一季度美国黑石集团已亏损 310 万美元。[②] 沙特持有的优步股份亦亏损 15 亿美元。[③]

除疫情、油价等外部因素，导致沙特对外投资亏损的内部因素也不可忽视。

首先，沙特缺乏专业投资人才，部分投资决策缺乏理性。例如，截至 2019 年第三季度末，沙特公共投资基金持有美国特斯拉公司股票 820 万股。2019 年第四季度内，沙特将其持有的大部分特斯拉股票抛售，仅余约 3. 9 万股。[④] 2020 年 2 月起，特斯拉股票股价从每股 221 美元跃升至每股 887 美元。对沙特而言，这意味着踏空行情，少收入 70 亿美元。[⑤] 2020 年 4 月，正值油价暴跌、疫情严重，沙特公共投资基金买入挪威国家石油公司价值约 2 亿美元的股票。[⑥] 美国学者大卫 · 费克林（David Fekeling）认为，沙特石油储备充裕。为规避风险，沙特公共投资基金不应继续投资石油公司，此举

---

① Pavel Alpeyev, "SoftBank's First Vision Fund May be Its Last after ¥1. 9 Trillion Loss," The Japan Times, May 19, 2020, https://www. japantimes. co. jp/news/2020/05/19/business/corporate – business/softbanks – vision – fund – loss/, accessed: 2021 – 2 – 22.

② Arleen Jacobius, " Blackstone Records First Quarterly Loss Since 2018," April 23, 2020, https://www. pionline. com/money – management/blackstone – records – first – quarterly – loss – 2018, accessed: 2021 – 2 – 22.

③ 'Abd Al-hamīd sabray, "Al-su 'ūdiyyah Tughāmir fī Al-Istithmār Al-Khārijīy wa Makhātir Al-I'timān Rubam Tuhadiduh," April 19, 2020, https://amwalalghad. com/2020/04/19/, accessed: 2021 – 2 – 25.

④ Yun Li, "Saudi Arabia Fund Dumped Nearly All of Its Tesla Shares in the Fourth Quarter before the Rally," CNBC, https://www. cnbc. com/2020/02/04/saudi – arabia – fund – dumped – nearly – all – of – its – tesla – shares – in – the – fourth – quarter – filing – shows. html, accessed: 2021 – 3 – 23.

⑤ Yun Li, "Saudi Arabia Fund Dumped Nearly All of Its Tesla Shares in the Fourth Quarter before the Rally," CNBC, https://www. cnbc. com/2020/02/04/saudi – arabia – fund – dumped – nearly – all – of – its – tesla – shares – in – the – fourth – quarter – filing – shows. html, accessed: 2021 – 3 – 23.

⑥ 'Abd Al-hamīd sabray, "Al-su 'ūdiyyah Tughāmir fī Al-Istithmār Al-Khārijīy wa Makhātir Al-I'timān Rubam Tuhadiduh," April 19, 2020, https://amwalalghad. com/2020/04/19/, accessed: 2021 – 2 – 25.

导致其财政风险升高。①

其次，沙特对外投资战略缺乏长期投资计划。沙特海外投资具有领域广、投机性较强的特点。新冠肺炎疫情暴发，导致大量不良资产被释放至国际金融市场。沙特计划通过投资不良资产以获得短期收益回报，如果不良资产处置周期较长，将耗费大量资金，沙特将面临资金链断裂的风险。主权财富基金应追求获得持续、稳健的收益，避免短线和激进的投资行为。沙特应寻求更加稳定的投资模式，制定长期的投资计划，以获得长期、稳定的收益。

最后，沙特将对外投资作为政治工具，投资决策缺乏理性。2020 年初，沙特花费数十亿美元收购美国企业。如波音公司、脸书、花旗集团、美国银行、星巴克、迪士尼乐园等的股份。在疫情暴发、全球经济不景气的背景下，沙特仍将美国企业视为有价值的投资，这凸显出沙特政府对美沙经济交往的重视。沙特在美国进行的多项投资均无法在短期内获得丰厚回报，引发国内批评。沙特为维护与美国的关系，大举投资美国企业，增加了投资风险和财政负担。

三　疫情和油价下跌对沙特经济转型的影响

2020 年 3 月 2 日，沙特报告首例新冠肺炎确诊病例，截至 2021 年 3 月底，沙特新冠肺炎确诊病例已达 38 万多例。② 疫情暴发后，沙特停止所有航空运输，并逐步实施封锁措施，包括关闭清真寺、取消朝觐等宗教活动，在全国范围内实施宵禁政策，暂停所有体育赛事，关闭所有公共娱乐休闲场所以及教育机构。封锁措施对沙特经济带来巨大的影响，非石油收入大幅减

① ‘Abd Al-hamīd sabray, “Al-su ‘ūdiyyah Tughāmir fī Al-Istithmār Al-Khārijīy wa Makhātir Al-I'timān Rubam Tuhadiduh,” April 19, 2020, https://amwalalghad.com/2020/04/19/, accessed: 2021-2-25.

② 中华人民共和国驻沙特阿拉伯王国大使馆，http://www.chinaembassy.org.sa/chn/xwdt/t1864866.htm，最后访问时间：2021 年 3 月 31 日。

少。2020 年，沙特航空运输收入同比减少 35% 。[①] 2019 年，沙特朝觐收入约 120 亿美元，占沙特非石油国内生产总值的 20%，国内生产总值的 7% 。[②] 而 2020 年，受疫情影响，所有朝觐活动已被暂停。朝觐收入的损失使沙特财政状况进一步恶化。为增加政府收入，沙特开始实施财政紧缩政策，并宣布于 2020 年 7 月 1 日起将增值税税率提高至 15% 。

2020 年 3 月，沙特与俄罗斯在“欧佩克 +”协议框架下的原油减产谈判破裂，沙特发动石油价格战，增产降价抢占市场份额，以此逼迫俄罗斯达成减产协议，但此举导致国际油价大幅下跌，甚至出现原油期货出现负值的罕见情况。

为维持财政平衡，沙特缩减部分大型基建项目的规模，“2030 愿景”实施进程放缓。这主要体现在以下几个方面。

第一，沙特财政收入减少。新冠肺炎疫情暴发后，全球石油需求下降，2020 年 4 月，布伦特原油价格跌破每桶 20 美元。此后，价格虽有回升，但仍未达到沙特的平衡预算要求。牛津经济研究院预测，2023 年前，布伦特原油年均价格不会超过 55 美元每桶。[③] 2020 年第一季度，沙特出口总收入约为 527 亿美元，与 2019 年同期相比减少 138 亿美元。[④] 2020 年 3 月，沙特外汇储备环比减少近 270 亿美元，降至约 4645 亿美元。[⑤]

---

① Musrrat Parveen, “Challenges Faced by Pandemic COVID 19 Crisis: A Case Study in Saudi Arabia,” *Challenge*, September 24, 2020, Vol. 63, No. 6, p. 351.

② “Hajj 2020: The Economic Impact of the Saudi Ban on International Pilgrims,” June 23, 2020, http://www.trtworld.com/magazine/hajj-2020-the-economic-impact-of-the-saudi-ban-on-international-pilgrims-37520, accessed: 2021-3-24.

③ Victor Tricaud, “Saudi Arabia will Push Ahead with Economic Diversification Despite COVID-19,” September 28, 2020, https://www.controlrisks.com/our-thinking/insights/saudi-arabia-will-push-ahead-with-economic-diversification-despite-covid-19, accessed: 2021-3-7.

④ “Nashrah Al-Ihsā’āt Al-Iqtisādiyyah Rub ‘ Al-Sanawiyyah-Al-Rub ‘ Al-Awal 2020,” 2020, Arab Monetary Fund, p. 25.

⑤ Marwa Rashad, “Saudi Arabia’s PIF Gets $40 Billion from Foreign Reserves to Fund Overseas Investments,” Reuters, May 30, 2020, https://www.reuters.com/article/us-saudi-economy-reserves/saudi-arabias-pif-gets-40-billion-from-foreign-reserves-to-fund-overseas-investments-idUSKBN2352TM, accessed: 2021-2-27.

截至2021年2月，沙特石油出口收入仍约占其财政收入的80%。沙特财政部数据显示，2020年沙特财政赤字将达790亿美元，占国内生产总值的12%。[①] 2020年，沙特公共债务为8540亿里亚尔（约2277亿美元），占国内生产总值的34.3%，与2019年相比，增加11.5%。[②] 国际货币基金组织数据显示，2020年沙特净债务将达到国内生产总值的19%，预计2021年达到27%，2022年升至50%。[③] 财政状况恶化导致沙特“2030愿景”项目资金被削减80亿美元。[④] 为缓解收入下降造成的财政赤字，沙特政府已推迟实施“2030愿景”有关项目，并暂停招标活动。

第二，疫情影响沙特公共投资基金收益。受疫情影响，全球资产价格大幅下跌，沙特公共投资基金投资收益亦受到影响。沙特经济转型计划很大程度上依赖沙特公共投资基金投资收入，以及沙特阿美石油公司首次公开募股。沙特公共投资基金计划到2025年实现以下6个目标：管理资产达到1.07万亿美元；直接和间接创造180万个就业岗位；重点投资13个战略领域；每年至少在沙特国内投资400亿美元；为非石油行业收入贡献3200亿美元；将公共投资基金及其投资企业对国内生产总值贡献率提升至60%。[⑤] 然而，截至

① “Saudi Budget Deficit to Soar to Around \$79 Billion,” *The Arab Weekly*, December 16, 2020, https://thearabweekly.com/saudi-budget-deficit-soar-around-79-billion, accessed: 2021-2-26.

② “Saudi Arabia Budget Report 2021,” KPMG, December 2020, p. 3, https://assets.kpmg/content/dam/kpmg/sa/pdf/2020/kpmg-saudi-arabia-budget-report-2021.pdf, accessed: 2021-3-2.

③ ‘Abd Al-hamīd sabray, “Al-su ‘ūdiyyah Tughāmir fī Al-Istithmār Al-Khārijīy wa Makhātir Al-I'timān Rubam Tuhadiduh,” April 19, 2020, https://amwalalghad.com/2020/04/19/, accessed: 2021-2-25.

④ Jaansiva Yuliya Sheejan, “Vision 2030: The Impact of COVID-19 on Saudi Arabia's Diversification Programme,” June 2, 2020, https://blogs.lse.ac.uk/mec/2020/06/02/vision-2030-the-impact-of-covid-19-on-saudi-arabias-diversification-programme/, accessed: 2021-2-26.

⑤ Ismaeel Naar, “Saudi Arabia's PIF to Invest 3 Trillion Riyals over Next 10 Years: Crown Prince,” Al Arabiya News, January 24, 2021, https://english.alarabiya.net/News/gulf/2021/01/24/Saudi-Vision-2030-Saudi-Crown-Prince-to-speak-on-Kingdom-s-Public-Investment-Fund, accessed: 2021-2-21.

2020 年 6 月，沙特公共投资基金国际投资已亏损近 20 亿美元。①

沙特和俄罗斯之间的石油价格战，也极大影响两国主权财富基金相关的投资合作。2015 年，沙特公共投资基金与俄罗斯直接投资基金（Russian Direct Investment Fund，简称 RDIF）正式合作，双方出资 60 亿美元。2017 年，沙特公共投资基金和俄罗斯直接投资基金合作成立沙特 - 俄罗斯能源投资平台。沙特公共投资基金与俄罗斯直接投资基金共同收购俄罗斯一家公司 30.76% 的股份。②

第三，疫情蔓延导致沙特私营部门发展放缓。发展采矿业、新能源和物流产业，创造更多就业机会，提高对国内生产总值贡献率，推进私有化是沙特“2030 愿景”的重要内容。在疫情蔓延的背景下，沙特发展非石油部门，建设本地价值链，将对支持经济复苏、摆脱全球供应中断影响发挥关键作用，为长期可持续增长奠定坚实的基础。沙特原计划在 2020 年出售国有企业股份，筹集 93 亿 ~ 107 亿美元资金，创造 1 万个私营部门就业岗位。③ 但目前来看，该计划实施进程并未达到预期进度。2020 年 4 月，沙特政府公布一份国有资产私有化清单，以进行私有化，但并未执行。其中出售的股份包括粮食储备库、面粉厂、海水淡化厂、医疗保健和教育机构、物流企业等。到 2020 年 9 月，沙特部分私有化项目仍处于招标阶段。2020 年，沙特非石油行业增长率降至 6.9%。④

---

① Jaansiva Yuliya Sheejan, “Vision 2030: The Impact of COVID – 19 on Saudi Arabia’s Diversification Programme,” June 2, 2020, https: //blogs. lse. ac. uk/mec/2020/06/02/vision – 2030 – the – impact – of – covid – 19 – on – saudi – arabias – diversification – programme/, accessed: 2021 – 2 – 26.

② Robert Mogielnicki, “Oil Price War Tests Saudi-Russian Investment Cooperation,” The Arab Gulf States Institute in Washington, April 3, 2020, https: //agsiw. org/oil – price – war – tests – saudi – russian – investment – cooperation/, accessed: 2021 – 3 – 2.

③ “Industry to Drive Future Non-oil Growth in Saudi Arabia,” Oxford Business Group, https: // oxfordbusinessgroup. com/overview/alternative – engine – industrial – operations – are – pegged – drive – future – non – oil – growth – and – provide, accessed: 2021 – 3 – 2.

④ Victor Tricaud, “Saudi Arabia will Push Ahead with Economic Diversification Despite COVID – 19,” September 28, 2020, https: //www. controlrisks. com/our – thinking/insights/saudi – arabia – will – push – ahead – with – economic – diversification – despite – covid – 19, accessed: 2021 – 3 – 7.

2019 年，沙特失业率已降至 5.6%。[1] 然而，疫情暴发后，由于严格的封锁管控措施，沙特经济活动减少，导致其私营部门发展受限。2020 年第二季度，沙特失业率攀升至 15.4%，第三季度略有下降，但仍达到 14.9%。[2] 国际货币基金组织数据显示，2020 年，沙特人均国内生产总值已降至约 1.9 万美元。[3]

新冠肺炎疫情暴发和国际油价下跌，再次暴露沙特产业结构不合理、经济抗风险能力低、发展动力不足等深层次问题。沙特政府遭遇严重的财政危机，重大转型项目被暂缓实施，但也凸显沙特扩展经济产业，增强企业竞争力的紧迫性，并坚定沙特推进经济转型的决心，改变过度依赖石油的局面，以推动经济持续的稳定增长。

结　语

萨勒曼国王执政以来，沙特试图摆脱对石油的依赖，大力发展非石油部门，改善营商环境，吸引外资，实现经济多元化。“2030 愿景”是沙特实现经济社会转型的重要举措。未来城建设和对外投资是沙特实现经济多元化的重要手段。一方面，通过高科技智能，利用可再生能源，打造全球经济文化枢纽，以吸引更多的外国投资。另一方面，沙特利用主权财富基金进行大量的外国投资，以增加其财政收入。然而，“2030 愿景”计划目标宏大，超出沙特财政能力。目前，沙特大部分财政收入仍然依靠石油出口，在油价低迷的情况下，将为沙特财政带来沉重负担。而且，沙特对外投资布局不合理，缺乏本土专业人才，导致对外投资亏损严重。

疫情和油价下跌正在促使沙特加快改革的步伐，坚定了其推动经济改革

① “Country Data,” International Monetary Fund, https://www.imf.org/en/Countries/SAU, accessed: 2021-3-6.

② “The Economic Context of Saudi Arabia,” Nordea, https://www.nordeatrade.com/en/explore-new-market/saudi-arabia/economical-context, accessed: 2021-3-4.

③ “Country Data,” International Monetary Fund, https://www.imf.org/en/Countries/SAU, accessed: 2021-3-22.

和转型的决心。新冠肺炎疫情全球大流行和国际油价下跌，沙特陷入财政困境，“2030 愿景”实施进程受到影响。美国政府换届亦对沙特产生重要影响。拜登上台后，美国借卡舒吉事件和也门问题向沙特施压，暂停对沙特的武器出售，停止支持其在也门的军事行动。美国此举意在恢复伊核协议，缓和与伊朗的关系，重新平衡中东各方势力，但与沙特的关系出现疏离倾向，这将对“2030 愿景”实施带来不利影响。实现“2030 愿景”是沙特实现经济转型的关键规划，但就目前情况看，该愿景目标恐难如期实现。

Y.4
"阿拉伯之春"十年：深陷抗议泥潭的伊拉克*

史廪霏**

摘　要：本报告回顾了"阿拉伯之春"十年来伊拉克爆发的五轮规模较大的抗议运动，认为伊拉克周期性抗议运动频发的内在原因是脆弱的社会经济基础在短时间内难以被改变，民族宗派配额制度产生的利益交换根深蒂固，导致伊拉克政治体系很难从内部进行改革，抗议者的根本诉求基本不可能实现，遇到突发事件后，抗议者将随时走上街头。同时，由于宗派林立、缺乏认同，抗议运动很难形成统一的组织，提出可行的政治纲领，在政府让步与镇压的双重措施和体制内精英的重塑分化下，抗议运动往往走向衰退。因此，未来伊拉克或将陷入抗议运动周期性爆发、平息的恶性循环。

关键词：伊拉克　"阿拉伯之春"　国家治理

2020 年伊拉克国内局势仍不稳定，2019 年爆发的全国性大规模抗议运动余波未平，新政府上台后不但面临平息抗议、平衡与美国伊朗外交关系的难题，经济上也面临较大挑战。受新冠肺炎疫情影响，2020 年上半年伊拉

* 本文系 2021 年高校国别和区域研究年度课题（课题批准号：2021－G28）的阶段性成果。

** 史廪霏，博士，北京语言大学中东学院讲师，主要从事中东问题研究。

克的贫困率一度升至31.7%。[1] 伊拉克目前的困局由来已久，自2003年伊拉克战争以来，伊拉克便饱受各种暴力冲突事件的影响，政治体系功能失灵，经济重建停滞不前，失业等社会问题接踵而至，“阿拉伯之春”十年来更是爆发了五轮规模较大的抗议运动，陷入周期性抗议的泥潭。

一 “阿拉伯之春”以来伊拉克的主要抗议运动

（一）2011年抗议运动：“阿拉伯之春”的联动效应

2011年2月，受“阿拉伯之春”带来的地区性普遍抗议运动影响，伊拉克抗议者走上街头，抗议恶劣的生活条件、普遍的腐败和裙带关系，呼吁确保更好的就业机会、基本的公众服务和社会福利。2月25日，包括库尔德地区在内的伊拉克多地举行大规模游行示威，这一天被称为伊拉克的“愤怒日”。[2] 其中以巴格达的抗议运动声势最为浩大，约5000人进入解放广场，向军警投掷石块、塑料瓶等物品，但安全部队用瓦斯和高压水枪将之驱离。抗议者还冲进省政府大楼，并迫使地方官员辞职。“愤怒日”抗议活动造成15人死亡，至少130人受伤。[3]

作为对抗议的回应，时任总理努里·马利基承诺要解决国家的电力问题，创造新的就业机会，每月为伊拉克人提供食品补贴，此外还要削减自己的工资，同时指责省级政府机构和地方部门并提出撤换官员。同时，他以伊拉克前复兴党的影响和“基地”组织的渗透为借口，出动安全部队对抗议

---

① 《伊拉克规划部公布2020年下半年贫困率数据》，中华人民共和国驻伊拉克共和国大使馆经济商务处，2021年3月18日，http://iq.mofcom.gov.cn/article/ztdy/202103/20210303045294.shtml，最后访问时间：2021年3月19日。

② “Tensions Flare in Iraq Rallies,” Al Jazeera, February 25, 2011, https://www.aljazeera.com/news/2011/2/25/tensions-flare-in-iraq-rallies, accessed: 2021-1-15.

③ “Toll Rises as Iraq, Yemen Protests Rage,” ABC News, February 25, 2011, https://www.abc.net.au/news/2011-02-26/toll-rises-as-iraq-yemen-protests-rage/1958338, accessed: 2021-1-15.

运动进行镇压。在政府承诺与镇压的双重举措下，抗议运动于2011年底逐渐平息。这是伊拉克战争后伊拉克民众首次通过抗议活动表达对政府的不满，但相较于“阿拉伯之春”的其他国家，伊拉克的抗议活动表现得较为平和，规模和强度都有所不及。

（二）2012～2013年抗议运动：逊尼派的反抗

2012年12月，逊尼派政治家、时任伊拉克财政部部长拉菲·埃萨维（Rafi al-Issawi）的警卫人员被捕，引发安巴尔省、尼尼微省和萨拉赫丁省等逊尼派占多数的省份爆发抗议运动。这起事件是马利基以参与恐怖主义或逮捕逊尼派政客的一系列事件中的一起，彻底点燃了被当作二等公民的逊尼派民众的不满情绪。抗议人群的主要诉求是抗议马利基的宗派主义、逊尼派遭受的不公平待遇以及政府权力分配不均。[①] 同时，亲马利基的抗议运动也在什叶派占多数的伊拉克中部和南部爆发，进一步激化了伊拉克的教派冲突。抗议运动一直持续到2013年底，最终在政府的暴力镇压下结束。这次抗议的暴力程度加大，背后凸显出伊拉克教派冲突升级的危险信号。该事件还造成一个可怕后果，即政府对逊尼派抗议者的镇压，为“伊斯兰国”招募那些感到被剥夺了公民权的年轻人创造了机会，“伊斯兰国”的势力在这场冲突中得以壮大。

（三）2015～2016年抗议运动：明确的改革诉求

2015年7月中旬，正值伊拉克与“伊斯兰国”交战，巴士拉夏季高温下频繁的断电引发民众抗议，抗议迅速蔓延到包括巴格达在内的伊拉克中部和南部。抗议者抗议恶劣的公共服务，包括酷热天气下的断电和水源质量差，并要求政府打击广泛存在的腐败。[②] 2016年，什叶派神职人员穆克塔

① “Iraq Protests Signal Growing Tension between Sunni and Shia Communities,” The Guardian, December 26, 2012, https://www.theguardian.com/world/2012/dec/26/iraq－protests－tension－sunni－shia, accessed: 2021－1－15.

② “Iraqis Protest over Power Outages and Poor Services,” Al Jazeera, August 3, 2015, https://www.aljazeera.com/news/2015/8/3/iraqis－protest－over－power－outages－and－poor－services, accessed: 2021－1－15.

达·萨德尔（Muqtada al-Sadr）的号召及其追随者的加入，使这场抗议运动相较于前两次抗议规模更大、参与者更多，提出的政治改革诉求更为明确，甚至有人认为此次抗议运动才是伊拉克的“阿拉伯之春”。萨德尔呼吁政府进行全面整改，抨击一些意图阻挠改革的政治派别，他的支持者一直在巴格达“绿区”入口处举行示威和静坐，还曾一度冲破“绿区”外围安保防线，进入议会大楼。[①] 此次抗议凸显出什叶派内部阵营出现分裂，民众已经将注意力集中到造成近年来伊拉克政府效率低下、贪腐严重、社会经济陷入困境的根本原因——2003 年伊拉克战争后新建立的政治制度上来。在这次抗议运动中，政府虽然采取大规模的军事和安全防范措施，但暴力手段较前两次抗议有所下降，主要原因是马利基下台后，海德尔·阿巴迪（Haider al-Abadi）以改革者的形象出任总理，其不得不关注抗议者改革的诉求。同时，此时伊拉克仍在与“伊斯兰国”进行激烈战斗，因此阿巴迪不愿冒着丧失合法性的危险镇压抗议活动，毁掉其在对“伊斯兰国”军事行动中积累的声誉。

（四）2018年抗议运动：老问题从未得到解决

2018 年 7 月，伊拉克刚从对“伊斯兰国”的战争中解脱出来，南部城市巴士拉及其周边地区又爆发新一轮抗议，主要原因是夏季发生多起严重水污染事件，仅 8 月底的两天内病例就激增至 7000 名，医院人满为患，部分病人得不到及时救治，而政府却没有能力解决这一问题。雪上加霜的是，巴士拉已遭受了几个月的电力短缺，夏季高温终于让民众忍无可忍。[②] 巴士拉附近石油资源丰富，然而政府仍不能保证基本的能源供应和提供水电等公共服务。老问题一直得不到解决，再次引发民众与政府之间的矛盾，使得伊拉

① 《示威民众冲击“绿区”伊拉克又怎么了?》，新华网，2016 年 5 月 2 日，http://www.xinhuanet.com/world/2016-05/02/c_128948807.htm，最后访问时间：2021 年 2 月 26 日。

② “The Violent Protests in Iraq, Explained,” Vox, September 7, 2018, https://www.vox.com/world/2018/9/7/17831526/iraq-protests-basra-burning-government-buildings-iran-consulate-water, accessed: 2021-2-26.

克的每个夏季都变得危机四伏。巴士拉的抗议者袭击了包括执政党达瓦党总部在内的政府大楼、伊朗领事馆和受伊朗支持的民兵组织总部，伊拉克安全部队实施了宵禁，在抗议运动开始的前5天里，至少12名示威者死亡，数十人受伤，暴力程度进一步升级。① 抗议运动最终导致在5月议会大选中未能取得佳绩的阿巴迪放弃连任。

（五）2019～2020年抗议运动：民众不满情绪的大爆发

2019年9月27日，伊拉克总理阿迪勒·阿卜杜勒－迈赫迪（Adel Abdul－Mahdi）宣布将在对“伊斯兰国”作战中战功累累、广受好评的反恐部队副司令萨阿迪中将降职，此举引发民众不满。舆论普遍认为，萨阿迪被降职是因为他与腐败势力以及亲伊朗势力斗争而遭到打击报复。这一事件助长了伊拉克国内的不满情绪。自2019年10月1日起，伊拉克爆发大规模民众抗议运动，在月余时间内席卷全国，300余人在抗议运动中死亡，近1.5万人受伤。② 此次抗议运动是2003年萨达姆政权倒台以来伊拉克最严重的一次民众抗议，伤亡人数为历次抗议之首。这次抗议活动使伊拉克民众与政府的对抗更加激烈，对政府的不信任程度升级，造成上任还不满一年的总理迈赫迪下台，接连两位候任总理组阁失败，近半年时间的政府权力出现真空。值得注意的是，这次抗议运动还出现了强烈的反伊朗和反美色彩，抗议者抗议伊朗干涉伊拉克内政，反对美国在伊拉克驻军，体现出伊拉克民众对外国势力长期干涉的强烈不满和国内民族主义情绪的泛起。此次抗议活动延续时间较长，一年多的时间中，各种游行、抗议行为在各地频繁出现。

---

① “The Violent Protests in Iraq, Explained,” Vox, September 7, 2018, https://www.vox.com/world/2018/9/7/17831526/iraq－protests－basra－burning－government－buildings－iran－consulate－water, accessed: 2021－2－26.

② “Iraq Protests Death to 319 with Nearly 15000 Injured,” CNN, November 9, 2019, https://www.cnn.com/2019/11/09/middleeast/iraq－protest－death－toll－intl/index.html, accessed: 2021－1－15.

二 伊拉克抗议运动周期性爆发的内在原因

（一）经济社会基础的脆弱

2003 年伊拉克战争后，伊拉克经济形势一直未见好转。根据世界银行数据，1990～2016 年，如考虑美元贬值因素，伊拉克国内生产总值从 3202 亿美元下降到 1715 亿美元，人均国内生产总值从 12513 美元下降到 5420 美元[①]，有 20% 的伊拉克人生活在贫困线以下。经济基础薄弱和高失业率成为近年来伊拉克经济社会发展的痼疾。

首先，经济基础薄弱，恢复难度巨大。伊拉克的基础设施在海湾战争、伊拉克战争及多年的制裁中被破坏殆尽，“伊斯兰国”的破坏使伊拉克的经济状况雪上加霜，根据世界银行报告，伊拉克至少需要 882 亿美元用于恢复经济[②]，其重建面临巨大的资金压力。

其次，地租型经济结构难以改变，政府收入不能用于国内经济发展。伊拉克政府 90% 的收入来源于石油出口，而政府冗员现象严重，大部分政府收入都用来支付公务员工资和养老金。伊拉克政府每月需要支付的工资和养老金超过 30 亿美元，据统计，2016 年公共部门员工的休假天数多达 184 天。[③]

与此同时，伊拉克人口增长率呈现不断走高的趋势，尤其在 2011 年后持续维持在 3% 以上，青壮年在人口结构中的比例偏高，其中城镇人口占总

① Anthony H. Cordesman, *The Uncertain Iraqi Election: The Need for a New U. S. Strategy*, Center for Strategic and International Studies, June 7, 2018, pp. 5 –6.

② Anthony H. Cordesman, *The Uncertain Iraqi Election: The Need for a New U. S. Strategy*, Center for Strategic and International Studies, June 7, 2018, p. 22.

③ “Long Weekend: Iraqis ‘Worked Just Six Months’ in 2016,” The New Arab, April 19, 2017, https: //www. alaraby. co. uk/english/blog/2017/4/19/long – weekend – iraqis – worked – just – six – months – in –2016, accessed: 2021 –12 –15.

人口数的70%。[①] 人口增长结合窘迫的经济状况，使贫困的无业人员承受巨大压力，而城镇成为潜在的社会运动萌发地。脆弱的经济社会结构使得对现状不满的民众更倾向通过参与社会运动争取利益。

（二）民族宗派配额制度的弊端

2011 年抗议运动第一次反映出伊拉克民众对伊拉克战争后确立的政治制度的不满，在 2012～2013 年抗议运动中表现为逊尼派民众抗议什叶派主导的政府的不平等待遇，2015～2016 年抗议运动则明确提出口号，要求结束配额制度（即根据民族宗派和政党分配政治权力、行政职位的政治制度），再到 2018 年抗议运动中南部什叶派民众要求成立自治区，最终在 2019～2020 年大规模抗议运动中，民众对现有政治制度的反对达到高潮，要求改革整个伊拉克的政治体制。这些抗议间接或直接地将矛头指向伊拉克民族宗派配额制度的重大缺陷，反映了这种政治制度带来的各种弊端。

配额制度是在 2003 年伊拉克战争后由美国主导建立的。这种按照身份进行划分的政治制度初衷是确保所有民族和教派的代表权，防止复兴党独裁统治卷土重来。机械地按照人口比例确定配额，看似能兼容整合各大政治派别，实则是用民族教派将本就缺乏国家认同的伊拉克社会进一步撕裂，使民族国家的概念让位于不断上升的次国家身份认同。并且，包括部长在内的各类政府行政职务甚至政府合同也按此分配，于是在伊拉克这样一个主要依靠石油租金的食利国家里，通过配额制度组织起来的权力分享制度，意味着对政府职位任命的分配就是对资源的分配。各政党都希望能掌管资金充足的部门，以此掌握资金来源并为其成员提供任职机会。这种制度设计导致伊拉克国内政治环境畸形发展，基于民族宗教派别的身份政治难以完成向议题政治的转变，同时滋生出政治腐败、裙带关系、宗派主义等一系列问题，并导致选举沦为形式，各派之间内耗严重，政府缺乏提供基本国家服务的能力，无

① 《世界发展指标（伊拉克）》，世界银行，https：//data. worldbank. org. cn/country/iraq？ view = chart，最后访问时间：2021 年 2 月 2 日。

法满足公民的生活需求。

腐败问题多次引发抗议浪潮，极大削弱了政府执政的合法性，已成为“伊斯兰国”式微后影响伊拉克社会稳定的最大因素。伊拉克的腐败问题之所以成为难以整治和杜绝的顽疾，其根源就在于配额制度。在这一制度下，执政的政党联盟可在政府中获得最有权力和最多的职位组合，接下来较低级别的职位，从副部长、顾问到普通公务员的任命，也都遵循这一原则进行分配。这就导致了两个后果：一是某些职位总是出于同一政党或党派联盟；二是裙带关系盛行，掌管一个部门的政党只需确保在配额制度下，部门里的人员都是亲信和追随者，而完全不用考虑人员的能力和实力是否与职位相匹配。

三　伊拉克抗议运动周期性衰退的内在原因

（一）难以形成统一的领导组织

如果说伊拉克战争后其经济重建的失败和政治制度的弊端为伊拉克周期性抗议浪潮的兴起提供了机会，那么组织动员的不力则是抗议浪潮周期性衰退的原因之一。伊拉克抗议运动最初都起源于民众自发的街头抗议，然而在抗议运动进入扩张阶段后运动组织结构较为松散，没有形成统一的领导组织。在内部组织强度不够的情况下，抗议运动要么因抗议民众内部的分歧而走向分裂，要么被外部政治精英吸收抗议的理念并重新定义抗议运动。外部政治精英以此借势达到其政治意图，而不是解决抗议者本身的诉求。

伊拉克抗议运动的主要参与者是年轻人。目前伊拉克人口中有大量的年轻人，但这些年轻人参与政治或公民活动的机会有限。调查显示，2015～2016 年抗议中，30 岁以下的年轻人是运动的骨干，约占 60%，而这个年龄段的人口占总人口的 67%。[①] 伊拉克社会与大多数阿拉伯国家一样，年轻人

① Faleh A. Jabar, *The Iraqi Protest Movement: From Identity Politics to Issue Politics*, LSE Middle East Centre Paper Series, No. 25, June 2018, p. 12.

向上的社会流动依赖于在公共部门的就业和晋升，因此年轻人同样依赖国家提供的公共服务。但他们与老一辈伊拉克人的区别在于，他们成长在现代化带来的自由文化中，深受西方文化的熏陶，熟悉社交媒体的使用。配额制度导致只有少数有背景的年轻人才能进入伊拉克政治体制之中，经济的恶化则导致工作机会不断减少，于是在上升渠道被封锁之后，年轻人便成为抗议运动的主力军。

以年轻人为主体的自发抗议运动最初在社交网络上进行动员。例如，在2011 年抗议运动中，一群伊拉克年轻人，包括知识分子、记者、学生、公务员和失业青年公布了他们利用社交媒体组织反对政府的示威计划。而Facebook 和 YouTube 创造了一个公共网络领域，在组织抗议运动和团结公众迫使政府改革方面发挥重要作用。① 随着抗议运动的兴起，抗议运动还得到宗教界和部落的支持，宗教和部落构成的社会网络为抗议运动提供了进一步的组织动员。大阿亚图拉西斯塔尼拥有很高的权威和巨大的影响力，他对抗议者的支持有助于抗议运动获得合法性和抗议队伍壮大。例如，他对本报告考察的除 2012 ~2013 年逊尼派抗议运动之外的历次抗议都表示了支持和同情，多次呼吁政府进行改革，打击腐败，解决民众提出的各种问题。可以说，没有宗教界和部落的支持与动员，伊拉克的抗议运动不可能进入持续发展阶段。

然而，在伊拉克抗议运动的持续发展过程中，始终没有形成统一的领导组织，抗议者也很少与现有政党合作以获取体制内的支持。当然，某些政治组织也会加入抗议运动，为抗议者提供人员支持和宣传资源。例如，2015 ~2016 年抗议运动最初由巴格达当地的左翼世俗主义者发起并领导，随后“萨德尔运动”的领导人萨德尔号召其追随者加入，使得抗议规模迅速扩大。这场运动促成了萨德尔与左翼世俗主义者的联合。在 2018 年 5 月的大选中，萨德尔与伊拉克共产党组成的竞选联盟“沙戎联盟”（Sairoon Coalition）

① Ahmed K. Al-Rawi, “The Arab Spring and Online Protests in Iraq,” *International Journal of Communication*, Vol. 8, No. 1, p. 935.

取得成功，获得议会中最多的席位。这反映出政治组织加入抗议运动，并不是真正认同抗议者反映的社会问题、希望从根源上解决抗议者的诉求，而只是通过抗议运动来实现自身的政治目的，因此，这些政治组织并不能被认作是抗议运动的领导组织。事实上萨德尔的政党在 2019～2020 年抗议运动中因没有解决伊拉克的社会问题，而被新的抗议者抗议。经过多年的抗议实践，抗议者与政治精英之间的关系是互不信任的。

（二）未能提出可行的政治纲领

考察伊拉克周期性抗议潮的民众诉求可以看出，伊拉克社会的政治和经济问题已经充分被各界人士认同。虽然逊尼派在 2015～2016 年和 2019～2020 年两次大规模抗议运动中参与不足，但一项针对逊尼派的调查显示，43% 的受访者表示没有参加抗议运动的真正原因是害怕因恐怖主义指控而被捕，79% 的人表示支持抗议者的诉求，因此可以推断，逊尼派民众较少参与抗议运动是害怕因逊尼派身份遭到迫害，而不是与抗议运动产生分歧。① 库尔德地区于 2011 年 2 月、2018 年 3 月爆发抗议运动，2019～2020 年大规模全国性抗议运动也波及库尔德地区，虽然这些抗议运动在直接诱因和发展历程上与其他地区有所不同，但其反映出的社会问题则与全国其他地区相同。抗议者表达的诉求囊括了伊拉克战争后伊拉克社会发展所面临的全部问题，包括反对腐败、提高公共服务和生活水平、解决就业、教派平等、结束民族宗教配额制度等问题，同时还反对国外势力的干涉。

抗议者表达政治倾向和抗议诉求的策略主要是采用条幅、旗帜、标语、口号和海报等形式，在话语构建中体现出对政治体制中的一切（包括各级政府和基于配额制度建立的各政党）的不信任和浓厚的民族主义倾向。在抗议运动中，抗议者打出的标语有："我是逊尼派，但反对宗派主义；我是什叶派，但反对宗派主义；我是雅兹迪人，但反对宗派主义"、"反对宗派

① Faleh A. Jabar, *The Iraqi Protest Movement: From Identity Politics to Issue Politics*, LSE Middle East Centre Paper Series, No. 25, June 2018, p. 20.

主义，反对宗派配额分配，支持公民身份”①、“这个国家不需要布雷默②的宪法，不需要布雷默的政党，希望修改选举法，修改政党法”③。上述标语和口号有效地凝聚了抗议者的抗议理念，反映出民众对于伊拉克战争后政治制度的不满和反对配额制度的诉求。在2019～2020年抗议运动中，抗议者高喊“没有家园”“我们想要一个国家”的口号，体现了民众对政府治理失败的愤怒以及对正常生活的渴望。④

伊拉克国旗广泛出现在这些抗议运动中，而国旗是国家的象征，这反映出抗议运动中伊拉克民族主义的倾向，体现了抗议者对于伊拉克国家的认同。此外，抗议民众还将抗议口号融入歌曲、笑话和漫画中，以此表达对执政者贪污公共资金的不满，有时还会运用黑色幽默。这些歌曲和笑话有的直接谴责执政者的腐败，有的讽刺其偷窃伊拉克石油资源。例如，在2011年抗议运动中，讽刺马利基的漫画经常出现在伊拉克的博客和论坛中。

从以上抗议诉求来看，虽然伊拉克的政治和经济问题已成为共识，但“提出问题易，解决问题难”。在历次抗议运动中，政府承诺往往沦为一纸空文，抗议者的诉求迟迟得不到妥善解决，他们对政府的不满逐次升级，从而导致抗议者对政府和任何体制内的角色极度缺乏信任，出现了“反对一切”的趋势。根据2019年底对抗议者进行的民意调查，除大阿亚图拉西斯塔尼得到60%抗议者的信任外，其他所有国家机构（包括立法机构、行政部门、司法部门）得到不到5%抗议者的信任。超过90%的抗议者欢迎提前举行选举，但由于他们不信任政府机构，很少有人同意在目前的选举委员会

① Faleh A. Jabar, *The Iraqi Protest Movement: From Identity Politics to Issue Politics*, LSE Middle East Centre Paper Series, No. 25, June 2018, p. 18.

② 布雷默（Bremer）指美国驻伊拉克前最高文职行政长官。

③ Toby Dodge & Renad Mansour, "Sectarianization and De-sectarianization in the Struggle for Iraq's Political Field," *The Review of Faith & International Affairs*, Vol. 18, No. 1, 2020, p. 66.

④ "In Iraq, Demonstrators Demand Change and the Government Fights Back," *The Washington Post*, October 10, 2019, https://www.washingtonpost.com/politics/2019/10/10/iraq-protestors-demand-change-government-is-fighting-back/, accessed: 2021-2-2.

主持下举行选举，即便在法官的监督下举行选举也不被认可。① 抗议者这种对任何体制内角色缺乏信任、反对一切的抗议心态，不利于伊拉克国内政治改革，并使抗议运动无法转变为一股协调的、结构性的社会力量，不能提出明确可行的政治纲领，抗议运动只能停留在空有口号的阶段。最终，政府让步与镇压的双重措施和体制内精英的重塑分化，使得大多数因一腔愤怒而走向街头抗议的民众不得不妥协，缺乏明确可行政治纲领的抗议运动很容易被政府分而化之。

余论：当前局势与未来抗议运动发展趋势

在前总理迈赫迪因 2019～2020 年抗议运动辞职后，伊拉克总理职位空缺了长达半年的时间。2020 年 3 月 17 日，伊拉克总统巴尔哈姆·萨利赫（Barham Salih）授权纳杰夫省前省长阿德南·祖尔菲（Adnan al-Zurfi）组阁，但祖尔菲未能取得议会的多数支持而组阁失败，成为继通信部前部长穆罕默德·陶菲克·阿拉维（Mohammed Tawfiq Allawi）后第二位组阁失败的总理人选。4 月 9 日，萨利赫总统提名穆斯塔法·卡迪米（Mustafa Al-Kadhimi）为新任总理，并授权他组阁。5 月 7 日，议会通过了对卡迪米及其提交的组阁名单中多数内阁人选的任命，尽管仍有部分部长职位空缺，但卡迪米组阁成功，正式就任总理一职。② 卡迪米本人在伊拉克政坛资历不深，在就任总理之前唯一的公职经历是 2016 年 10 月以来担任伊拉克情报机构负责人。他的当选，一方面说明，在抗议民众对政坛老面孔的极度排斥下，卡迪米的职位使他较少曝光于公众视野之下，减少了抗议者的反对；另一方面，虽然卡迪米本人并非资深政客，但在裙带关系盛行的伊拉克政坛，仅凭自身实力尚不足以获得总理职位，卡迪米也是如此，他与多位政坛大佬

---

① Anthony H. Cordesman and Grace Hwang, *Strategic Dialogue: Shaping a U. S. Strategy for the "Ghosts" of Iraq*, Center for Strategic and International Studies (CSIS), April 22, 2020, p. 8.

② 《穆斯塔法·卡迪米宣誓就任伊拉克总理》，新华网，2020 年 5 月 7 日，http://www.xinhuanet.com/2020-05/07/c_1125952493.htm，最后访问时间：2021 年 1 月 2 日。

关系紧密，曾为萨德尔旗下的基金会工作，岳父是达瓦党的领导人之一，还曾担任过内阁秘书长，亲兄弟则是前总理阿巴迪的顾问①，因此，得到精英集团的支持也是卡迪米成功上任的重要原因。

卡迪米上任后，伊拉克不但面临严重的社会经济问题，抗议运动也未完全平息，而且面临新冠肺炎疫情带来的公共卫生挑战。卡迪米政府的主要施政举措如下。

内政方面，卡迪米政府致力于平息抗议运动，修复与抗议者的关系：首先是迅速下令释放自2019年10月以来被安全部队拘留的所有抗议者，向受伤或死亡人员的家属提供赔偿，其次是调查政府在抗议运动中的行为，最后是任命萨阿迪为伊拉克最高特种部队（反恐部队）司令，并承诺尽快举行大选，提升抗议者对政府的信心。②

外交方面，新政府迅速调整与美国、伊朗的关系。伊拉克国内政治深受美国和伊朗影响，美伊势力的过度干涉成为近两轮抗议运动的焦点，因此，如何调整伊拉克与美国、伊拉克与伊朗的关系，既得到其支持，又不引起抗议民众反感，成为摆在卡迪米面前的重要任务。一方面，美国需要一位与西方关系良好，可以调解美国与伊朗对峙造成的地区紧张局势的人选，而这为卡迪米改善伊拉克与美国关系提供了机会。卡迪米上任后不久就于2020年8月20日访美，缓解此前与美国因撤军问题造成的关系低迷。访问达成重要共识，即美伊双方将继续加强长期安全与军事合作，共同应对极端组织“伊斯兰国”的威胁。③ 另一方面，伊朗对伊拉克政坛的影响不可小觑，第二位被提名总理人选祖尔菲最终组阁失败，很大程度上是由于他过于亲美而导致伊朗从中作梗。卡迪米上任后，从他访问伊朗的时间先于访美的时间可以看出，其与伊朗关系同样不错，此举有利于缓解伊朗对于卡迪米倒向美国

① 唐恬波：《伊拉克新总理卡迪米上位前后》，《世界知识》2020年第11期。

② Sajad Jiyad, “Time for a Reset: Iraq's New Prime Minister and the US-Iran Rivalry,” The European Council on Foreign Relations, https: //ecfr. eu/article/commentary_ time_ for_ a_ reset_ iraqs_ new_ prime_ minister_ and_ the_ us_ iran_ rivalr/, accessed: 2021 -2 -5.

③ 《伊拉克总理卡迪米访美　聚焦反恐合作》，https: //baijiahao. baidu. com/s? id = 1675590474267703424&wfr = spider&for = pc，最后访问时间：2021年1月3日。

的顾虑。2020 年 7 月 21 日，卡迪米访问伊朗时表达了他希望继续发展伊拉克与伊朗之间关系、加强两国合作的意愿。他强调说："伊拉克不会忘记伊朗在打击'伊斯兰国'战争中的支持立场。"这一表态得到伊朗总统鲁哈尼的积极回应。鲁哈尼表示，伊朗愿意与伊拉克人民站在一起，维护伊拉克和该地区的稳定与安全。[①]

虽然卡迪米政府内政外交的一系列举措取得短期成效，但从长远来看，他仍面临较大挑战。首先是政治层面，卡迪米当选总理本就是各方势力妥协后的折中选择，以此为伊拉克此前紧张的局势降温，维持国际和国内各大势力的权力分享结构。而卡迪米在议会中没有可依靠的政党，这使他很难对伊拉克进行根本性改革，他的改革只有在不伤及现有党派利益的情况下才有可能进行。卡迪米曾向抗议者承诺将提前举行大选，然而 2021 年 1 月 19 日伊拉克总理办公室发表声明，将原定于 2021 年 6 月举行的国民议会选举日期推迟至 10 月 10 日，声明称做出这一决定是出于"重要的技术原因"，希望通过让每个人都能获得自由公平参与选举的机会，确保选举的公正性。[②] 尽管这背后的真正原因不得而知，但留给卡迪米的时间已十分有限。其次是经济层面，面对原本脆弱的经济社会基础和新冠肺炎疫情带来的不利影响，卡迪米面临更加严峻的经济形势挑战。在政府财政吃紧的情况下，如何改善基础设施建设和提高公共服务水平，确保民众不会再次走上街头，成为摆在卡迪米面前的关键难题。最后是安全层面，卡迪米政府面临两大挑战：一是如何解决伊拉克武装力量失控的问题，真正收编受伊朗支持的什叶派民兵组织，重新掌控国家武装力量，实现国家稳定；二是，"伊斯兰国"威胁仍在，在美国减少驻军的情况下，"伊斯兰国"武装分子频频发动袭击，对伊

① 《卡迪米继续在伊朗的访问　强调伊拉克不会成为对伊朗威胁的来源》，半岛电视台，2020 年 7 月 23 日，https：//chinese. aljazeera. net/news/2020/7/23/% E5% 8D% A1% E8% BF% AA% E7% B1% B3% E7% BB% A7% E7% BB% AD% E5% 9C% A8% E4% BC% 8A% E6% 9C% 97% E7% 9A% 84% E8% AE% BF% E9% 97% AE，最后访问时间：2021 年 1 月 3 日。

② 《伊拉克宣布将国民议会选举日期推迟至 10 月 10 日》，新华网，2021 年 1 月 20 日，http：//m. xinhuanet. com/2021 - 01/20/c_ 1127001778. htm，最后访问时间：2021 年 2 月 20 日。

拉克国家安全带来巨大挑战。

未来，伊拉克国内局势仍不明朗。由于伊拉克脆弱的经济社会基础在短时间内难以被改变，民族宗派配额制度产生的利益交换根深蒂固，导致伊拉克政治体系很难从内部进行改革，抗议者的主要诉求基本不可能实现，诱发抗议运动的因素将在未来很长一段时间内一直存在，而大量对政府不满的年轻人和新兴社交网络又为抗议运动迅速扩大提供了可能。因此，一旦再次遭遇类似“酷暑断电”“有功之臣降职”的突发事件，抗议者将随时可能重返街头。同时，由于宗派林立、缺乏认同，抗议运动很难形成统一的组织并提出可行的政治纲领，伊拉克或将陷入抗议运动周期性爆发、衰退的恶性循环。

Y.5
叙利亚十年内战后的发展态势及前景评估

曹 磊*

摘 要： 截至2021年，叙利亚内战已持续十年。这场内战给叙利亚带来毁灭性破坏。这场灾难可以被视为“阿拉伯之春”的一部分，但叙利亚作为中东地缘政治焦点、石油美元体系的牺牲品以及少数派占统治阶级的特殊国情，决定了叙利亚与其他遭遇“阿拉伯之春”的国家截然不同的命运。

关键词： 叙利亚 “阿拉伯之春” 巴沙尔政权 叙利亚重建

一 叙利亚内战起因的深层原因

（一）经济全球化的冲击

叙利亚地处亚非欧三大洲交通要道，是地缘政治博弈最激烈的地区。由于民族、宗教问题复杂，同时毗邻中东最敏感的巴勒斯坦地区和海湾产油区，叙利亚在由美国主导的全球化进程中扮演着特殊的角色。

苏联解体后，美国成为全球唯一的超级大国。原属经济学领域的新古典自由主义（New Liberalism）逐渐“嬗变为国际金融垄断资本的经济范式和

---

* 曹磊，博士，北京语言大学中东学院讲师，主要从事国别和区域问题研究。

美国国家意识形态”[①]，形成新自由主义（Neo-liberalism）思潮，并深刻影响着美国的政治决策。最为直接的表现就是全球化进程全面提速，一场由美国主导的经济全球化、民主政治全球化、“普世价值”全球化全面铺开。笔者认为，经济全球化政策成为美国的优先执行项。

“阿拉伯之春”全面爆发后，突尼斯、埃及、利比亚、也门、阿尔及利亚、苏丹等国发生动乱。相较上述的阿拉伯国家，海湾诸国受到的影响较小，且基本平稳完成王权的更迭。美国为这些海湾国家长期提供政治支持和军事庇护，甚至将其视为盟国，看重的是这些国家在美式经济全球化进程中发挥的巨大作用。因此，从理论和实践来看，民主政治和“普世价值”的宣传都更符合美国利益，经济全球化才是美式全球化战略的优先方向。

叙利亚较之海湾国家，其政治民主化进程和对“普世价值”接受程度更高。叙利亚愿意参与国际合作，其较早参与到全球化进程中，与美国的贸易往来较为频繁。叙利亚地处欧亚大陆交通要道，战略位置至关重要。因此，出于叙利亚在地缘战略上的重要性，无论叙政权是否选择合作，美国都会以霸权主义立场判定叙利亚在其全球战略中的价值。自 2004 年 5 月，美国总统乔治·布什宣布对叙利亚实施经济制裁开始[②]，此后美国多届政府的对叙政策，都表现出摧毁破坏这个交通枢纽的意图，而不仅是表面看来以推翻某个政权为根本目的。至于是采用利比亚式的经济制裁，还是伊拉克式的直接动武，只是手段选择的不同而已。

（二）地区核心矛盾的转变

美式经济全球化形成的基础，是围绕中东最重要的资源搭建而成的石油美元体系。叙利亚应该很早就意识到会沦为这场经济变革的牺牲品，才以搏命思维坚持站在美国敌对阵营。1974 年沙美全面合作协议签署前，中东地区的核心矛盾是阿拉伯国家和以色列围绕巴勒斯坦问题而形成的民族对立。

---

① 何秉孟、李千：《新自由主义评析》，社会科学文献出版社，2012，第 10 页。

② CNN, “Bush Signs Syria Sanctions Bill,” December 12, 2003, https: //edition. cnn. com/2003/US/12/12/bush. syria/, accessed: 2021 - 12 - 1.

1973 年第四次中东战争（又称赎罪日战争）期间爆发的石油危机是这两个民族矛盾的集中体现。危机本身也巩固了石油在现代产业链和金融链中的特殊地位。之后，石油美元体系迅速取代布雷顿森林体系，美元作为原油贸易唯一的计价和结算货币，从购买力上，形成美元 > 原油 > 其他国际货币 > 其他主权货币的基本规则。此后，美国在中东地区，以保护海湾政权为名，蓄意制造逊尼派和什叶派之间的教派冲突，同时又竭力使两者维持互相威胁，却无力消灭对方的僵持局面，使得该地区主要矛盾逐渐由阿以民族矛盾，转变为伊斯兰教内部的教派矛盾。通过操控石油生产大国，进而操控国际原油市场份额和价格，维护美元霸权。

叙利亚原本并不处于宗教矛盾的焦点区，执政的复兴党核心成员主要信奉阿拉维派。在教派形成过程中，阿拉维派吸收了“多个宗教来源和意识形态派别，进而产生的一个新的宗教派别”[1]。历史上，无论是逊尼派还是什叶派都曾经拒绝接受阿拉维派，它们认为“一些信徒来自腓尼基人，琐罗亚斯德教徒和摩尼教异教徒”[2]。1973 年，当时什叶派最重要的伊玛目之一穆萨·萨德尔（Musa al-Sadr），公开从教法上肯定了阿拉维派与什叶派中十二伊玛目派的关系，并凭借私人关系搭建起阿萨德家族与伊朗伊斯兰政权之间的联系。此后，中间人穆萨·萨德尔神秘失踪，叙利亚和伊朗政权也未正式公布过合作的细节。

相关历史事实显示，沙特与美国关系的升温是促使叙利亚投靠什叶派阵营的主要因素。美国是最早承认沙特家族政权的国家之一。沙美的合作基础是加州标准石油公司（California Arabian Standard Oil Company）获得在东部省阿尔阿萨（Al-Ahsa）开采石油的协议，其子公司加利福尼亚阿拉伯标准石油公司后来发展为大名鼎鼎的沙特阿美石油公司。1943 年，美国总统富兰克林·罗斯福试图通过对相关石油公司国有化改革进而控制沙特石油资

① Yaron Friedman, *The Nuṣayrī-‘Alawīs: An Introduction to the Religion, History, and Identity of the Leading Minority in Syria* , Leiden, Netherlands, Boston: Brill, 2010, p. 5.

② Daniel Pipes, *Nothing Abides: Perspectives on the Middle East and Islam*, New York: Routledge, 2015, p. 177.

源。虽然没有成功收购，但沙美两国首脑于1945年在“昆西”号巡洋舰上达成军事合作共识。在冷战期间，沙美因共同的立场进一步拉近了双方之间的距离。1970年，美国开始向沙特提供总额近1600万美元的军事援助，1972年，这笔军事援助总额突然激增至3.12亿美元左右。[①]

沙特在第四次中东战争爆发前没有与埃及、叙利亚等国合作备战，在以色列逆转战场局势的关键一周，国王费萨尔只是口头警告停止石油贸易，而没有任何实质性措施，后续的禁运也没有挽回战败阿拉伯国家的损失，倒是为此后的沙美谈判增加了筹码。因此，沙美合作与石油美元体系初现雏形，必然会对叙利亚时任总统哈菲兹·阿萨德（Hafiz Assad，下文简称老阿萨德）的外交决策产生重大影响。从多方博弈的角度看，弱国抱团是具有合理性的。当然，老阿萨德在对外继续坚持高举泛阿拉伯主义的大旗，突出阿以民族矛盾，并逐步参与美式全球化进程，没有留给美国进一步干预叙利亚的口实。老阿萨德执政时期叙利亚总体局势比较稳定。

（三）国内权力分配的缺陷

在内政方面，阿萨德家族对权力过于贪恋，破坏了立国时的政治平衡，导致过度依赖阿拉维派，泛阿拉伯主义完全失势，教派矛盾加剧，动摇了复兴党的执政根基。

长期以来，阿萨德家族通过教派控制政党，再由政党实现对国家的控制。这个控制模式不是某一家族、某一教派或某一政党的决策问题，而是历史问题。阿拉伯叙利亚共和国建立后，国民还停留在对某一部落或某一宗教派别效忠的阶段，新政府需要完成现代民族国家的构建。老阿萨德要实现长治久安，必须在继续保证内部团结的基础，迅速扩充阵营，获得多数人的支持。

阿拉维派的宗教旗帜无疑是实现内部团结的基础。阿拉维派长期被奴役

---

① F. Gregory Gause, *The International Relations of the Persian Gulf* , Cambridge University Press, 2009, pp. 16 –44.

的历史，与复兴党早期超越传统部落、家族、教派分歧的主张达成了阶级共识。老阿萨德掌权后，公开宣称复兴党为“劳苦大众的党”，有大约1/3的农民直接加入复兴党或被吸引到复兴党周围。老阿萨德还在政府机关及国有企业中实行超额雇员[①]，且给予党员及其家属较高的福利待遇和社会地位，打造一个对执政党以及国家制度认可的精英阶层。

和平时期新一代国民数量的迅速增长，彻底改变了叙利亚的社会结构，有限的资源无法解决贫富差距的问题。20世纪70年代，外部敌对势力也开始挤压叙利亚的发展空间。面对内外窘境，阿萨德家族依旧迷恋权力，没能走出狭隘的家族利益圈，阿拉维派自然也没能走出教派利益圈，复兴党自然也难以走出政党的利益圈。一环扣着一环，一层压着一层，平民阶层被死死压在社会底层挣扎。1980年，叙利亚14个省中有8个省发生动乱；1984年，阿萨德胞弟里法特·阿萨德（Rifat Assad）策划政变，都是原有政治秩序出现问题的征兆。此后，老阿萨德通过大赦政治犯、增加议会无党派人士席位等措施做出一定让步，但这并不能消除既得利益者和普通民众间的巨大鸿沟。此外，每一次放权往往还伴随诸如在军事、安全等领域加强集权控制的措施。

老阿萨德长子意外身亡后，巴沙尔·阿萨德（Bashar al-Assad）匆匆被选为继承人。参考其兄长的培养轨迹，巴沙尔在1994年初涉政坛，到2000年老阿萨德去世后接班，政治资历短浅，在核心的军事和安全部门没有得到足够的历练就成为首脑；甚至总统候选资格也是通过强行修改宪法才获得的；巴沙尔青年时期还接受过西方教育，长期在英国生活，掌权初期显示其西式民主情节；作为政治素人，执政初期在铁腕和怀柔政策两边摇摆；在家族内部属于晚辈，他是在母亲的支持下才击败功勋卓著的长辈的。

在所有世俗力量都不牢靠的情况下，巴沙尔对阿拉维派更加依赖，甚至超出了对阿萨德家族的依赖，外交上完全倒向以伊朗为首的什叶派力量。因

① 王新刚、张文涛：《叙利亚政党制度与政治稳定研究》，《外国问题研究》2018年第2期。

此，巴沙尔政权的宗教主义化可以视为少数派危机意识的集中体现，但一定程度上堵住了其他群体获得权力的通道，违背了现代意义的民主，违背了复兴党立党之本和叙利亚立国之本。最终，巴沙尔和阿拉维派只有通过对军权和安全机构的绝对控制，从而实现对国家的控制。叙利亚国内的这些变化，进一步刺激了逊尼派的敌对意识。

二　叙利亚当前困局分析

叙利亚由于多重特殊性，被美国视为其在中东地区的“眼中钉”，破坏叙利亚及其周围地区的稳定，成为目前美国中东战略目的之一。即使叙利亚结束大规模武装冲突，但困局依旧，且有长期持续、甚至恶化的可能。

（一）大国争霸的缓冲区

目前，巴沙尔政权及其俄罗斯、伊朗等盟友控制的领土面积约占总国土面积的65%，包括大马士革、阿勒颇、霍姆斯、哈马、拉塔基亚、塔尔图斯、代尔祖尔等省的主要领土面积，较之2013年初只控制20%左右领土的危急局面，如今的巴沙尔政权已经实现了巨大逆转。但在实际控制权方面，这些领土并不全由巴沙尔政权完全掌控。在叙西部和南部，伊朗支持的黎巴嫩真主党及其他什叶派民兵力量控制了大约20%的边境地区。其中，真主党完全掌控叙黎边界，并在叙利亚一侧扎巴达尼（Al-Zabadani）至古塞尔（Al-Qusayr）建立军事据点，并据此控制多山的加拉蒙（Qalamoun）战略要地；伊拉克什叶派民兵占据布卡马尔（Al-Bukamal）到坦夫（Al-Tanf）的叙伊边境两侧；另有一些直接效忠于伊朗的什叶派民兵力量，控制了叙西部和南部包括军用机场在内主要战略设施，以保障伊朗军事力量源源不断地运往对抗以色列的前线。[①]

---

① Fabrice Balanche, “The Assad Regime Has Failed to Restore Full Sovereignty Over Syria,” February 10, 2021, https://www.washingtoninstitute.org/ar/policy-analysis/fshl-nzam-alasd-fy-astadt-alsyadt-alkamlt-ly-alarady-alswryt, accessed: 2021-5-1.

“阿斯塔纳进程”在逐步实现叙北部停火的同时，实际也完成了俄罗斯和土耳其在这一地区的势力划分。2020 年底，土耳其在叙西北部拆除了塔尔尼巴（Al-Tarnbah）、拉西丁（Al-Rashideen）、图尔高山丘（Tal Touqan）、伊斯山丘（Tal Al-Eis）、奥百利工厂（Al-Obry Factory）和萨尔曼（Al-Sarman）6 个军事据点，从而完成了总共 15 个军事据点的移交工作。① 但以上军事据点实际都由俄罗斯军方接管，分割开叙北部库尔德人与亲土耳其的阿拉伯人、土库曼人等各方势力。巴沙尔政权实际无力完成这样的军事隔离，只能象征性派遣少量地面部队参与俄军的军事管控。叙北部完全由巴沙尔政权控制的地区只有拉塔基亚以北的卡萨布（Kesab）过境点。巴沙尔政权实际控制的领土只占国土总面积的 15% 左右，大部分巴沙尔控制区没有正式的叙政府部门维持秩序，取而代之的是外国军事力量。②

在巴沙尔政权控制区域以外，库尔德人控制了叙利亚约 25% 的领土，土耳其支持的逊尼派势力以及未完全根除的逊尼派极端组织占据了约 10% 的领土。此外，巴沙尔政权也未能恢复对叙利亚领水和领空的控制。内陆最重要的幼发拉底河成为政府军与库尔德人的界河，其上游水源完全由土耳其掌控；临地中海海域由驻扎塔尔图斯基地的俄罗斯军队管辖；其大部分领空都由驻扎赫梅米姆空军基地的俄罗斯军队控制；美国保留的驻军在哈伯河（Khabur River）与伊拉克边界之间，控制着东南部的空中走廊。

外部势力大量介入的唯一利好是将叙利亚国土安全和巴沙尔政权稳定两大基本需求相互绑定，俄伊军事力量的存在可以保证巴沙尔政权暂时无忧。国土分裂民不聊生的局面也使叙利亚获得部分国际舆论的同情。外来干涉势

① Jusoor for Studies, “خريطة النفوذ العسكري في سورية,” Jane 1, 2021, https: //www. jusoor. co/details/%D8%AE%D8%B1%D9%8A%D8%B7%D8%A9 - %D8%A7%D9%84%D9%86%D9%81%D9%88%D8%B0 - %D8%A7%D9%84%D8%B9%D8%B3%D9%83%D8%B1%D9%8A - %D9%81%D9%8A - %D8%B3%D9%88%D8%B1%D9%8A%D8%A9 - 01 - 01 - 2021/825/ar, accessed: 2021 - 5 - 1.

② Fabrice Balanche, “The Assad Regime Has Failed to Restore Full Sovereignty Over Syria,” February 10, 2021, https: //www. washingtoninstitute. org/ar/policy - analysis/fshl - nzam - alasd - fy - astadt - alsyadt - alkamlt - ly - alarady - alswryt, accessed: 2021 - 5 - 1.

力都是区域内、甚至是全球范围内的重要力量，叙利亚实际已沦为大国争霸的缓冲区。

多方会谈必不可少，而域外大国撤出则是推动多方会谈的先决条件。从目前局势看，外来势力普遍拒绝放弃既得利益，一些国家把巴沙尔下台作为谈判的先决条件，实为故意刁难，是为拒绝撤出找借口。巴沙尔政权目前实力羸弱，在与俄罗斯、伊朗联盟中尚不具备发声的能力，更不具备和任何一方谈判的资本。为了维持政权稳定，巴沙尔政权已经在领土和主权上被迫做出让步。令人不安的是，难民问题和反恐问题是巴沙尔政权潜在的两个筹码，在近期叙利亚参与国际合作的过程中被频繁提及，不排除未来叙利亚会放任这两个问题恶化，依靠人道主义危机裹挟多方谈判的可能性。

（二）经济重建是伪命题

第一，结构性毁坏。内战期间，几乎所有省会城市都是主要战场，因此，叙在内战中遭受的是全方位的彻底破坏。2017 年，世界银行估计叙利亚 30% 的建筑物被严重破坏或摧毁。[①] 2019 年，联合国的一份报告清点了 14 万栋受损房屋，其中 40000 栋被完全摧毁，另有 50000 栋受到严重影响。[②] 内战使叙利亚 1300 多个教育和医疗设施及其工作人员遭受袭击[③]，其他基础设施也都受到不同程度的毁坏。此外，叙利亚还饱受地雷、简易爆炸装置和未爆炸弹的严重影响。2015 ~2020 年，叙利亚大约每 10 分钟就发生 1 起记录在案的爆炸事件，数百万人的生命处于危险之中。根据《2021 年

① World Bank, "The Toll of War: The Economic and Social Consequences of the Conflict in Syria," July 10, 2017, https://www.worldbank.org/en/country/syria/publication/the-toll-of-war-the-economic-and-social-consequences-of-the-conflict-in-syria, accessed: 2021-5-1.

② Muriel Asseburg, "Reconstruction in Syria: Challenges and Policy Options for the EU and Its Member States," July 11, 2020, https://www.swp-berlin.org/10.18449/2020RP11/#en-d17425e1369, accessed: 2021-5-1.

③ 《联合国儿基会：叙利亚战争十年"让整整一代人的生命和未来悬于一线"》，2021 年 3 月 10 日，https://news.un.org/zh/story/2021/03/1079942，最后访问时间：2021 年 4 月 3 日。

人道主义需求概况》（*The Advance 2021 Humanitarian Needs Overview*）估计，叙利亚约有1030万人受到爆炸物污染的直接威胁，约1/3的社区受到潜在污染威胁。[①]

第二，重建资金缺乏。据联合国2017年估计，叙利亚重建将需花费至少2500亿美元[②]，此后的各方评估结果不断攀升，普遍是3000亿～4000亿美元，最高评估达1万亿美元。2018年，叙利亚政府宣布用于重建的500亿叙利亚镑预算显然是杯水车薪。[③] 内战后，叙利亚经济支柱中农业、旅游业都遭到重创，无法恢复正常，石油产业在内战时期主要控制在“伊斯兰国”手中，此后大部分被库尔德人控制。大量生产活动的停滞导致税收减少、外贸崩溃，加上高昂的军费开支，叙利亚国内公共投资急剧下降。叙利亚的外汇储备已消耗殆尽，政府只有增加货币发行量以及从俄罗斯和伊朗等国借款，来减少财经赤字，这样饮鸩止渴的措施只会导致债务累积，助推叙利亚镑的大幅贬值。在2011年内战前，1美元约合47叙利亚镑，到2020年6月，叠加新冠肺炎疫情及《叙利亚平民保护法》的影响，美元兑换叙镑的汇率达到了创纪录的1∶3200镑。

第三，劳动力匮乏。叙利亚问题调查委员会在其报告中表示，在经历了十年的战乱之后，几乎没有一个叙利亚家庭“毫发无损”。这场战乱已导致成千上万人丧生，数百万人流离失所。[④] 许多国内流离失所者在战争中不得不逃离多次，或者被多次驱逐或重新安置。截至2020年初，霍姆斯市大约40%的居民搬到其他社区或完全逃离了这座城市；阿勒颇的人口数量从大约250万人下降到160万人；亚尔穆克难民营及其周边人口数量从大约80万

① The United Nations Mine Action Service（UNMAS）, “Explosive Ordnance Contamination,” March 2021, https://unmas.org/en/programmes/syria, accessed: 2021-5-1.

② 《德米斯图拉：叙利亚和谈已显现国际共识 安理会五常将在日内瓦举行预备会议》，2017年11月27日，https://news.un.org/zh/story/2017/11/310822，最后访问时间：2021年4月3日。

③ Joseph Daher, “The Paradox of Syria's Reconstruction,” September 4, 2019, https://carnegie-mec.org/2019/09/04/paradox-of-syria-s-reconstruction-pub-79773, accessed: 2021-4-3.

④ 《经历十年致命冲突后，叙利亚调查委员会呼吁“将叙利亚人放在首位”》，2021年2月18日，https://news.un.org/zh/story/2021/02/1078322，最后访问时间：2021年4月3日。

人下降到仅剩1000人；大马士革东郊人口数量从39万人下降到27万人；大马士革杜马区人口数量从12万人左右下降到了4万人（2019年）。[①] 有多达1240万叙利亚人正在经历粮食危机和饥饿，占到该国总人口的近60%，比2018年翻了一番，其中仅2020年一年就有约450万人陷入饥饿，完全依赖食品援助维生的人数也比去年增加一倍，达到130万人。[②] 除非采取紧急行动，否则还将有180万人有可能陷入严重的粮食不安全状态。[③] 战争还透支了叙利亚未来的劳动力，让整整一代儿童的生命和未来悬于一线。据统计，境内外300多万叙利亚儿童失学，50万5岁以下儿童营养不良，5700名儿童被征招进入武装团体。[④] 最糟糕的是，内战使社会各阶层、各民族和各宗教群体原有的共存信任受到严重损害，在重建中继续相互合作的可能性大大降低。

第四，基础能源匮乏。虽然重建计划已推出数年，但叙利亚恢复生活和生产的基础能源依旧无法得到保障。2018年10月中旬到2019年5月的燃料危机，使实施重建计划环境更加恶化。政府配给量和价格上涨仅在一定程度上缓解了这种僵局，美国的封锁阻止了外来援助，叙政府对国内民众的汽油供应量再次减少35%，每辆私家车每4天最多加油30升。[⑤] 迄今为止，石油与矿产资源部只能保证每天所需的13.6万桶中的约1/4。电力部门一度被寄予厚望，危机前叙利亚曾经拥有中东地区最大的全国性电网。电力部前部长伊马德·哈米斯（Imad Khamis）被任命为总理组建内阁，统领重建工

① Muriel Asseburg, "Reconstruction in Syria: Challenges and Policy Options for the EU and Its Member States," September 4, 2019, https://carnegie-mec.org/2019/09/04/paradox-of-syria-s-reconstruction-pub-79773, accessed: 2021-5-1.

② 《人权高专巴切莱特：叙利亚饱受十年冲突之苦 失踪人员家属迫切需要真相和正义》，2021年3月11日，https://news.un.org/zh/story/2021/03/1080082，最后访问时间：2021年4月3日。

③ 《1200多万叙利亚人因冲突和粮价飞涨而陷入饥饿》，2021年2月17日，https://news.un.org/zh/story/2021/02/1078222，最后访问时间：2021年4月3日。

④ 《联合国儿基会：叙利亚战争十年"让整整一代人的生命和未来悬于一线"》，2021年3月10日，https://news.un.org/zh/story/2021/03/1079942，最后访问时间：2021年4月3日。

⑤ Suleiman Al-Khalidi, "Syria Says US Sanctions Behind Acute Fuel Crisis," September 17, 2020, https://www.reuters.com/article/us-syria-crisis-fuel-shortages-idUSKBN2673OG, accessed: 2021-4-3.

作，但在基础能源短缺的情况下，传统的燃油、燃气、火力发电都行不通。光伏发电、风能发电的发电量非常有限。雪上加霜的是，近年来，叙利亚各类能源基础设施都不断遭到恶意破坏，国内频繁出现大面积停电。2020 年 6 月，接替伊马德·哈米斯担任总理的是水资源部前部长侯赛因·阿尔努斯（Hussein Arnous），水力发电或成为新的发展点，但上游水源主要在土耳其及逊尼派反政府势力控制之中，境内主要水资源又与库尔德人共享，能否有稳定保障有待观察。2020 年叙利亚总发电量为 270 亿千瓦时，较之 2011 年的 490 亿千瓦时的水平[①]，尚存巨大差距，为重建提供保障基本无望。

第五，援助阻断。外部援助是应对人道主义危机最重要的途径之一，但是叙利亚政府的保守措施，以及外部势力的全面制裁，严重阻碍了各类援助工作。由于联合国内部对援叙物资交予哪方势力争执不下，安理会于 2020 年 1 月 10 日“压哨”通过了第 2504 号决议，放弃原有的两个过境点的授权援助，只保留土耳其与叙利亚边界的两个过境点实施跨境援助。[②] 这无疑大大削弱了援助力度。此外，美国、欧盟、阿盟和土耳其自 2011 年以来，相继对叙利亚实施多轮制裁、发布对叙贸易和金融活动的限制，旅行禁令和冻结资产。尽管多数制裁目标是针对个人，但也影响到独立的第三方企业家。另有针对伊朗、伊拉克、黎巴嫩、土耳其等国的其他制裁，同样会导致叙利亚国内资源短缺、资金匮乏以及各种商品价格攀升等连锁反应。叙内战前存在的安全隐患、经济管制措施、法律法规不健全、官僚贪污腐败等一系列阻碍投资的内部问题，并不会因内战而解决，反而更加恶化，打击国内外投资者的信心。《叙利亚平民保护法》无异于釜底抽薪，目标直指叙利亚重建，包括中国华为在内的外来民间资本也被迫撤回对叙利亚的业务。

① 中华人民共和国驻阿拉伯叙利亚共和国大使馆经济商务处：《叙利亚电力行业运营恢复情况》，http：//www. mofcom. gov. cn/article/i/dxfw/gzzd/202104/20210403053396. shtml，最后访问时间：2021 年 5 月 1 日。

② 《叙利亚新冠确诊病例激增、经济下滑 联合国人道副秘书长敦促授权延长叙利亚跨境援助》，https：//news. un. org/zh/story/2020/06/1061012，最后访问时间：2021 年 4 月 3 日。

（三）疫情下的叠加影响

2020 年以来，肆虐全球的新冠肺炎疫情造成数百万人死亡，对全球生产生活秩序的破坏也是深远的。根据世界卫生组织提供的数据，截至 2021 年 5 月 5 日，叙利亚全境累计新冠肺炎感染人数为 61115 人，康复 38840 人，康复率为 63.6%，死亡 2873 人，病死率为 4.7%，现有病例 19402 人。[①] 虽然整体感染数字不高，但应该与检测能力有限有关，各路媒体预测叙利亚实际感染人数普遍在 100 万人以上。

联合国负责人道主义事务的副秘书长兼紧急救济协调员马克·洛科克（Mark Lowcock）认为，叙利亚的卫生系统没有为疫情大规模暴发做好准备，会在疫情高峰期后迅速崩溃。疫情加剧了经济下滑，限制了人道主义应对行动，这可能对整个地区造成严重后果，而不仅仅是叙利亚。[②] 新冠肺炎疫情所导致的贫困也加剧了粮食危机。由于货币严重贬值，叙利亚的食品价格大幅上涨，许多家庭已经好几个月没有吃上任何肉类和水果，且“不得不在购买食物、去医院看病还是送孩子上学之间做出选择，如果没有持续的援助，这些家庭将难以为继”。调查委员会委员卡伦·科宁·阿布扎伊德（Karen Koning AbuZayd）指出，新冠肺炎疫情大流行已经使该国剩余的医务人员和一线工作人员“不堪重负”，由于“蓄意攻击和医务人员的逃亡”，医院和保健中心“大量减少”。[③] 世界粮食计划署中东和北非区域主任科琳·弗莱舍（Corinne Fleischer）表示，“十年后的今天，无论是难民收容国，还是受到疫情及其所带来的经济衰退影响的捐款国，都出现了倦怠的情绪”[④]。

---

① 中华人民共和国驻阿拉伯叙利亚共和国大使馆经济商务处：《叙利亚 2021 年 4 月—5 月上旬新冠肺炎疫情形势报告》，http：//sy. mofcom. gov. cn/article/jmxw/202105/20210503061570. shtml，最后访问时间：2021 年 6 月 16 日。

② 《人权高专巴切莱特：叙利亚饱受十年冲突之苦 失踪人员家属迫切需要真相和正义》https：//news. un. org/zh/story/2021/03/1080082，最后访问时间：2021 年 4 月 3 日。

③ 《经历十年致命冲突后，叙利亚调查委员会呼吁“将叙利亚人放在首位”》，https：//news. un. org/zh/story/2021/02/1078322，最后访问时间：2021 年 4 月 3 日。

④ 《人权高专巴切莱特：叙利亚饱受十年冲突之苦 失踪人员家属迫切需要真相和正义》https：//news. un. org/zh/story/2021/03/1080082，最后访问时间：2021 年 4 月 3 日。

叙利亚面临最大的威胁是全球经济的萎缩，这样的萎缩正在刺破美式全球化造成的泡沫危机。美联储及各主要国家的货币政策已经摆脱政府束缚，无限量化宽松成为各国竞相效仿的“抗疫”政策。在叙利亚，最重要的石油、煤炭、铁矿等基础资源都不在巴沙尔政府的控制中，没有资金支持，新能源开发同样是纸上谈兵，中东曾经的农业大国就连食品都要施行严格额配给。外部援助有限，全球化快车减速，叙利亚未来只能自力更生。

相比其他国家，叙利亚受到疫情的影响实际相对较小，千疮百孔的局面已没有更多资源可以损失。新冠肺炎疫情导致全球人员往来受限，一些国家都被迫采取不同程度的“封国”政策。外部势力直接介入的力度已减弱，客观上也有利于叙利亚局势的暂时稳定。尽管实力有限且困难重重，但在这难得的窗口期，巴沙尔要搁置对敌对势力的打击，如果敢于稀释阿萨德家族和阿拉维派的特权，打击中饱私囊的权贵，坚持特殊时期的人文关怀，叙利亚仍有希望回归复兴党立国之处的阶级共识。目前，巴沙尔在解散国家和解委员会（the National Reconciliation Commiission）后，做出了一些政治承诺，实际效果还有待观察。

三　未来政策动向

2020 年，巴沙尔总统连续发布了《战后叙利亚国家发展计划》（以下简称《计划》）和《可持续发展目标自愿国家审查报告 2020 年第一次报告》（以下简称《报告》）。这两份文件是叙利亚现政府分别面向国内和国际社会公布的未来十年发展规划，是其近年来为数不多的，全领域、多数据的叙利亚国情信息公开报告，具有很高的参考价值。其中《报告》是在《计划》的基础上撰写的，为响应联合国 2030 年行动纲领的承诺，根据叙利亚政府第 1737 号决定，完全由叙利亚政府部门编写，代表官方态度且更具有权威性的文件，据此可以了解巴沙尔政府的态度和未来政策趋势。

（一）权力延续目的是强调发展权

《报告》序言由时任总理伊马德·哈米斯亲自执笔，其开门见山地指出，“阿拉伯叙利亚共和国政府自始至终非常重视这份报告的编写，报告中记录了政府根据战后国家发展计划中优先发展事务，从源头到调整，再到实现目标的全部过程，这是叙利亚直到2030年的发展规划”①。其中“战后”的表述在后文以及《计划》中反复被提及，这一时间限定体现出巴沙尔政府对目前局势的态度，基本否定了未来由巴沙尔政府主导大规模军事行动的可能。

《计划》和《报告》的主题都是叙利亚2020~2030年的发展规划，叙利亚总理在《报告》序言强调了“发展权”的重要性。《报告》第一章专门论述了叙利亚战后“发展权”。《报告》的第三、第四、第五章分别从社会与人类、经济、环境与建设的角度详细论述叙利亚未来发展规划，这些内容与《计划》主体部分的第四、第五章内容基本重合。以上信息均显示出，巴沙尔总统对国土安全和政权稳定两大基本生存目的的认可，开始转而追求更高层次的发展和重建。

此外，《计划》和《报告》的出台没有继续保持建国后形成的惯例，推出第13个“五年发展计划”，而是直接推出“十年发展计划”，可以看作对联合国《2030年可持续发展议程》的响应。同时，《报告》多次提及2012年宪法的积极意义，却忽视该部宪法修订过程中，对总统两届任期的规定。在之后2014年的总统大选中，巴沙尔不受两届任期的限制开启了他的第三个总统任期，甚至还赢得了2021年的总统选举。

综上可以看出，巴沙尔没有任何让出权力的意向，对掌控国内政权的绝对自信，及其将自身政权利益与国家安全和发展需求牢牢绑定的思路。无论是媒体热议的第一位女性总统竞选者法藤·阿里·纳哈尔（Faten Ali Nahar），还是2014年曾在竞选中直言“阿萨德应该继续领导这个国家”的

① 叙利亚政府：《报告》，第7页。

商人哈桑·努里(Hassan al-Nouri)①，又或是其他竞选者，都不会对巴沙尔连任产生任何的威胁。

（二）主要变化为强调人权

《计划》和《报告》将人权问题提升到前所未有的高度，可以视为对国际社会质疑声的回应。“人权”一词虽未出现在各级标题中，但相关概念贯穿全文。《报告》第一章阐述编写准则时明确指出，“人权制度是全球发展计划最全面的参考框架。叙利亚宪法强调人权，并努力将其转化为国家计划”②。

《报告》第二章论述发展的政治保障基础时，将对话机制列为优先关注对象，强调2012年宪法颁布以来，叙利亚采用了自由、平等、法治、社会正义、机会均等、尊重他人等原则，使得文化和宗教保持多样性且相互依存；强调叙利亚政府于2016年10月主动向联合国人权理事会（United Nations Human Rights Council）提交了本国的人权报告，并接受了理事会29条改善人权状况的建议；在涉及社会与人类发展的第三章，强调人权的重要性，围绕贫困、社会保障、医疗卫生等问题，男女性别差异、流离失所者和难民、被占领土居民等人群，以及教育和培训等方面的事务展开论述；在涉及经济领域发展的第四章，强调了经济包容性发展，肯定了私营企业的巨大贡献，提出了提高就业率，改善工作环境的理念；在涉及环境和基础设施建设的第五章，强调了改善国民居住环境和加强公共设施的规划；第六章第5节还设立了包括人权相关概念在内的23个量化指标，供国际社会监督和评估。以上内容在《计划》第四、第五、第八章都有相似论述。

（三）政治手段为依靠国际社会

尽管巴沙尔成功连任总统，叙利亚政府也雄心壮志地提出十年规划，但如前文所述，叙利亚并不具备独立重建的能力。在改善国内政治环境方面，

① https：//www. bbc. com/news/av/world - middle - east - 27690316.

② 叙利亚政府：《报告》，第12页。

一些核心问题并没有在《报告》或《计划》中给出明确的答案。例如没有明确告知国际社会和国内民众叙利亚与巴沙尔间的关系，并试图为其专政统治做合理注解；回避了国内教派冲突问题。由此可以看出，巴沙尔总统未来依然无法解决内战前就存在问题。

《计划》和《报告》内容高度重合，作为《计划》的衍生文件，《报告》最主要的独有内容是国际关系部分，其中清晰展露出叙利亚对国际社会的依赖。行文中强调“采用联合国制定的标准指标”，并反复对标联合国 17 条可持续发展目标，强调联合国“不让任何一个人落下”的原则，提出阻止外部势力干预，无条件经济援助等要求。在对外关系上，没有提及与俄罗斯、伊朗的联盟，除以色列外，也没有直接点名任何一个敌对国家，没有要求解除经济制裁。以上都显示出巴沙尔总统向国际社会示弱，尽可能对所有国家示好，积极要求回归国际大家庭的态度。

结　语

目前，全球性经济衰退与社会危机正在叠加发生效应，国际局势处于深度调整时期。在构建新的力量平衡过程中，地区问题会更加混乱且更具自发性，大国关系走向也会出现不确定性。对于叙利亚来说，祈求外部援助不如优先处理好内部关系。

Y.6

2020年也门危机发展态势及其影响

董 琦 刘欣路*

摘 要： 2020年，也门战火持续，政治进程有所突破。战场之上，胡塞武装对内主动出击政府军，夺取更多控制地区，对外持续冲击沙特边境；也门政府军严防死守，略显被动；沙特联军空袭猛烈，回击有力。战场之外，也门暴发新冠肺炎疫情，人道主义危机迫在眉睫；胡塞武装掀起“货币战争”，也门民众再陷生活困境。和谈路上，《斯德哥尔摩协议》有所进展，也门启动史上最大规模的换俘行动；《利雅得协议》落实充分，也门南部多省实现统一。

关键词： 也门危机 胡塞武装 沙特 人道主义危机 政治进程

也门国内以政府军和胡塞武装为代表的两股力量持续交火，区域大国沙特和伊朗在也门的代理人之争未曾中断，加之美国以“有限存在”的方式介入也门战事，使也门局势充满变数。

一 也门危机背景简要回顾

2011年，“阿拉伯之春”席卷中东，也门亦被卷入动乱旋涡之中。自

* 董琦，博士，大连外国语大学亚非学院讲师；刘欣路，北京外国语大学阿拉伯学院院长、教授、博士生导师，海湾阿拉伯国家研究中心主任。

2011 年 1 月中旬，也门民众以进行经济改革、反腐、修改宪法等事宜为由举行大规模反政府抗议示威游行活动，要求执政 33 年的总统萨利赫下台。2012 年 2 月，也门总统萨利赫与副总统哈迪完成权力交接，后者正式成为也门总统。2014 年 8 月，哈迪政府为申请紧急贷款而削减燃油补贴，造成国内安全局势更加紧张，胡塞武装借机发起攻势，攻占首都萨那，迫使总统哈迪前往沙特避难，也门陷入危机。2015 年 3 月，胡塞武装继续南下，占领位于临时首都亚丁的总统府，国家陷入新一轮危机。在此紧急状况下，哈迪向沙特政府发出求助信号，以沙特为首的多国联军对胡塞武装发动了名为"果断风暴"的军事行动，以支援也门政府军夺回亚丁，也门内战由内部冲突升级为地区冲突。2017 年底，也门前总统萨利赫被胡塞武装成员击毙，也门进入"后萨利赫时代"。也门局势更加混乱，激烈的军事争夺和持续的政治博弈，使也门乱局处于不可控的境地。

2018 年 12 月，在联合国斡旋下，也门政府和胡塞武装双方的代表在瑞典首都斯德哥尔摩举行和谈，双方在涉及停火、战俘交换和荷台达控制权等重要问题上达成一致，并签署《斯德哥尔摩协议》。但不久双方就互相指责对方破坏停火协议，再次在荷台达发生激战，和平进程中断。2019 年，也门战火并未停息，局势演变更加复杂。沙特联军内部出现分化，阿联酋和苏丹相继从也门撤军，使沙特在也门战场上更加孤立；南方过渡委员会武装与也门安全部队冲突激烈，曾占领亚丁总统府，要求独立执政的诉求日益高涨；胡塞武装趁势出击，呈现猛烈的进攻态势。同时，政治进程难有突破，"联合国在也门危机中的斡旋作用基本缺失，《斯德哥尔摩协议》没有得到有效执行"①。11 月初，也门政府与南方过渡委员会在沙特的斡旋下签署《利雅得协议》，为政治解决也门问题向前迈出了重要的一步。

① 刘欣路、杜鹏越：《也门危机发展态势及其影响》，载罗林主编《阿拉伯发展报告（2020）》，社会科学文献出版社，2021，第 82 页。

二　当前也门危机发展态势

随着沙特主导的多国联军内生嫌隙，联军在集中火力共同压制胡塞武装后，由于利益诉求不同而逐渐解散。对南方过渡委员会而言，阿联酋从也门撤军对其产生不利影响，让致力于争取独立的该委员会不得不重新考量其政治走向。胡塞武装在其政治盟友伊朗的支持下获得也门西部大多数省份的控制权后越战越勇，表现出更加坚定的战斗意志。加之冲突各方缺乏信任，和平谈判举步维艰，使政治解决也门危机困难重重。总体来看，也门国内外各方军事冲突不断，各方势力博弈不断。

（一）胡塞武装与政府军开启“中轴省”之争

胡塞武装主动出击，频繁开火；政府军队疲于应对，略显被动。胡塞武装在内陆争夺中稍占上风，政府军队严防死守港口。胡塞武装与政府军交火的主要战场集中在也门的中轴线省份，即北部焦夫省、中部马里卜省、南部贝达省和达利阿省，此外，沿海要地荷台达省和塔伊兹省也是双方争夺的焦点。

胡塞武装从 2020 年 1 月下旬开始攻打政府军控制的焦夫省首府哈兹姆市，经过数周与政府军的战斗，于 3 月 1 日夺取哈兹姆市的控制权，为其继续夺取马里卜省铺平了道路。哈兹姆市是也门北部战略重镇，夺取该市意味着胡塞武装对焦夫省实现真正意义上的控制，对政府军控制的马里卜省构成威胁的同时，对沙特南部边境也形成了强有力的威慑。

反观也门政府军，在攻防战中未能击退胡塞武装的进攻被迫向南撤往马里卜省后，国防部虽然派出增援部队，但寄希望于沙特领导的多国联军和亲政府的部落武装，以形成多方配合之势对哈兹姆市展开反攻并收复焦夫省，这暴露出也门政府军的战斗凝聚力不足、对盟友依赖程度高的问题与短板。尽管政府军于 2020 年 9 月初开始试图将胡塞武装逐出焦夫省东部地区，以夺回该省控制权，但双方僵持不下，政府军的军事行动难有成效。

在控制了也门北部的焦夫省后，胡塞武装加强了在石油资源丰富的马里卜省的军事行动，多次向政府军在该省的军事营地和办公地点发动袭击。2020 年 5 月 26 日，也门国防部位于马里卜省的一处办公地点遭到弹道导弹袭击，当时正在那里与军方官员举行会议的也门国防部部长穆罕默德·阿里·马克德希险些丧命。8 月 28 日，胡塞武装用导弹袭击也门安全部队在该省的一处营地，导弹击中营地内的一处清真寺，造成数十人伤亡。虽然胡塞武装对政府军在马里卜省的驻地发动多轮精准打击，但鉴于该省是沙特主导的多国联军指挥部所在地，多国部队和政府军防范严密，火力集中，因此政府军并未失守该石油重镇，并于 10 月 3 日在该省的锡尔瓦赫地区从胡塞武装手中夺回数个关键区域。

在达利阿省和贝达省的交火中，胡塞武装的进攻则更为主动。从 2020 年 1 月开始，胡塞武装在达利阿省时常对政府军发动大规模袭击，并占领了该省北部部分山区。6 月 22 日，双方在贝达省的交火最为激烈，造成双方 30 人死亡、数十人受伤，沙特领导的多国联军战机当天在贝达省对胡塞武装实施数十次空袭。[①] 对胡塞武装而言，夺取达利阿省和贝达省具有重要的战略意义。这两个省的西面紧邻胡塞武装控制的扎马尔省和伊卜省，北面与也门石油重镇马里卜省接壤，夺下这两个省，一方面可使胡塞武装控制的区域形成范围更大的兵链，能够从南部对马里卜省发动袭击，与北面的焦夫省兵力形成合力对马里卜省形成包围之势，这对夺取马里卜省控制权、掌握主要石油资源很有帮助；另一方面，占领这两个省会对也门西南沿海的塔伊兹省和南部沿海的拉赫季省及阿比扬省构成直接威胁，进一步压缩政府军的战略空间，可对沙特领导的多国联军施加更多压力。

除了上述内陆地区外，红海沿岸的荷台达省和塔伊兹省一直是双方争夺的焦点。荷台达市是也门重要港口城市，大批人道主义援助物资需要从该港口进入也门，胡塞武装和也门政府军曾在这里展开激烈战斗。虽然《斯德

① 《也门政府军与胡塞武装交火 30 人死亡》，新华网，http：//www. xinhuanet. com/world/2020 - 06/23/c_ 1126147399. htm，最后访问时间：2021 年 4 月 15 日。

哥尔摩协议》的首要议题为双方在荷台达省停火，但自协议签署以来，也门政府军和胡塞武装多次互相指责对方破坏停火协议，双方的港口之争也从未停止。

塔伊兹省有胡塞武装与外界联系的唯一港口，其得失直接关系到沙特领导的多国联军与也门政府军能否对胡塞武装实现真正意义上的封锁。目前该省首府塔伊兹市中心地带已被政府军控制，政府军一直在塔伊兹省东部、西部和北部与胡塞武装交战。胡塞武装为争夺这个港口要塞，不仅对该省政府军的军事基地发起袭击，也对政府军控制的居民区、监狱等地点进行炮击，蓄意制造混乱，打乱政府军的军事部署。然而，政府军对塔伊兹省防范严密，加之有阿联酋部队在此处驻守，在红海区域进行军事部署，因此，胡塞武装在该省的军事行动收效甚微，难有进展。

（二）胡塞武装与沙特联军展开边境之战

胡塞武装与沙特联军“空中互动”频繁激烈，战事胶着僵持不下。胡塞袭击目标明确，打击精准；沙特回击有力，难以抽身。2020 年 1 月 25 日至 30 日，胡塞武装对沙特境内多处设施发射 26 枚火箭弹，袭击地点包括沙特南部多座机场、沙特阿美石油公司多处设施和沙特内陆两处敏感目标，以回应沙特主导的多国联军空袭也门内陆地区。①

在 2020 年 2 月二十国集团（G20）财长和央行行长会议于沙特首都利雅得召开前夕，沙特方面于 21 日拦截数枚发自也门、以沙特数座城市为目标的弹道导弹。在 23 日会议当天早晨，多国联军海军部队在红海南部侦察到从也门荷台达省出发的一艘装有爆炸物的船只，胡塞武装对其远程控制并试图引爆爆炸物，多国联军海军部队及时拦截并摧毁了该船。胡塞武装在沙特举办国际会议期间有针对性地对其实施袭击，一方面对沙特国内的安全局势造成更加紧张的氛围，另一方面在沙特参与也门内战的问题上引起一定程

① 《也门胡塞武装获得新武器》，新华网，http：//www. xinhuanet. com/world/2020 - 02/03/c_1210459193. htm，最后访问时间：2021 年 1 月 18 日。

度的国际恐慌，更容易激起负面的国际舆论。

沙特方面事后表示，胡塞武装的导弹故意以城市和平民为目标，公然违反国际人道主义法。萨那已经成为胡塞武装集结、储藏武器的地点，同时被用作向沙特发动弹道导弹袭击的发射台。多国联军于2020年2月23日采取军事行动打击胡塞武装军事目标，以破坏该武装在萨那的弹道导弹及无人机组装、储存和发射能力。这一个回合的袭击与回应构成了全年胡塞武装与沙特领导的多国联军军事冲突的缩影，即沙特拦截或击落胡塞武装的空袭武器，而后对也门境内胡塞武装军事据点展开多轮空袭作为回应。即便是为了应对新冠肺炎疫情，在胡塞武装和多国联军同意响应联合国秘书长古特雷斯发出的全球停火倡议期间，双方仍互指对方发动袭击、破坏停火，并开始重新交战。

胡塞武装主要通过发射火箭弹、弹道导弹、无人机等远程打击的方式，有针对性地对沙特首都利雅得、南部边境城市奈季兰、海米斯穆谢特、南部港口城市吉赞和西部海滨城市吉达等地进行袭击。胡塞武装在对上述城市发动袭击的过程中，攻击目标明确，打击范围精准。沙特首都利雅得是沙特国防部所在地，胡塞武装发言人曾公开发表声明表示该武装使用大量远程弹道导弹和载有炸药的无人机对沙特国防部等政府机构实施袭击。南部城市吉赞距离沙特与也门边界大约60千米，那里的炼油厂由沙特阿美石油公司运营，日加工能力大约40万桶①，胡塞武装主要针对那里的大型炼油设施和多处军事设施进行袭击。同时，南部边境城市海米斯穆谢特的军机、飞行员住所和“爱国者”导弹系统，奈季兰机场、军用设施和平民区，艾卜哈国际机场和多处军事目标，西部滨海城市吉达的大型石油设施等都是胡塞武装重点袭击的对象。该武装选择上述地点进行袭击的思路很清晰。在地理位置上，除沙特首都利雅得外，上述城市靠近胡塞武装的占领区萨达省与焦夫省，在火力调配和打击效果上，胡塞武装更具优势。在战略层面上，对这些城

① 《也门胡塞武装再袭沙特石油设施》，新华网，http：//www.xinhuanet.com/world/2020－07/15/c_ 1210702058.htm，最后访问时间：2021年4月15日。

市进行袭击，既可摧毁沙特南部边境部署的军事设施，也能够使沙特的原油生产受到干扰，对其国内经济造成一定冲击。2019 年 9 月 14 日，沙特布盖格炼油厂和胡赖斯地区一处油田遇袭导致其原油日产量一度减少了大约一半。[①]

面对胡塞武装意图明显的军事袭击，沙特积极防御并全力反击。然而，沙特虽然实力占优，却难以从也门抽身。在南部边境线上，击落胡塞武装放飞的无人机、拦截该武装发射的弹道导弹成为沙特日常的防御状态。为了回应、报复胡塞武装频繁发起的空中“骚扰”和支援也门政府军的地面战场，沙特领导的多国联军采用空袭方式对胡塞武装控制的也门首都萨那、与沙特接壤的萨达省和焦夫省、胡塞武装与也门政府军争夺激烈的马里卜省等地进行反复轰炸，旨在摧毁胡塞武装的军事据点、军营设施和导弹仓库。2020 年 6 月，沙特主导的多国联军对胡塞武装发动了数十次空袭打击，其中 6 月 13 日早晨至中午，沙特对胡塞武装在马里卜省西北部多个军事据点实施了至少 28 次空袭。[②] 12 月 30 日，也门亚丁国际机场和也门总统府附近发生爆炸，次日，多国联军对控制也门首都萨那的胡塞武装发动报复性空袭，对萨那国际机场等 15 个地点进行了长达数小时的轰炸。[③]

沙特主导的多国联军对胡塞武装的空袭频次高、反击强度大，在场面上虽显强势，但随着也门内战进入巷战阶段，并朝着持久战方向发展，沙特联军消耗极大却难以抽身。

首先，盟友撤军使得联军火力大打折扣。2019 年阿联酋和苏丹等盟友相继从也门撤军，导致沙特在也门战场上更加孤立，战斗信心和作战气势有所衰退，需要从本国调动更多的兵力来抗衡越战越勇的胡塞武装。

其次，边境危机迫使沙特无法降低对胡塞武装的反击与报复强度。沙特

---

① 《也门胡塞武装再袭沙特石油设施》，新华网，http：//www. xinhuanet. com/world/2020 - 07/15/c_ 1210702058. htm，最后访问时间：2021 年 4 月 15 日。

② 《多国联军空袭也门胡塞武装据点》，新华网，http：//www. xinhuanet. com/2020 - 06/13/c_ 1126111540. htm，最后访问时间：2021 年 4 月 15 日。

③ 《多国联军战机空袭也门胡塞武装目标》，新华网，http：//www. xinhuanet. com/mil/2021 - 01/01/c_ 1210959566. htm，最后访问时间：2021 年 4 月 15 日。

与也门接壤，沙特南境的吉赞省、阿西尔省和奈季兰省与也门北境胡塞武装占领的萨达省、萨那省和焦夫省一直都是双方冲突的激烈地带。自也门内战爆发以来，胡塞武装便主动将战火引入沙特境内。2015 年沙特奈季兰省全省、吉赞省一半以上面积和阿西尔省的南部均被胡塞武装占领。2020 年，胡塞武装的空袭更多集中在奈季兰省和吉赞省，但自 2021 年 3 月以来，该武装开始向北部的阿西尔省的军事基地发起袭击，迫使沙特全力应对。

再次，沙特的石油产业无法忍受胡塞武装的反复骚扰。自 2017 年以来，沙特和俄罗斯的石油大战使沙特国内经济持续低走，尽管沙特联军拥有美国的先进武器、军事参谋和情报支持，但不见曙光的消耗战带来的巨额军费投入，对沙特石油经济是一种持续的考验。随着欧佩克及其盟国 2017 年达成的石油减产协议于 2021 年 3 月底到期，沙特宣布大幅增加石油产量，其国内油田及石油设施将加紧运转，而胡塞武装有针对性地对沙特多处石油设施进行袭击，使得沙特不得不重拳出击，以保护本国的经济命脉。

最后，地区争霸迫使沙特参与其中。沙特与伊朗在海湾争霸中不会停下脚步，为了避免陷入“什叶派之弧”的包围，沙特必须破除胡塞武装的壁垒，扶植其在也门的代理人；而伊朗无论是为了拓展地区实力版图、遏制沙特主导海湾话语权，还是出于摆脱美国的制裁、重振国内经济的需要，都会积极支持其在也门的政治盟友胡塞武装来牵制沙特，加之该武装对沙特的仇视，使其不会轻易停火，从而迫使沙特主导的多国联军持续应战。

（三）南方过渡委员会与也门政府军进行权力争夺

2017 年，遭也门总统哈迪罢免的亚丁省省长祖贝迪联合南方部落、部分军政领导人组建南方过渡委员会，寻求南部地区独立。2019 年 8 月，南方过渡委员会武装与也门安全部队发生冲突，占领亚丁市包括总统府在内的大部分重要设施，但随后将部分设施归还给也门政府。9 月初，南方过渡委员会与也门政府军在沙特进行非直接谈判。同年 11 月初，在沙特的斡旋下，双方在沙特首都利雅得签署一项权力分配协议，即《利雅得协议》，同意共同组建新政府，并由新政府统一管理军事人员。“该协议的签署被视为朝着以政治方案结束也门战争迈出的重要一步，是反胡塞阵营在沙特协调下完成的又一次团结。”① 但是自签署协议以来，除了一些政府官员重返亚丁之外，协议规定的其他内容并未按时实施。

2020 年 4 月 24 日，南方过渡委员会以也门政府对南部地区特别是亚丁市管理不善并存在严重腐败问题为由，宣布包括临时首都亚丁在内的南部各省市实行自治，并将组建自治委员会对这些地区进行管理，同时宣布这些地区进入紧急状态，并指派军事和安全部队维持秩序。此次南方各省市宣布自治，掀起了南方过渡委员会与也门政府军 2020 年对峙的第一次波澜，南方过渡委员会旨在利用自治手段吸引更多目光，以寻求国际社会认可，同时，为今后与也门政府谈判组建联合政府时谋求更多政治利益，但此举会给控制也门北部地区的胡塞武装提供可乘之机，令也门局势更加复杂。也门内战持续多年，南方过渡委员会一直是协助多国联军打击胡塞武装的重要力量，该委员会宣布自治会削弱和阻碍打击胡塞武装的努力，而胡塞武装也利用也门政府和南方过渡委员会忙于解决分歧的时机，扩大自身军事存在，这将给也门恢复和平增添更多不确定因素。虽然该委员会呼吁沙特领导的多国联军以及国际社会支持其在上述地区实行自治，但沙特主导的多国联军随即敦促也门所有各方停止敌对行动升级，呼吁也门南部恢复到之前状态，表明沙特不希望因内部分化加剧而牵扯其更多精力的态度。

2020 年 6 月 19 日，南方过渡委员会武装与也门政府支持的武装在也门南部的索科特拉岛上爆发武装冲突，南方过渡委员会控制了该岛并完成了在岛上的军事部署，宣布开始在索科特拉岛实施自治。索科特拉岛位于印度洋西部，扼守印度洋通向红海和东非的海上交通要道，战略位置极为重要。此次南方过渡委员会的岛屿自治将其与也门政府军的矛盾推向第二个波峰。

南方过渡委员会与也门政府军围绕南部多省控制权爆发的斗争愈演愈烈，反胡塞武装阵营嫌隙持续扩大，《利雅得协议》落实越发困难可能沦为

① 刘欣路、杜鹏越：《也门危机发展态势及其影响》，载罗林主编《阿拉伯黄皮书：阿拉伯发展报告（2020）》，社会科学文献出版社，2021，第 82 页。

一纸空文，在这种紧急情况下，沙特领导的多国联军加紧干预节奏、加大调解力度，为双方提出一项新机制以加快落实《利雅得协议》，由此使双方博弈由前两次高调冲突转向最终联手合作。

2020 年 7 月 29 日，南方过渡委员会和也门政府接受沙特提出的旨在加快执行《利雅得协议》的新机制，南方过渡委员会领导人表示“正式决定放弃自治，开始落实《利雅得协议》，以确保国家安全稳定并努力共同打击胡塞武装和其他恐怖组织”①。也门总统哈迪签署命令，责成总理穆因·阿卜杜勒 - 马利克·赛义德在数周内与南方过渡委员会组建新政府。10 月 1 日，双方在阿比扬省交换了 206 名战俘。12 月 10 日，在沙特领导的多国联军斡旋下，双方同意履行此前签署的《利雅得协议》中的军事和安全条款，为建立也门联合政府扫清障碍。12 月 16 日，也门政府和南方过渡委员会完成双方军队从阿比扬省交战地区撤离并重新部署事宜。18 日，也门总统哈迪宣布与南方过渡委员会组建联合政府。26 日，新组建的也门联合政府在沙特首都利雅得宣誓就职。也门政府和南方过渡委员会就新机制达成协议并在 5 个月内有效落实，为双方的激烈对峙带来转机，使也门持续的内耗斗争朝着缓和化方向发展，也门南部大部分地区在“分治”3 年多后实现了名义上的统一。新组建的联合政府宣誓就职，意味着也门反胡塞阵营的内部争斗告一段落。

有分析人士认为，“联合政府的组建是外部势力博弈的结果，体现了沙特在也门南部主导权的进一步巩固，新政府能否快速击溃胡塞武装彻底结束内战，改变也门目前南北割据的状态仍待观察”②。上述观点存在一定的合理性，原因有三。

首先，联合政府存在内斗的前科与隐患。在哈迪政府和南方过渡委员会接受沙特提出的旨在加快执行《利雅得协议》的新机制后，双方军队仍有

① 《也门总统责成总理与南方过渡委员会组建新政府》，新华网，http：//www. xinhuanet. com/2020 - 07/29/c_ 1126301545. htm，最后访问时间：2021 年 4 月 15 日。

② 《联合政府成立：也门离结束内战还有多远》，新华网，http：//www. xinhuanet. com/world/2020 - 12/20/c_ 1126883884. htm，最后访问时间：2021 年 1 月 20 日。

零星冲突。此前哈迪政府和南方过渡委员会也曾多次和解，但又重新爆发冲突，因此，不排除新政府仍存在内部嫌隙，成为联合执政的隐患，导致双方冲突再起，动摇联合政府的稳定性。

其次，联合政府受外部势力左右明显。双方虽然组建了联合政府，但联合政府能否顺畅运行、经济利益如何分配、军队如何整顿收编等问题都将考验双方的诚意。目前，联合政府由 24 名部长组成，也门现任总理穆因·阿卜杜勒-马利克·赛义德出任联合政府总理，南方过渡委员会 5 名官员将在联合政府中任职。从内阁成员的结构来看，双方人员构成与《利雅得协议》中规定的双方平均分配政府职位有较大出入，南方过渡委员会在此过程中做出了让步。这与阿联酋在也门战场“萌生退意”、南方过渡委员会面临失去“靠山”、不得不向沙特靠拢谋求更多的支持与国际认可有很大关联。所以，外部势力的战略动向会时刻左右联合政府的内部变化，影响也门各派合纵连横的局面。

最后，联合政府难以形成有效火力。即使哈迪政府和南方过渡委员会的部队完成整编，也很难在短时间内形成作战效率高、战斗能力强的武装力量，很难对胡塞武装构成较大的火力威慑，胡塞武装甚至可能利用新政府磨合的契机发动猛烈攻势，局面最终演变为沙特主导的多国联军再次空袭胡塞武装。由此可见，也门内战的最终走势并非由国内各方势力的斗争结果决定，而取决于也门政府军的支持者沙特等国同胡塞武装的幕后盟友伊朗之间博弈的结果。

（四）相关协议落实取得进展，政治进程有所突破

1.《斯德哥尔摩协议》得到部分落实，也门启动史上最大规模换俘行动

2018 年 12 月，也门政府与胡塞武装在瑞典首都斯德哥尔摩举行和谈，双方就荷台达停火、交换被俘人员等重要议题达成一致，并签署《斯德哥尔摩协议》。双方提出的换俘名单超过 1 万人，包括也门政府军、胡塞武装以及沙特领导的多国联军等多方被俘人员。2019 年 11 月，也门政府军与胡塞武装在阿曼进行谈判，由于双方互不退让，谈判破裂。

2020年1月1日，胡塞武装释放6名沙特籍战俘，并要求沙特主导的多国联军采取对等行动。胡塞武装此举为《斯德哥尔摩协议》落实带来些许吉兆。2月16日，也门冲突各方在约旦首都安曼就大规模交换被俘人员达成协议，以进一步落实双方在斯德哥尔摩达成的相关协议，这是也门政府与胡塞武装就战俘交换问题举行的第三轮谈判。9月中旬，在联合国也门问题特使办公室和红十字国际委员会共同主持下，也门被俘人员交换协定执行监督委员会在瑞士小镇格里昂举行第四次会议。27日，也门政府与胡塞武装宣布同意立即释放第一批1081名与冲突有关的被俘人员，其中包括681名胡塞武装人员和400名政府军士兵，从而启动该国历史上最大规模的释放被俘人员行动。同时，也门冲突双方重申将继续履行此前在斯德哥尔摩和安曼达成的协议，以最终释放所有被拘押者。此次大规模换俘行动由红十字国际委员会予以监督并负责被释放人员的运送工作，于10月15日执行落实，共持续两天。

2.《利雅得协议》落实充分，也门南部多省实现统一

2019年11月，在沙特的斡旋下，哈迪政府和南方过渡委员会在利雅得签署一项权力分配协议，同意组建联合政府，由新政府统一管理军事人员。不过，该协议并未得到执行，双方此后仍多次发生流血冲突。2020年在沙特的持续调停下，《利雅得协议》几经周折后取得突破进展，也门政府与南方过渡委员会达成和解，联合组建了新政府。

2020年1月9日，也门政府和南方过渡委员会的代表在沙特阿拉伯首都利雅得签署了一项协议，一致同意在3周内从也门临时首都亚丁撤出各自的军队，以尽快落实双方之前在利雅得签署的权力分配协议。根据这项新协议，双方还将从也门南部的阿比扬和舍卜沃等省撤出各自驻扎的军队，避免在这些地区发生摩擦冲突。双方撤出的军队将被派往达利阿省和荷台达市等地与胡塞武装作战。但新协议签署几天以来，双方都拒绝执行这一协议，继续保留在亚丁省、阿比扬省和舍卜沃省等南部地区的军事存在，导致局势比较紧张，双方都在指责对方破坏协议。经过沙特与双方进行的多次谈判后，最终说服也门政府军和南方过渡委员会从阿比扬省撤出，撤出的军队转移至

荷台达市联合对抗胡塞武装。

新协议的执行为也门政府和南方过渡委员会走向缓和进行了良好铺垫，在此基础上，沙特继续发挥协调作用，以促进加快落实《利雅得协议》。新机制规定，也门政府和南方过渡委员会继续执行2020年6月22日生效的停火协议；也门南方过渡委员会放弃自治；也门政府任命新的亚丁省省长和安全部队负责人；也门总理在30天内组建一个包括也门北部和南部代表的政府；双方武装力量从亚丁省撤出。7月29日，冲突双方已作出回应，表示同意开始执行该机制，南方过渡委员会正式决定放弃自治，也门总统哈迪下令在数周内与南方过渡委员会组建新政府。此后，也门政府与南方过渡委员会交换了一批战俘，双方在履行了此前签署的《利雅得协议》中的军事和安全条款后，最终于12月18日，由也门总统哈迪宣布与南方过渡委员会组建联合政府，新组建的也门联合政府于26日在沙特阿拉伯首都利雅得宣誓就职。联合政府的组建使也门和平进程向前迈出了重要的一步，是《利雅得协议》充分落实的成果，体现了沙特在也门战场的战略意愿，巩固了其在也门南部的主导地位。

需要指出的是，在解决也门危机中，沙特既是也门内战的参与者，也是主导局势的协调者。出于国家战略考虑，沙特除了在正面战场领导多国联军同胡塞武装作战外，在协调也门内务、提供资金援助等事宜上也切实发挥了重要作用。2020年，沙特在也门政府与南方过渡委员会之间多次斡旋，为协调二者冲突而提出的新协议和新机制，使反胡塞阵营中的两股中坚力量由对峙转向逐渐联合。在沙特的撮合下，新组建的也门联合政府在利雅得宣誓就职，这体现了沙特对也门政府的支配与主导作用。在也门人道主义救援方面，沙特积极配合联合国的相关援助行动。6月2日，在联合国和沙特共同为也门举办的国际认捐大会视频会议上，沙特承诺向也门提供5亿美元的人道主义援助，支持也门2020年人道主义应对计划以及新冠肺炎疫情应对计划。

此外，以联合国为代表的国际组织在缓和也门局势中扮演着积极的督促角色。联合国在缓和也门内战、提供人道主义救援、制裁威胁也门和平的势力等方面一直在不懈努力，并做出了切实贡献，积极发挥着督促劝和促谈的作用。联合国也门问题特使马丁·格里菲思一直在呼吁也门各方采取措施降级冲突，尽快通过政治谈判解决问题，他强调，“和平来之不易，需要坚定的承诺以及持续的政治进程”①。2020 年在联合国的协调下，《斯德哥尔摩协议》得到部分落实，也门启动史上最大规模换俘行动，是政治解决也门危机进程中的一个突破，这说明通过对话和妥协能够为实现也门和平带来重大转机。3 月 23 日，联合国秘书长古特雷斯呼吁在全球范围内停火，以应对新冠肺炎疫情。4 月 9 日，沙特主导的多国联军开始在也门实行为期两周的单方面停火，以响应联合国发出的停火应对新冠肺炎疫情的呼吁。多国联军方面称，为期两周的停火期可能会延长，其目的是为联合国呼吁有关各方进行对话创造条件，以促进也门的永久停火。10 月 16 日，联合国安理会强调，需要在也门全境缓和紧张局势，实现全国范围的停火，各方应执行安理会第 2532 号决议中关于秘书长在全球实现停火的呼吁，并号召立即停止也门各方的敌对行动。

在应对也门严峻的人道主义危机和新冠肺炎疫情时，联合国秘书长古特雷斯呼吁国际社会慷慨解囊、踊跃捐款，帮助也门渡过人道危机和新冠肺炎疫情的双重难关。6 月 2 日，联合国和沙特阿拉伯共同为也门举办国际认捐大会视频会议，并获得 13.5 亿美元的捐款承诺，为“命悬一线”的也门民众带来一线生机。10 月 16 日，安理会发表声明强调，也门冲突各方必须遵守国际人道主义法律规定的义务，保护儿童和妇女免受一切形式的暴力，应避免侵犯人权和严重虐待行为的发生。同时，呼吁各方解决也门粮食危机等问题以及确保人道主义物资和人员畅通无阻，以减轻也门民众的痛苦。此外，联合国秘书长古特雷斯敦促胡塞武装立即同意联合国领导的专家小组对长期停泊在也门荷台达港口外的“萨菲尔”号油轮进行登船评估及初步修理，从而避免发生灾难性事故。“萨菲尔”号油轮是也门政府停放在荷台达

① 《联合国官员：也门冲突升级危及已取得的和平成果》，新华网，http://www.xinhuanet.com/world/2020-02/19/c_1125596651.htm，最后访问时间：2021 年 1 月 18 日。

港口外的原油储存和接驳平台，胡塞武装 2015 年 3 月控制该油轮后，油轮一直处于无人检修的状态。目前油轮上仍有 110 万桶原油，存在原油泄漏、爆炸或起火的风险，一旦事发，将造成环境及人道灾难。[①]

在打击威胁也门和平的势力方面，联合国安理会 2014 年 2 月通过决议，决定对威胁也门和平、安全和稳定，阻碍也门政治过渡的个人和实体实施资金冻结、旅行禁令等制裁措施，并在此后数次延长了这些制裁措施。2020 年 2 月 25 日，联合国安理会通过第 2511 号决议，再次延长对威胁也门和平、安全和稳定，阻碍也门政治过渡的个人和实体的制裁措施至 2021 年 2 月 26 日。

三　也门危机持续的影响

（一）人道主义危机加剧，也门民众陷入“水深火热”

也门内战爆发以来，也门人道主义危机不断恶化。也门长期处于战乱之中，面临暴力威胁、食品短缺、用水不足、医疗崩溃、疾病传播、自然灾害、救援危机等各方面困难，也门民众处于“水深火热”之中。

持续数年的战争导致非战斗人员伤亡严重，大批也门人流离失所，并使该国处于饥荒边缘。据联合国及相关机构统计，2020 年也门冲突已造成近 2 万名平民丧生，近 2400 万人需要人道主义援助或保护（相当于全国人口总数的 80%）[②]，1200 万人面临严重饥荒威胁[③]，超过 1200 万名儿童需要人道主义援助，营养不良的人口总数高达 700 万人，患有严重急性营养不良的 5

---

① 《古特雷斯敦促也门胡塞武装同意联合国对萨菲尔号油轮进行检查》，新华网，http://www.xinhuanet.com/2020-08/15/c_1126371189.htm，最后访问时间：2021 年 4 月 15 日。

② 《也门：空袭废墟》，新华网，http://www.xinhuanet.com/photo/2020-02/14/c_1125576521.htm，最后访问时间：2021 年 1 月 18 日。

③ 《也门食品供应或因疫情陷入“灾难”》，新华网，http://www.xinhuanet.com/world/2020-05/20/c_1210625191.htm，最后访问时间：2021 年 4 月 15 日。

岁以下儿童接近 32.5 万人，面临霍乱等疾病威胁的儿童超过 500 万人。[①] 2020 年 11 月 29 日，国际移民组织发布的数据显示，2020 年也门流离失所的人口已增加约 16.4 万人，超过 1.2 万个家庭被迫离开家园，住进难民营。[②]

持续战乱导致也门供水系统遭到严重破坏，加剧了水资源短缺问题；医疗卫生系统几近崩溃，导致也门霍乱、疟疾、登革热等多种传染病肆虐，疾病传播迅速且难以得到有效控制。在高频次的轰炸之下，也门大多数学校和医院遭到损毁，失学儿童数量显著增多，伤患人员就医极度困难。一些患急症的也门妇女和儿童在就医时，需要搭乘联合国飞机从胡塞武装控制的萨那国际机场启程，前往约旦和埃及等国家接受治疗。2021 年 2 月 19 日，联合国儿童基金会发布的数据显示，由于战争，也门失学儿童数量已超过 200 万人，另有 370 万名儿童面临辍学风险。[③]

新冠肺炎疫情暴发加剧人道主义危机。2020 年 4 月 10 日，也门东部哈德拉毛省报告 1 例新冠肺炎确诊病例，这是也门报告的首例确诊病例。此后，哈德拉毛省政府对发现病例的地区以及周边地区实施宵禁，关闭相关地区的市场和港口。5 月 5 日，也门政府控制的地区已经报告 21 例新冠肺炎确诊病例，包括 3 例死亡病例。同日，胡塞武装通报其控制地区出现首例新冠肺炎确诊病例且患者已经死亡。11 日，临时首都亚丁暴发新冠肺炎疫情，一些民众感染新冠病毒但没有被发现，增加了疫情快速扩散的风险，使本已支离破碎、检测能力有限的也门卫生系统不堪重负。世界卫生组织警告，“也门医疗体系脆弱，病毒检测率低，民众免疫力极度低下，一旦疫情暴发，将产生灾难性后果”[④]。

① 《联合国儿基会执行主任：也门各方必须停止冲突》，新华网，http://www.xinhuanet.com/world/2020-11/24/c_1126780273.htm，最后访问时间：2021 年 4 月 15 日。

② 《国际移民组织：也门今年新增流离失所人口已超过 16 万》，新华网，http://www.xinhuanet.com/world/2020-11/29/c_1126800604.htm，最后访问时间：2021 年 4 月 15 日。

③ 《也门：战争阴影下的求学儿童》，新华网，http://www.xinhuanet.com/photo/2020-02/20/c_1125601918.htm，最后访问时间：2021 年 1 月 18 日。

④ 《也门胡塞武装控制区首现新冠病例》，新华网，http://www.xinhuanet.com/world/2020-05/07/c_1210606064.htm，最后访问时间：2021 年 1 月 20 日。

此外，也门是非洲移民前往海湾国家的跳板，大量来自非洲的非法移民持续从也门南部入境，这也极大增加了也门疫情暴发的可能。虽然也门在中东地区报告疫情较晚，但其新冠肺炎疫情病亡率为25%～30%，是全球病亡率最高的国家之一。[①] 连年的内战导致也门经济萎靡不振、医疗系统濒临崩溃，人们买不到口罩等防护用品。

也门民众不仅难以获得基础防护用品，而且连基本食品供应都受到影响。在食品保障方面，也门与叙利亚和苏丹一样，是最脆弱的国家之一。为了遏制疫情而采取的封锁措施可能会影响人道主义物资供应链，使也门很大一部分人口无法获得食物，由此加剧了饥荒的严重程度。如果疫情继续恶化，将影响外界对也门的食品供应。5月10日，世界卫生组织暂停工作人员在萨那省、萨达省、伊卜省和荷台达省的所有活动，使疫情之下的也门雪上加霜。

疫情暴发后，联合国和也门交战各方在各自控制区域都制定了预防措施以应对疫情，但由于各方缺乏协调和配合机制，使也门的疫情防控工作难以有效开展。多国联军和胡塞武装宣布响应联合国停火呼吁，并主动延长停火期限，但不久双方相互指认对方发起袭击、破坏停火。缠斗不休的乱局和持久不灭的战火加大了也门疫情防控难度，与其他国家相比，一旦疫情在多年饱受战乱之苦的也门暴发，昔日的“幸福之地”极有可能成为“悲惨世界”。

新冠肺炎疫情摧残了也门，自然灾害趁机肆虐。2020年4月10日，也门报告首例新冠肺炎确诊病例。之后数月，也门自然灾害接连不断。5月雨季来临，持续性强降雨和雷暴天气引发洪涝灾害，冲毁大量房屋建筑，居民人员伤亡和财产损失严重。8月4日，也门马里卜省遭遇强降雨，引发洪灾导致包括8名儿童在内的17人死亡。[②] 也门医疗机构担心，持续的洪灾会

---

① 《“茅屋教室”书声朗——也门儿童复学记》，新华网，http://www.xinhuanet.com/2020-11/13/c_1126737477.htm，最后访问时间：2021年4月15日。

② 《也门中部洪灾造成17人死亡》，新华网，http://www.xinhuanet.com/world/2020-08/04/c_1126325521.htm，最后访问时间：2021年4月15日。

导致霍乱疫情再度蔓延。联合国人道主义事务协调厅统计数据显示，2017 年以来，也门感染霍乱的人数已超过 100 万人，死亡人数超过 2000 人。[①] 此外，也门萨那省和扎马尔省连续遭受蝗灾侵袭，给当地的农业带来巨大损失。

在天灾与人祸的同时作用下，也门人道主义经济援助连连告急。联合国相关机构在也门的援助项目中一直在发挥切实影响力，防止在那里发生大规模饥荒和霍乱疫情，向数以百万计流离失所的人们提供帮助。随着也门国内冲突胶着无解以及自然灾害的严重威胁，也门所需的人道主义援助也逐渐增多。2020 年 6 月 2 日，联合国和沙特为也门举办国际认捐大会视频会议，救援机构预计需要 24.1 亿美元维持 6 月至 12 月在也门的援助行动，但会议只获得 13.5 亿美元的捐款承诺。[②] 联合国方面说，经费不足给联合国在也门的援助项目带来严重影响。由于经费不足，联合国在也门开展的主要援助项目中有一半被迫终止或缩减规模。联合国儿基会 2020 年针对也门的人道主义援助资金需要 5.35 亿美元，但截至 11 月 23 日只获得 2.37 亿美元的捐助，资金缺口接近 3 亿美元。[③]

当前，也门正面临发生几十年来最大的饥荒风险，一系列因素的叠加导致也门饥荒风险不断上升，包括联合国协调救济行动资金大幅减少、外部对也门经济的支持无法持续以及冲突对人道救援造成影响等，蝗虫、洪水等灾害也使饥荒问题变得日趋严重。仅靠人道主义援助无法避免饥荒，也不会结束也门危机。停止战争、支持经济发展和增加援助至关重要。因此，联合国秘书长古特雷斯敦促所有各方对也门采取紧急救助行动，同时呼吁有关各方避免采取任何可能使也门局势进一步恶化的行动。

---

① 《也门西部两省洪灾导致 16 人死亡》，新华网，http：//www. xinhuanet. com/world/2020 - 07/26/c_ 1126287571. htm，最后访问时间：2021 年 4 月 15 日。

② 《联合国秘书长呼吁国际社会踊跃为也门捐款》，新华网，http：//www. xinhuanet. com/world/2020 - 06/03/c_ 1126066245. htm，最后访问时间：2021 年 4 月 15 日。

③ 《联合国儿基会执行主任：也门各方必须停止冲突》，新华网，http：//www. xinhuanet. com/world/2020 - 11/24/c_ 1126780273. htm，最后访问时间：2021 年 4 月 15 日。

（二）国内爆发货币战争，经济形势岌岌可危

在也门战火纷飞、疫情暴发之时，也门政府和胡塞武装开启的货币战争，不仅严重冲击也门经济，同时也给也门民众生活带来重重障碍。2019年12月中旬，胡塞武装宣布将废除也门央行近3年发行的本币里亚尔新钞票，该武装所控制地区的民众今后不得持有或流通新钞，过渡期一个月，并承诺过渡期内将为交出新钞的民众兑换旧钞或兑换由该武装发行的“电子货币”。经历一个月过渡期，胡塞武装针对也门央行所发行新钞票的禁令于2020年1月18日正式生效。按照胡塞武装的说法，在禁令生效后继续使用新钞的民众将面临惩罚，包括监禁。

“废钞令”的实施使也门国内产生了“两种货币”，即政府军控制区流通的新货币和胡塞武装控制区使用的旧货币；“新战场”的开辟让也门国内出现了“两种经济”，即政府军控制区和胡塞武装控制区的商品交易需要使用不同的货币结算，且新旧货币无法相互兑换。也门民众日常消费中，纸币占很大比重。在胡塞武装控制的地区，不少民众急于将新钞换成旧钞，导致旧钞供不应求。在也门政府军控制的地区，里亚尔新钞普遍流通，但兑换美元的汇率大大低于胡塞武装控制地区。也门民众在货币战争中再一次处于“交叉火力攻击”之下，也门政府和胡塞武装控制地区的居民都在抱怨生活中的不便之处。“对往来于双方控制地区的商人而言，他们必须买进和卖出‘不同纸质、不同大小’的两种里亚尔纸币，做生意的成本大大提高。”① 胡塞武装的“废钞令”让其控制区域内的不少银行机构“瘫痪”，影响数以千计民众，许多人无法拿到薪水或退休金，让民众本不富裕的生活变得雪上加霜。

目前货币战处于爆发初期，胡塞武装和也门政府忙于互相指责，无法通过谈判协商的方式在短时间内达成和解。胡塞武装指认也门政府无节制地印

① 《也门胡塞武装发起“钞票战”?》，新华网，http：//www. xinhuanet. com/world/2020 - 01/20/c_ 1210444949. htm，最后访问时间：2021年1月18日。

制新钞，“废钞令”旨在控制通货膨胀；也门政府则指认胡塞武装在搞“经济破坏”，并向世界银行和国际货币基金组织写信寻求帮助，呼吁这两个国际机构向胡塞武装施压，以让后者收回“废钞令”。

结 语

2020年，也门危机在战火中持续发酵。交战各方陷入胶着战事，胡塞武装越战越勇，控制范围逐渐扩大；政府军力保南方不失，全力争夺各港口城市；多国联军空袭轰炸频繁，沙特积极防御边境战线。战场之外困难重重，人道主义危机逐渐恶化，洪水蝗虫灾害长期肆虐，新冠肺炎疫情暴发难控；国内爆发货币战争，经济形势岌岌可危，民众生活雪上加霜。政治进程取得突破进展，《斯德哥尔摩协议》和《利雅得协议》双双得到落实，也门政府与胡塞武装释放1000余名被俘人员，形成也门历史上最大规模的换俘行动。也门政府和南方过渡委员会共同从南方各省撤军，携手组建联合政府分享执政权力。区域大国和国际组织积极发挥各自影响力：沙特斡旋也门政府与南方过渡委员会效果显著，在也门南部的主导地位得到进一步巩固；联合国协调胡塞武装与其反对力量初见成果，号召停火、促进谈判、筹集捐款、打击威胁不遗余力。

然而，2020年来亚丁“压哨”发生数次爆炸，2021年伊始也门局势面临再次升级。2020年12月30日，亚丁国际机场发生3次剧烈爆炸，造成至少26人死亡，超过110人受伤。[①] 爆炸发生时，很多政府官员正在机场准备迎接即将从沙特返回的联合政府的内阁成员。在联合政府官员被转移到位于亚丁的总统府后，该地附近又发生爆炸。此次爆炸显然是经过周密策划、有针对性地袭击事件。虽然胡塞武装否认与该爆炸事件有关，但沙特主导的多国联军次日对也门首都萨那发动了长达数小时的空袭，以报复袭击事件。

① 《也门亚丁机场爆炸死亡人数升至26人》，新华网，http：//www. xinhuanet. com/mil/2020 - 12/31/c_ 1210957900. htm，最后访问时间：2021年4月15日。

多国联军还发表声明称，“这一孤注一掷的恐怖主义袭击证实，伊朗支持的胡塞武装就是亚丁国际机场的幕后凶手”①。亚丁的突发爆炸点燃了也门交战各方，也激起了博弈的幕后力量对决，使也门危机再次蒙上阴影，为新一年也门危机的走向增添了不确定因素。2020 年 12 月，美国与伊朗就曾以也门危机为由，进行了一番“互动”，美国政府宣布对伊朗驻也门胡塞武装代表哈桑·伊尔卢和伊朗穆斯塔法国际大学实施制裁，理由是其与伊朗伊斯兰革命卫队的“圣城旅”有关联。伊朗则将美国驻也门大使克里斯托弗·亨泽尔列入制裁名单，理由是其在也门人道主义危机中发挥了不良作用。亚丁爆炸案发生后，美伊双方随即作出反应，2021 年 1 月 10 日，美国国务院决定将胡塞武装列为“外国恐怖组织”和“特别认定全球恐怖分子”实体，该组织的 3 名领导人也将被列为“特别认定全球恐怖分子”。

在多种因素和各方力量的作用下，也门千疮百孔，只能蹒跚前行。军事手段解决不了任何问题，只会延长冲突时间和加深民众苦难。解决也门问题需要冲突各方加强沟通，增信释疑，尽快停火并重启对话。

① 《多国联军战机空袭也门胡塞武装目标》，新华网，http：//www. xinhuanet. com/mil/2021 – 01/01/c_ 1210959566. htm，最后访问时间：2021 年 4 月 15 日。

Y.7

周而复始的民主化进程：2020年突尼斯总体形势评估

孙 雷*

摘 要：2020年，突尼斯政治形势复杂多变，各党派斗争激烈，民主转型遇到阻力，政局再度陷入动荡；经济形势面临严峻挑战，支柱产业受疫情影响严重，未来发展趋势不容客观；安全形势依旧复杂，社会矛盾越发突出，恐怖主义势头有所上升，走私和偷渡犯罪事件频发；外交形势总体稳定，积极开展国际合作并参与地区事务，涉及关键问题立场坚定。

关键词：突尼斯 “茉莉花革命” 民主转型 恐怖主义

2020 年，随着新冠肺炎疫情在全球肆虐，突尼斯总体形势不容乐观。2021 年 1 月 27 日，世界卫生组织表示，基于各国人口总数计算，突尼斯目前是受疫情影响最大的国家之一，死亡率高居非洲第二位。突尼斯也正处在重大历史关头。

一 多次组阁引发政局动荡，革命成果再受考验

2011 年初，“茉莉花革命”推翻本·阿里政权，开启了突尼斯民主转型

* 孙雷，大连外国语大学亚非语言学院突尼斯研究中心讲师，从事阿拉伯语言文化、中东问题研究。

进程。十年来，突尼斯共进行 3 次民主选举，产生 3 位总统，组建 9 届政府。2020 年，突尼斯政局经历了十年来前所未有的动荡，各党派政治斗争激烈，数月内进行 3 次组阁，革命成果再次面临考验。

（一）总统和议会选举顺利进行

由于前任总统埃塞卜西在任期结束 5 个月前因病去世，2019 年突尼斯总统选举提前进行，这也是“茉莉花革命”后的第二次总统直选。经过两轮的选民投票，突尼斯最高独立选举委员会于 10 月 14 日宣布，独立候选人凯斯·赛义德在第二轮投票中以 72.71% 的得票率当选新一任总统。此次总统选举共计 750 万名登记选民参与投票，首轮投票率为 49%，次轮投票率为 55%。[①] 在 26 位参选者中不乏一些资深政客，包括时任总理优素福·沙赫德、代表“复兴运动”参选的临时议长阿卜杜勒·法塔赫·莫罗和时任国防部部长阿卜杜勒·克里姆·兹比迪等。61 岁的赛义德则是一位“政坛素人”，他曾是突尼斯大学的教授，一直从事法律方面的教学和研究工作，从未担任过政府职务。近年来，突尼斯国内物价持续上涨、失业率不断飙升、政坛腐败现象层出不穷，民众已对政府的执政能力深表失望。赛义德“干净”的政治背景正契合突尼斯民众的心理诉求，他的成功当选表明了民众寄希望于新面孔来改变当前政局。

2019 年 11 月 8 日，突尼斯最高独立选举委员会宣布议会选举结果，在 217 个议会席位中，“复兴运动”获得 52 席，再次成为议会第一大党。此次议会选举共计 1.5 万多名候选人参选，有 30 多个政党获得议会席位。位列第二的“突尼斯之心”获得 38 席，之后的“民主浪潮”获得 22 席，“尊严联盟”获得 21 席，“自由宪政党”获得 17 席，“人民运动”获得 15 席，“祝福突尼斯”获得 14 席，其他党派共获得 38 席。[②] 一周之后，突尼斯新

① 《凯斯·赛义德赢得近 300 万突尼斯民众的支持》，https：//www. aljazeera. net/news/politics/2019/10/14/الرئاسة-في-تونس-قيس-سعيدانتخابات-，最后访问时间：2019 年 10 月 16 日。

② 《突尼斯选举委员会宣布议会选举结果》，https：//www. aljazeera. net/news/politics/2019/11/8/انتخابات-برلمان-أحزاب-حركةتونس-，最后访问时间：2019 年 11 月 9 日。

一届议会举行会议，“复兴运动”领导人拉希德·加努希以最多票当选议长。

（二）多党角力令组阁面临困难

突尼斯宪法规定，在新一届议会就职后，总统将授权获得议会最多席位的政党在一个月内完成组阁，组阁名单必须获得议会半数以上议员同意。2019 年 11 月 15 日，突尼斯议长加努希提名曾任农业部国务秘书的哈比卜·杰姆里为总理人选，总统赛义德正式授权其组建新一届内阁。

自 2011 年突尼斯制宪会议选举后，突尼斯各党派间的博弈愈演愈烈，形成了以“复兴运动”为代表的右翼政党与多党林立的左翼政党间相互制衡的局面，二者既有对抗也有合作。“复兴运动”通过与世俗政党组建联合政府、脱离政治伊斯兰向穆斯林民主转型等谨慎稳健的政策，实现了合法参政的政治目标，但其一开始展露出的宗教政党本色、急于扩大自身权力和被指与暗杀左翼政党领导人[①]有染等表现，使其与世俗政党间的关系越发紧张，也加剧了突尼斯政治格局的变化。2019 年议会选举后，“人民运动”和“民主浪潮”当即表态将不会参与“复兴运动”领导的政府，而“复兴运动”也表示将“突尼斯之心”排除在组阁名单之外。[②] 2020 年 1 月 10 日，突尼斯议会对新政府组阁名单进行表决，被提名总理候选人杰姆里组建的政府未获得半数以上议员的支持，导致组阁失败。此次表决中，共 134 票反对，72 票赞成，3 票弃权，且部分议员并未出席当天的会议。[③]

根据突尼斯宪法，总统有权在议会第一大党组阁失败后提名新的总理候选人，若新一轮内阁名单被再度否决，总统则有权解散议会并重新进行

① 2013 年，统一民主爱国党领导人肖克里·贝莱德和“人民阵线”领导人穆罕默德·布拉米先后遭遇暗杀。

② 《加努希：“突尼斯之心”不在组阁计划之内》，https：//www. aljazeera. net/news/politics/2019/11/18/2019/11/18/1/تونس-الغنوشي-قلب-تونس-الحكومة，最后访问时间：2019 年 11 月 19 日。

③ 《突尼斯议会未通过对杰里姆政府的信任投票》，https：//www. aljazeera. net/news/politics/2020/1/11/بعد-رفض-البرلمان-التونسي-منحخيبة-أمل，最后访问时间：2020 年 1 月 11 日。

议会选举。2020 年 1 月 21 日，总统赛义德提名担任财政部部长的埃利亚斯·法赫法赫为新任总理候选人。2 月 27 日，法赫法赫组建的新一届内阁通过议会的信任投票，在参与投票的 207 人中，有 129 人投出赞成票，大多来自“祝福突尼斯”和“民主浪潮”等多数左翼党派。新一届内阁共有 32 名成员，包括 30 名部长和 2 名国务秘书，其中 17 人为无党派独立人士，另外 15 人来自议会的 6 个党派。① 法赫法赫表示，新一届政府正面临历史性机遇，将重点打击政治腐败并大力发展经济，以响应突尼斯民众的呼声。

自 2020 年 3 月新冠肺炎疫情蔓延到突尼斯以来，本就复苏乏力的国家经济遭到沉重打击，政府被迫放宽防控政策以保障国家经济的持续运转。与此同时，“复兴运动”宣布撤回对法赫法赫政府的信任，致使后者在议会中缺乏足够的支持，而缺少党派背景和政治经验的总统赛义德不得不依靠由各党派成员组建的联合政府来满足自己执政的需要，突尼斯政局再度陷入泥潭。7 月 15 日，法赫法赫声称为避免国家陷入政治困境和维护国家利益，向总统提出辞职并获得批准。随后，赛义德提名内政部部长希沙姆·迈希希为新任总理候选人，进行新一轮组阁。

在此期间，突尼斯部分政党对议长加努希提起不信任议案，指控其有越权并试图扩大权力的嫌疑。7 月 30 日，突尼斯议会进行投票，在参与投票的 133 名议员中有 97 人投赞成票，16 人投反对票，由于赞成票数未达到全体议员的半数以上，议案被议会否决，加努希继续担任议长。② 2020 年 9 月 1 日，突尼斯议会经过 11 个小时的讨论后于次日凌晨宣布通过对新内阁的信任投票。迈希希对新一届内阁进行了部门调整，共有 28 名成员，包括 25 名部长和 3 名国务秘书。③ 新政府上台不久后也遭遇到了与之前政府同样的

---

① 《突尼斯议会通过对法赫法赫政府的信任投票》，https：//www. aljazeera. net/news/politics/2020/2/27/-البرلمان-2لحكومة-الثقة-يمنح-التونسي，最后访问时间：2020 年 2 月 27 日。

② 《在不信任案被否决后，加努希呼吁突尼斯需要更多的对话》，https：//www. aljazeera. net/news/politics/2020/7/30/9 – تونس，最后访问时间：2020 年 7 月 30 日。

③ 《希沙姆·迈希希领导下的突尼斯新一届内阁名单》，https：//www. france24. com/ar/20200902 – الد-وزراء-هم-من-المشيشي-هشام-برئاسة-الجديدة-التونسية-كومة，最后访问时间：2020 年 9 月 2 日。

困境。2021 年 1 月 10 日，议长加努希呼吁内阁改组，以提高迈希希政府的执政效率。十天后，总理迈希希向议会提交改组名单，涉及内政、司法、农业、工业、卫生、能源矿产等 11 名部长的人事调整。[①] 2021 年 1 月 26 日，突尼斯议会宣布通过对政府改组的信任议案。

（三）民主转型未来充满挑战

作为最早爆发“阿拉伯之春”的国家，突尼斯一直被视为民主转型成功的典范，但十年后动荡依旧的政局让这种观点重新受到审视，民主转型的未来仍存在诸多挑战。一是权力的冲突与制衡。根据突尼斯宪法，总统只负责外交、国防和安全，政治和经济等事务由总理和内阁处理。这尽管有效遏制了专制独裁统治，但却导致了总统与总理之间行政权力的冲突。此外，总统有权在议会第一大党组阁失败后提名新任总理候选人，组阁再次失败后解散议会并重新进行议会选举，这也大大加剧了行政权高于立法权的风险。二是多党民主扰乱政治生态。“茉莉花革命”赋予了突尼斯广阔的政治空间，代表各阶层利益的政党如雨后春笋般出现。以伊斯兰价值观为参考的“复兴运动”实现了向现代民主政党的转变，已成为突尼斯政治舞台上的一股重要力量。各世俗党派虽发展势头迅猛，但内部的力量分散阻碍了其政治主张的实现。多党民主已然演变成为宗教和世俗力量两极博弈的局面，突尼斯民主转型的未来走向关键在于二者间能否基于国家利益达成政治共识。三是个人集权主义的回流。2019 年，埃塞卜西曾对沙赫德当局的权力垄断深表遗憾，并呼吁修改宪法以扩大总统的权力。相同的情况也出现在现任总统赛义德身上。因与总理迈希希在内阁组成人员上的巨大分歧，赛义德不止一次地暗示将通过修改宪法来改变现有政治制度的“缺陷”。

---

① 《加努希呼吁突尼斯政府改组》，https：//www. aljazeera. net/news/politics/2021/1/10/تونس-الغنوشي-تعديل-وزاري，最后访问时间：2021 年 1 月 12 日。

二　经济受疫情冲击影响严重，结构改革任重道远

受新冠肺炎疫情影响，突尼斯经济遭受严重打击。国际货币基金组织预测 2020 年突尼斯经济增长率为 -7%[①]，为十年来最大幅度的负增长。2020 年第三季度突尼斯经济增长率为 -6%，失业率达 16.2%，12 月通货膨胀率为 4.9%，消费物价指数较上月上涨 0.3%。[②] 世界银行数据显示，2020 年突尼斯经济增长率为 -9.1%。

（一）支柱产业尽显颓势

突尼斯的经济发展一向以农业、工业和服务业并重。农业是国民经济建设和发展的基础产业，但粮食不能自给。根据突尼斯农业、水利和渔业部的消息，由于多处耕地遭受旱灾影响，2019～2020 年度突尼斯粮食产量预计减少 866 万英担。突尼斯 2020 年食品贸易逆差额为 8.594 亿第纳尔，较 2019 年度有所减少，其中出口额上升 14.1%，进口额下降 0.6%。[③] 受人员流动限制、企业延迟复工等防疫措施以及部分欧洲和马格里布国家封锁边境的影响，突尼斯椰枣出口额下降 6.1%，柑橘出口额下降 42.6%，海产品出口额下降 13.6%。截至 2020 年 11 月，突尼斯渔业和水产养殖业出口量约为 2.08 万吨，出口总额为 4.396 亿第纳尔，虽实现 2.026 亿第纳尔的贸易顺差，但较上年同期均有所减少。[④]

突尼斯工业以石油和磷酸盐开采、制造业和加工业为主。2020 年前 11

① 国际货币基金组织：《世界经济展望（2020 年 10 月）》，https://www.imf.org/-/media/Files/Publications/WEO/2020/October/English/text.ashx，最后访问时间：2020 年 11 月 30 日。

② 突尼斯国家统计局，http://www.ins.tn/ar/front，最后访问时间：2021 年 1 月 19 日。

③ 中华人民共和国驻突尼斯共和国大使馆经济商务处：《突尼斯 2020 年食品贸易逆差额缩小至 8.594 亿第纳尔》，http://tn.mofcom.gov.cn/article/jmxw/202101/20210103031667.shtml，最后访问时间：2021 年 2 月 19 日。

④ 突尼斯农业、水利和渔业部，http://www.agriculture.tn/?p=19403，最后访问时间：2021 年 1 月 10 日。

个月，由于政府实施的一系列全面隔离防疫措施，突尼斯能源需求量下降8%，其中石油产品消费量下降11%，天然气需求量下降5%。[①] 2020年前7个月，突尼斯磷酸盐产量大幅下降，加夫萨地区磷酸盐总产量仅210万吨，同比下降36%[②]，距离国家全年550万~600万吨总产量和10亿第纳尔外汇收入的预期目标相去甚远。突尼斯工业促进署（API）和阿拉伯企业家协会（IACE）联合开展的调查研究显示，超过81%的企业在很大程度上受到疫情的影响，制造业受损企业占比高达85.11%，近1/3的纺织和皮革制造企业在第一波疫情中营业额下降超过30%。[③]

此外，突尼斯旅游业受疫情冲击尤为严重。突尼斯旅游业较为发达，一直是国民经济的支柱产业之一，约占国内生产总值的8%，也是外汇收入的主要来源。根据突尼斯中央银行公布的数据，2020年旅游业收入跌至20亿第纳尔，同比下降65%，游客数量减少78%，多数酒店、度假村和餐厅面临倒闭，旅游相关行业失业率不断上升。旅游业收入的减少，至少导致全年突尼斯经济收缩7%。[④] 自2014年，突尼斯国有交通企业普遍处于经营亏损的艰难处境，疫情全球蔓延给突尼斯运输业带来的影响无疑是巨大的。2020年前三季度，突尼斯航空公司运输旅客人次同比减少68%，运输收入同比下降67%，加之国际油价下跌的影响，燃料费支出同比下降81%，工资支出同比减少19%。[⑤]

---

① 突尼斯工业、能源和矿业部，http：//www. tunisieindustrie. nat. tn/fr/download/conjoncture/November2020. pdf，最后访问时间：2021年1月19日。

② 中华人民共和国驻突尼斯共和国大使馆经济商务处：《突尼斯2020年前7个月磷酸盐产量大幅下降》，http：//tn. mofcom. gov. cn/article/jmxw/202008/20200802990966. shtml，最后访问时间：2020年12月28日。

③ 《COVID-19：65%的企业预计营业额下降》，https：//www. babnet. net/mobile/cadredetail-amp. php？ id =212660，最后访问时间：2020年10月19日。

④ 《突尼斯旅游业的崩溃预警经济超级收缩》，https：//aawsat. com/home/article/2728416/انهيار-عائدات-السياحة-التونسية-ينذر-بانكماش-فائق，最后访问时间：2021年1月13日。

⑤ 中华人民共和国驻突尼斯共和国大使馆经济商务处：《突航：2020年前三个季度运输收入同比下降67%》，http：//tn. mofcom. gov. cn/article/jmxw/202012/20201203019614. shtml，最后访问时间：2020年12月28日。

（二）结构性问题积重难返

截至2020年8月，突尼斯全国税收收入同比下降10.5%，其中直接税收收入同比下降8.9%，所得税和企业税收入分别同比下降1.5%和25%；非直接税收收入同比下降12.2%，关税、增值税、消费税和其他税收分别同比下降11.7%、16%、3.7%和10.9%。①

政府过高的债务负重和缺乏连续性的经济政策导致突尼斯经济复苏举步维艰。突尼斯经济、财政和投资促进部公布的《2021年财政预算报告》显示，2021年财政预算收入330.09亿第纳尔，财政预算支出410.16亿第纳尔，财政赤字80.07亿第纳尔，预计偿还债务195.08亿第纳尔。其中，后两项数据分别高于2020年的33.32亿第纳尔和113.68亿第纳尔。② 2013年7月，国际货币基金组织与突尼斯过渡政府签订贷款协议，要求其进行财税体制改革，但提高税收、降低补贴等政策严重影响民众的切身利益。突尼斯经济改革仍未走出困境，双方于2016年将协议延长至2020年。同样，为支持突尼斯应对因疫情造成的财政困难并推进其经济改革，阿拉伯货币基金组织于2020年同突尼斯签署共计15.7亿美元的贷款协议。突尼斯经济、财政和投资促进部前部长穆赫辛·哈桑表示，"由于政府更迭而导致的政策变化引起了多重社会风险，个人和企业税收压力增加、银行贷款利率提高等都对国家经济改革造成了极为消极的影响"③。

持续上升的贸易逆差和不断减少的外汇储备是历届政府面临的主要难题之一，但这两项数据在2020年均有所回暖。突尼斯2020年进口额较上年相

① 中华人民共和国驻突尼斯共和国大使馆经济商务处：《突尼斯8月全国税收收入同比下降10.5%》，http://tn.mofcom.gov.cn/article/jmxw/202011/20201103013686.shtml，最后访问时间：2020年12月1日。

② 中华人民共和国驻突尼斯共和国大使馆经济商务处：《突尼斯2021年财政预算简况》，http://tn.mofcom.gov.cn/article/jmxw/202011/20201103013685.shtml，最后访问时间：2020年12月10日。

③ 《突尼斯与国际货币基金组织讨论改革方案》，https://aawsat.com/home/article/2735411/تونس-تناقش-برنامج-إصلاحات-مع-النقد-الدولي，最后访问时间：2021年1月15日。

比下降 18.7%，贸易逆差为 66 亿第纳尔，较上年相比有所减少。突尼斯贸易逆差的主要来源国有中国、土耳其和阿尔及利亚，主要包括能源材料、工业原材料和加工材料的进口。贸易顺差的主要来源国有法国、德国和利比亚，主要包括椰枣与橄榄油等农产品、磷矿与化工产品和机电与纺织产品的出口。2020 年，突尼斯已正式向欧盟提出增加橄榄油出口量配额的要求，并希望对非洲国家的贸易出口提高 5%，达到至少 20 亿第纳尔的额度。[①] 随着贸易逆差的下降，突尼斯 2020 年外汇储备显著增加。突尼斯中央银行公布的数据，截至 2021 年 1 月 5 日，突尼斯外汇储备额上升至 231 亿第纳尔，相当于 162 天的进口额，达到自 2011 年以来的最高水平。[②]

货币大幅贬值和通货膨胀严重日益成为阻碍突尼斯经济发展的一大瓶颈。突尼斯中央银行数据显示，2020 年 1 月 1 日，欧元兑换第纳尔的汇率为 1∶3.140，到 12 月 31 日，达到 1 欧元兑换 3.325 第纳尔。同时，美元兑第纳尔的汇率在全年仍呈现较大波动。由于进口及其他支出的减少，突尼斯国际收支情况有所好转。2020 年前 8 个月，突尼斯国际收支赤字占 GDP 的比重为 5%，较去年同期有所降低。“国际信用评级机构穆迪继续将突尼斯长期本外币主权信用评级维持在 B2 级。穆迪认为，面对新冠肺炎疫情对经济和金融市场带来的冲击，突尼斯展现出了韧性。”[③] 但是，持续上涨的物价严重影响了国民的生活质量，导致威胁社会稳定的因素出现。截至 2020 年 12 月，突尼斯全国贫困率超过 15%，失业率超过 16%，其中农村地区更是高达 33%。

2020 年 5 月，国际评级机构标准普尔发布报告称，由于疫情蔓延造成的经济衰退和政府采取的相关措施，2020 年突尼斯银行无法完全消化不良

---

① 《突尼斯寻求对非洲出口增加 5%》，https：//aawsat. com/home/article/2719751/5تونس-تسعى-لزيادة-صادراتها-لأفريقيا-بنسبة-，最后访问时间：2021 年 1 月 6 日。

② 《数据显示贸易逆差和外汇储备显著改善》，https：//aawsat. com/home/article/2738176/تونس-بيانات-تكشف-تحسناً-كبيراً-للعجز-التجاري-والاحتياطي-الأجنبي，最后访问时间：2021 年 1 月 15 日。

③ 中华人民共和国驻突尼斯共和国大使馆经济商务处：《穆迪维持突尼斯主权信用 B2 评级》，http：//tn. mofcom. gov. cn/article/jmxw/202010/20201003007064. shtml，最后访问时间：2020 年 11 月 30 日。

贷款，面临严重亏损，政府须推动债务重组。突尼斯政府表示，将在经济救助计划框架下推出总值55亿第纳尔的大项目，旨在提高经济增长率和推动投资。未来经济计划的基本核心一是停止外债政策，整合内部资源，倾向借内债和打击逃税；二是不惜国家财政的发展性预算，鼓励私人投资，关注区域发展和地区项目。

三　社会稳定面临挑战，安全形势依旧复杂

政局不稳、经济衰退、物价上涨和青年失业严重等问题导致社会矛盾不断激化，罢工、游行、暴乱频频发生，十年后的突尼斯似乎重新回到了“革命”的起点。此外，恐怖主义的阴霾尚未驱散，国家安全形势仍然严峻。

（一）社会稳定再受威胁

2021年正值“茉莉花革命”十周年，然而“获得工作、自由和民族尊严”的口号在十年后并没有得到真正意义上的实现。因对国家经济和社会形势的不满，突尼斯首都、苏斯、莫纳斯提尔、卡夫、凯鲁万、比塞大、锡勒亚奈、卡塞林等地再次爆发持续多日的大规模骚乱，抗议青年焚烧轮胎、破坏道路、损坏车辆、洗劫商铺。2021年1月16日，突尼斯安全部门在全国展开搜查，共逮捕700多名嫌疑人，缴获嫌疑车200余辆，疏导500多处交通点，查获少量毒品，共立案49起。1月17日，突尼斯内政部表示，被捕的嫌疑人中多数尚未成年，安全人员成功制止了打砸抢行为，保护了公共财产，相关暴乱地区已恢复平静。1月17日下午，首都多个街区再度发生骚乱，示威者在布尔吉巴大街上打出“推翻政权，继续革命”的口号，与安全人员发生正面冲突。

2021年1月18日，总统赛义德亲赴首都各街区同民众进行交流，肯定抗议青年的合法诉求，强调不能采取非法和暴力手段破坏社会秩序和公共财产。1月19日晚，总理迈希希在发表电视讲话时说：“宪法赋予民众抗议示威权和言论自由权，这是革命爆发十年来取得的最大成就，我们呼吁大家以

合法渠道表达诉求，不要使用暴力、散播谣言和扰乱国家机构。政府的目标是实现社会全面和公正的发展，青年是国家的未来，我们愿倾听你们面临的困难和对国家发展的建议，我们应该团结一致应对目前的危机。”① 截至2021年1月23日，部分社会团体和左翼政党支持者继续在首都布尔吉巴大街游行示威，要求修改2014年制定的宪法并释放在近期抗议活动中被捕的平民。为此，赛义德总统于25日主持召开国家安全委员会会议，表示国家正处于关键时期，指示有关部门多做工作，全力维护社会稳定。

（二）国内外反恐形势严峻

2020年，突尼斯安全形势依旧复杂，打击恐怖主义和极端势力仍然是国家亟待解决的棘手问题。自2015年突尼斯首都发生针对总统卫队车辆的自杀式爆炸袭击事件后，全国开始进入紧急状态，此后政府多次延长期限。2019年8月31日，为保障总统大选的顺利进行，国家安全部门高度戒备，紧急状态期限再次延长至同年12月31日。2019年12月，第43届阿拉伯国家警察和安全部队领导人会议在突尼斯开幕，突尼斯总理沙赫德在开幕式发言时表示，阿拉伯国家目前正处于不稳定时期，恐怖主义和有组织犯罪带来的威胁不断上升，极端主义蔓延没有得到有效遏制，并呼吁阿拉伯国家加强反恐合作，采取有效措施共同应对挑战。

然而，突尼斯2020年的反恐势态依然严峻，在首都、西部边境和南部地区均有恐怖主义事件发生。2020年3月6日，美国驻突尼斯大使馆附近发生一起恐怖袭击事件，两名袭击者驾驶摩托车在使馆附近的检查站实施自杀式袭击爆炸，造成一名安全人员身亡，5名安全人员受伤。② 事发后，突尼斯国防部声明将加大国内反恐力度，坚决与恐怖主义斗争到底。5月10

① 突尼斯国家电视台：《总理致突尼斯青年的讲话》，http：//news. tunisiatv. tn/تحقيق-الحكومة-لشباب-تونس-أنتم-مستقبل-هذا-الوطن-وقوة-اقتراح-حلول-والدولة-ستكون-مرافقا-لكم-في. YAwAAznitPY，最后访问时间：2021年1月19日。

② 《突尼斯发生爆炸：一名安全人员和两名袭击者身亡，5人受伤》，https：//www. bbc. com/arabic/middleeast－51769497. amp，最后访问时间：2020年3月7日。

日，突尼斯国民警卫队在卡塞林省挫败了一起针对军事和安全人员的恐怖主义行动，并发现一处爆炸装置藏匿点。7 月 9 日，突尼斯内政部发表声明称，反恐部门根据事先掌握的情报，在首都挫败了一起针对景区和政府机构的恐袭图谋。据被捕嫌疑人交代，受极端思想影响，他与境外恐怖分子联系，随后招募成员并策划了这起行动。9 月 6 日上午，突尼斯国民警卫队在苏斯省遭遇恐怖袭击，3 名恐怖分子驾车冲撞巡逻队员，致 1 人死亡、1 人受伤，3 名恐怖分子在交火中被击毙。随后，“伊斯兰国”宣称对这场袭击负责。突尼斯总理迈希希在袭击发生后视察苏斯省，并誓言“将尽快根除恐怖分子”。长期以来，为防止恐怖分子进入突尼斯境内，军方时常在南部边境地区执行巡逻和监控任务，致力于将恐怖分子从国内彻底清除。

一波未平，一波又起。2020 年 10 月，法国因“漫画事件”① 连续遭受多起恐怖袭击，随后演变成一系列国际政治纠纷。10 月 29 日，法国南部城市尼斯的一座教堂发生持刀袭击事件，造成 3 人死亡、多人受伤，其中 1 名女子被袭击者“斩首”。法国国家反恐检察院随即以“恐怖主义谋杀”罪名展开调查，称袭击者是一位名叫易卜拉欣·阿瓦萨维的 21 岁突尼斯男子，他于 9 月经意大利进入法国境内。当日，突尼斯反恐司法协会发言人穆赫辛·达利表示，司法部门已下令将对此事件做出公正严肃处理。② 突尼斯总统府 11 月 6 日声明，赛义德总统当天会见了到访的法国内政部部长达尔马宁，达尔马宁对突尼斯在袭击事件后及时向法方提供相关信息表示感谢，双方强调将加强合作，打击恐怖主义、极端势力和非法移民。③

（三）走私和偷渡犯罪日益猖獗

打击走私及偷渡犯罪是突尼斯维护国家安全和社会稳定的重中之重。自

① 2020 年 10 月 16 日，法国一名中学历史教师在课堂上展示了冒犯“先知”穆罕默德的漫画后于街头被人“斩首”，随后事件持续发酵，法国多个城市的教堂都发生了恐怖袭击事件。

② 《尼斯袭击：突尼斯正对一名国民涉嫌参与展开调查》，https：//www. aljazeera. net/news/2020/10/29/فتح-تحقيقا-في-شبهة-تورط-أحدتونس-ذ，最后访问时间：2020 年 10 月 30 日。

③ 《突尼斯与法国加强反恐合作》，http：//www. xinhuanet. com/world/2020 - 11/07/c _ 1126709679. htm，最后访问时间：2020 年 11 月 7 日。

2020 年初，突尼斯安全部门已摧毁 25 个在阿尔及利亚、利比亚和突尼斯之间从事走私、制作和贩卖毒品的国际犯罪团伙。仅 2020 年 11 月，突尼斯国民警卫队就在东南边境和沙漠地区制止了 9 起来自利比亚的走私犯罪活动。12 月 17 日晚，国民警卫队在突尼斯和利比亚边界的拉马达镇执行任务时再次缴获价值超过 200 万第纳尔的走私毒品。[①] 突尼斯隔突尼斯海峡与意大利西西里岛相望，地缘因素也为偷渡者前往欧洲提供了“捷径”。2020 年 6 月 4 日晚，一艘载有 53 名偷渡者的船只从东南部的斯法克斯省出发前往意大利，途中船只倾覆导致偷渡者落水，至 6 月 9 日，突尼斯海岸警卫队共发现 20 具偷渡者的遗体。10 月 11 日，又一艘载有 25 名来自撒哈拉以南非洲国家的非法移民的船只在斯法克斯省附近海域沉没，造成至少 11 人死亡，其中包括 8 名妇女和 3 名儿童。[②] 12 月 24 日，突尼斯斯法克斯省民防部门在东南部海域发现 13 具偷渡者的尸体，据被救起的幸存者称，“船只共载有 40 多名偷渡者，准备前往意大利的兰佩杜萨岛”[③]。

四 外交政策多元平衡，对中东问题立场坚定

突尼斯一贯奉行温和、务实、平衡的外交政策。2020 年，面对疫情的全球扩散，突尼斯积极参与国际合作，与世界各国共同抗疫。同时，作为阿拉伯国家联盟成员，在巴以问题和利比亚问题上不受国际形势影响，立场坚定。

（一）与法国和其他欧洲国家的关系

突法关系长期稳定，经济合作密切。2020 年 6 月 22 日，突尼斯总统赛

① 突尼斯国防部：《国民军队查获价值超过 200 万第纳尔的毒品》，http：//www. defense. tn/تحجز-سلعا-وأقراصا-مخدرة-الجيش-الوطني/，最后访问时间：2020 年 12 月 21 日。

② 《一非法移民船只在突尼斯附近海域沉没至少 11 人死亡》，http：//www. xinhuanet. com/world/2020 -10/12/c_ 1126593196. htm，最后访问时间：2020 年 11 月 1 日。

③ 《一艘偷渡船在突尼斯附近海域沉没造成至少 13 人遇难》，http：//www. xinhuanet. com/world/2020 -12/24/c_ 1126904147. htm，最后访问时间：2020 年 12 月 25 日。

义德首次访问法国，法国总统马克龙表示，将继续支持突尼斯民主转型与经济建设。突尼斯外国投资促进署数据显示，2019 年法国对突尼斯直接投资占外国投资的 1/3，法国连续七年成为对突投资第一大国。2020 年 9 月 2 日，法国开发署（AFD）驻突尼斯代表处称，自代表处成立以来，法国对突投资金额已经超过 30 亿第纳尔，使近 300 万突尼斯人受益，共有 160 个大型项目分布在突尼斯各省市，用于帮助突实现国家振兴，维持社会稳定，以及应对新冠肺炎疫情对经济造成的影响。① 此外，突法双方还致力于共同打击恐怖主义。2020 年 10 月 22 日，突尼斯总统赛义德在会见到访的法国外长勒德里昂时指出，解决恐怖主义问题必须正视并消除其产生的根源。

突尼斯重点发展同欧洲国家的关系。2020 年 3 月，突尼斯国民议会通过了与德国融资合作的协议，德国将向突提供 3. 67 亿欧元的贷款和 3800 万欧元的无偿援助，促进其内陆地区发展，为地方政府和中小企业提供融资支持。② 同时，瑞士 2020 年向突尼斯提供 3500 万第纳尔的资金支持，帮助其缓解财政预算压力。2020 年 7 月，突尼斯环境部表示，政府与欧盟和世界银行合作打造的蓝色海洋经济体系将在保护环境的同时实现国家经济的均衡发展，加快向可持续经济的转变。③ 2021 年 1 月 21 日，突尼斯卫生部部长迈赫迪分别会见意大利和德国驻突大使，与两国大使就医疗卫生领域合作，特别是新冠病毒疫苗相关事宜交换意见。

（二）与阿拉伯国家的关系

突尼斯同所有阿拉伯国家发展友好关系，推动马格里布联盟建设。在海湾阿拉伯国家中，突尼斯与卡塔尔关系进入新的发展阶段，两国元首互访频繁。2020 年 2 月 24 日，卡塔尔埃米尔塔米姆对突尼斯进行访问。赛义德总

---

① 《法国开发署对突尼斯投资超过 30 亿突尼斯第纳尔》，http：//tn. mofcom. gov. cn/article/jmxw/202009/20200902999588. shtml，最后访问时间：2020 年 10 月 30 日。

② 《突尼斯议会通过与德国的融资合作协议》，http：//tn. mofcom. gov. cn/article/jmxw/202003/20200302942886. shtml，最后访问时间：2020 年 4 月 1 日。

③ 《地中海蓝色经济体系将致力于环境保护》，http：//www. alchourouk. com/search/nodes?keys = % البيئة 20% وزارة 20&page = 1，最后访问时间：2020 年 7 月 5 日。

统表示，感谢卡塔尔自2011年以来对突尼斯提供的财政支持，称赞卡塔尔对突减免债务的决定将为丰富双边合作开辟广阔前景。① 2020年11月15日，突尼斯总统赛义德到访卡塔尔，双方领导人就加深两国关系和地区局势等问题进行磋商，计划于2021年第一季度召开双方高级官员委员会会议。② 2020年，突尼斯与马格里布国家继续保持睦邻友好关系。5月2日，突尼斯外长拉伊与摩洛哥外交大臣布里达通话，讨论疫情对两国经济造成的影响，并强调双方对于利比亚局势发展的重要性。12月29日，突尼斯外长杰兰迪与阿尔及利亚外长布卡杜姆通话，双方交流了两国总统有关抗疫合作的建议，并就摩洛哥与以色列关系正常化及维护地区稳定交换意见。此外，针对黎巴嫩首都贝鲁特港口发生的爆炸事件，赛义德总统向黎总统奥恩致电慰问，并派出两架专机用于运输物资和接送伤员。

（三）与中国的关系

突中继续保持传统友好关系。2020年，两国各领域合作克服了疫情的不利因素继续向前发展。首先，双方政治互信不断增强。两国领导人在疫情暴发后互相致信慰问，习近平主席向赛义德总统表示，中方愿继续支持突尼斯抗击疫情，维护两国人民生命安全和身体健康的良好意愿。其次，援外项目扎实推进。2020年12月，中土集团承建的援突尼斯外交培训学院项目主体完工。同月，中机建设集团承建的援突尼斯本·阿鲁斯青体中心项目中期验收完毕。中国水电建设集团十五工程局承建的突尼斯梅莱格大坝项目正顺利进行。再次，两国人文交流形成多元互动的格局。2020年1月，中国南京艺术团在突尼斯文化城举办春节演出，突尼斯国家电视台对演出进行现场直播。疫情期间，迦太基大学孔子学院坚持线上授课。在不久的将来，两国

---

① 《凯斯·赛义德：已与卡塔尔就债务转化投资问题进行商讨》，http：//www. alchourouk. com/article/م-التباحث-مع-الجانب-القطري-حول-تحويل-الديون-القطرية-الى-استثمار اقيس-سعيّد-ت，最后访问时间：2020年2月25日。

② 《突尼斯总统与卡塔尔埃米尔会谈的重点内容》，http：//www. alchourouk. com/search/nodes? keys = ن+تونس+وقطر+في+مختلف+المجالات+محور+جلسة+محادثات+بين+رئيس+الجمهورية+وامير+قطر التعاون+بي，最后访问时间：2020年11月16日。

间直飞航班有望开通。最后，双方在医疗卫生领域，尤其是在抗疫合作方面成果丰硕。2020 年，中国政府、军队、企业等共向突尼斯提供十余批抗疫物资，中国援突医疗队与突民众并肩抗疫。12 月，中国政府援突尼斯斯法克斯综合医院项目完成交接，赛义德总统出席交接仪式，医院已由突尼斯国防部接管，被指定用于诊治新冠肺炎患者。在双方的共同努力下，突中关系将不断迈上新的台阶。

（四）在中东问题上的立场

2020 年，中东局势发生深刻调整，陷入更大的不确定性之中。1 月 28 日，特朗普公布所谓推动解决巴以问题的“世纪协议”。突尼斯外交部随即谴责美国政府，表示将坚定地与巴勒斯坦人民站在一起，永远支持其恢复合法权利、建立主权独立国家的正义斗争。[①] 3 月 4 日，突尼斯外长拉伊出席第 153 届阿盟外长理事会，重申须维护巴勒斯坦人民享有不可剥夺的包括建国权在内的民族自决权。[②] 随着部分阿拉伯国家先后与以色列关系迈向正常化，突尼斯外交部于 12 月 22 日表示，突尼斯在对待巴以问题的立场上不会受到国际形势变化的影响。

突尼斯始终强调政治对话是解决利比亚危机的唯一途径。利比亚邻接突尼斯东南部，是突尼斯农产品的主要出口国和石油主要进口国，此前有近百万突尼斯人在利比亚务工，为突尼斯带来了大量的外汇收入。2016 年，“伊斯兰国”在突尼斯东南部距离利比亚边境 32 千米的本·加尔丹镇发动恐怖袭击，图谋在此处建立据点、招兵买马。因此，利比亚问题的解决直接关系到突尼斯的经济走向与国土安全。2019 年 12 月 25 日，土耳其总统埃尔多

---

① 突尼斯外交部：《实现中东公正、全面、永久的和平必须充分承认巴勒斯坦人民的权利》，https：//www. diplomatie. gov. tn/ar/مركز-الإعلام-والاتصال/المستجدات/التفاصيل tx_ news_ pi1% 5Bnews% 5D = 1735&cHash = 3696eb983d9ddb4890450973210fda38，最后访问时间：2020 年 1 月 30 日。

② 突尼斯外交部：《外交部长参加在开罗举行的第 153 届阿盟外长理事会》，https：//www. diplomatie. gov. tn/ar/مركز-الإعلام-والاتصال/المستجدات/التفاصيل? tx _ news _ pi1% 5Bnews% 5D = 1806&cHash = a940036d5844a512c6e71cd2652154f4，最后访问时间：2020 年 3 月 7 日。

安到访突尼斯，提出联合突尼斯军事介入利比亚内战，请求后者开放领土为土耳其向利比亚出兵提供帮助。但是，突尼斯总统府第二天明确表态，不会参与利比亚内战的讨论，也不会加入所谓的军事联盟。2020 年 2 月 16 日，突尼斯外交部国务秘书的塔巴吉参加利比亚问题柏林峰会国际后续委员会第一次会议，他表示反对任何国家进行的军事干预，敦促利比亚冲突双方停火谈判，通过政治途径解决危机，强调突尼斯愿为此提供必要帮助。① 11 月 9 日，为期 6 天的利比亚新一轮政治对话在突尼斯首都举行，联合国秘书长利比亚问题特别代表斯蒂芬妮·威廉姆斯、突尼斯总统赛义德出席，共 75 名利比亚各方代表参加。赛义德在发言时提出，新一轮对话旨在实现利比亚和平，重申利比亚问题应基于各派别协商一致的基础之上由利比亚人民自决。

结　语

2020 年，突尼斯在各领域取得一定成就的同时也面临诸多困境与挑战。“茉莉花革命”后的第二次总统选举虽顺利进行，但各党派间的政治博弈越发激烈。短短一年内，突尼斯进行了 3 次组阁和 1 次改组，总统、总理、议长间的权力斗争导致新一轮政治危机的爆发，“三驾马车”如何相互协调带领国家走出困局，需考验各方的智慧和耐心。三大支柱产业不同程度受到疫情冲击，多项指标大幅下滑，突尼斯经济结构改革任重道远。国家安全形势堪忧，威胁社会稳定的因素不断出现，打击恐怖主义和犯罪现象更需标本兼治。旨在巩固经济发展潜力和吸引外资的外交政策成效显著，坚定的外交立场为突尼斯在国际社会上赢得更多的话语权。回首“茉莉花革命”的十年，突尼斯在艰难前行中完成了较为平稳的过渡转型，但国家未来的发展方向仍然扑朔迷离，有待持续关注。

① 《塔巴吉参加利比亚问题柏林峰会国际后续委员会会议》，http：//www. alchourouk. com/article/طب-باش-صبري-برلين-مؤتمر-لمخرجات-الدولية-المتابعة-لجنة-اجتماع-في-يشارك-جي，最后访问时间：2020 年 2 月 17 日。

Y.8
利比亚战争后的难民问题

王金岩*

摘　要：　爆发于2011年的利比亚战争产生逾百万难民。其大多逃入邻近的北非国家和地中海对岸的欧洲国家。利比亚战争后，国家重建进展不顺，逐渐陷入政治僵局、经济困局和安全乱局。在此情势下，不仅利比亚国内继续产生出更多难民，数以百万计的来自利比亚以南非洲国家的难民和移民也进入利比亚，伺机横渡地中海潜入欧洲，使欧洲遭遇二战以来最严重的一次难民危机。利比亚难民问题涉及国家多、影响方面广，虽然得到一定程度的控制，但远未彻底解决，未来仍将是利比亚和欧盟国家面临的挑战。

关键词：　利比亚　难民问题　欧盟

2011年2月，利比亚爆发内乱，随后演变为全面内战，并引发部分西方大国军事干涉，最终导致利比亚出现政权更迭，并使利比亚的政治、经济、社会安全等方面至今仍处于困境之中。利比亚战争及此后多年乱局，产生逾百万难民。由于利比亚与欧洲国家之间交通便利，该国成为西亚非洲地区多国难民进入欧洲的优选通道。持续发酵的难民问题对利比亚的战后重建与发展以及所在地区的安全局势都造成重大影响。如何应对和治理利比亚难民问题，对利比亚国内局势发展及地区安全和稳定具有全局性，甚至战略性意义。

---

* 王金岩，中国社会科学院西亚非洲研究所副研究员，主要从事利比亚和北非问题研究。

一　利比亚难民问题的成因及现状

2011 年利比亚战争产生出逾百万难民。其多进入邻国暂时避战，战争造成国家政权更迭，基础设施被损毁。2011 年利比亚战争后（以下简称战后）开始国家的全面重建，然而，各领域的重建都未能顺利推进，国家陷入政治权威崩塌、多派别混战的乱局，再次成为产生难民的催化剂。这种催化作用不仅体现在难民数量的增加，还体现在难民来源多国化、难民身份多重化，致使利比亚难民问题更加严重和复杂。

（一）利比亚战争催生出大量难民

2011 年 2 月，利比亚第二大城市班加西爆发反政府抗议活动，几天后，抗议浪潮席卷利比亚全境，暴力冲突最终演变为前政权的支持者与反对者之间的国内战争。在一些西方大国的军事干涉下，利比亚战争最终以卡扎菲战败身亡、国家政权更迭而告终。这场战争给利比亚的各方面都带来重大的影响和变化：政治体制从战前的民众国体制转变为预期实现的议会民主制，经济方式从战前的依赖石油出口收入转向预期的经济多元化，等等。利比亚战争爆发至今，无论是利比亚民众，还是关注利比亚的学者、政治家对战争的看法不尽一致，但有一点毋庸置疑，那就是战争对普通民众是场巨大灾难。一些无辜民众在战争期间被误伤，甚至致死；有的为躲避社会动荡而设法逃离本国；还有的流离失所沦为难民。

利比亚战争自 2011 年 2 月 16 日东部城市爆发抗议活动算起，至同年 10 月 20 日反对派占领卡扎菲势力的最后一个据点苏尔特、卡扎菲被俘身亡为止，历时 8 个多月，细分为三个阶段。第一个阶段是 2011 年 2 月 16 日至 3 月 18 日，为国内战争阶段。在这个阶段，利比亚多地发生抗议活动，卡扎菲对抗议者实施武力镇压，国家陷入全面内战。反对派在班加西成立“国家过渡委员会”，与卡扎菲政权分庭抗礼。联合国安理会先后通过第 1970

号、第 1973 号决议，对利比亚实施制裁，并授权在利设立“禁飞区”。第二个阶段是2011 年 3 月 19 日至 8 月 20 日，为外部干涉阶段。法国率先对利比亚发动空袭，随后美、英等北约多国也对利比亚境内的卡扎菲势力实施了多轮空袭。利比亚国内两派间持续激烈交火，其间有非洲领导人代表团、联合国利比亚联络小组等组织赴利比亚斡旋，都以失败而告终。当反对派武装攻入首都的黎波里，标志着卡扎菲政权败局已定。第三个阶段是 2011 年 8 月 21 日至 10 月 20 日，为战争收尾阶段。利比亚执政当局对卡扎菲残余势力所在的苏尔特和拜尼沃利德发起总攻，卡扎菲本人战败身亡，执政当局武装控制了利比亚境内绝大部分区域。

根据联合国难民署发布的数据，在上述第一阶段共有近 30 万难民逃离利比亚，主要是持利比亚非洲邻国国籍长期在利务工人员和一些利比亚东部地区民众。前者多为暂避战乱而回到母国。后者则多面临家园被损毁、生活和医疗物资短缺、生活必需品价格飞涨等困境。而战事持续，各种救援组织和机构难以进入利比亚施救，一些民众被迫逃离家园，沦为难民，试图进入邻国暂避战乱和谋求生存。这个阶段难民的主要流向为埃及、阿尔及利亚、突尼斯和意大利的兰佩杜萨岛。

第二个阶段是利比亚战争过程中战事最激烈、难民最多的阶段，近百万人沦为难民，占利比亚战前总人口的近 1/6。这期间的难民数量已经构成危机规模，被称为“难民海啸”。[①] 有的难民暂住在边境地区临时搭建的难民营，也有的逃离到国外。其中，大多数非利比亚籍居民选择回到母国，也有少数随利比亚籍难民一起逃入上述三个北非邻国：东部地区的难民主要进入埃及避难；西部的难民或进入阿尔及利亚，或前往突尼斯。此外，也有一些难民选择另一条危险但充满诱惑力的逃亡之路：从利比亚北部的各个海港出发，乘坐超载的难民船，偷渡到发达的欧洲。

第三个阶段的主战场为卡扎菲势力所在的苏尔特和拜尼沃利德两地，产

① 《利比亚：战争乱局引发“难民海啸”》，中工网，2011 年 5 月 14 日，http：//www. workercn. cn/c/2011/05/14/110514045624735277296. html。

生的难民主要为这两地的居民，他们多迁至利比亚其他地区，尤其是西部山区和南部地区以躲避战乱，保全性命，谋求生存。

（二）利比亚战争后乱局使难民问题复杂化

利比亚战争结束后，利比亚进入“后卡扎菲时代”。新的执政当局计划自 2011 年 9 月起的 20 个月内为利比亚政治过渡阶段，其间完成利比亚新政权的构建，恢复经济运行，平息社会动荡，此后国家应步入稳定的重建与发展阶段。然而，战后重建进展不顺：政治权威碎裂，经济举步维艰，社会动荡难安。这不仅导致更多的利比亚民众沦为难民，也招致来自邻近国家和地区的难民和移民选择取道利比亚进入目的国。利比亚战后乱局使其难民问题更加严重和复杂。

从利比亚国内看，利比亚仍处于政治僵局、经济困局和安全乱局之中。政治上，从多重力量对统一政权的争夺碎裂至多个政权并立。经济上，作为国民经济支柱的能源产业受制于政治博弈和社会动荡而尚未恢复，其他经济领域的恢复和发展更无从谈起。民众面临物资短缺、货币贬值、物价飞涨等困难，数以百万计的利比亚人的生活水准已降低至难民标准。安全上，多股武装派别为争力夺利缠斗难休。自 2014 年下半年以来，“伊斯兰国”极端组织在其境内扩张势力，与长期盘踞于此的“基地”组织马格里布分支形成竞争态势。在“伊斯兰国”鼎盛时期，利比亚境内存在约 7000 名自称效忠“伊斯兰国”的极端分子，成为该组织分支中力量最强的一支。“伊斯兰国”组织成员通过非法贩运利比亚及其周边国家的难民或移民获取巨额收入。在上述因素的共同作用下，利比亚国内存在大量利比亚籍以及来自周边国家的伺机入境欧洲的难民和移民。联合国在 2015 年 10 月初发布的报告中估算，约有 300 万利比亚人受到战后持续冲突的影响，占其战前总人口的 1/2。[①] 他们或已沦为难民，或在贫困线上挣扎。利比亚国内乱局持续、当

---

① 青木等：《难民：内战令利比亚倒退数十年 人们已没有信任》，环球网，2015 年 10 月 14 日，http：//mil. huanqiu. com/article/qcakrnJQx6K。

权者贪腐严重、外部大国及联合国援救不力等，致其该国安置和救助难民的能力十分低下，大量难民外逃谋生。

从外部情况看，利比亚难民问题主要受到三方面因素的影响。

一是来自其南向的非洲国家。利比亚以南为萨赫勒地区以及南部非洲地区国家。这些地区的一些国家长期处于政治不稳定、经济欠发达和社会不安定的境地，因而出现大量难民。利比亚前领导人卡扎菲为获得这些国家的支持，曾拨重金对其施以援助，并允许这些国家的民众到利比亚工作和生活。利比亚内战爆发后，曾长期在利务工和居住的外籍人员为躲避战乱不得不返回母国，使得这些本就贫穷和动荡的利比亚以南的非洲国家面临更大的经济和社会压力，从而催生出更多的难民。利比亚在战后一直未能建立起强有力的政府，对边境区域的管控十分松懈，其周边欠发达国家的难民趁机进入利比亚，伺机偷渡到欧洲国家。

二是来自其北非邻国。阿尔及利亚、埃及和突尼斯这三个利比亚的北非邻国自利比亚战争期间就大量接收利比亚难民，使其本就不发达、不稳定的国内经济和社会状况雪上加霜。多个恐怖极端组织成员利用利比亚边境管控松懈之际，越境进入上述国家招募并培训恐怖分子，然后将他们遣送回国或入境欧洲国家作案，以扩大影响。上述三国不堪其扰，采取多种措施限制人员从利比亚境内流入，甚至关闭其与利比亚的边境或在边境设置安全区。欧盟的统计数据显示，2011～2015 年，每年都有数万至数十万的利比亚难民乘船驶入意大利。

三是来自其北方的欧洲国家。如果没有北约对利比亚战争的军事干预，利比亚会有不同于今天的结局。战后之初，曾经“帮助”利比亚战时“反对派”推翻前政权的法国、英国、美国等西方大国，致力于将利比亚打造成它们乐见的民主国家，积极参与利比亚的经济重建，且以多种方式帮助利比亚培训军事人员，以实现宣扬其意识形态、获取经济利益以及对利比亚的发展施加影响的目的。然而，随着利比亚国内安全局势恶化，尤其是“伊斯兰国”在其境内大肆扩势后，西方人士成为恐怖分子袭击的主要目标。欧洲国家为了自保，撤回了其在利比亚的机构和人员，置利比亚的需要和利益于不顾。

在利比亚乱局持续的情况下，欧洲国家也遭受了自第二次世界大战以来最严重的难民潮。其中，2015 年是难民入境欧洲数量最多的一年，超过 100 万人。

当前，利比亚难民危机已得到一定程度的控制。自 2016 年至今，从利比亚流出的难民数量在持续减少。但是，难民问题尚未得到彻底解决，依然有百余万来自南部非洲国家的难民暂时生活在利比亚的收容中心，伺机横渡地中海进入欧洲国家。未来，难民问题仍然是利比亚以及欧洲国家要共同面对的一个重要问题。

二 利比亚难民问题的特点

与此前世界多地发生过的难民潮相比，此次利比亚难民危机具有如下特点。

（一）持续时间长

此次利比亚难民危机始于 2011 年初的利比亚战争，至今仍未得到解决。利比亚负责非法移民事务的官员穆罕默德·贝什尔于 2018 年 5 月发布的数据显示，目前仍有 150 万名非法移民或难民滞留在利比亚，这个数字不包括利比亚 36 个非法移民收容中心的约 8000 名非法移民。他们已经在利比亚生活和工作了数月，甚至数年，伺机偷渡到欧洲。[①] 同月，阿尔及利亚、埃及和突尼斯这三个利比亚邻国的外长在阿尔及利亚首都阿尔及尔召开会议，讨论利比亚和平进程，呼吁国际社会帮助利比亚尽快摆脱持续动荡的局势。上述三国多次因利比亚问题召开联合会议，每次会议的一项重要议题都是利比亚战争后，滞留在三国与利比亚边境地区的难民以及从利比亚流入其境内的难民和恐怖分子成为其边境安全的重大威胁。利比亚难民问题在未来相当一段时期内仍将影响利比亚所在地区和邻近国家的安全。

① 《利比亚官员称有 150 万非法移民滞留该国》，新华网，http：//www. xinhuanet. com/world/2018 -05/13/c_ 1122823245. htm。

（二）难民规模大

此次利比亚难民危机中所指的难民既包括利比亚境内产生的难民，即利比亚籍难民，也包括取道利比亚的难民，即外籍难民。难民的主要流向国为欧盟大国，也有少数难民被安置在埃及、阿尔及利亚和突尼斯这三个利比亚的北非邻国内。这里提到的难民规模主要以进入欧盟国家的难民数量为依据。国际移民组织的报告显示，在2011年前，每年欧盟经过甄别、审核后最终接收的难民数量基本控制在10万人以内。自2011年西亚北非多国政局动荡以来，难民人数快速增长。2012年，欧盟接收难民人数首次突破10万人。2013年，这一数字继续攀升。2014年，进入欧洲的难民达到28.3万人。2015年，横渡地中海涌入欧洲的难民和非法移民数量更是出现爆炸性增长，超过100万人。申请到德国避难的人数就超过80万人，接近1953~1989年申请难民人数的总和。[①] 2016年，欧洲国家开始对难民的进入严加管控，爱琴海和西巴尔干半岛沿线的一些欧洲国家关闭边界以防难民涌入。这一数字降至36.4万人，通过利比亚与意大利之间的“地中海中部通道”进入欧洲的难民数量占了一半。2017年至今，仍有超过30万名难民通过这个通道进入欧洲，有数以万计的难民在途中殒命地中海。仅2016年就有近万难民葬身地中海，是有史以来难民死亡人数最多的一年。[②] 从整体看，2011年至今从利比亚进入欧盟国家的难民人数总量惊人，堪称欧盟自第二次世界大战以来遭受的最大规模的难民潮。

（三）多取道艰险的海路

利比亚与欧洲分别位于地中海的南、北岸，隔海相望，因此海路是利比亚以及大多数西亚非洲的难民到达欧洲的最便捷通道。从西亚非洲国家进入

① 《难民危机 欧洲难以承受之重》，环球网，http：//world. huanqiu. com/exclusive/2015 -09/7434751. html。

② 《2016年葬身地中海的难民和非正常移民人数创新高》，新华网，http：//www. xinhuanet. com/2017 -01/07/c_ 1120264074. htm。

欧洲有两条主要线路：一条为自东向西从东南欧进入，这是一条相对安全的陆路；另一条为自南向北横渡地中海，这是一条相对危险的海路，取道利比亚的难民多选取这条路。利比亚北部海岸距离意大利兰佩杜萨岛仅不足200海里，数小时即可到达，是偷渡前往欧洲的一条便利通道。利比亚战争后，数十个、甚至上百个武装组织为牟取利益不择手段，从事贩运难民的非法营生。“伊斯兰国”在2014年进入利比亚境内后，一些极端分子也借此牟利，因此产生了“蛇头”群体。

（四）外籍难民占多数

此次利比亚难民危机中所称的“利比亚难民”指的是从利比亚进入欧洲的难民，其中既包括利比亚籍难民，也包括其他国籍取道利比亚的难民。前者所占比重很小，绝大多数难民来自利比亚以南的一些欠发达的非洲国家，主要有马里、尼日尔、索马里、厄立特里亚等国。利比亚战争后，中央政权孱弱，对国家的控制力很有限，仅能掌控以首都的黎波里为中心的西部地区。东部大部分区域处于武装部队最高司令哈里发·哈夫塔尔的控制下。南部地区由于地势复杂、地广人稀且多民族，长期处于各自为政无人管控的状态。来自利比亚以南非洲国家的难民和移民易于跨境进入其南部沙漠地带，穿越至北面地中海沿岸区域，伺机横渡地中海进入欧洲。利比亚本国民众在战前多有稳定的生活和一定的积蓄。虽然战争造成基础设施严重损毁，一些民众的家园被毁，但利比亚人长期积累形成的物质基础和高傲的心理特征，流离失所的民众在国内移居他处、投亲靠友暂时移居相对稳定的周边国家或移民欧洲，很少有人沦为难民。

（五）目的国为欧洲国家

无论是利比亚国内产生的难民，还是取道于此的他国难民，绝大多数都以欧洲国家为目的地，主要原因如下。其一，多数欧盟国家，尤其是德国、法国等欧盟大国长期以来经济发达，政局稳定，而利比亚的三个北非邻国在2011年后都经历了不同程度的政治动荡、经济衰退和安全乱局。因此，欧盟大国成为取道利比亚的难民首选的目的地国，他们期待在欧洲能够得到更加安全、富足的生活。其二，利比亚战争爆发初期，就有大量利比亚民众越境进入其北非邻国或暂居边境地带躲避战乱。“伊斯兰国”极端组织进入利比亚后，数千名突尼斯、阿尔及利亚籍的极端分子跨境进入利比亚接受培训后返回本国制造恐怖事件，对其国内的安全局势构成严重威胁。七年间，利比亚的三个北非邻国不堪边境之扰，多次采取措施加强对各自与利比亚间边境的管控，甚至设立边境安全区，对从利比亚入境者严加检查，这也促使非法难民更多选择边界管控相对宽松的欧洲国家作为目的国。其三，从历史的视角看，欧洲国家与西亚非洲地区的难民来源国有着错综复杂的关系。历史上，一些欧洲国家曾对一些西亚非洲国家实行殖民统治，后者独立后，也与前者之间在多方面保持着密切的往来、较大的相似性和相互了解度。进入21世纪后，欧洲国家曾构建起近邻政策框架，将西亚北非国家列入其中。2008年，在法国的主导下，环地中海国家成立地中海联盟，欲加强在能源、经贸、基础设施等领域的合作。长期的联系与交往使得来自西亚非洲国家的难民愿意选择相对熟悉的欧洲国家来躲避战乱。

（六）经济移民占多数

联合国难民事务高级专员办事处的专员利迪娅·史密斯（Lydia Smith）曾在该机构的报告中探讨了难民和移民的区别。她指出，移民主要是“长期或者短期前往国外某一地区永久定居的人”。这些人主要是为了寻求更好的生活，通常被称作经济移民。而那些受冲突、政治迫害等影响而迁居至其他地区或国家的人通常被称为难民。[①] 近年，取道利比亚进入欧洲者绝大多数是为改善生活条件而离开祖国的经济移民。

经济移民涌入欧洲的问题由来已久，但近几年迅速升温，这主要有以下几方面原因。一是，一些欧洲国家人口结构严重老龄化导致劳动力短缺，对

① Lydia Smith, “What Is the Difference between a Migrant, a Refugee and an Asylum Seeker,” UNHCR Report, September 3, 2015.

移民开放国门在一定程度上能为劳动力市场补充生力军。因此，欧洲长期以来对外来移民的态度整体相对开放。二是，部分欧洲国家追随美国，干涉中东地区国家内政，导致相关国家陷入持续动荡，中东地区一些有一定经济实力的家庭为逃离冲突环境而选择定居欧洲。三是，利比亚战后乱局使之成为非洲国家民众取道其境内进入欧洲的“优选通道”，一些非洲国家民众乘机进入欧洲谋求更好的生活。经欧洲国家核实，递交避难申请的绝大多数“难民”都是为改善生活，而非维持生存。匈牙利总理欧尔班·维克托（Orbán Viktor）就指出，进入欧洲的移民“绝大多数”都不是难民，他们来到欧洲只是为了寻求更好的生活。斯洛伐克总理罗伯特·菲乔（Robert Fico）甚至断言，进入欧洲的移民中高达95%的人是经济移民。① 欧盟国家表示，可以向正在遭受战争或迫害者提供一定形式的庇护和保护，但不愿意为追求更好的生活条件者买单。

三　利比亚难民问题的影响

利比亚难民问题持续难解，其影响主要体现在两方面。

（一）阻碍利比亚实现稳定

利比亚战争结束后，利比亚开始国家的全面重建，但至今仍然深陷乱局。利比亚当前各方面的形势甚至不及战后初期稳定，这与近几年利比亚难民问题持续难解有密切的关系。一方面，利比亚境内长期滞留着大量的难民使其经济雪上加霜。利比亚战争后，民兵武装、部落武装间的持续混战对经济设施造成严重损毁，不同地区、部落间不予配合，其经济支柱——能源产业一直未能恢复。由于连年混战，民众的基本生活资料也严重匮乏：水资源短缺、电力供应不足、生活必需品供应不足。利比亚境内开设了多个难民收容机构，起初是为了暂时安置战争中产生的难民，后来

① “How Many Migrants to Europe are Refugees?” *The Economist*, September 8, 2015.

这些机构中收容的绝大多数人员来自其周边国家，其暂避于此，伺机前往欧洲。他们数量庞大，大多数时候都在百万人以上。[①] 他们在利比亚境内滞留的时间不定，由于近年欧盟国家加强了对边境的管控，也收紧了移民政策，这些滞留者进入欧洲的难度加大，他们中的一些人甚至已在利比亚的收容中心生活了数年。他们的数量之大和长期的存在让利比亚本就捉襟见肘的经济雪上加霜。

另一方面，难民问题持续难解进一步恶化了利比亚的安全局势。利比亚战争后，“伊斯兰国”“基地”组织等极端组织在其境内扩大势力，并与“博科圣地”、索马里青年党等邻近国家内的恐怖组织实现联动，导致利比亚和非洲多地的安全局势恶化。无论是恐怖组织在利比亚境内的扩张，还是恐怖组织之间的联动都与利比亚境内存在的大量难民有密切关系。大量来自非洲国家的难民长期滞留在利比亚，生存环境艰难，在恐怖极端组织的蛊惑、利诱下，一些难民变成恐怖分子。这些久居于利比亚的恐怖分子熟悉当地的地形、气候等自然条件，也与众多的民兵武装、部落武装等有千丝万缕的联系。有了他们的“帮助”，恐怖极端组织在利比亚境内得以迅速扩张势力，也与这些难民母国的恐怖组织实现联动。[②]

难民因素恶化了利比亚的经济形势和安全局势，从而阻碍其政治和解的实现。难民问题是利比亚实现稳定所面临的一大障碍。

（二）为欧盟国家带来多重影响

短短几年，大量难民井喷式涌入欧盟国家，必然为这些国家乃至整个欧洲带来多方面的影响。

1. 政治方面，难民问题成为一些欧盟国家政治分裂的推力。一些欧盟国家的政府因难民问题而饱受诟病，尤以德国最为突出。德国是一个相对富裕的欧洲国家，且长期受到劳动力短缺的困扰。默克尔总理是对难民问题采

---

① “Mixed Migration Routes and Dynamics in Libya: The Impact of EU Migration Measures on Mixed Migration in Libya,” UNHCR, April 2018.

② Sylvie Bredeloup, Olivier Pliez, “The Libyan Migration Corridor,” EU-US Immigration Systems.

取积极态度的少数欧洲领导人之一，她在此次难民潮发生之初就认为难民的流入有助于缓解其国内劳动力资源不足的问题，甚至有利于地区经济的增长。她曾在2016年新年致辞中着重谈及已持续近一年的难民问题，认为只要以正确的方式接收难民，他们将在德国未来的建设中发挥作用。2014～2016年，逾百万难民涌入德国，德国境内难民的犯罪率不断升高。在此情况下，德国民众对待难民和默克尔政府的态度急转直下，严词要求政府停止接纳难民，甚至要求将部分已入境的难民驱逐出境，更有甚者为默克尔贴上“叛国者”的标签。德国的执政党——联盟党内部也因对难民问题采取的态度不同而面临分裂风险。联盟党由默克尔领导的基民盟和泽霍费尔领导的基社盟组成，前者主张接纳这些难民，但后者对此持反对意见。由于无法接受默克尔的移民政策，泽霍费尔于2018年7月1日表示辞去其担任的联邦内政部部长和基社盟主席的职务。对此，两个联盟进行了数小时的会谈后才对难民的安置问题达成一致，泽霍费尔收回辞呈，基民盟和基社盟的分歧得到暂时抑制。[①] 法国、意大利等西欧国家的政府也因接受难民的问题而面临同样的处境。难民问题的复杂程度超出了欧洲国家政府的预期和应对能力，已成为其执政中的一个难题，甚至成为一些欧盟国家政治分裂的推力。

2. 经济方面，难民问题给一些接收难民国家的经济带来巨大压力。这些年来，数百万难民如潮水般涌入欧洲且正逢欧洲深陷债务危机，其社会自身的高福利已难以为继，接收难民更为其带来沉重的经济压力。以德国为代表的较为富裕的西欧国家最初对进入的难民持积极接纳的态度。然而，德国民众多次表示强烈的抗议，认为大量难民的涌入挤压了他们的经济利益和公共资源，国内发生数百起袭击难民、纵火焚烧难民营等恶性事件。经济实力相对薄弱的中东欧国家更是不堪重压。匈牙利总理欧尔班·维克托曾言辞激烈地表示，“匈牙利不需要任何一个外来移民为其经济发展作贡献，并改变人口结构……对匈牙利而言，移民不是问题的有效解决方案，而是制造麻烦

① 黄文叙：《欧洲难民问题的严重性及出路》，《现代国际关系》2017年第2期。

的负担和毒药”[①]。此外，依据欧盟内部的《都柏林公约》（*The Dublin Convention*）相关规定，不同国家在难民问题上承担的责任存在差异，其中规定，由难民进入欧洲的第一入境国承担接纳责任。因此，在此次难民潮中，大量难民的目的国本是拥有较好生活环境和福利制度的德、法、瑞典等国家，然而，他们在进入欧洲后却被限制在或遣返回第一入境国，对这些国家构成巨大的经济和社会压力。此次难民危机中欧盟国家的第一入境国主要有捷克、希腊、意大利、马耳他等，这些国家都表示强烈的不满和不堪重压，严格管控边境，严防更多的难民入境。

3. 安全方面，难民问题成为欧盟国家安全的隐忧。从 20 世纪起，就开始有众多的来自北非国家的移民迁至欧洲，在此后的 100 多年，北非移民的数量不断增长。他们既为欧洲大陆的发展贡献了力量，也曾引发过冲突和动荡。至今，移民已成为欧洲社会难以分割的一部分，欧洲本土民众对移民的态度也因此而复杂。进入 21 世纪以来，一些欧洲大国的安全局势越发恶化，暴力事件多发尤其集中于移民聚居的社区，后者甚至被称为欧洲国家的“安全红灯区”。[②] 利比亚战争后，大量难民和移民在短时间内如潮水般涌入欧洲，一些恐怖极端分子混迹其中，在欧洲多国制造了多起大规模的暴力恐怖事件。这些恐怖袭击事件显示出欧洲国家在安全治理方面存在接收难民时疏于甄别、对移民及其后代管理不善等问题。

4. 难民问题在欧洲联盟事务中也具有不容忽视的张力。一方面，难民问题成为欧盟国家间的分裂因素。如同德国等国家内部不同派别对接收难民的态度不同一样，不同国家在接收难民方面的态度和能力也不尽相同。欧盟中央机构与成员国之间、成员国与成员国之间在此问题上互相推诿、互相指责和摩擦不断。在此次难民问题出现之初，欧盟内部形成了三股力量。一为捷克、意大利、希腊等难民和非法移民最先进入欧洲的国家，即第一入境国，它们表示不堪重负，多次指责欧盟委员会没有制定有效的难民安置计

---

① 黄文叙：《欧洲难民问题的严重性及出路》，《现代国际关系》2017 年第 2 期。

② “MPC Migration Profile：Libya，” Migration Policy Centre，http：//www. migrationpolicycentre. eu.

划，并谴责主张接纳难民的国家领导人。捷克总统米洛什·泽曼曾对德国在难民危机中所做的人道主义回应表示不满，甚至曾当面质问默克尔："如果你邀请某人到你的家乡，你会不会送他们去你的邻居家吃午饭?"[①] 二为德国等主张接纳难民的国家，认为这是在履行大国义务，同时认为难民可服务于本国的经济建设。三为一些不是难民进入的目标国，这些国家没有受到难民问题的影响，必然持事不关己的超脱态度。随着难民问题影响的不断扩大和外溢，第一类国家对难民的态度越发排斥，第二类国家也迫于多种压力而不再积极接收难民。总体看，欧盟国家对难民的态度趋于一致，但是各国因难民问题而产生的嫌隙难以弥合。

另一方面，此次难民问题将使欧洲的族群矛盾严重化。由于多种族群长期混居，不同族群、不同宗教间的矛盾和冲突一直存在于欧洲社会中。此次难民潮爆发至今，已经在一些欧洲国家内部引发了不同族群或宗教信仰者之间的猜忌、不信任，甚至敌对情绪。近年，有机构在欧洲多国所做的民意调查显示：一些难民接收国的民众对难民构成的主体人群——穆斯林群体越来越持不欢迎甚至排斥态度。一些此前推崇人口、族群多样性的民众已经转而认为这种多样性会使国家变得更糟且影响到民众的生活。这种日益深刻的意识将成为难民融入当地社会的阻碍因素，并加剧带有反穆斯林情绪和仇恨的犯罪行为。这种文化心理因素将成为欧洲在接纳和安置难民问题中的长期、深层难题。

此外，此次难民潮使得西方国家长期标榜的"民主、自由、人权"价值观的弱点显露无遗，也对"英国脱欧""欧债危机"等欧洲近年出现的问题产生消极影响。

四　对利比亚难民治理的几点思考

难民问题的持续难解对利比亚及其北非邻国、欧盟国家，乃至整个地中

---

① "Milos Zeman: The Hardline Czech Leader Fanning Hostility to Refugees," The Guardian, September 14, 2016.

海区域的安全与稳定都构成巨大挑战。对此，利比亚战争后的几任执政者都采取了一些治理措施，但由于利比亚国内尚未形成一个强有力的政治权威，不同区域仍处于不同组织或个人的控制下，这些措施难以有效执行。利比亚的北非邻国也采取多种措施以确保本国与利比亚边境区域尤其是本国境内部分的安全。只要利比亚乱局未解，这些国家的边境之扰就不能根除。对此，上述国家多次召开联合会议，呼吁国际社会帮助利比亚早日实现稳定。欧盟国家也就此问题采取了相关措施，来自利比亚的难民潮已初步得到遏制，但危机并未得到根本性解决。

（一）利比亚难民治理的困境

由于利比亚的难民问题涉及方面多，其治理要兼顾各方面，只有相关国家通力配合才能奏效。然而，当前在每个环节都存在难以解决的问题，因此，利比亚难民治理仍面临重要困难。

1. 从难民输出国看，西亚非洲地区仍有一些国家战火未消，随时面临政治动荡风险，一些国家经济陷入困窘，也有一些国家安全局势恶劣。这些国家都可能继续输出大量难民或经济移民，难民的源头难以被切断。

2. 从利比亚国内情况看，国家政权尚未实现统一，多股平行势力并行，主要有位于首都的黎波里的利比亚民族团结政府及支持它的武装力量，其控制利比亚西部大部分地区；位于东部城市图卜鲁格的国民代表大会与哈夫塔尔的国民军联盟，主要控制东部和中部地区；南部地区多股部落武装并存，一些“伊斯兰国”组织的成员仍隐匿于此。利比亚国内多种矛盾根深蒂固，外部多股势力相互博弈，其国内实现稳定与发展仍然面临诸多困难和挑战。

3. 从欧盟治理难民的情况看，虽然该组织一直在探索解决难民问题的方案，但尚未找到能够惠及全体成员国的切实有效的措施，现行的难民政策未能获得全面认可和支持。在民众层面，多数欧洲民众认为，大量难民的涌入占据了他们的资源，挤压了他们的生存空间，触犯了他们的切身利益。在国家层面，一些国家对欧盟的难民接收和分配体制严重不满。欧盟面积最小的成员国马耳他地处欧洲南大门，长期作为难民的主要中转地之一，备受难民问题的困扰。从欧盟整体看，部分成员国只顾追求自身利益的最大化，对欧盟提出的“为寻求避难者提高接待能力”的呼吁置若罔闻，致使其他欧盟国家不得不为之承担后果和付出代价。以上凸显出欧盟在难民政策上存在结构性缺陷，因而难以共同应对和解决难民问题。

（二）难民治理的途径

难民问题涉及多个国家和地区，多重因素错综复杂，问题的解决需要多方的配合，尤其需要欧盟国家更多关注和投入。无论是利比亚战争的爆发和战后乱局的持续，还是西亚非洲多国政治不稳定、经济欠发展的现状，欧盟国家尤其是其中的大国对此负有不可推卸的责任，在解决难民问题上，它们也须承担应尽的义务。

首先，应从源头抓起。西亚非洲地区的国家长期存在暴力冲突和经济困境是产生难民的根本原因。欧盟国家应将难民治理作为其对相关国家外交政策的一个重要方面，通过向这些国家提供必要的经济援助，促进其国内的政治和解，帮助打击恐怖主义，以助这些国家实现和平与稳定，从而逐渐消除产生难民的源头，实现欧盟外部边界的安全和稳定。

其次，应切断非法移民流动的路径。利比亚战争后，边境的疏于监管导致其成为周边国家难民和非法移民进入欧洲的“便捷通道”。只有当利比亚实现政权统一，各级管理机构有效运转，才能实现对这条“通道”的有效管控。然而，当前仅凭利比亚自身的力量难以实现稳定统一，欧盟大国应对在利比亚实现政治和解和打击恐怖主义中给予支持。

最后，此次难民潮的爆发暴露出欧盟在共同应对难民问题中存在的困境和难题。欧盟已采取制定遣返手册、难民摊派计划、加强欧盟边防管控等措施，通过利比亚进入欧洲的难民数量已大幅减少，但难民问题仍将是欧洲国家面临的一个长期性问题。联合国难民署曾呼吁难民安置国转变难民救助的工作模式，将单纯提供生活必需品的被动安置方式，转变为提供必要的援助使难民在产出国境内就地安置。对于已经入境欧盟的难民，激发其主观能动性，使之融入安置国的劳动力市场中，运用市场手段，建立起“难民经济”。尤为重要的是，欧盟国家间应积极协调，共同应对。在全球化背景下，欧盟只有在处理好成员国的各自利益、欧盟整体利益与全球利益的基础上，才能找到解决难民问题的有效途径。

Y.9

后布特弗利卡时代的阿尔及利亚形势

陆映波*

摘　要：后布特弗利卡时代的阿尔及利亚社会最明显的特征是“动荡”与“低迷”。“动荡”贯穿于社会各个领域，街头抗议活动接连不断，年轻人群体饱受失业之苦，公共服务质量明显下滑，青少年犯罪率直线上升；“低迷”笼罩着经济领域，阿尔及利亚国民经济过度依赖油气出口，结构失衡，受到国际油价波动和新冠肺炎疫情的影响一蹶不振。民间社会团体希望诉诸街头政治改变政府的决策，实现其利益诉求与政治理想，无奈由于自身的局限性，无法形成具有广泛群众基础的同盟阵线，由此决定了现阶段街头政治注定无法使阿尔及利亚社会摆脱危机。

关键词：阿尔及利亚　后布特弗利卡时代　街头政治

后布特弗利卡时代的阿尔及利亚社会处于“动荡”与“低迷”之中。街头抗议活动接连不断、年轻人群体饱受失业之苦、公共服务质量明显下滑和青少年犯罪率直线上升。阿尔及利亚国民经济受国际油价波动和新冠肺炎疫情的影响一蹶不振，政府使出浑身解数，经济复苏也难见起色。

近两年来，街头抗议活动已成为阿尔及利亚民众日常生活的一部分，尤其是2019年，民众为反对布特弗利卡第五次连任开展一系列街头请愿示威

* 陆映波，博士，北京语言大学中东学院副教授，研究方向为阿拉伯语语言学、阿拉伯文化。

活动后，阿尔及利亚民众开始清楚地知道如何利用街头运动来进行反抗。他们认识到，表达需求的最佳方法和取得成果的最快手段就是诉诸街头政治。通过直接行动去代替传统手段（政党、协会和选票），他们不断争取机会与领导人沟通，以期主导国内政治进程。如果政府不能满足示威者的要求，许诺无法兑现，民众和媒体便会对街头抗议活动给予更多的支持和同情，抗议活动的性质可能会变得更具革命性，当局也可能会诉诸更加强硬的镇压方式，从而使冲突全面升级。

2020 年，新冠肺炎疫情蔓延给阿尔及利亚当局处理街头抗议活动赢得了更为宽裕的时间，但从结果来看，政府所采取的措施并没有达到多数民众预期。迫于各方的压力，同时也为当局进一步的改革铺平道路，政府对各个行业掌控实权的人进行了一系列调查，对其职权进行了削减和管控。这在一定程度上限制了进出口贸易商的活动空间，造成了进口规模的下降。此外，在动荡的政治形势下，油气产量的持续下跌使国家外汇储备进一步缩减，这使原本脆弱微妙的政治局势更加风雨飘摇。

在后布特弗利卡时代，阿尔及利亚民众的民主意识有了明显进步。年轻人群体政治觉悟的提升和民主意识的觉醒，使其通过街头运动迅速立于潮头，在一定程度上改变着国家的政治走向。总体而言，后布特弗利卡时代的阿尔及利亚社会局势处于脆弱的“山尖平衡”阶段，本报告尝试从经济发展和社会生活两个方面对阿尔及利亚近两年的发展局势进行总结和分析。

一　经济发展：结构失衡，复苏乏力

（一）整体经济表现

在布特弗利卡执掌阿尔及利亚政坛的 20 年中，阿尔及利亚经济主要依赖油气资源出口，这种经济结构很难抵御国际金融市场的动荡。新政府执政后，为实现收支平衡、稳定民众情绪，政府每年削减大量公共预算以支付刚需的进口商品，从而提升民众生活福利。2019 年，政府将 20% 的预算用于提升社会福利和补助日用品消费，其中最重要的是燃料、谷物、糖、油和奶制品。

阿尔及利亚国民经济面临的重大打击是油气产品出口量明显收缩，服务业、农业和建筑业在国民经济发展过程中的贡献率也较往年出现了下滑。2019 年，阿尔及利亚国内生产总值（GDP）增长率为 0.8%，低于 2018 年的 1.2%，其中非油气产品同比增长 2.4%，油气产品同比则下降了 4.9%。2019 年社会失业率保持在 11.4% 不变，男性失业率从 2018 年的 9.5% 降低到 2019 年的 9.1%，女性失业率从 19.5% 上升至 20.4%。由于油气收入减少和资本支出增加，2019 年度财政预算赤字下降至 GDP 的 9.6%，经常账户赤字保持相对不变，占 GDP 的 10%。①

阿尔及利亚紧缩财政预算严重影响了政府向社会提供服务的能力，通货膨胀和生活费用的上涨使许多人的生活难以为继，年轻人为了生计终日奔波，却看不到改善生活的希望，全国各地爆发的抗议活动接连不断。由于国家没有足够的资金满足大部分抗议者的诉求，抗议活动变得日趋激烈。

法国开发署（AFD）2019 年 6 月发布《阿尔及利亚经济发展报告》，分析了在政治动荡中阿尔及利亚经济的主要弱点。该报告认为，阿尔及利亚国家经济体系濒临破产，其垮塌有可能影响整个区域的经济稳定。如果政府不重新制定全面发展战略，从根本上改变经济发展模式，国民经济体系将面临更为严峻的考验。同时不应忽视的是，激进的经济改革势必会影响社会稳定，导致各方矛盾激化和冲突升级。如何实现改革与维稳之间的平衡，将是阿尔及利亚当局长期面临的主要问题。该报告还呼吁欧盟向阿尔及利亚政府施加压力，要求建立专门经济政策审计机构，以应对阿尔及利亚政治“海啸”所带来的经济“余震”。值得一提的是，在这份报告起草时，阿尔及利亚仍有 800 多亿美元的外汇储备，国际油格仍在每桶 65 ~ 70 美元波动。2020 年底，国际经济形势进一步恶化，石油价格跌至每桶 50 美元，阿尔及

① 美国外交关系协会，https：//www. cfr. org/report/political - instability - algeria。

利亚外汇储备已降至 290 亿美元，仅够支付该国 8 个月进口商品的费用[①]，这使阿尔及利亚国民经济体系再一次处于崩塌的边缘。法国开发署一年前的分析一语成谶。

2020 年，阿尔及利亚国家统计局表示，新冠肺炎疫情暴发后，阿尔及利亚经济活动出现“断崖式下降”。2020 年第一季度，阿尔及利亚经济增长率为 -3.9%（2019 年同期增长率为 1.3%），不包括油气产品在内的国内生产总值增长率为 -1.5%，而去年同期该数值为 3.6%。油气行业、服务业均呈现负增长态势，其中油气行业增长率为 -13.4%（2019 年同期为 -7.1%）。碳氢化合物产品价格急剧下跌了 16.9%，产值降幅为 28%（2019 年同期的降幅仅为 8%）。2020 年第一季度，阿尔及利亚工业部门产值也出现了 0.5% 的负增长，除农业、食品产业外，所有子行业产值均出现不同程度的下滑。[②]

农业、建筑、公共工程和水利等行业产值实现正增长。2020 年第一季度，阿尔及利亚农业、林业和渔业部门的增长率为 2.3%（2019 年同期为 2.7%）。其中，建筑行业增长 0.8%（2019 年同期为 2.9%），农业、食品行业增长率为 2.6%，与 2019 年同期（2.7%）基本持平。阿尔及利亚国家统计局指出，以现值计算，2020 年第一季度国内生产总值同比下降 5.3%，而 2019 年同期则增长 2.8%。固定资本投资总额在 2020 年的前三个月显著下降了 5.0%，2019 年同期投资总额增长率则为 5.1%，二者形成了强烈反差。[③]

2020 年，阿尔及利亚的经济自由度指数得分为 46.9 分，由于产权指数分值的提升，其总体得分较前一年提高了 0.7 分，尽管这样，该国经济自由度指数仍远低于该地区和世界平均水平，在西亚和北非地区国家中排名仅为第 14。

---

① 《北非邮报》，https：//northafricapost. com/46567 - eu - very - worried - about - algerias - economic - future - a - 2019 - note - states - current - situation - far - more - explosive. html。

② 美国传统基金会，https：//www. heritage. org/index/country/algeria。

③ 美国传统基金会，https：//www. heritage. org/index/country/algeria。

（二）疫情蔓延对国民经济体系的影响

2020 年，新冠肺炎疫情对阿尔及利亚的经济造成严重破坏。截至 2020 年 3 月底，其外汇储备已减少至不足 600 亿美元（不到 2014 年油价下跌前的 1/3）。尽管依靠这一存量，国民经济运转依然可以持续到 2021 年上半年，但这一过程中倘若出现政局动荡或社会骚乱等问题，国民经济体系都将面临崩塌的危险。由于严重依赖进口，阿尔及利亚很可能会受到国际供应链中断的影响，而国内市场必定会随之出现相关商品的短缺。

在新冠肺炎疫情影响下，2020 年阿尔及利亚石油收入仅为 220 亿美元，其中包括 20 亿美元的石油制品，当年下半年的油气产业形势依然低迷。石油产量在第三季度再次暴跌，在 8 月和 9 月出现了近十年以来的最低水平，从而影响了政府财政年度收入。[①] 阿尔及利亚能源部部长阿塔尔接受电台采访时表示，政府外汇收入的 96% 来自石油和天然气，与 2019 年相比，每桶 42 美元的价格导致国库收入减少了近 110 亿美元。到 2021 年，油气产品价格和需求应高于 2020 年，但仍将远低于危机前的水平，这将继续影响其出口收入的规模（占国内生产总值的 21.6%）。[②]

2020 年，阿尔及利亚制造业规模占国内生产总值的 37.4%，雇用了全国 30.7% 的劳动力。根据阿尔及利亚国家统计局的数据，近些年国内建筑材料和化学品产量受疫情的影响大幅度减少[③]，制造业对就业市场的贡献率较前几年有所下降。

与制造业情况一样，服务业受到疫情猛烈地冲击。2019 年服务业的产值占国内生产总值的比重接近 46%，从业人数占 59.6%。阿尔及利亚的银

---

① 经济聚焦，https：//www. focus – economics. com/countries/algeria。

② 希腊航运新闻网，https：//www. hellenicshippingnews. com/algerian – gas – exports – to – drop – by – 4 – 7 – energy – minister – says/。

③ 阿尔及利亚是世界上五个主要的天然气出口国之一，其石油储量排名第 16 位，已探明的天然气储量排在第 11 位。该国大量开采的矿石包括铁、铅、磷酸盐、铀、锌、盐和煤。制造业的主要领域是食品加工、纺织产品、化学产品、金属和建筑材料。相比之下，石油和天然气的产值几乎占其出口收入的 90% 以上。

行业以国有银行为主体，面临的压力主要来自国有企业在运营过程中出现的大量不良贷款和坏账。在执掌阿尔及利亚金融命脉的20家银行中，有6家国有银行持有较大的市场份额。在疫情期间，这6家银行的市值都出现了不同程度下跌。除银行业外，阿尔及利亚还拥有得天独厚的旅游资源和巨大的旅游潜力，但受疫情的影响，2020年旅游业的产值只占据了国内生产总值极小的份额。①

与第二产业和第三产业不同，阿尔及利亚第一产业似乎并未受到疫情的影响。阿尔及利亚官方报告显示，到2021年初，阿尔及利亚的农业生产一直保持着正常水平，国家有足够的粮食库存来满足未来较长一段时间的国内需求。由于民众对疫情发展的担忧和当局在疫情期间发布的“禁足令”与“宵禁令”，国内市场对粮食作物的需求在第一季度和第二季度出现了激增。

为应对疫情，阿尔及利亚政府推出了新一轮社会救助计划，新的政策很大程度上刺激着家庭的消费，有效地拉动了内需，但受疫情发展无法在短期内得到控制、民众对未来信心的缺失、持续的政治动荡、长期的经济低迷和居高不下的失业率等方面影响，普通百姓的消费能力很难在短期内得到明显提升。

二　社会生活：民生多艰，未来堪忧

（一）失业问题

阿尔及利亚国家统计局2020年发布的数据显示，2020年上半年的社会失业率为11%，但国际各方依据相关数据推测，阿尔及利亚2020年上半年实际社会失业率约为35%。青年人首当其冲成为高失业率的受害者，他们占总人口的50%以上（全国人口的53%处于30岁以下）。年龄在15~24岁的青年人占失业人口总数的38.8%，拥有学历和文凭不再成为劳动力市场的就业保证，阿尔及利亚的青年人普遍对教育系统缺乏信心并持悲观态度。“毕业与失业无缝对接”是大多数大学生都要面对且无力改

① https://santandertrade.com/en/portal/analyse-markets/algeria/economic-political-outline.

变的现实。许多受过教育的青年人表示，如果条件允许，他们会毫不犹豫地离开这个国家。居高不下的失业率使非正规就业已占据阿尔及利亚就业市场的50%以上，这意味着近一半的劳动者在就业过程中既无法获得制度保护，也不能获得合法权益。对于近年来高失业率产生的原因，大多数阿尔及利亚人认为是领导层腐败蔓延、资源分配不公以及裙带关系阻碍了青年人群体实现合理就业。作为全球清廉指数最低的十个国家之一，阿尔及利亚的少数权力阶层垄断了大量的社会财富，导致社会阶层固化和割裂，这一问题并未因布特弗利卡集团倒台而结束，青年人未能从政权更迭中获得直接收益和更为宽松的生存空间，这一现象在就业市场的体现就是工作机会和职位选拔的暗箱操作，大部分青年人在社会中找不到依靠所学实现自身价值的机会。

（二）生计问题

低迷的经济形势和高昂的生活成本是造成社会不稳定的重要原因。阿尔及利亚央行经济分析师苏莱曼·纳赛尔教授说："阿尔及利亚目前正遭受金融危机的困扰，原因是阿尔及利亚的出口经济模式单一，而石油和天然气出口正在遭受着前所未有的窘境。"同时，鉴于全球新冠肺炎疫情流行，阿尔及利亚出口的特质石油（撒哈拉混合油）已降到每桶11美元这个前所未有的低价。至于生活成本，以中产阶级为例，平均月薪约为3万第纳尔（约合225欧元），在首都阿尔及尔租用三居室公寓需要花费5万第纳尔（约合373欧元）。根据阿尔及利亚独立工人联合会进行的研究，五口之家要过上体面的生活，每月至少需要支出8.7万第纳尔（649欧元）。基本生活物资如水果、蔬菜等食品价格出现了螺旋上升趋势，大部分日用品售价都出现了接近100%的涨幅，这使普通百姓的生活更加艰难。[①]

（三）公共服务

公共服务领域所面临的问题，主要体现在重点民生领域服务质量大幅下

① https：//www. coface. com. hk/Economic – Studies – and – Country – Risks/Algeria.

降。阿尔及利亚独立工人联合会主席纳西拉·戈兹兰指出，阿尔及利亚公共服务质量的缩水和缺失使得民众的日常生活变得日趋艰难，这在教育、卫生和住房领域有着最为突出的表现。

1. 教育领域。基础教育质量的下降是阿尔及利亚政府亟待解决的问题。在阿尔及利亚850万名中小学生中，辍学率高达4.7%。阿尔及利亚学校系统内的学生辍学率上升已成为国民教育最棘手的问题之一。教育部门目前面临的最大挑战，实际就是劝说适龄儿童上学并创造条件使辍学的学生重返课堂。与世界大部分国家和地区的情况类似，中小学生高辍学率背后的主要原因是生活压力和贫困。阿尔及利亚有超过50%的农村人口生活在贫困线以下，这意味着他们无法获得包括住房、卫生设施和教育资源在内的基本生活资料。成千上万的贫困儿童不可避免地遇到教育资源缺失的问题。有相当比例的辍学儿童因家境贫寒不得不承担起生活的重任，无法得到应有的教育，他们真正摆脱贫困的可能性相当渺茫，很有可能继续深陷贫困的恶性循环。整体而言，阿尔及利亚的公共教育系统凸显出一些亟待解决的问题，如师生比例不足、教学场地紧缺、基础设施落后以及优质教育资源匮乏和分配不合理，这些也成为阿尔及利亚公共教育体系饱受诟病、引发民愤的重要原因。

2. 卫生领域。由于近些年阿尔及利亚社会人口数量激增、基础医疗设施老化和政府职能部门效率低下，阿尔及利亚政府无力为民众的卫生服务提供足够的资金保障，这直接导致了阿尔及利亚卫生和医疗服务质量的低下。民众抱怨说，除了就诊和使用X射线设备需要排长队外，接待条件差和药品的匮乏都使他们不得不去昂贵的私人诊所就医，由此使其就医成本大幅增加。在当前经济低迷的背景下，这无疑会使普通民众的生活举步维艰。人们为了享受更优质的医疗服务而纷纷选择移民国外。有消息称，在邻国突尼斯寻医就诊的阿尔及利亚人的数量已超过十万人次。阿尔及利亚民间卫生协会发言人说："阿尔及利亚医疗服务质量的低下正把成千上万的患者推向突尼斯。"他证实说，阿尔及利亚民间卫生协会将28%的患者转移至周边国家，这样做一是为减轻国内医疗设施的压力，二是为患者提供更好的就医机会。

但事实上，出国就医高昂的费用也使一般工薪家庭望而却步，他们在绝望中表达着对本国医疗体制的不满。

对本国医疗制度感到失望的不仅有广大患者，还包括医务人员群体。据统计，由于缺乏职业发展的机会和医院效益不景气，已有约4万名医生移民到国外，这一现象至今仍在继续，移民到国外的医生人数也在不断增加。除了自身发展受阻的原因外，让医生这一群体感到失望的，还有他们所遭受的边缘化和不公正待遇以及政府未对医疗卫生行业提供应有的待遇、给予足够的尊重。

此外，阿尔及利亚的人口增长率一直居高不下，妇女的生育问题也引起了全社会尤其是女性群体的不满。医务人员数量不足、就医环境恶劣、病房短缺等问题严重，妇女因生产时得不到及时救助而丧命的事故时有发生。

3. 住房问题。阿尔及利亚人口约4300万人，青年人由于贫穷无家可归一直是政府亟待解决的关键问题，对于没有永久性住房的人来说，露宿街头是他们的唯一选择。青年人以废弃的车辆为家，露宿公共车库也逐渐成为一种普遍现象。低收入人群受住房危机的影响最大，尽管政府严格控制房地产所有权，但政府对租赁市场却迟迟无法进行有效管控。联合国2020年发布的《关于阿尔及利亚住房危机特别报告》指出，投机和高昂的租金使低收入人群无法获得永久性住房。非洲住房融资中心认为，阿尔及利亚首都阿尔及尔的住房缺口约为100万套，而空置住房的数量却达到200万套。后者所造成的“房价泡沫”是私人房产所有人操纵住房市场的结果，他们利用手中的资源囤积居奇，哄抬市场价格，使得成千上万的穷人无家可归。

除了高房价与住房资源分配不合理以外，阿尔及利亚一家房地产机构发布的报告表明，住房市场另一大隐患是住房安全性问题，政府规划住房项目时，所制定的计划和工程评估往往不够完善，在工程交付后许多房屋由于存在隐患而无法入住。此外，中央政府也曾出台过一系列财政计划帮助低收入者申请廉价房和公租房，并对购房者的资质进行审核和控制。但由于住房项目无法满足绝大部分民众的需求，资格审查和资源分配过程又缺乏足够的监督和透明度，购房名单的发布经常引发民众抗议和骚乱，这在一定程度上反映出该国决策者与民众之间长期存在的信任危机。

（四）犯罪问题

近年来，阿尔及利亚社会青少年犯罪率不断升高，其中增长最明显的便是首都阿尔及尔。未成年人群体已成为犯罪网络蔓延的主要阵地，许多犯罪组织通过招募未成年人企图来逃避安全监管与司法起诉，2020 年上半年，阿尔及利亚安全部门共逮捕了 351 名未成年人，其中绝大部分与有组织的犯罪网络相关。所涉及的案件中占比最大的是卖淫（160 例），其次是故意伤害（133 例）和盗窃（27 例）。2020 年，阿尔及利亚政府发布的《未成年人犯罪报告》指出，涉及轻罪的 4000 多个案例有 5729 名未成年人，包括 244 名女孩，35% 的儿童犯罪与有组织的犯罪集团有关。司法机构和少管所进行的统计显示，动荡的政治格局和萧条的经济局势，使大量青少年对未来产生绝望情绪，这也间接导致了大城市青少年犯罪率明显上升。

此外，网络的普及被认为是阿尔及利亚青少年犯罪率不断升高的主要原因之一。近年来，“网吧”“网咖”等提供网络服务的场所在阿尔及利亚各个城市悄然兴起，逐步取代传统的咖啡馆成为年轻人休闲娱乐的首选场所。由于在运营的过程中缺乏足够的管理和监督，越来越多的低龄青少年抱着猎奇的心理出没于各个网吧。网络中的海量信息真假难辨，泛滥着与本土文化格格不入的价值观念。青少年在思想上处于摇摆期，在认识上尚未形成完整的价值体系，长时间暴露在网络信息的冲击下，很容易去效仿网络和社交媒体中出现的场景和画面。从某种意义上讲，网络服务管理的疏漏对阿尔及利亚社会青少年犯罪率的上升负有很大责任。

“阿拉伯之春”之后的阿尔及利亚虽然没有通过激进的方式发生政权更迭，但求新、求变的心理和不安的情绪却一直作为一种主流氛围影响着大部分的社会成员，在这一心态的驱使下，阿尔及利亚社会家庭凝聚力出现下滑的态势，阿尔及利亚近些年不断升高的离婚率，与攀升的青少年犯罪率呈正相关。阿尔及利亚社会学家格吕克斯认为，“决定孩子在社会中是否会出现行为过失，最重要的因素是家庭氛围。在家庭、父母与孩子的关系中，潜伏着使孩子行为偏离的因素”。阿尔及利亚社会整体动荡的氛围使越来越多的青少年无法得到来自家庭足够的关爱，他们更容易做出过激的行为，也更易成为犯罪组织捕获的目标。

结　论

阿尔及利亚作为一个国家，它的未来在很大程度上取决于不同政治和社会力量达成的共识。无论未来如何变化，今天的阿尔及利亚都不会是从前的阿尔及利亚。如果管理得当，该国的稳定可能为北非地区的和平奠定基础，若处理不当则可能会引发另一场更大规模的冲突。

Y.10
苏丹过渡期政治转型的三大趋势

涂龙德*

摘　要：　2019年4月，执政近30年的苏丹巴希尔政权倒台，苏丹从此进入了过渡期政治转型阶段。两年多来，苏丹国内各政治力量围绕权力分配及后过渡期长远利益，既激烈斗争又互相妥协。后巴希尔时代呈现政治民主化、政治倾向多元化和政治意识形态去极端化三大比较明显的趋势。保守势力则希望通过政治转型“软着陆”来维护其既得利益，致使苏丹过渡政权出现向右转态势。另外，引爆苏丹革命的经济发展和民生问题短期内仍有恶化趋势，再叠加百年大变局背景下的大国竞争投射、西亚和北非地区格局重塑以及新冠肺炎疫情等国内外因素的影响，苏丹政治转型未来仍存在很大的不确定性。苏丹过渡政权如何才能因势利导，跳出西式民主“陷阱”，使苏丹走上和平、稳定和可持续发展之路，这考验着苏丹人民和政治精英的集体智慧。

关键词：　苏丹　非洲　民主化　去极端化　苏丹共产党

鉴于政治本身的复杂性以及政治斗争的艰巨性、长期性，政治转型[①]一

---

* 涂龙德，北京语言大学中东学院教授，长期从事中东、北非地区形势的跟踪和研究。

① 本报告中的“政治转型”一词指某一国家政权形态发生转变，其包括但不限于政治制度、政治组织形式和政权运行方式的变化。

般会涉及某一国家特定历史时期的政权重组或更迭、道路选择和制度设计等重大问题。因此，政治转型无论是渐进式的还是革命式的，都是一个复杂庞大的系统工程。目前，一些国内外学者已经对苏丹过渡期的政治转型进行了多方位的分析和研究。国内学者聚焦于苏丹开启政治转型的原因①、苏丹过渡期政治转型的现象与困难②、苏丹政治转型与中国对策③展开，通过厘清巴希尔政权倒台的原因、非洲之角地区政治经济与社会发展状况对苏丹过渡期政治转型影响进行分析，对其前景进行展望，并就中国如何应对提出建议。这些研究虽然触及了苏丹转型期经济、军事和地缘政治等要素，但仍有补充拓展的余地。国外学者则着眼于苏丹民众对于军队的态度④、苏丹非暴力民主革命模式⑤、苏丹政治转型合法性与欧洲政策⑥、苏丹政治转型与中国反应⑦等主题展开，此外还有立足于苏丹过渡期政治转型中军队作用的分析文章⑧。国外研究及分析文章虽主题多样，但多局限于苏丹国内军事、经济现状，缺乏承上启下的历史脉络梳理，且国外此类研究侧重于欧美国家利益和资政建议，因此未对苏丹过渡期政治转型其内在发展趋势进行深入分析。总体而言，现阶段国内外相关研究虽主题多样，但缺乏聚焦苏丹过渡期政治转型本身的、深入的、历史的考察和研究。本报告尝试

---

① 周华、黄元鹏：《政治合法性与苏丹巴希尔政权的倒台》，《阿拉伯世界研究》2019 年第 5 期。

② 张春：《非洲之角政治转型及中国的政策选择》，《现代国际关系》2020 年第 3 期。

③ 周军：《后巴希尔时期的中国苏丹合作》，《21 世纪经济报道》2019 年 4 月 22 日，第 4 版。

④ Dana Alkurd, "Public Opinion and the Army: The Cases of Algeria and Sudan," *AlMuntaqa* , Vol. 2, No. 2, October/November 2019, pp. 103 – 109.

⑤ Katariina Mustasilta, "Three Scenarios for Sudan: From Non-violent Revolution to Democratic Reform," European Union Institute for Security Studies (EUISS, 2019) .

⑥ Jonathan Tossell, "Consolidating Sudan's Transition: A Question of Legitimacy," Clingendael Institute (2020) .

⑦ Laura Barber, "China's Response to Sudan's Political Transition," US Institute of Peace (2020) .

⑧ Areig Elhag, "Overcoming History: Sudan's Uncertain Transition to Democracy in the Face of Military Pressure," https://www.washingtoninstitute.org/policy – analysis/overcoming – history – sudans – uncertain – transition – democracy – face – military – pressure, accessed: 2021 – 5 – 1.

以马克思主义政治观①为指导，采用历史唯物主义和唯物辩证法的世界观和方法论，对苏丹过渡期的政治转型趋势展开论述。

苏丹本次政治转型是以激进的“十二月革命”② 的形式引爆的，革命者期望将旧制度、旧设施和旧意识形态全面推倒重来，重建这个国家的治理体系。近两年来，苏丹国内各界政治力量，围绕过渡期的政治转型及后过渡期各自长远利益考量，既激烈斗争又互相妥协，2019 年达成了《过渡期宪法宣言》（*The Political and Constitutional Declarations*，以下简称《宪法宣言》），建立了主权委员会、过渡伙伴委员会等过渡期政权实体，并与部分反对派武装在南苏丹首都朱巴签署了最终和平协议，即《朱巴和平协议》（*Juba Peace Agreement*）。可以说，随着苏丹过渡期政治转型不断推进，后过渡期苏丹政治模式的轮廓也已浮出水面。另外，在世界百年大变局的大背景下，因大国竞争的投射以及西亚北非地区格局重塑的影响，国外势力加紧插手此次苏丹政治转型，使之引起了异乎寻常的地区和国际关注。国内外因素的叠加影响，使苏丹过渡期转型未来仍充满不确定性。

一 政治民主化趋势

民主化一般是指从某种政权形态转变成民主体制的过程，是一种奉行多数人统治的政治制度，与君主制、寡头制和独裁制相对立。现阶段，国内和国际学术界因对民主内涵的诠释有争议，对民主政治的定义也存在分歧。即使在民主化政治相对成熟的西方国家，对民主的理解也存在差异。一般而

① 2013 年习近平总书记在中共中央政治局召开的对照检查中央八项规定落实情况讨论研究深化改进作风举措专门会议上提出“必须把思想政治建设放在第一位，坚持以马克思主义政治观对照自己、改造自己、提高自己”，根据有关研究，马克思主义政治观强调：政治的根源是经济，政治集中体现各种经济利益和要求；政治的内容和形式表现为人与人关系的总和；政治的核心问题是国家政权，详见孙应帅《牢固树立马克思主义政治观》，《辽宁日报》2013 年 9 月 17 日，第 7 版。

② 2019 年 4 月 11 日，巴希尔总统被军方罢黜，但苏丹各界并没有根据历史惯例，以政权更迭的时间节点命名这一场政治运动，而是把它称为“十二月革命”，以此强调 2018 年 12 月在苏丹各大城市爆发的民众抗议活动对推翻旧政权的重要性。

言，就政治民主化趋势而言，学术界更关注某一个国家的民主制度和民主程序，如多元政治、公平选举和多数决策原则等。也有学者关注民主的结果，如自由、人权和平等。就苏丹过渡期政治转型而言，当地的政治精英们既关注程序民主，又寄希望于民主化转型的结果，即通过政治民主化，实现苏丹“十二月革命”的理想信念，把民众“自由、正义与和平”的革命口号落到实处。

2019年8月17日，苏丹过渡军事委员会同反对派“自由与变革力量”（FFC）签署《宪法宣言》，这份宣言为后巴希尔时代的政治民主化制定了框架。《宪法宣言》决定成立3个过渡权力机构，即主权委员会、内阁和立法委员会，其中，主权委员会是国家领导以及国家主权和统一的象征，内阁是国家最高行政机构，立法委员会是国家立法机构和行政监督机构，过渡期为39个月，军方和“自由与变革力量”代表分别将在前21个月和后18个月担任主权委员会主席。《宪法宣言》明确苏丹的国家性质是“主权独立的、民主的、议会制的、多元的和非中央集权制的苏丹共和国”①，过渡期的任务包括“设置机构起草并制定苏丹共和国永久宪法”“过渡期结束前召开全国制宪大会”②。另外，《宪法宣言》还特别规定：“主权委员会主席及成员、内阁总理及成员、各州州长或地区行政长官无权提名参加过渡期后接着举行的大选。”③ 2020年10月3日，苏丹过渡政权与部分反政府武装签署《朱巴和平协议》，各方同意对《宪法宣言》做出两处重要修改：①将有关国家性质中的“非中央集权制”改为“联邦制”，以免引起歧义；②39个月的过渡期将从《朱巴和平协议》签署之日起计算，这意味着之前14个月

① 《2019年过渡期宪法宣言》，p. 2，苏丹司法部官网，https：//moj. gov. sd/files/index/28，最后访问时间：2019年10月5日。

② 《2019年过渡期宪法宣言》，p. 3，苏丹司法部官网，https：//moj. gov. sd/files/index/28，最后访问时间：2019年10月5日。

③ 《2019年过渡期宪法宣言》，p. 8，苏丹司法部官网，https：//moj. gov. sd/files/index/28，最后访问时间：2019年10月5日。

的过渡期被清零，新过渡期将延续到2024年初。[①] 除此以外，《宪法宣言》还对依法治国、人权、平等和自由等民主化配套要素进行了规定，并特别强调女权保护问题，强调男女平等、同工同酬和女性赋能等，甚至规定在过渡立法委员会中，女性委员的比例不低于40%。

通过回顾《宪法宣言》有关民主化转型的相关条款可以发现，未来苏丹政治民主化转型有两层含义：①中央政权产生程序的民主化，即通过普选产生议会制中央政权，内阁需要赢得议会的信任投票后才能施政，政府首脑往往由议会多数党领袖担任，并拥有解散议会、提前举行大选的权力；②中央与地方关系的民主化，无论是“非中央集权制”，还是“联邦制”，其实都表达了央地关系民主化这层含义，未来苏丹中央政权和州（省）政权之间的权限必须重新划分，一般由中央政权行使国家的外交、军事和财政等主要权力，各州内部治理的自主权得到提升，可拥有自己的立法机关和行政机关，制定自己的宪法和法律，在自己辖区内行使职权。

苏丹过渡期政治转型的民主化趋势，符合苏丹历史的发展逻辑。苏丹的民主实践最早是被英国殖民者植入的，其民主政治史甚至早于其独立史。独立前的苏丹属英国和埃及共管的殖民地。1953年，在二战后民族独立浪潮席卷全球的背景下，英埃两个宗主国签署协议，给予苏丹民族自决权，并授意选举制宪会议（议会），就民族独立问题进行表决。1954年3月，苏丹历史上首届议会选举产生，1955年12月19日，议会一致通过独立决议，次年1月1日，苏丹正式宣布独立。制宪会议作为独立过渡期议会一直运作到1958年第二次议会选举，但新组建的联合政府因忙于党争和内斗，无力解决民生问题、族群冲突和宗派冲突等现实问题。同年11月17日，军队发动政变上台执政。从此，苏丹政治再也没能走出“民主政权－军政权”不停切换的模式。发生在1964年、1985年的民众街头革命，都曾催生过短暂的民主化政权，但最终都滑向了军政权统治模式。自苏丹独立以来，西方式民

① 《过渡期宪法宣言2020年修订版》，苏丹司法部官网，https：//moj. gov. sd/files/index/28，最后访问时间：2020年11月2日。

主政权断断续续只延续了12年。尽管如此，苏丹仍被认为是民主化时间最长、实践最深入和传承最丰富的阿拉伯国家。

苏丹过渡期政治转型的民主化趋势，也是不少苏丹政治精英的共同期待。他们普遍认为，尽管民主制存在这样或那样的缺陷，但对苏丹来说，民主制仍是最合适的。[①] 一方面，苏丹历史上民主实践的失败，除民生问题外，还有政党多元化原则被践踏等原因。在特定的历史背景下，某些政党会急功近利，选择与军方合作，但最终反遭后者反噬。另一方面，苏丹地处阿拉伯世界向非洲腹地过渡的特殊地带，拥有阿拉伯、非洲等多重身份，境内阿拉伯人与非洲原住民之间、族群之间、宗派之间在信仰和文化等方面存在差异性，地区发展也不平衡，这些问题依靠中央集权解决不了，一味依靠武力也解决不了，苏丹建国以来60多年的实践已经证明了这一点。因此，解决苏丹问题仍寄希望于民主化。[②]

值得一提的是，苏丹独立时，英国对待达尔富尔人和南苏丹人的立场迥异，一方面强行将屡屡制造麻烦的达尔富尔人并入苏丹版图，另一方面却给予南苏丹人独立或加入任何一个邻国的选项。当时，南苏丹主要部族在权衡之后，愿意放弃独立，主动选择加入苏丹。民主化支持者认为，正是由于20世纪80年代初尼迈里军政权强行在苏丹全境推行伊斯兰化，以及1989年以后巴希尔政权继续奉行政治伊斯兰意识形态，进一步激化了南北苏丹的种族矛盾，导致双方兵戎相向，数百万人生灵涂炭，最终造成2011年南北苏丹分裂的惨痛结局。因此，一些苏丹政治精英还寄希望通过政治民主化，并采取宽松的联邦制，吸引南苏丹有朝一日能够回心转意，使南北苏丹破镜重圆。

苏丹过渡期政治转型的民主化趋势，迎合了以美国为首的西方阵营在全球推广西式民主价值观的立场。尽管有无数事实证明，发展中国家盲目移植

① 塔伊卜·扎因·阿比丁：《共识民主让苏丹走向稳定》，https：//www. raya. com/2012/09/29/الديمقراطية-التوافقية-طريق-الاستقرا，最后访问时间：2020年9月29日。

② 提卜·宰因·阿比丁：《共识民主是苏丹稳定之道》，https：//www. raya. com/2012/09/29/الديمقراطية-التوافقية-طريق-الاستقرا/，最后访问时间：2020年9月29日。

西式民主可能会产生众多问题，但对处在政治转型过渡期的苏丹来说，在现阶段推进民主化进程，有利于苏丹过渡政权改善同美国为首的西方国家的关系，使苏丹尽快摆脱西方的制裁和封锁。过去30年，美国指责苏丹巴希尔政权支持黎巴嫩真主党、巴勒斯坦激进组织哈马斯武力抵抗以色列，甚至一度与“基地”组织有牵连，美国和苏丹的双边关系严重恶化。1993年，美国将苏丹列入“支恐名单”。1996年，美国又对苏丹实行一系列的经济制裁。苏丹巴希尔政权倒台后，美国特朗普政权加大了对苏丹内政的干涉力度。2020年3月，美国国会出台一份涉苏丹法案，“以支持在苏丹实现文官领导的民主过渡、鼓励对侵犯人权事件进行清算和鼓励金融透明化等目的”①。2021年1月，美国国会再次出台法案，“支持苏丹民主过渡，强化对苏丹安全和情报部门的监督，并包涵了一份由苏丹政府提交的有关其安全部门改革的评估报告，涉及解散民兵、强化文官政府对军队的控制等内容”②，该法案被纳入了《2021年国防预算法案》。

实际上，美国干涉苏丹过渡期内政用的仍是“胡萝卜加大棒”，配套人权、自由和民主等说辞。苏丹因被美国列入“支恐名单”，遭受国际金融制裁，长期被排除在国际收付清算体系之外，严重制约了苏丹经济的正常发展，恶化了苏丹的国际收支平衡。巴希尔政权倒台时，苏丹外债已经累积至约580亿美元，是2019年苏丹国内生产总值（GDP）的307%，其中逾期欠款占85%，外债本金只有170亿~180亿美元，而贷款利息和欠款逾期罚金却占了外债总额的一半以上，债权人有巴统、多边机构、私企以及其他。③ 因此，苏丹在国际支付、争取外援和削减外债等方面，迫切需要美国等西方国家的大力支持，而后者则以此为抓手，干涉苏丹过渡期政治转型。

目前，美国和苏丹已经达成了一些妥协，就肯尼亚内罗毕美国大使馆爆

---

① 《美国会涉苏丹法案文本》，苏通社，https：//suna－sd.net/read？id＝605399，最后访问时间：2020年3月28日。

② 《美国会通过支持苏丹民主过渡法案》，苏通社，https：//suna－sd.net/read？id＝700351，最后访问时间：2021年1月2日。

③ 《苏丹外债及解决远景》，苏通社，https：//suna－sd.net/read？id＝267844，最后访问时间：2019年5月1日。

炸案等恐袭事件的赔付问题达成了协议，苏丹向受害者支付 3.35 亿美元的赔偿金，以换取美国将其移出了“支恐名单”，恢复了苏丹的主权豁免权，并允许十几家西方背景金融机构对苏丹开展金融业务。另外，美国还承诺为苏丹提供资金援助，并帮助其争取外援和减免外债。2020 年 8 月 25 日，美国国务卿蓬佩奥乘坐从以色列飞往苏丹的首个直航航班抵达喀土穆访问，这是 15 年来美国国务卿首次到访苏丹，此访也加速了苏丹和以色列关系正常化的进程。

二　政治倾向多元化趋势

在现代西方国家，政治倾向通常以左倾和右倾来加以描述。左与右这个术语源自法国大革命早期，涉及法国各类立法机关当时的座位安排情况，其中间界定点是当时法国政坛各路政治势力在是否支持皇权问题上所持的立场，右派是保皇派，主张维护贵族或皇室利益，左派则站在右派立场的对立面，由此引申出被称为右派的保守势力和被称为左派的反保守势力。根据中间界定点的不同，政治倾向色彩各异，也产生了对左－右坐标解释的多样性。具体到苏丹而言，这个以左倾和右倾描述的传统政治倾向，通常是以宗教势力在政权中所起的作用作为坐标系中间界定点来划分的，支持推行伊斯兰宗教意识形态的政党势力占据坐标系的右端，那些支持政教分离意识形态的政党势力占据了坐标系的左侧。在巴希尔时代，苏丹左翼阵营的生存空间十分有限，政党政治倾向几乎是单向的，一边倒的。

实际上，苏丹自建国以来，非洲和阿拉伯双重文化身份一直撕裂着这个国家。这种撕裂主要体现为阿拉伯伊斯兰文化身份，与非洲原住民基督教文化身份之间的激烈冲突，苏丹巴希尔前政权以国家意志在全国推行伊斯兰化和阿拉伯化，投入巨大但结果并不理想。作为对一元政治失败的反思，政治民主化自然成为苏丹过渡期政权的首选。但需要特别指出的是，后巴希尔时代苏丹政党政治倾向多元化的格局，并非苏丹历次类似转型期格局的简单重复，以苏丹共产党（SCP）为代表的左翼阵营在苏丹政坛影响力的上升，以及由此引发的后巴希尔时代的道路之争和制度之争，已经引起了地区国家和国际社会的高度关注与重视。

苏丹新一轮政党政治呈现多元化格局，萌芽于2004年后巴希尔政权出台的全国和解政策，实质性进展则出现在巴希尔政权执政晚期。2011年，南北苏丹分裂，苏丹政府的外汇来源接近枯竭，经济形势急剧恶化。加上2013年埃及穆尔西政权被推翻后，政治伊斯兰势力在阿拉伯世界迅速退潮，波及同样奉行政治伊斯兰意识形态的巴希尔政权。为扩大统治基础，巴希尔政权于2014年1月发起“全国对话”运动。从此，苏丹国内的政党活动逐渐趋向正常化。但彼时执政党——全国大会党仍有效掌控着局势，右翼宗教势力占据统治地位的单极格局未能被有效打破。巴希尔在2015年举行的总统选举中高票当选就是很好的证明。

2018年12月，在推翻巴希尔政权的运动中，一个自称“苏丹专业人士协会”（Sudanese Professionals Association）的互联网隐形组织异军突起，引领了街头革命，左翼势力快速崛起，这才打破了苏丹政坛延续了数十年的旧政治版图。2019年1月1日，该组织发表的《自由与变革宣言》（*Declaration of Freedom and Change*）成了讨伐旧政权的檄文，并由此产生了一个由《自由与变革宣言》签字方组成的联盟，即“自由与变革力量联盟”。两年多以来，该联盟在一定程度上主导了苏丹过渡时期的政治转型。

《自由与变革宣言》通过“和平斗争”“摆脱极权救国体制”定下三大目标，即巴希尔政权下台、成立过渡政权以及“立即停止所有形式的侵权行径”。它还给过渡政权设置了9项任务，其中包括“结束内战，消除内战根源”“遏制经济恶化，改善人民生活”“从一党统治的极权体制向多元体制过渡，重塑军民结构”“为女性赋能，反对一切形式歧视和压迫女性的行径”“重建司法和人权体系”“改善苏丹外交关系”等。[①]《自由与变革宣言》的签署方有22个政党联盟和社会民间组织，初步确立了后巴希尔时代

① 《自由与变革宣言》，“苏丹专业人士协会”官网，https://www.sudaneseprofessionals.org/إعلان-الحرية-والتغيير/，最后访问时间：2019年1月1日。

政党政治多元化的格局。其中，对推翻旧政权起关键作用的五大政治力量分别是：“苏丹专业人士协会”、“全国共识力量联盟”（Alliance of the National Consensus Forces）、“联合联盟-反对派”（The Unionist Alliance-Opposition）、“苏丹呼声力量”（Sudan Call Forces）以及“民间力量联盟”（Alliance of Civil Forces）。前三大组织率先签署《自由与变革宣言》，被认为是“十二月革命”的先驱力量，大多持“左倾”立场。后两大组织稍晚签署《自由与变革宣言》，属跟随型革命力量，大多持中间或中右立场，且成分复杂，如仅“民间力量联盟”就有80多个社会民间组织加盟，在此，大多持中间立场的联盟因其左右摇摆的不确定性，本报告不做重点分析，而把分析重点放在左右两翼的代表联盟上，即“全国共识力量联盟”和“苏丹呼声力量”这两个联盟上。

“全国共识力量联盟”诞生于2014年“全国对话”之际，它原本是反对派与巴希尔政权对话的一个平台，苏丹最大的反对党人民大会党（Congress of People）、历史最悠久的乌玛党等反对派政党，几乎悉数参与了这个联盟，但人民大会党与乌玛党这两个宗教政党随后退出了联盟，留在联盟内部的大多为左翼政党，如苏丹共产党、阿拉伯社会主义复兴党（Arab Socialist Baath Party）、纳赛尔主义党（Nasirism Party）和民族复兴党（National Baath Party）等。“十二月革命”期间，变身为左翼联盟的“全国共识力量联盟”，是民众街头革命的积极支持者。“苏丹呼声力量”同样是一个政治联盟，它是乌玛党当年退出“全国共识力量联盟”后才创建的，它几乎囊括了苏丹政坛除人民大会党之外的其他最有影响力的传统政党，如苏丹大会党（Sudanese Congress Party）“革命阵线联盟”（Revolutionary Front Coalition）等政党和反政府武装派别。

乌玛党创建于1945年，其创始成员大多数是宗教领袖、部落首领和乡绅贤达，曾经以主张苏丹独立建国的历史功绩而广受民众拥护，被认为是一个温和的右翼宗教政党。该党几乎是历次苏丹民主选举的最大赢家，乌玛党前领袖萨迪克·马赫迪（Sadiq al-Mahdi）曾两度出任民选政府总理。人民大会党则是由苏丹政治伊斯兰势力领袖哈桑·图拉比（Hassan al-Turabi）在

1999年与巴希尔分道扬镳后创建的一个宗教政党，被认为是巴希尔时代最大的反对党。事实上，乌玛党和人民大会党是政治联姻关系。20世纪60年代，在政坛崭露头角的图拉比与萨迪克·马赫迪的妹妹瓦萨勒·马赫迪（Wasaal al-Mahdi）结婚，从此缔造了苏丹政坛近半个世纪以来长盛不衰的两大右翼政治豪门。即使是在过去30年全国大会党一党执政期间，乌玛党和人民大会党仍享有相对宽泛的政治活动空间。巴希尔政权后期，乌玛党分裂成5个"乌玛系"政党，与人民大会党一起，曾全部受邀加入了巴希尔时代的民族和解政府。

加入"苏丹呼声力量"的"革命阵线联盟"，则是一个反政府武装联盟，此前经常在达尔富尔（Darfur）、南科尔多凡（South Kordofan）和青尼罗河（Blue Nile）等地开展反政府武装活动。图拉比曾在创建该联盟中发挥过重要作用，其目的是钳制时任总统巴希尔，因此，该联盟部分武装派别，如苏丹解放军明尼·米纳维派（SLM-Minni Minnawi）、苏丹人民解放运动－北方局阿加尔派（SPLM-N Malik Agar）以及"正义与公平运动"（JEM）等与乌玛党和人民大会党关系密切。这几个派别在巴希尔政权后期，几乎已经放弃了各类武装行动，因此它们也是2020年10月与过渡政权签署《朱巴和平协议》最热情的武装派别。而"革命阵线联盟"中现阶段两大实力派别，即苏丹人民解放运动－北方局赫卢派（SPLM-N al-Hilu）和苏丹解放运动努尔派（SLM，Abdel-Whaid al-Nur），则拒绝在《朱巴和平协议》上签字。这两派武装体现了强烈的"左倾"意识，要求明确后巴希尔时代必须建立政教分离的世俗政权，但这一政治要求遭到"乌玛系"政党等右翼保守派势力的反对。

由此可见，"自由与变革力量联盟"是一个松散的政治联盟，吸纳了苏丹国内左、中、右各类政治倾向的政党组织、反政府武装派别和民间社会组织，比较全面地反映了过渡时期政治格局多元化的趋势。该联盟成立初期，各方在推翻巴希尔政权这一核心目标上是一致的，但随着巴希尔政权的倒台，各方因对后巴希尔时代的政治愿景不同，立场互相冲突，价值取向各异，其内部分歧不断加剧。左派扬言继续革命，以实现苏丹政治转型的根本性“变革”；中右势力则倡导“软着陆”，以妥协求平衡，避免社会陷入剧烈动荡。随着《朱巴和平协议》谈判的推进并最终签署，右翼保守势力逐渐在过渡政权中占据了上风，新成立的伙伴委员会（Partnership Committee）和改组后的新过渡政府，都接纳了更多中右翼保守势力。改组后的新过渡政府一改前政府的“技术官僚”特点，新任部长们大多是背靠传统政党派系的建制派。[①] 2020 年 4 月、7 月和 11 月，“乌玛系”主流派别全国乌玛党、“苏丹专业人士协会”和苏丹共产党先后宣布退出“自由与变革力量联盟”。全国乌玛党退盟被认为是以退为进，希望在过渡政权中获得多权力。而“苏丹专业人士协会”和苏丹共产党退盟，则是因抗议过渡政权中的中右翼势力违背革命初心搞“软着陆”，因此，这两个党派选择“站在民众一边，而非欺骗民众”[②]，至此，随着上述三大势力的退出，作为曾经领导革命并与军方一再博弈的“自由与变革力量联盟”，其实力及代表性都已大打折扣。

苏丹过渡期近两年来左右翼阵营的权力博弈，似乎给人以军方和宗教右翼势力将再次主导未来苏丹政坛的印象，但苏丹政党政治倾向出现的一些新变化十分值得关注。宗教及右翼保守势力在巴希尔政权倒台前后，至少遭受了三记重击，这为左翼势力在后巴希尔时代的崛起提供了历史性机遇。

首先，2015 年 3 月 5 日，人民大会党领导人图拉比去世，享年 84 岁，数十名时任和前任高官参加了他的葬礼。图拉比学富五车，被认为是苏丹政治伊斯兰势力的“精神领袖”，曾一手策划扶持巴希尔上台，并亲手草拟了苏丹 1998 版宪法和卡塔尔宪法，在伊斯兰世界享有很高的威望。因此，图拉比的去世，不仅对他亲手创建的人民大会党是一个沉重打击，也是全苏丹政治伊斯兰势力的巨大损失。

---

① 《苏丹新政府技术官僚后的部长政治化》，半岛网，https：//www. aljazeera. net/news/politics/2021/2/9/，最后访问时间：2021 年 2 月 9 日。

② 《苏共中央委员会声明》，苏共官网，https：//sudancp. com/index. php/بيان-للحزب-الشيوعي-السوداني-4004/بيانات，最后访问时间：2020 年 11 月 8 日。

其次，在图拉比去世仅仅4年后，巴希尔政权就在民众愤怒的抗议声中倒台，巴希尔总统被军方废黜，执政党全国大会党被取缔。民生凋敝与官场贪腐所形成的强烈反差，使巴希尔政权奉行的政治伊斯兰意识形态，遭遇苏丹民众前所未有的质疑，甚至唾弃。在这种大趋势下，以宗教立党的乌玛党和人民大会党，因其与前执政党的微妙关系，也受到连累。

最后，2020年11月26日，"苏丹呼声力量"领导人、乌玛党领袖萨迪克因新冠肺炎逝世，享年同样是84岁。萨迪克的祖父是领导苏丹抗英埃殖民运动马赫迪起义的民族英雄，他本人在苏丹政坛被誉为"智者"，他的离世让"乌玛系"陷入群龙无首的境地。而且，由于人民大会党和"乌玛系"党派的不少政治人物都曾受邀加入过巴希尔政权晚期组建的民族和解政府，根据《宪法宣言》的相关条款，这些人都将被禁止参加后过渡期选举，两党因此损失不小。例如，被萨迪克寄予厚望的儿子阿卜杜勒·拉赫曼·马赫迪（Abdul Rahman al-Mahdi），因在巴希尔政权晚期出任过总统顾问，其政治前途已经蒙上了阴影。作为后手，马赫迪家族已经把二号人选、萨迪克的女儿玛尔亚姆·马赫迪（Marim al-Mahdi）推向前台，先在过渡期伙伴委员会中任发言人，继而在改组后的过渡政府中出任外长，以期快速积攒政治资本。

在苏丹政治伊斯兰宗教右翼势力连遭重创的同时，包括苏丹共产党在内的苏丹左翼势力却取得了长足的发展。苏共成立于1946年，仅比苏丹政坛老牌政党乌玛党晚一年。苏共的前身是"苏丹全国解放运动"。20世纪60年代，苏共与伊拉克共产党一起，被认为是阿拉伯世界最具影响力的共产党组织。1971年，苏共曾发动过一场军事政变，但只坚持了3天便告失败。之后，苏共遭尼迈里政权血腥清洗，从此一蹶不振。2009年，苏共"五大"在喀土穆友谊宫举行，这是时隔40年后苏共再次召开全国代表大会，苏丹各主要政党悉数派代表到场祝贺。2016年7月召开的苏共"六大"改选了苏共中央委员会，通过了《政治报告》，明确提出了"自由、正义与和平"的口号，并强调"民主是全面消除苏丹问题的钥匙”[①]。两年后，这一口号发展成为引领“十二月革命”最响亮的口号，也成了革命力量的政治共识，在此基础上产生的“自由与变革力量联盟”，在一定程度上曾主导了过渡期的政治转型。2020 年 12 月，苏共“七大”选址在 2019 年 12 月率先点燃革命火种的青尼罗河省首府达马津举行。这次会议强调继续革命的重要性，反对“软着陆”的绥靖立场[②]，反对在地区格局重塑中选边站队，反对屈服于世界银行等外国资本。

在宗教氛围普遍浓厚的阿拉伯世界，苏丹共产党等左翼势力的回归，改变了苏丹政坛数十年来宗教党派占据绝对主流的局面，其本身就具有一定的突破性意义，堪称这次过渡期政党政治倾向多元化趋势中一个最大的“变量”。苏丹共产党等左翼势力的回归及其政治影响力，已经引起了地区和国际社会的高度关注，也引发了阿拉伯世界传统保守势力的担忧。自苏丹“十二月革命”以来，阿拉伯媒体有关苏共题材的炒作明显增多，其中不少带有捧杀、唱衰或污名化苏丹共产党的报道倾向，如通过挖掘哈姆杜克总理等的“政治背景”，夸大苏丹共产党在过渡政府中的作用[③]，把苏丹革命直接称作“共产主义革命”[④]，称苏丹共产党奉行“机会主义路线”[⑤]，又渲染苏丹共产党在与军方合作分权的问题上已经“掉入陷阱”[⑥]，指责苏丹共产党绑架“苏丹专业人士协会”的政治独立性[⑦]，并将苏丹共产党与前执政党

---

① 《苏共史掠影》，苏共官网，https：//sudancp. com/index. php/التقرير-السياسي-المجاز-من-قبل-المؤتمر-السادس-3813/ثائق-حزبية，最后访问时间：2020 年 6 月 25 日。

② 《苏共“七大”选址革命符号达马津》，苏共机关报《广场报》，https：//sudancp. com/index. php/جريدة-الميدان，最后访问时间：2020 年 12 月 15 日。

③ 阿兹米 · 阿卜杜勒 · 拉扎克：《苏共你知道些什么?》，https：//mubasher. aljazeera. net/opinions/2020/2/18/ماذا-تعرف-عن-الحزب-الشيوعي-السوداني؟/，最后访问时间：2020 年 2 月 18 日。

④ 尤素福 · 卡迈勒：《苏丹发生的是共产主义革命吗?》，https：//www. sasapost. com/is – the – protests – in – sudan – a – communist – revolution/，最后访问时间：2019 年 3 月 16 日。

⑤ 哈吉姆 · 赫塔：《苏共：马克思主义遗产还剩下什么?》，https：//www. alquds. co. uk/الشيوعي-السوداني-ماذا-تبقى-من-إرث-مارك/，最后访问时间：2020 年 11 月 7 日。

⑥ 萨拉姆 · 卡瓦基比：《苏共掉进陷阱》，https：//www. alaraby. co. uk/السوداني-يقع-في-الفخ-الحزب-الشيوعي，最后访问时间：2020 年 11 月 19 日。

⑦ 穆罕默德 · 艾敏 · 亚辛：《苏共被指绑架“苏丹专业人士协会”》，https：//aawsat. com/home/article/2320996，最后访问时间：2020 年 6 月 6 日。

全国大会党相提并论，称两者虽然“信仰不同”，但都信奉“一党制和中央集权制”①。

三　政治意识形态去极端化趋势

意识形态属于思想上层建筑的范畴，与政治上层建筑相互依存、相辅相成和相互作用。一个国家特定的制度、设施是在这个国家特定的意识形态上建立起来的；而特定的意识形态又总是要求建立与之相匹配的制度和设施，以使之得到广泛传播，成为支配人们的强有力的精神力量；特定的制度和设施建立后，又会反过来影响意识形态。而且，一个国家的政治意识形态不是凭空产生的，而是植根于这个国家的民族文化，反映了这个国家人民在某一特定历史时期的主流价值理念和世界观。苏丹巴希尔政权是一个在政治伊斯兰思想指导下建立起来的政权，上台后又建立了一整套与之配套的伊斯兰政治制度和政治设施，并以官方意志进一步推行政治伊斯兰主义。这种做法很大程度上激化了国内的民族和宗教矛盾，刺激了苏丹南部（现南苏丹）、西部达尔富尔等地区的民族分离主义倾向和反叛情绪，并在苏丹南北分裂后，深刻影响了巴希尔政权的命运。从某种意义上来说，巴希尔政权的兴衰，与政治伊斯兰主义在苏丹国内乃至整个阿拉伯世界的兴衰是正相关的关系。

政治伊斯兰主义主张伊斯兰不仅是宗教信仰，而且是一套政治体制，必须致力于恢复伊斯兰教的政治功能，建立政教合一的神权政权，其曾经最响亮、最有号召力的口号是“伊斯兰万能”。这种意识形态具有明显的宗教极端化倾向，为滋生恐怖主义提供了温床。回顾巴希尔政权近 30 年的执政历史，大致可以分为三个阶段，每个阶段大致持续 10 年时间，对应其政治伊斯兰意识形态的变迁，则经历了初期宗教理念的狂热和极端化，到中期的实

① 伊斯玛易·穆罕默德·阿里：《苏丹的伊斯兰主义者和共产主义者，我们的思想差异隔着大海》，https：//www.independentarabia.com/node/132421/سياسة/تقارير/إسلاميون-وشيوعيون-في-السودان-بيننا-بحور-من-الاختلافات-الفكرية，最后访问时间：2020 年 7 月 4 日。

用主义，再到后期政治意识形态的淡漠与丧失，随着政权合法性的流失与枯竭，权力寻租、官员腐败等乱象丛生。

随着巴希尔政权的倒台，政治伊斯兰意识形态遭到了一些苏丹民众的唾弃，尤其是遭到了长期被压制的苏丹女性的强烈反对，此次女性的革命参与度达到了史无前例的高度。随着“自由与变革力量联盟”与军方就《宪法宣言》达成协议，《苏丹共和国宪法》（1998 年）被废止，一系列建立于政治伊斯兰意识形态之上的政治设施和法律制度陆续被取缔。《宪法宣言》虽然未能将“政教分离”和“世俗化”等条款写入这部临时性根本大法，但通篇几乎没有提到宗教在政治生活中的作用。《宪法宣言》删除了《苏丹共和国宪法》（1998 年）文本中一些有关宗教的内容，如“哈基米亚（统治权）属于真主”，强调伊斯兰教法和习俗是“立法来源”“圣战是义务”“纳天课是教规”，必须弘扬“宗教价值观”，在青年培养中确立“宗教信仰”，在社会生活中禁酒，并崇尚“宗教美德”，以“《古兰经》和圣训规范社会生活的各个方面”等一系列宗教内容。①《宪法宣言》强调“国家主权属于人民”，明确苏丹的国家性质是“主权独立的、民主的、议会制的、多元的和非中央集权制的苏丹共和国”②，强调法制社会、女权维护和女性赋能以及法律面前人人平等原则，并就清算前政权做出一些特别规定，如“不论出台何种法律条款，都不得饶恕自 1989 年 6 月 30 日以来所犯的战争罪、反人类罪、法外杀戮罪、侵犯人权和人道主义国际法的行径、经济腐败罪行以及其他滥用权力的罪行”③，规定过渡政权必须“依法清算自 1989 年以来旧政权对苏丹人民所犯的一切罪行”④。

---

① 《苏丹共和国宪法》（1998 年）PDF 版本中的相关条款，https：//constitutionnet. org/sites/default/files/constitution_ of_ sudan – 1998 – ar. pdf。

② 《2019 年过渡期宪法宣言》，pp. 1 – 2，苏丹司法部官网，https：//moj. gov. sd/files/index/28，最后访问时间：2019 年 10 月 5 日。

③ 《2019 年过渡期宪法宣言》，p. 2，苏丹司法部官网，https：//moj. gov. sd/files/index/28，最后访问时间：2019 年 10 月 5 日。

④ 《2019 年过渡期宪法宣言》，p. 3，苏丹司法部官网，https：//moj. gov. sd/files/index/28，最后访问时间：2019 年 10 月 5 日。

自2019年8月《宪法宣言》通过以来，过渡政权意识形态去宗教极端化的进程明显加速。同年11月28日，主权委员会和政府一致通过《解构救国体制法案》，决定成立一个由一名主权委员会成员领导的、多部门协同作战的“解构救国体制委员会”。“救国体制”指的就是巴希尔政权，因其在上台之初，曾成立救国革命指挥委员会，解散全国所有政党。在“解构救国体制委员会”的领导下，又成立了一个“去赋能、反腐败和追赃款委员会”（简称“去赋能委员会”），包括前执政党在内的一些旧政治设施被取缔，其资产充公；前官员被禁足过渡政权和后过渡政权；重新任命了各州州长；驻外使节也陆续被更换；一大批旧政权高官要么逃往土耳其等国，要么被逮捕法办，其个人财产也被没收充公；全面改革教学大纲，删除宗教内容，引入欧洲文艺复兴等相关知识内容；等等。

苏丹过渡政权成立的“去赋能委员会”，把“去赋能”排在头一位，是有深意的。“赋能”本身是一个伊斯兰宗教词语，也是政治伊斯兰势力最常用的宗教政治术语。“去赋能”可以理解为“去政治伊斯兰化”或“去宗教极端化”，拒绝神化宗教的政治功能。苏丹过渡政权的“去赋能”行动，其本质是苏丹过渡政权要与国内和国际的政治伊斯兰势力实现切割，其中，包括去除旧政权建立的政治伊斯兰国家机器以及政治、法律设施，并与各类穆兄会国际机构断绝关系。

目前，苏丹过渡政府采取的一系列“去赋能”行动已经令世人刮目相看。国内方面，除了取缔前执政党、限制前政府官员参与政治活动以外，还废除了涉及歧视和侵犯妇女权利的《公共秩序和公共道德法》，废除了叛教罪的死刑量刑，并重新批准加入了联合国《禁止酷刑和其他残忍、不人道或有辱人格的待遇或处罚公约》。但是，在这方面最令人印象深刻的措施，莫过于宣布取缔“伊斯兰宣教组织”。2020年4月10日，“去赋能委员会”做出决定，宣布取缔并注销该组织，禁止其一切日常活动，并没收其国内外资产充公。“伊斯兰宣教组织”是由图拉比一手扶植起来的，成立于1980年，其使命是通过教育、慈善福利等社会活动，“致力于在非洲语言和文明交叉地区传播伊斯兰教，巩固宽容共生的价值观”①。在巴希尔政权时期，该组织享有关税豁免、国内免税等特权，发展迅猛，40 多年来几乎发展成了苏丹的一块法外之地、国中之国，旗下不仅拥有上市公司，而且建有本科以下各级宗教教育培训机构以及卫生机构、俱乐部系统等。该组织总部设在喀土穆，在卡塔尔、巴林、阿联酋和也门 4 国设有办事处，董事会由 70 名来自阿拉伯国家和伊斯兰国家的独董组成，董事长曾长期由苏丹前过渡期总统阿卜杜勒·拉赫曼·苏瓦尔·达哈卜（Abdel Rahman Swar al-Dahab）担任。这个宣教组织被认为是非洲撒哈拉沙漠以南政治伊斯兰势力扩张的“大本营”，与该地区一些极端组织的发展壮大也有千丝万缕的联系。国际层面，过渡政权向美国“科尔”号驱逐舰在也门亚丁港遭袭事件、美国驻肯尼亚内罗毕大使馆爆炸案等恐怖事件的受害者支付赔款，这实质上等于变相承认前政权“支恐”罪名。

“去赋能委员会”还宣布关闭“圣城国际组织”② 喀土穆分支机构，吊销 3000 多名伊斯兰活动家的苏丹护照，其中包括旅居苏丹的哈马斯高层领导哈立德·迈沙阿勒（Khaled Mashal）的护照，以示与前政权支持国际政治伊斯兰运动的做法划清界限。此前，巴希尔－图拉比政权头十年期间，曾吸引伊斯兰世界大批具有政治伊斯兰色彩的著名人士前往投奔，“基地”组织头目本·拉登、号称“独狼卡洛斯”的桑切斯等都曾在 20 世纪 90 年代蒙受过巴希尔－图拉比政权的庇护。

苏丹过渡政权意识形态去极端化的趋势，不仅是巴希尔政权倒台引发旧政治意识形态全面坍塌的结果，也是苏丹过渡政权在西亚北非地区格局重塑过程中选边站队的结果。美国特朗普政府在中东地区推销其“世纪协议”，着力打造所谓中东版“北约”，以配合美国中东政策的调整，遏制伊

① 塔吉·西尔·奥斯曼：《苏丹：伊斯兰宣教是一个穆兄会建立的组织》，https：//middle－east－online. com/السودان-الدعوة-الإسلامية-منظمة-إخوانية-النشأة，最后访问时间：2020 年 4 月 15 日。

② 为支持 2000 年爆发的巴勒斯坦起义，捍卫圣城耶路撒冷的阿拉伯和伊斯兰属性，2011 年 1 月 28 日，代表 46 个阿拉伯和伊斯兰国家的 2000 多名伊斯兰活动家，在黎巴嫩首都贝鲁特召开圣城国际组织成立大会，长期旅居卡塔尔的埃及穆兄会著名国际活动家尤素福·卡尔达维被推选为该组织的首脑。

朗、土耳其两国的地区扩张。事实上，美国的策略调整把中东地区拖入了更为激烈的地区争霸模式，也导致阿拉伯世界分化为两大阵营。以埃及、沙特和阿联酋等国组成的安全阵营，主张打击政治伊斯兰势力，以共同应对来自伊朗和土耳其的威胁；而卡塔尔、突尼斯和利比亚（民族团结政府）等国组成的伊斯兰阵营，仍然主张奉行泛伊斯兰主义，继续与伊朗和土耳其开展合作。因此，苏丹过渡政权在意识形态上去宗教极端化，也可以被理解为以实际行动投奔埃及、沙特和阿联酋阵营。苏丹从阿拉伯世界曾经最坚固的政治伊斯兰堡垒，转变成反恐与去极端化阵营的重要一员，这一历史性转变必将对百年大变局背景下中东地缘政治的重塑产生深刻影响。

结　语

随着政治民主化、政党政治倾向多元化和意识形态去极端化趋势的发展，苏丹过渡期政治转型的脉络已经逐渐清晰，这将对后过渡期的苏丹政治发展产生重大影响。

从苏丹国内形势来看，首先，政治转型已经取得了一些成就，如初步建立了过渡期政权、国际关系向正常化回归等，但以《朱巴和平协议》签署为时间点，苏丹过渡政权呈现了向右转的态势，其实质是军方与一些传统保守势力“和衷共济”，希望通过政治转型“软着陆”来维护各自的利益，这种局面基本反映了目前苏丹的政治和社会生态，但也应该看到，苏丹左翼阵营在这次革命中也有回归和上升的态势。其次，在非盟和埃塞俄比亚斡旋下，“自由与变革力量联盟”与军方达成的分权制具有一定的创新意义，但这种模式未能从根本上解决军人干政或军人执政的后患，军方如何还政于民，仍有待进一步观察。最后，引爆苏丹革命的根本性问题，即经济发展和民生问题，短时期内很难得到缓解。2020 年，在政局动荡、新冠肺炎疫情肆虐和百年不遇洪灾的三重打击下，苏丹经济更是雪上加霜，本币断崖式贬值，苏丹镑从革命前 1 美元兑 18 镑，暴跌至 2021 年 5 月底的 1 美元兑近

500镑。[①] 通胀高企，市场上面粉、食用油、食糖和燃油等各类物价飞涨，民怨沸腾。因此，可以肯定的是，苏丹过渡期权力斗争仍会继续，社会不稳定因素尚未得到根本解决，各种势力尤其是革命与保守势力、军方与文官势力以及传统与新兴势力之间的交锋仍有激化的可能性，苏丹过渡期政治转型仍存在很大的不确定性。

从国际层面来说，苏丹过渡期政坛的风云变幻，也是百年大变局背景下地区和国际势力渗透和干涉苏丹过渡期政治转型的缩影。从沙特、埃及等国与苏丹过渡期政权的密切互动，到非盟和埃塞俄比亚的积极斡旋调停，再到以美国为首的“苏丹之友”的高调介入，以及俄罗斯通过赠舰方式提醒两国军事协议的存在等，各方从各自利益和立场出发，都希望后巴希尔时代苏丹政治转型朝着有利于己方的方向发展。苏丹国土面积辽阔，兼具阿拉伯、伊斯兰和非洲等多重身份，扼红海西岸要冲，被埃及和埃塞俄比亚两个非洲人口大国包夹，在地缘政治版图中占有非常重要的地位，而且，苏丹境内水资源、可耕地和矿产资源也比较丰富，因此，早在20世纪五六十年代，苏丹便是冷战双方争夺拉拢的重要对象。如今，面对纷繁复杂的国际形势，苏丹过渡期政权如何纵横捭阖，因势利导，既摆脱西式民主“陷阱”，又使苏丹走上和平、稳定和可持续发展之路，这考验着苏丹人民和政治精英的集体智慧。

回顾苏丹历史，苏丹的道路与制度选择，在非洲大陆和阿拉伯世界都有其相对的独特性。20世纪90年代，当第三波民主席卷非洲大陆时，苏丹却选择了走政治伊斯兰道路，并在这条道上一走就是30年。2010年后，当“阿拉伯之春”浪潮席卷阿拉伯世界之时，苏丹巴希尔政权当时受到的冲击却相对较小。因此，此次长达5年多的“超长”过渡期，而不是以往1年时间的过渡期，对于后巴希尔时代的政治转型来说，既是挑战，又是机遇，苏丹各界政治力量能否在过渡期找到一条符合苏丹国情的可持续发展道路，建立一套与之相符的政治、法律制度，将对今后苏丹人民的福祉影响深远。

---

① 《苏丹本币再度崩溃，1美元近500镑关口》，半岛网，https：//www.aljazeera.net/ebusiness/2021/5/31/انهيار-جديد-للعملة-السودانية，最后访问时间：2021年5月31日。

专题报告

Special Reports

Y.11

穆罕默德·本·扎耶德时期阿联酋国家安全战略的实践*

包澄章　李志豪**

摘　要：“阿拉伯之春”发生后，为应对地区秩序变动和地区格局变动带来的内外威胁，阿联酋转变地区角色，从地缘政治的参与者转变为地区秩序的塑造者，从安全公共产品的消费者转变为安全公共产品的提供者。在国内层面，穆罕默德·本·扎耶德铁腕打压政治异见势力和政治伊斯兰力量；积极推进宗教国家化进程，强化国家对宗教事务的主导权，传播温和教义和倡导宽容精神；强化国家认同塑造和提升网络安全能力。在地区层面，穆罕默德·本·扎耶德配合美国等盟友的

* 本文受到2019年上海市“浦江人才计划”（2019PJC088）和“上海外国语大学青年教师科研创新团队”资助。

** 包澄章，博士，上海外国语大学中东研究所副研究员，研究领域包括伊斯兰教与中东政治、中东国际关系；李志豪，上海外国语大学国际关系与公共事务学院、中东研究所硕士研究生，研究领域为海湾安全、阿联酋政治。

地区反恐行动；倚重沙特和埃及等安全伙伴在地区行动中协调立场；提升军事能力建设，积极开展海外军事行动。总体来看，阿联酋国家安全战略和地区政策的调整，深受阿布扎比王储穆罕默德·本·扎耶德的决策偏好的影响，具有浓重的个人色彩。

关键词： 阿联酋　国家安全战略　穆罕默德·本·扎耶德

“阿拉伯之春”爆发后，中东地区格局和力量对比发生重大变化。2014年，阿布扎比王储穆罕默德·本·扎耶德（Mohammed bin Zayed）成为阿联酋的实际统治者，主导了阿联酋国家安全战略的转型和地区政策的调整。

一　穆罕默德·本·扎耶德的崛起及其决策偏好

阿联酋国家安全战略的制定和执行受到阿联酋国内权力变动及阿布扎比王储穆罕默德·本·扎耶德的决策偏好影响。为应对“阿拉伯之春”爆发后中东地区秩序的变化和美国中东战略调整引发的地区格局变动，阿联酋从地缘政治的参与者转变为地区秩序的塑造者，从安全公共产品的消费者转变为安全公共产品的提供者。在联盟关系上，阿联酋一方面引入新的外部变量重构地区秩序，平衡美国在地区的影响力，另一方面与沙特结成战术性盟友，在对外行动中既相互合作，又保留自主行动的空间。

（一）国内权力变动

2004年11月，谢赫·扎耶德总统去世后，哈利法继任阿联酋总统，国家外交和安全决策权力落到阿布扎比王储穆罕默德·本·扎耶德和迪拜酋长穆罕默德·本·拉希德手中。自此，阿联酋国内进入了一轮权力变动期。

首先，谢赫·扎耶德的离世开启了阿联酋国内权力转移的进程。2004年11月，总统谢赫·扎耶德去世后，哈利法继任阿布扎比酋长和阿联酋总统。与其父扎耶德不同，作为国家决策者的哈利法行事极为低调，被外界形容为“难以亲近且缺乏魅力”。[①] 在国内层面，阿联酋外交和国家安全政策的决策权由哈利法同父异母的兄弟阿布扎比王储穆罕默德·本·扎耶德以及迪拜酋长穆罕默德·本·拉希德所掌控。在地区层面，由于哈利法缺乏父亲那样的个人政治魅力，阿联酋之前作为中东地区事务重要参与者和调解者的角色逐渐被日益崛起的卡塔尔所取代，阿联酋在地区事务中逐渐被边缘化。

其次，迪拜金融危机打破了阿联酋在联邦层面的均势，成为阿联酋内政外交重要的转折点。在联邦层面，迪拜酋长国长期被视为阿布扎比酋长国的制约力量。自2006年以来，在迪拜酋长穆罕默德·本·拉希德的领导下，迪拜奉行更加独立的外交政策。然而，2008年全球金融危机的爆发严重冲击了将金融业作为核心竞争力的迪拜，2009～2010年迪拜大批金融机构破产。为应对此次危机，迪拜被迫向阿布扎比请求资金援助，最终获得阿布扎比和联邦政府约200亿美元的救助金。[②] 作为代价，迪拜被迫向阿布扎比交出外交、安全等领域的权力，阿布扎比在联邦政府中的决策权力由此进一步集中。在联合国安理会关于制裁伊朗施加的第1929号决议的态度上，迪拜最终屈服于阿布扎比，首次同意完全执行针对伊朗的制

---

① Margaret Coker, “Leaked Papers Show Arab Leaders Critical of Iran, Neighbors,” *The Wall Street Journal*, November 29, 2010, https://www.wsj.com/articles/SB10001424052748703945904575644481438370738, accessed: 2020-10-10。

② 其中包括阿布扎比政府通过两家阿布扎比国有银行向迪拜提供的100亿美元贷款，以及迪拜向阿联酋中央银行发行的100亿美元债券。参见“UAE, Abu Dhabi Roll over $20 Billion of Dubai's Debt,” Reuters, March 16, 2014, https://www.reuters.com/article/uk-emirates-dubai-debt/uae-abu-dhabi-roll-over-20-billion-of-dubais-debt-idUKBREA2F0BZ20140316?edition-redirect=uk, accessed: 2020-10-11。

裁。2011 年，阿联酋联邦政府实行改组后，迪拜的权力被进一步削弱，法蒂玛诸子[①]的权力根基很大程度上得以巩固，这使得阿布扎比王储穆罕默德·本·扎耶德及其核心决策圈进一步夯实了对阿联酋安全和外交事务的绝对主导地位。

最后，哈伊马角酋长去世和哈利法总统中风瘫痪，为阿布扎比王储穆罕默德·本·扎耶德的集权扫清了障碍。长期以来，哈伊马角酋长谢赫·萨格尔·卡西米（Sheikh Saqr al-Qasemi）抵制阿布扎比在联邦政府中的集权行为，对穆斯林兄弟会阿联酋分支“改革党”（Al-Islah）持同情态度。2010 年 10 月，在位 60 多年的哈伊马角酋长卡西米去世后，其子沙特（Saud）继承酋长之位，转而对阿布扎比持亲近态度，公开批评穆兄会。[②] 2014 年 1 月，阿联酋总统哈利法突发中风后，身体每况愈下，无力行使总统职权。在此情况下，阿布扎比王储穆罕默德·本·扎耶德成为阿布扎比酋长国的实际统治者和阿联酋国家事务的真正决策者。

---

① 阿联酋开国总统谢赫·扎耶德与其第三个妻子法蒂玛·宾特·穆巴拉克·科特比（Fatima bint Mubarak al－Ketbi）所生的六个儿子统称为“法蒂玛诸子”。除排行第二的哈姆丹（Hamdan）被边缘化外，其他五人均在阿联酋国家安全战略的决策中占据重要位置。长子穆罕默德·本·扎耶德即阿布扎比王储和国家武装部队的副总司令是法蒂玛诸子团体的领袖。“阿拉伯之春”发生后，穆罕默德·本·扎耶德成为阿联酋的实际掌权者，是事实上的国家安全战略最终决策者。排行第三的哈扎（Hazza）于 1992～2006 年担任国家情报总局（National Security Service）局长，此后出任国家安全顾问至今，主管整个联邦酋长国的情报与安全工作。排行第四的曼苏尔（Mansour）是国家副总理和总统事务部长。排行第五的塔赫农（Tahnoun）长期主管安全与情报工作，2013 年被任命为国家安全副顾问，2016 年升任国家安全顾问。排行第六的阿卜杜拉（Abdullah）是阿联酋外交与国际合作部部长。阿卜杜拉名义上是阿联酋外交机构的掌门人，但实际上更像是阿布扎比王储穆罕默德意志的贯彻者。在国家安全最高委员会的领导集体中，法蒂玛诸子占据绝对优势地位。除担任总理兼国防部部长的迪拜酋长穆罕默德·本·拉希德外，其余重要职位均被法蒂玛诸子占据。参见 Peter Salisbury，“Risk Perception and Appetite in UAE Foreign and National Security Policy，” Chatham House，p. 21，https：//www. chathamhouse. org/2020/07/risk － perception － and － appetite － uae － foreign － and － national － security － policy － 0/1 － introduction，accessed：2021 －1 －2.

② Courtney Freer，“The Muslim Brotherhood in the Emirates：Anatomy of a Crackdown，” Middle East Eye，https：//www. middleeasteye. net/big － story/muslim － brotherhood － emiratesanatomy － crackdown，accessed：2020 －10 －10。

（二）穆罕默德·本·扎耶德的决策偏好

阿布扎比王储穆罕默德·本·扎耶德成为阿联酋的实际统治者后，其个人政治野心和决策偏好日益反映在阿联酋外交和安全事务的决策上。

第一，铁腕打压政治异见势力和政治伊斯兰力量。穆罕默德·本·扎耶德对政治异见势力和政治伊斯兰力量持零容忍态度，以危害国家安全为由，将国内持不同政见人士投入监狱。穆罕默德·本·扎耶德及其核心决策圈认为，伊朗和穆兄会及其支持者输出的跨国政治伊斯兰意识形态催生了地区激进主义，对地区稳定和阿联酋国家安全构成了严重威胁。

第二，阿联酋的地区政策路径从对机构和国家行为体的依赖，转向通过私人人脉关系的处理地区事务。过去几年间，阿联酋外交政策最显著的变化之一是阿布扎比与利雅得的关系从此前的不信任转变为亲密的合作关系，突出体现在近年来阿布扎比王储穆罕默德·本·扎耶德与沙特王储穆罕默德·本·萨勒曼之间的个人互动上。阿联酋与沙特关系的转变始于两国应对“阿拉伯之春”的共同诉求，并在近年来因阿布扎比穆罕默德·本·扎耶德王储与沙特穆罕默德·本·萨勒曼王储的私交得到进一步的发展。阿布扎比王储穆罕默德·本·扎耶德被外界视为缺乏经验的沙特王储的导师，对年轻的沙特王储发挥着重要的指导作用。《阿拉伯文摘》（*Arab Digest*）编辑威廉·劳（Willam Law）认为，在阿拉伯半岛的主要对抗中，阿布扎比穆罕默德·本·扎耶德王储处于主导地位。阿布扎比王储利用沙特王储的不成熟、自大与野心实现自己的目标。穆罕默德·本·扎耶德“乐见沙特王储处于舞台中心，自己则躲在侧翼观察与操纵”①。

在国家安全战略和政策的具体执行方式上，阿联酋更倾向于使用受阿布扎比王储穆罕默德·本·扎耶德及其决策圈子信任的、精明能干的人士收集

① Arwa Ibrahim, “MBS-MBZ: A Special Bond between Two Gulf Princes,” Al Jazeera, March 17, 2020, https://www.aljazeera.com/news/2020/3/17/mbs-mbz-a-special-bond-between-two-gulf-princes, accessed: 2020-10-13.

和传递信息。阿联酋驻美国大使优素福·奥泰巴①是其中的典型代表。奥泰巴在华盛顿扮演阿布扎比王储说客的角色。在奥泰巴的牵线搭桥下，阿布扎比王储穆罕默德·本·扎耶德与美国总统特朗普及其女婿库什纳建立起良好的私人关系，此后又将沙特王储穆罕默德·本·萨勒曼拉进这一私人圈子。奥泰巴大使通过资助智库以及有利于推广阿联酋国家价值观的事件和活动，向华盛顿决策圈灌输和煽动反卡塔尔的立场，这为阿联酋与沙特获得特朗普政府在卡塔尔断交事件中对两国的支持、默许两国封锁卡塔尔发挥了重要作用。尽管备受谴责，奥泰巴在2017年卡塔尔断交危机后仍在华盛顿担任大使一职。②

第三，领导阿联酋成为地区军事强国的个人野心，促使穆罕默德·本·扎耶德重视军事能力建设，积极开展海外军事行动。穆罕默德·本·扎耶德早年在英国桑赫斯特皇家军事学院接受教育，后被任命为阿联酋武装部队参谋长。伊朗伊斯兰革命、两伊战争以及伊拉克入侵科威特等一系列事件使穆罕默德·本·扎耶德意识到建立强大的国家军事力量的紧迫性，因此他大力开展军队现代化建设。

在军事能力建设方面，阿联酋注重提升武器装备质量、扩充本国军力和发展国防工业。首先，穆罕默德·本·扎耶德亲自推动阿联酋向欧美国家及俄罗斯大规模采购武器装备，签署防卫协定。美国占据阿联酋武器进口总额的六成以上。阿联酋在阿布扎比达夫拉空军基地设立了海湾空战中心（Gulf Air Warfare Center），由阿联酋空军和美国中央司令部联合指挥。该基地有3800名美军和60架各类军用飞机，执行在叙利亚、阿富汗等地的军事任务。③

① 优素福·奥泰巴（Yousef al-Otaiba）自2008年7月28日担任阿联酋驻美国大使至今。参见"Yousef Al Otaiba," Embassy of the United Arab Emirates in Washington D. C., https://www.uae-embassy.org/services-resources/uae-embassy-consulates/ambassador-yousef-al-otaiba, accessed: 2020-12-3。

② Peter Salisbury, "Risk Perception and Appetite in UAE Foreign and National Security Policy," p. 29, https://www.chathamhouse.org/2020/07/risk-perception-and-appetite-uae-foreign-and-national-security-policy-0/1-introduction, accessed: 2021-1-2.

③ Hussein Ibish, "The UAE's Evolving National Security Strategy," The Arab Gulf States Institute in Washington, April 6, 2017, p. 18, https://agsiw.org/wp-content/uploads/2017/04/UAE-Security_ONLINE.pdf, accessed: 2020-9-1.

法国、俄罗斯等也是阿联酋的重要武器来源国。阿联酋至少拥有545辆坦克，其中超过380辆来自法国，还有390辆俄制装甲车。[①] 2018年，阿联酋的国防总支出达到139亿美元，军费开支在中东仅次于沙特。[②] 其次，阿联酋政府积极扩充军队力量、提升军人素质。当前，阿联酋海陆空三军共有6万多名士兵，其人均服役率高于美国。[③] 阿联酋大部分军官都毕业于世界知名军事学院，每年有约800名军官赴美国深造。再次，阿联酋利用私人保安公司和雇佣军来解决本国军力不足的问题。阿联酋委托美国一些私人安保公司提供军事训练和支持服务[④]，组建雇佣兵用以镇压政治异见人士。[⑤] 最后，阿联酋积极发展本国国防工业。阿联酋从20世纪90年代就开始发展国防工业。政府设国防发展基金、对当地企业的奖励和投资以及设立与军事有关的学术进步奖，都是提高国防工业能力计划的一部分。2014年12月，阿联酋将大多数军事工业整合到阿联酋防务工业公司（Emirates Defence Industries Company）名下，集中体现了阿联酋对国防技术工业基地的重视。[⑥] 两年一届的阿布扎比国际防务展览会（International Defence Exhibition & Conference）是中东地区同类别规模最大的展会。阿联酋已经成

① Hussein Ibish, "The UAE's Evolving National Security Strategy," The Arab Gulf States Institute in Washington, April 6, 2017, p. 20, https: //agsiw. org/wp - content/uploads/2017/04/UAE - Security_ ONLINE. pdf, accessed: 2020 - 9 - 1.

② Adam Taylor, "UAE's Military Role in the Region Built with U. S. Weapons," Security Assistance Monitor, March 18, 2015, https: //securityassistance. org/blog/uae% E2% 80% 99s - military - role - region - built - us - weapons, accessed: 2020 - 4 - 19.

③ Christian H. Heller, "Little Sparta's Big Ambitions: The Emirati Military Comes of Age," The Strategy Bridge, September 17, 2019, https: //thestrategybridge. org/the - bridge/2019/9/17/little - spartas - big - ambitions - the - emirati - military - comes - of - age, accessed: 2020 - 4 - 21.

④ Hussein Ibish, "The UAE's Evolving National Security Strategy," The Arab Gulf States Institute in Washington, April 6, 2017, p. 20, https: //agsiw. org/wp - content/uploads/2017/04/UAE - Security_ ONLINE. pdf, accessed: 2020 - 9 - 1.

⑤ David D. Kirkpatrick, "The Most Powerful Arab Ruler Isn't M. B. S. It's M. B. Z. ," *The New York Times*, June 2, 2019, https: //www. nytimes. com/2019/06/02/world/middleeast/crown - prince - mohammed - bin - zayed. html, accessed: 2020 - 2 - 23.

⑥ Hussein Ibish, "The UAE's Evolving National Security Strategy," The Arab Gulf States Institute in Washington, April 6, 2017, p. 22, https: //agsiw. org/wp - content/uploads/2017/04/UAE - Security_ ONLINE. pdf, accessed: 2020 - 9 - 1.

为全球前30的武器出口商，可与印度、丹麦相提并论。①

在海外军事行动方面，1990年伊拉克入侵科威特后，穆罕默德·本·扎耶德领导的阿联酋武装部队积极参与美国的全球军事行动，打击恐怖主义、遏制伊朗和政治伊斯兰势力的扩张，为阿联酋开展海外军事行动提供了充足动力。阿联酋近年的海外军事行动包括对北约驻阿富汗部队超过十年的支持、2011年与沙特联手对巴林乱局进行干预以及参与利比亚和也门的军事行动等。在利比亚，穆罕默德·本·扎耶德不顾联合国的禁运，支持军事强人哈夫塔尔，并在利比亚东部建立空军基地。在非洲之角，穆罕默德·本·扎耶德派遣部队打击海盗和极端分子，在索马里兰、阿萨布港口等地建立海军基地。除直接军事行动，穆罕默德·本·扎耶德还积极培植阿联酋在海外的代理人。阿联酋在苏丹奥马尔·巴希尔（Omar al-Bashir）上台的过程中发挥了重要作用，帮助巴希尔建立了苏丹过渡政府，培训了14000名苏丹士兵，这些士兵此后参加了沙特主导的也门战事。阿联酋还在也门南部通过军事援助等手段，支持南方过渡委员会。②

二　地区秩序变动与阿联酋的角色转变

“阿拉伯之春”的爆发不仅打破了多个阿拉伯国家的内部政治结构，埃及、利比亚、也门等国家先后发生政权更迭，黎巴嫩、伊拉克、约旦、摩洛哥等国被迫进行政治改革，而且使原本脆弱的地区秩序加速转型。为应对地区秩序和地区格局变动对阿联酋国家安全带来的威胁，阿联酋开始转变角色，从地缘政治的参与者转变为地区秩序的塑造者，从安全公共产品的消费者转变为安全公共产品的提供者。

---

① “Under the Radar: The United Arab Emirates, Arms Transfers and Regional Conflict,” Pax For Peace, September 2017, p. 23, https://paxforpeace.nl/media/download/pax-report-under-the-radar--arms-trade.pdf, accessed: 2020-4-20.

② “Under the Radar: The United Arab Emirates, Arms Transfers and Regional Conflict,” Pax For Peace, September 2017, p. 23, https://paxforpeace.nl/media/download/pax-report-under-the-radar--arms-trade.pdf, accessed: 2020-4-20.

（一）地区秩序的变动

从地区层面来看，阿拉伯地区传统大国尤其是共和制国家的衰弱，为非阿拉伯力量的崛起和阿拉伯君主制国家介入地区安全事务提供了机遇，地区秩序经历重大变动。

首先，阿拉伯地区秩序因传统大国的力量消长而进行深入调整。“阿拉伯之春”发生后，埃及政权更迭导致其地区领导权和对阿盟事务的控制权受到削弱，海湾国家乘势介入，试图以海合会决议来削弱阿联在地区事务上的话语权，以此进一步削弱埃及对阿盟的控制力。

其次，“阿拉伯之春”为伊朗、土耳其和以色列的崛起提供了机遇。“阿拉伯之春”后，地区力量加速分化重组。伊朗利用叙利亚、也门乱局强化地区“抵抗轴心”的构建，与沙特争夺中东事务的主导权。土耳其为谋求大国地位，将战略重心从欧美向中东和伊斯兰世界加速转移，具体表现为从最初向中东地区输出“土耳其模式”，逐渐转向后期在大国之间闪转腾挪，将本国安全与地区冲突和热点问题密切联系，力争成为转型中的地区格局中的重要一极或领导角色。[①] 传统上作为中东问题核心的巴勒斯坦问题受到的关注度大幅减弱，以色列的地区安全环境日益改善，一方面在巴以、叙以等传统问题上扩大优势，另一方面积极打击叙利亚、伊拉克境内的伊朗军事目标，削弱伊朗主导的“抵抗轴心”的实力。

最后，美国维护中东秩序和地区安全的意愿和能力持续减弱。“阿拉伯之春”严重冲击严重冲击了美国数十年来在地区构筑的联盟体系，由于介入中东事务意愿和能力的局限，美国总统奥巴马推出“亚太再平衡”战略，将美国在中东的战略资源转移至亚太地区，逐渐放弃了此前直接参与中东大规模地面作战和对地区国家进行“民主改造”的既定政策。特朗普上台后总体上延续了奥巴马政府在中东实行战略收缩的态势，美国介入地区大规模冲突的能力和意愿严重受限。

---

① 邹志强：《土耳其的中东地缘三角战略：内涵、动力及影响》，《国际论坛》2018 年第 6 期。

从次区域层面来看，2010 年底肇始于北非地区的“阿拉伯之春”经持续发酵后蔓延至海湾地区，巴林、沙特等海湾国家先后爆发了规模不一的抗议活动。尽管这些抗议活动最终被平息下来，但对海湾地区秩序产生了深远影响。

首先，“阿拉伯之春”后沙特对海合会扩员和区域军事安全一体化诉求的增加，引发了其他成员国家的担忧。除向地区国家提供财政和政治层面支持外，2011 年 5 月，海合会对约旦和摩洛哥申请加入海合会表示欢迎；同年 12 月，沙特国王阿卜杜拉在海合会峰会上宣布建立一体化程度更高的“海湾联盟”（Gulf Union）。2012 年 5 月在利雅得举行海合会年中协商会议，因阿曼和阿联酋两国代表的缺席，会议未能就军事和地区安全政策一体化达成共识。2013 年 12 月，沙特再次在海合会峰会上提出建立更加紧密的联盟的倡议但未能实现。阿曼时任外交事务主管大臣（Minister Responsible for Foreign Affairs）优素福·本·阿拉维（Yusuf bin Alawi）[①] 对外宣称：“我们不反对建立联盟，但是这一联盟一旦建立，我们不会是其中一员。”[②] 阿曼的这一表态反映出海合会面临的两难境地：一方面成员国希望通过加强合作应对“阿拉伯之春”对海湾地区的冲击；另一方面，任何正式的海湾联盟将不可避免地由实力最强的沙特主导，这将增加其他 5 个规模较小的海合会成员国内政外交受沙特干涉的风险。

其次，海合会成员国对待穆兄会问题的立场分歧加剧海合会内部分裂。“阿拉伯之春”导致地区多国政权倒台，以穆兄会为代表的政治伊斯兰力量乘势兴起，这一趋势进一步蔓延至海湾地区。伊斯兰势力在 2012 年科威特国民议会选举中的强势表现，使得海合会国家开始将穆兄会等政治伊斯兰力量视为对奉行保守意识形态的海合会国家政权的巨大威胁。阿联酋迪拜警察

---

① 优素福·本·阿拉维（Yusuf bin Alawi），1982 年被任命为阿曼外交国务大臣，1997 年至 2020 年 8 月 18 日任阿曼外交事务主管大臣。Shaddad Al Musalmy, “Thank You, Yusuf bin Alawi,” Muscat Daily, August 19, 2020, https://muscatdaily.com/Oman/387693/Thank-you,-Yusuf-bin-Alawi, accessed: 2020-11-5.

② Kristian Coates Ulrichsen, *Insecure Gulf: The End of Certainty and the Transition to the Post-Oil Era*, New York: Oxford University Press, 2015, p. 186.

局局长称，“穆兄会计划在2013年从科威特开始逐个接管海合会国家”。而几乎未受到“阿拉伯之春”冲击的卡塔尔，则将支持穆兄会视为扩大本国地区影响力的重要手段。海合会内部尤其是阿联酋与卡塔尔对待穆斯林的立场分歧，进一步反映在各自对地区冲突和热点问题上。2012年春，阿联酋取消境内一些叙利亚人的签证并将其遣返回国，引发了大批民众在叙利亚驻迪拜总领事馆前的示威抗议活动，遭到阿联酋当局的压制。穆兄会领袖优素福·格尔达维（Yusuf al-Qaradawi）在卡塔尔半岛电视台节目中公开批评阿联酋镇压抗议的行径。虽然该事件在海合会与阿盟的调解下得以平息，但阿联酋与卡塔尔之间的嫌隙为之后两国关系的恶化埋下了隐患。《海湾国家通讯》（*The Gulf States Newsletter*）曾暗示阿联酋间谍企图在卡塔尔谋划政变，互相扣留对方国家民众。① 2013年7月埃及通过民选上台的穆兄会领导人穆尔西被军方罢黜后，沙特和阿联酋迅速采取行动，在次区域层面联手对卡塔尔进行打压，以此夺回地区事务主导权。2014年，沙特、阿联酋和巴林以卡塔尔违背2013年签署的海合会安全协议、干涉海合会成员国内政和以维护地区安全和稳定为由，宣布从多哈召回三国驻卡塔尔大使。② 卡塔尔与海合会其他成员国间的矛盾进一步加剧，最终酿成了2017年6月沙特、阿联酋、巴林和埃及宣布与卡塔尔断交的外交事件。

（二）阿联酋的角色转变

“阿拉伯之春”爆发后，政治不安全感迫使海湾君主国通过推行国内改革与转型和外交上的主动出击，应对地区秩序变动和地区格局变动带来的内外威胁。中东地区秩序尤其是安全秩序的变化，使得阿联酋在新的安全需求的驱动下，其角色定位发生重大转变，具体体现在以下两个方面。

首先，阿联酋从地缘政治的参与者转变为地区秩序的塑造者。这一目标

---

① Kristian Coates Ulrichsen, *Insecure Gulf: The End of Certainty and the Transition to the Post-Oil Era*, New York: Oxford University Press, 2015, p. 188.

② Kristian Coates Ulrichsen, *Insecure Gulf: The End of Certainty and the Transition to the Post-Oil Era*, New York: Oxford University Press, 2015, p. 189.

的确立，源于阿布扎比王储穆罕默德·本·扎耶德与沙特王储穆罕默德·本·萨勒曼结成的地区联盟。两位王储均在主导地区事务和重塑地区秩序方面具有野心，但各自缺乏独自主导地区事务的能力，因此采取了结盟策略，在涉及共同利益的地区事务上保持立场一致和协调行动。阿联酋与沙特共同扶植反对穆兄会的埃及塞西政权、出兵也门打击胡塞武装、支持利比亚强人哈夫塔尔组建政府、封锁卡塔尔和协调遏制伊朗地区扩张等一系列影响地区转型的关键事件。2017 年，两国成立“沙特－阿联酋协调委员会”，标志着“利雅得－阿布扎比轴心”正式启动，对海合会内部权力结构和海湾地缘政治格局产生了重要影响。2020 年 8 月，阿联酋与以色列发表联合声明，宣布两国实现关系全面正常化，成为首个与以色列实现关系正常化的海湾国家。阿联酋与以色列历史性实现关系正常化，配合了美国“离岸平衡”战略的实施，也是阿联酋在构建中东地缘新格局和重塑地区秩序的过程中发挥关键性的主导角色的大胆尝试。

其次，阿联酋从安全公共产品的消费者转变为安全公共产品的提供者。安全公共产品指的是能够在全球范围内或地区层面上提供一种和平稳定状态或国家间安全状态的产品，这种产品以机制、条约和协议等各种形式呈现，应具有非排他性、非竞争性和公共性等特征。新冠肺炎疫情发生后，阿联酋率先与中国展开疫苗研发合作。阿联酋方面的考量是，从中国制药公司获得疫苗生产许可，将使阿联酋可能成为中东地区首个实现疫苗生产的国家，届时阿联酋生产的疫苗不仅可以满足本国需求，还可以供应全球。2020 年 11 月 26 日，阿联酋启动了以阿布扎比为核心的全球物流中心，计划在 2021 年底向世界各国运输交付数十亿剂新冠病毒疫苗。此外，阿联酋还发起了名为“希望联盟”的机制，计划至 2022 年底将在超低温环境下分发和存储超过 120 亿个疫苗瓶。[①]

---

① 海沙木、青木：《借力中国，阿联酋打造“中东疫苗中心”》，环球网百家号，2021 年 1 月 27 日，https：//baijiahao. baidu. com/s？ id = 1690001589624365219&for = pc。

三 阿联酋国家安全战略的实践

阿联酋在地区反恐、宗教安全、国家认同、网络安全方面开展安全实践。在反恐等安全领域，阿联酋积极与域内外国家结成安全伙伴，通过开展合作，应对地区安全威胁。在宗教安全方面，阿联酋政府通过宗教国家化的手段不断强化国家对宗教事务的主导权。外籍人士为主的人口结构与国家内部认同的多样性给阿联酋的人口安全带来了潜在的挑战。为此，阿联酋发展文化认同，强调国家认同的主导地位。通过发展教育，推动女性就业等措施解决劳动力不足的问题。互联网技术的普及带来了阿联酋的网络安全问题。国防部、政府行政部门、关键行业乃至个人用户都面临着网络安全威胁。阿联酋致力于加强网络安全框架的有效性和灵活性，发展网络安全教育，完善网络安全相关法律法规，推动政府办公数字化转型。

（一）地区反恐与安全事务

阿联酋谴责一切形式的恐怖主义，打击“基地”组织、“伊斯兰国”等极端组织主张的极端意识形态，将恐怖主义视为一种跨越边界、文化与宗教的全球性现象，倡导在反恐和打击极端主义上开展国际合作。① 在反恐理念上，阿联酋不仅重视军事反恐，还注重打击恐怖主义的非法融资、极端主义的网络宣传和恐怖分子的跨境流动等。② 在反恐对象上，阿联酋既打击“基地”组织和“伊斯兰国”等被联合国安理会认定的恐怖组织，又打击被其官方界定为“恐怖组织”包括存在争议性的、奉行政治伊斯兰意识形态的

① “Combating Terrorism and Extremism,” Ministry of Foreign Affairs and International Cooperation, https://www.mofaic.gov.ae/en/The-Ministry/The-Foreign-Policy/Combating-Terrorism-and-Extremism, accessed: 2020-11-24.

② “UAE Counterterrorism,” Embassy of the United Arab Emirates in Washington DC, https://www.uae-embassy.org/about-uae/foreign-policy/uae-counterterrorism, accessed: 2020-11-25.

穆斯林兄弟会及其分支。[①] 在合作对象上，阿联酋注重同美国等西方盟友以及沙特、埃及等地区大国协调地区反恐行动。

首先，阿联酋积极配合西方盟友的地区反恐行动。"9·11"事件发生后，反恐成为美国国家安全战略和对外战略的核心。美国认定"基地"组织头目本·拉登为幕后主使。制造这起恐袭事件的嫌疑人中有两个人是阿联酋籍贯，另有一人长期在阿联酋定居。[②] 为稳固与美国的同盟关系，阿联酋官方迅速将"基地"组织视为国家安全的威胁，积极配合美国在中东地区的反恐行动。2011 年 9 月 22 日，在塔利班政府拒绝引渡本·拉登进行国际审判后，阿联酋宣布与阿富汗断交，成为首个与阿富汗塔利班政权断交的国家。[③] 美国对阿富汗发动战争后，阿联酋又成为首个参与美国对阿富汗军事行动的阿拉伯国家。在阿富汗战争中，阿联酋从最初向阿富汗平民提供人道主义援助，逐渐转向配合美国打击塔利班的军事行动，尤其是进入 2003 年后，阿联酋开始向阿富汗投入大量兵力和武器装备。阿联酋地面精英部队在阿富汗驻扎了 11 年，与当地的美国特种部队合作开展突袭行动和训练阿富汗军事人员。[④] 进入 2014 年后，极端组织"伊斯兰国"兴起，在地区冲突不断的国家中攻城略地、肆虐扩散。阿联酋与美国在地区反恐中保持密切合作，阿联酋加入美国主导的打击"伊斯兰国"国际联盟，领导了对叙利亚境内"伊斯兰国"组织的空袭行动，是唯一获得美国授予行动指挥权的阿

---

① "List of Groups Designated Terrorist Organisations by the UAE," The National News, November 16, 2014, https://www.thenationalnews.com/uae/government/list-of-groups-designated-terrorist-organisations-by-the-uae-1.270037, accessed: 2020-11-25.

② Hussein Ibish, "The UAE's Evolving National Security Strategy," The Arab Gulf States Institute in Washington, April 6, 2017, p. 14, https://agsiw.org/wp-content/uploads/2017/04/UAE-Security_ONLINE.pdf, accessed: 2020-9-1.

③ "UAE Breaks Ties with Taliban," Gulf News, September 23, 2001, https://gulfnews.com/uae/uae-breaks-ties-with-taliban-1.425443, accessed: 2020-11-24.

④ Rajiv Chand Rasekaran, "In the UAE, the United States Has a Quiet, Potent Ally Nicknamed 'Little Sparta'," *The Washington Post*, November 9, 2014, https://www.washingtonpost.com/world/national-security/in-the-uae-the-united-states-has-a-quiet-potent-ally-nicknamed-little-sparta/2014/11/08/3fc6a50c-643a-11e4-836c-83bc4f26eb67_story.html?utm_term=.b25cd0ee5d1e, accessed: 2020-11-24.

拉伯国家。①

除军事层面的反恐合作外，阿联酋还在打击非法融资、遏制极端主义宣传、限制恐怖分子跨境流动等领域，同美国开展合作。2014 年 10 月，阿联酋与美国成立“阿联酋－美国联合金融反恐专案组”，旨在通过加强合作、协调与信息共享，关闭恐怖主义融资网络，切断恐怖分子的融资渠道。② 2015 年 7 月，阿联酋与美国共同成立了“萨瓦布中心”。该中心总部设在阿布扎比，目标是打击网络恐怖主义，通过即时回应消息和打击“伊斯兰国”组织的宣传、揭露和批驳极端主义，传播温和与理性的声音，强调伊斯兰教的真正价值和多样性。阿联酋在阿布扎比国际机场设有美国在中东第一家海关和边境预检设施，与美国密切协调与合作，阻止极端组织外籍武装分子从阿联酋中转入境叙利亚和伊拉克。

其次，阿联酋倚重沙特和埃及等安全伙伴在地区行动中协调立场。“阿拉伯之春”发生后，席卷整个阿拉伯地区的大规模民众示威抗议浪潮对地区国家的政权与社会造成了不同程度的冲击，伊朗乘势崛起并在地区加速扩张势力范围。一方面，阿联酋和沙特结成“利雅得－阿布扎比轴心”，在地区安全事务中加强立场协调和联合行动，共同应对伊朗的地区扩张。2015 年 1 月，穆罕默德·本·萨勒曼被任命为沙特国防大臣后，沙特与阿联酋的关系进一步深化。沙特和阿联酋对也门开展联合军事行动，先后对也门境内哈达拉毛（Hadhramaut）、阿比扬（Abyan）和亚丁等地的极端分子的基地

① Hussein Ibish, “The UAE's Evolving National Security Strategy,” Hussein Ibish, “The UAE's Evolving National Security Strategy,” The Arab Gulf States Institute in Washington, April 6, 2017, p. 30, https://agsiw.org/wp-content/uploads/2017/04/UAE-Security_ONLINE.pdf, accessed: 2020-9-1.

② Celina B. Realuyo, “Combating Terrorist Financing in the Gulf: Significant Progress but Risks Remain,” The Arab Gulf States Institute in Washington, January 26, 2015, p. 10, https://agsiw.org/wp-content/uploads/2015/01/AGSIW_Combating-Terrorist-Financing-in-the-Gulf.pdf, accessed: 2021-1-24.

和训练营发动空袭。[①] 另一方面，阿联酋和埃及塞西政权基于反对政治伊斯兰意识形态的共同利益，在打击穆兄会及其分支方面协调立场与行动。在2013年7月塞西罢黜时任埃及总统穆尔西的过程中，阿联酋提供了重要支持，事件最终导致民选的穆兄会政府被军方推翻。[②] 2014年8月，阿联酋与埃及对利比亚境内伊斯兰武装力量发动联合军事行动。两国支持利比亚东部最具影响力的军事将领哈夫塔尔的一个重要原因是，哈夫塔尔反对组建包含伊斯兰组织的联合政府，其领导的军事行动是对抗利比亚极端势力的关键力量。[③] 2017年6月，沙特、阿联酋、巴林和埃及4国以卡塔尔支持恐怖主义、干涉海湾国家内政和破坏地区安全为由，宣布与卡塔尔断交。4国向卡塔尔提出的13点要求中，就包括敦促卡塔尔停止与穆兄会联系。

（二）宗教国家化与宗教安全

“9·11”事件发生后，美国以反恐为由入侵伊拉克，并在地区强推“大中东民主计划”。伊拉克战争成为美国与伊斯兰国家关系调整的转折点，美国在中东的军事行动招致中东伊斯兰国家民众的普遍不满，导致地区反美激进势力的增强，美国在中东的霸权基础受到动摇。美国在中东地区的行动不断受到来自地区国家底层反美情绪的制约，这种反美情绪被伊斯兰激进势力利用以动员民众暴力反抗美国及地区亲美政权。在阿联酋，部分民众一方面强烈反对美国对地区事务的粗暴干涉，另一方面对伊斯兰激进势力打着反美旗帜的暴力行径表示同情。阿联酋政府担心国内激进势力影响阿美同盟关

---

① Eleonora Ardemagni, “UAE's Military Priorities in Yemen: Counterterrorism and the South,” Italian Institute for International Political Studies, July 28, 2016, https: //www. ispionline. it/en/pubblicazione/uaes - military - priorities - yemen - counterterrorism - and - south - 15573, accessed: 2020 - 11 - 28.

② David D. Kirkpatrick, “The Most Powerful Arab Ruler Isn't M. B. S. It's M. B. Z.,” *The New York Times*, June 2, 2019, https: //www. nytimes. com/2019/06/02/world/middleeast/crown - prince - mohammed - bin - zayed. html, accessed: 2020 - 2 - 23.

③ Hussein Ibish, “The UAE's Evolving National Security Strategy,” The Arab Gulf States Institute in Washington, April 6, 2017, pp. 29 - 30, https: //agsiw. org/wp - content/uploads/2017/04/UAE - Security_ ONLINE. pdf, accessed: 2020 - 9 - 1.

系，采取了一系列措施以限制国内激进势力的活动，最大限度地维护国家安全。① 阿联酋政府通过设立专门的宗教管理机构、加强宗教活动管理和推进宗教教育改革等一系列宗教国家化的手段，不断强化国家对宗教事务的主导权。

第一，设立国家主导的宗教管理机构，是阿联酋宗教国家化在制度层面的体现，目的是推进国家认同的塑造、培育宗教宽容价值观和引导宗教活动。宗教管理机构对宗教场所和宗教事务履行监管职责，通过打击宗教极端主义营造宽容温和的国内宗教信仰环境，塑造国家认同和忠君意识，使倡导温和价值理念的伊斯兰文化服务国家安全和社会稳定。

2006 年 10 月 9 日，阿联酋成立伊斯兰事务与宗教基金管理总局（General Authority of Islamic Affairs and Endowments）。该机构全面负责监督、管理阿联酋的宗教事务，涉及宣教、朝觐、清真寺、《古兰经》、宗教法令（法特瓦）、宗教出版物和宗教基金等事务。首先，该机构将塑造国家归属感和忠君意识作为其首要任务，树立以国家认同为核心的国家安全观。其次，该机构将向全社会传播宽容的宗教价值观作为其战略目标，营造不同宗教和平共处、相互包容的社会环境。再次，阿联酋政府赋予该机构对宗教事务领域的管理审查权，要求该机构对阿联酋国内宗教教育的课程和教材、媒体传播的宗教内容进行事前审核，引导宣教人员以科学、合理和温和的方式开展宣教活动，禁止宣教人员散布挑起宗教分歧和冲突的内容。最后，该机构还规定宗教研究及出版物不得传播极端主义，倡导和推广温和的伊斯兰文化，服务国家安全和社会稳定大局。②

2016 年 2 月，阿联酋成立宽容部（Ministry of Tolerance）③，其宗旨是培

① Fatma Al Sayegh, "Post-9/11 Changes in the Gulf: The Case of the UAE," The Free Library, https://www.thefreelibrary.com/Post-9%252F11+changes+in+the+Gulf%253A+the+case+of+the+UAE.-a0118417354, accessed: 2020-11-30.

② "Goals, Principles & Responsibilities," General Authority of Islamic Affairs and Endowments, https://www.awqaf.gov.ae/en/Establishment, accessed: 2020-11-30.

③ 2020 年 7 月，阿联酋内阁改组，宽容部调整为宽容共存部（Ministry of Tolerance and Coexistence）。

育阿联酋公民相互尊重与和平共处的精神。宽容部建立沟通渠道、搭建对话平台和营造理解氛围，倡导整个社会摒弃暴力、歧视和仇恨，鼓励开展宗教间对话，通过实施地方、区域和全球计划展现伊斯兰的真实形象。其中，提升青年群体的宽容精神，使其远离宗教狂热与极端主义，是阿联酋“国家宽容计划”（National Tolerance Programme）① 的主题之一。从价值观角度看，阿联酋政府致力将反对宗教狂热、极端主义和激进主义的伊斯兰教宽容精神，打造成倡导宽容的国家价值观的重要内容。

第二，加强宗教界对宗教事务和宗教活动的引导，是阿联酋宗教国家化在实践层面的体现。阿联酋政府积极推动建立由国家主导，宗教界引导的宗教事务和宗教活动管理格局，以官方宗教话语对冲宗教激进主义的观点在宗教场所和社会层面的传播。

首先，强化国家对宗教法令的管控。宗教法令（法特瓦）是由伊斯兰学者基于伊斯兰教法，对相关议题做出的具有合法性的宗教性诠释和法律意见。2008 年 5 月，阿联酋成立法特瓦呼叫中心（Fatwa Call Center）②，旨在通过对宗教学者签发的宗教法令提供权威的官方解释，避免一些过于宽泛的宗教法令引起穆斯林的误解。该中心提供阿拉伯语、英语和乌尔都语三种语言的服务，每天接到约 1000 通咨询电话。阿联酋政府引导宗教学者通过颁布宗教法令，与时俱进地解释社会发展过程中出现的新问题、新现象。例如，过去由于交通不便导致旅途漫长且危险，伊斯兰教法限制女性穆斯林单独出行，如今旅途时长和危险随着交通工具的发展而减少，宗教法律对女性穆斯林出行的限制相应放松。

---

① 阿联酋“国家宽容计划”于 2016 年 6 月发布，涵盖五大主题：加强政府作为宽容孵化器的角色；强化国家建设中的家庭角色；促进年轻人之间的宽容，防止他们陷入狂热和极端主义；丰富科学文化内容；整合促进宽容的国际努力，突出阿联酋在这一领域的领导作用。阿联酋倡导的国家宽容价值观的七大支柱是：伊斯兰教、阿联酋宪法、谢赫·扎耶德的（精神）遗产和阿联酋的道德规范、国际惯例、考古与历史、人性化以及共同的价值观。参见“The National Programe for Tolerance,” Ministry of Tolerance, http://www.tolerance.gov.ae/en/uae-national-program-of-tolerance.aspx，最后访问时间：2020 年 11 月 30 日。

② “Official Fatwa Center,” General Authority of Islamic Affairs & Endowments, https://www.awqaf.gov.ae/en/officialfatwacenter, accessed: 2020-11-29.

其次，加强官方对清真寺演讲议题的主导与审核。阿联酋官方组建了由权威伊斯兰学者组成的委员会，负责审定周五聚礼日清真寺演讲的议题，配合官方对清真寺事务和宗教活动的管理。阿联酋政府规定，清真寺演讲议题由宗教学者挑选，伊玛目未经允许不得单独上讲坛发表演讲。此举旨在通过加强官方对清真寺演讲内容的主导，缩小含有激进主义内容的演讲的传播范围。同时，政府将世俗议题纳入聚礼日演讲，突出演讲的公共性。在具体操作层面，阿联酋政府主要采取四种手段：一是将周五聚礼日演讲议题和逊尼派清真寺演讲议题进行合并；二是通过电台直播将阿布扎比的演讲内容传送至其他酋长国的清真寺；三是在清真寺安装电子屏幕，传递儿童乘车的安全提示、预防糖尿病等世俗公共信息；四是取消此前礼拜开始时间的最后通知。

最后，推进由国家主导的本国伊玛目培养计划。阿联酋境内伊玛目中只有5%是阿联酋本国公民，且大多数阿联酋籍伊玛目将在清真寺领拜视为第二职业即兼职工种。为提升本国伊玛目的比例，阿联酋伊斯兰事务与宗教基金管理总局设立旨在吸引更多本国公民担任伊玛目的招聘计划。阿联酋籍公民经相关审核后被招募为兼职伊玛目，月薪与他们的学历相挂钩。为强化国家对伊玛目群体的管理和控制，伊斯兰事务与宗教基金管理总局规定伊玛目不得由志愿者担任。①

第三，推进教育改革、完善教育体系，传播温和教义和宽容精神。早在20世纪90年代中期，阿联酋便启动了推进本国教育改革的“2020计划”。但该计划的实施受到阿联酋国内伊斯兰保守势力的反对和阻碍，后者还提出所谓的“伊斯兰计划”取而代之。“9·11”事件后，防止教育系统内部传播激进主义和宗教狂热内容，成为阿联酋政府反恐和去极端化的重要任务。阿联酋政府加强了对公立学校教师的管理，推出“阿联酋化”计划。作为阿联酋国家安全和反恐议程的重要组成部分，该计划的总体目标是确保学生不被灌输极端主义的观点，加公立学校中阿联酋籍教师的比例，

① “Muslim but Modern-The UAE's Very Controlled Islamic Identity,” WikiLeaks, March 5, 2009, https://wikileaks.org/plusd/cables/09ABUDHABI225_a.html, accessed: 2020-11-30.

同时加大对外籍教工的背景审查力度。[①] 阿联酋教育部还于2002年公布组建监督教育改革的地方委员会的计划，对学校教科书中宣扬极端主义、散布冒犯性和歧视性语言的内容进行审查。[②] 2003年，阿联酋政府将170名穆兄会成员调离原岗位，其中包括83名在阿教育部工作的员工。2006年，数百名教师、学者及教育部员工因与极端势力存在关联，或参与地下宗教运动和散布激进主义而遭到解雇。2016年6月，阿联酋教育部表示，阿联酋学校将引入经过修订的伊斯兰教育课程，侧重教授宽容精神和温和的宗教教义。[③]

（三）强化国家认同塑造

阿联酋国民的国家认同是联邦政府动员以国民为基础的军队为国家战斗甚至奉献生命以及维护国家稳定和安全的心理基础，但统治家族和政治精英权力结构的复杂性导致国家内部认同呈现多样性，地区、民族和宗教等构成次国家认同的力量，以及伊斯兰主义和泛阿拉伯主义等超国家的意识形态，均对阿联酋的国家认同构成了不同程度的挑战。阿联酋实行联邦制度，国家权力掌握在阿布扎比酋长国的统治家族手里。家族利益使国家权力呈现同心圆结构，其核心是阿布扎比阿勒纳哈扬家族，内环为阿布扎比统治集团政治精英和其他利益集团，中环是以迪拜统治家族为首的其他酋长国政治利益集团，外环为涵盖阿联酋国民主要关切的联邦国家整体利益。国家认同的塑造时常受到家族利益、伊斯兰主义或泛阿拉伯主义的挑战。因此，阿联酋领导人重视塑造公民的联邦国家

---

① Hussein Ibish, "The UAE's Evolving National Security Strategy," The Arab Gulf States Institute in Washington, April 6, 2017, p. 15, https://agsiw.org/wp-content/uploads/2017/04/UAE-Security_ONLINE.pdf, accessed: 2020-9-1.

② Fatma Al Sayegh, "Post-9/11 Changes in the Gulf: The Case of the UAE," The Free Library, https://www.thefreelibrary.com/Post-9%252F11+changes+in+the+Gulf%253A+the+case+of+the+UAE.-a0118417354, accessed: 2020-11-30.

③ "New Islamic Education Curriculum," Emirates 24/7 News, June 22, 2016, https://www.emirates247.com/news/emirates/new-islamic-education-curriculum-2016-06-22-1.633758, accessed: 2020-11-30.

认同和爱国主义精神。[①]

首先，以文化认同增强阿联酋青年群体的国家认同。阿联酋总统哈利法强调，“没有认同感的人不存在于当下，在未来也没有地位”[②]。阿联酋国内15岁至25岁青年群体的人口占比过半，因此塑造青年群体的国家认同和社会领导力至关重要。阿联酋设立文化与青年部[③]的目的，是通过设立项目、庆祝节日和举办文化活动，增强阿联酋国民尤其是青年群体的国家认同。[④] 阿联酋重视发挥语言这一民族和文化重要组成部分在强化国家认同方面的功能。为防止英语对阿拉伯语等阿联酋传统文化的侵蚀，阿联酋官方推出了多项语言保护计划，倡导阿联酋家庭降低对外籍劳工的依赖，鼓励阿联酋籍父母亲自抚养孩子，减少观看英语电视节目的数量等。[⑤] 为提升阿联酋国民的归属感和国家认同感[⑥]，2014年1月，阿联酋副总统兼总理、迪拜酋长穆罕默德·本·拉希德·阿勒马克图姆发布《国家议程》(*National Agenda*)，“有凝聚力的社会和完好的认同”位列议程中国家六大优先事项[⑦]之首。[⑧]

其次，强调阿联酋国家认同的绝对主导地位。强调国家认同之于次国

① Hussein Ibish, “The UAE's Evolving National Security Strategy,” The Arab Gulf States Institute in Washington, April 6, 2017, p. 10, https: //agsiw. org/wp - content/uploads/2017/04/UAE - Security_ ONLINE. pdf, accessed: 2020 - 9 - 1.

② Hussein Ibish, “The UAE's Evolving National Security Strategy,” The Arab Gulf States Institute in Washington, April 6, 2017, p. 10, https: //agsiw. org/wp - content/uploads/2017/04/UAE - Security_ ONLINE. pdf, accessed: 2020 - 9 - 1.

③ 2020年7月，阿联酋国家媒体委员会（National Media Council）、联邦青年管理局（Federal Youth Authority）和文化部（Ministry of Culture）合并为“文化与青年部”。

④ Noor Nazzal, “Ministry Focuses on Preserving UAE National Identity,” Gulf News, November 17, 2012, https: //gulfnews. com/uae/government/ministry - focuses - on - preserving - uae - national - identity - 1. 1106214, accessed: 2020 - 11 - 16.

⑤ Abbas Al Lawati, “Bid to Promote National Identity,” Gulf News, May 27, 2008, https: //gulfnews. com/uae/bid - to - promote - national - identity - 1. 107007, accessed: 2020 - 11 - 18.

⑥ “Vision Timeline,” https: //www. vision2021. ae/en/timeline, accessed: 2021 - 1 - 6.

⑦ 其他优先事项包括：安全、公开、公正的司法，有竞争力的知识经济，一流的教育体系，世界级的医疗保健，可持续的环境和基础设施。

⑧ “National Identity Index,” https: //www. vision2021. ae/en/national - agenda - 2021/list/card/national - identity - index, accessed: 2020 - 1 - 6.

家和超国家认同的绝对主导地位，是阿联酋国家安全战略的一个重要特征。“国家认同不仅使公民具备为国家服务和牺牲的意愿，还能抵御强大的、在某些情况下具有潜在威胁的竞争性认同。”① 2015 年 9 月，52 名阿联酋官兵在也门马里卜（Marib）与胡塞武装的交火中丧生，成为阿联酋建国以来最严重的士兵殉职事件。阿联酋官方顺势将集体伤亡事件引发的悲伤情绪转化成基于国家认同的团结精神，伤亡事件最终并未引起阿联酋国内对该国军事干预也门乱局的抵制。从手段来看，阿联酋政府将“殉难”（martyrdom）话语植入媒体对此次事件的报道中，提升阿联酋士兵为打击也门胡塞武装而牺牲的道义高度，强调军事行动的正义性。“从政治上看，殉难在（阿联酋）塑造国家认同方面扮演了重要角色。”② 这使得阿联酋民众关注的焦点从政治决策视角评估本国对也门军事行动的合法性，转向支持国家介入也门乱局。

（四）网络安全与数字化转型

中东国家对互联网等高新技术使用率的提高，使得该地区日益成为网络犯罪的沃土，网络安全逐渐成为地区国家日益重视的安全议题。2015 年，俄罗斯网络安全公司卡巴斯基发布的一份网络安全报告列出了全球在线感染风险最高的国家，其中阿联酋位列第 19，是网络犯罪分子攻击的五大目标国之一。阿联酋网络安全领域面临的挑战主要如下。一是外部针对阿联酋高度网络化的国防部门基础设施的安全威胁不断上升。频繁遭受网络攻击使得阿联酋政府不断提升应对网络安全威胁的能力，但关键设施针对网络安全威胁防护能力的提升，反过来会产生新的高价值目标，进而成为网络攻击的新

① Hussein Ibish, “The UAE’s Evolving National Security Strategy,” The Arab Gulf States Institute in Washington, April 6, 2017, p. 11, https://agsiw.org/wp-content/uploads/2017/04/UAE-Security_ONLINE.pdf, accessed: 2020-9-1.

② Sultan Sooud Al Qassemi, “What Intervention in Yemen Means for UAE’s National Identity,” Time, September 22, 2015, https://time.com/4040220/uae-intervention-in-yemen/, accessed: 2020-11-19.

目标。[①] 二是政府部门和关键行业对网络技术的广泛运用和高度依赖性，增加了国家应对网络安全威胁的压力。阿联酋能源、金融、航空和旅游等关键行业以及政府服务部门在日常运转中高度依赖网络技术，关键行业和政府部门网站极易遭受网络攻击。三是阿联酋网络用户对网络安全的认识严重不足。安移通（Aruba）公司针对阿联酋网络安全的一项研究发现，62%的阿联酋受访用户定期与他人共享自己的工作和个人设备，其中14%的用户未对电子设备设置密码，11%的用户未采取适当的安全措施，增加了个人信息与数据被盗用的概率。

阿联酋将提升网络安全能力列为国家安全战略的重要内容，注重将本国网络安全战略的实施置于更广泛的海湾地区网络安全的背景之下。在海湾地区，网络空间是地区国家开展博弈的重要领域。政府使用网络技术与其他国家进行秘密接触的程度和范围仅次于朝鲜半岛。[②] 海湾大国的网络攻击威胁促使海湾国家通过合作增强集体网络防御的能力。阿联酋正是在此背景下制定了国家网络安全战略，其目标主要体现在以下几个方面。

首先，制定网络安全标准，提升网络基础设施的安全性。负责阿联酋联邦层面网络空间管理的机构国家电子安全局（National Electronic Security Authority）于2014年6月发布了阿联酋国家网络安全战略及相关政策和标准[③]，《国家网络安全战略》（*National Cyber Security Strategy*）、《关键信息基础设施保护政策》（*Critical Information Infrastructure Protection Policy*）和《信息保障标准》（*Information Assurance Standards*）等文件为阿联酋国家网络安全和信息通信技术基础设施建设提供了政策支持。2020年11月，阿联酋内阁成立网络安全委员会，负责制定整体网络安全战略，以在阿联酋创建安全

---

① "UAE Security Forum 2016: Bridging the Cybersecurity Talent Gap," The Arab Gulf States Institute in Washington, February 11, 2016, p. 2, https://agsiw. org/uae - security - forum - bridging - the - cybersecurity - talent - gap/, accessed: 2020 - 12 - 9.

② James Andrew Lewis, "Cybersecurity and Stability in the Gulf," Center for Strategic and International Studies, January 2014, p. 1, https://csis - website - prod. s3. amazonaws. com/s3fs - public/legacy_files/files/publication/140106_ Lewis_ GulfCybersecurity_ Web. pdf, accessed: 2020 - 12 - 9.

③ Stephen McBride, "UAE Cyber-Security Authority Unveils Policies, Standards".

且强大的网络基础设施。该委员会负责创建一个法律监管框架，涵盖各类网络犯罪，保护既有和即将出现的技术，建立强大的“国家网络事件应对计划”，以提升快速协调应对国内网络突发事件的能力。①

其次，制定和完善网络安全相关法律法规。阿联酋《新网络犯罪法》对互联网使用及相关领域做出了具体规定，如保护信息隐私、限制访问网站以及禁止在网上使用具有“蔑视”含义的宗教思想和符号等。② 根据《2012年第5号联邦打击网络犯罪法》和2016年修订版，阿联酋将使用互联网侵犯他人隐私、录制音频或视频对话或通信、拍摄他人照片或复制相同内容并发布新闻以及声明或信息的行为定性为犯罪行为，违反者将被处以监禁和罚款。③ 该法还包括域外适用条款，针对他国公民在阿联酋的违法犯罪行为进行处罚。其中，第28条规定对“煽动危害国家安全或破坏公共秩序的行为”的人处以刑事处罚；第30条规定可对通过网络活动支持推翻政府者判处无期徒刑。④ 阿联酋电信管理局（Telecommunications Regulatory Authority）规定，禁止在互联网上有任何冒犯、反对或违反公共利益、公共道德、公共秩序、公共安全和国家安全以及伊斯兰道德的行为，并对通过互联网颠覆国家政权、危害政府机构及领导人以及泄露国家机密等危害国家安全的违法行为进行了界定。⑤ 阿联酋还通过一系列法律法规，对互联网网站运营、互联

① “Cyber Safety and Digital Security,” The Official Portal of the UAE Government, https：//u. ae/en/information - and - services/justice - safety - and - the - law/cyber - safety - and - digital - security, accessed：2020 - 12 - 12.

② Sana Saleem, “New Law Combating Information Technology Crimes,” Al Tamimi & Co. , January 2013, https：//www. tamimi. com/law - update - articles/new - law - combating - information - technology - crimes/, accessed：2020 - 12 - 10.

③ “Cyber Safety and Digital Security,” The Official Portal of the UAE Government, https：//u. ae/en/information - and - services/justice - safety - and - the - law/cyber - safety - and - digital - security, accessed：2020 - 12 - 12.

④ Hussein Ibish, “The UAE's Evolving National Security Strategy,” The Arab Gulf States Institute in Washington, April 6, 2017, p. 43, https：//agsiw. org/wp - content/uploads/2017/04/UAE - Security_ ONLINE. pdf, accessed：2020 - 9 - 1.

⑤ “Internet Guidelines,” TRA, https：//www. tra. gov. ae/en/about - tra/information - and - egovernment - sector/internet - guidelines/details. aspx#pages - 67183, accessde：2020 - 12 - 8.

网访问、信息传播以及电子商务等活动的管理进行规范。[①]《2012年第3号联邦法》明确了网络威胁对国家安全的影响[②]，决定成立国家电子安全局。部分酋长国还设立了独立的网络安全计划，如迪拜电子安全中心（Center for E-Security）旨在遏制迪拜的网络犯罪，保护金融服务业等关键领域。[③]

再次，普及网络安全教育。阿联酋政府制定了分层次的网络安全教育推广计划。在儿童安全教育方面，阿联酋内政部属下的儿童保护中心推出了“儿童在线安全教育倡议”。该倡议面向儿童、青少年、家长、教师和图书馆工作人员介绍网络安全问题，向公众提供网络安全的信息、资源和实用建议。在青年安全教育方面，“迪拜黑客马拉松比赛”旨在促进和共享有关网络安全最新发展的信息，包括信息安全风险、威胁、漏洞和防护措施等。[④] 参赛者被要求在规定时间内破解各种关键基础设施的系统，获胜者可获得丰厚的奖励。在网络安全研究和培训方面，阿联酋教育部在哈利法大学成立的信息安全研究中心（Information Security Research Center）成为阿联酋国内唯一的网络安全硕士和博士学位授予机构。该中心专注于创新技术、协议和系统，开发用于识别网络安全威胁、评估风险、保护信息和通信基础设施，以及提高信息的机密性、完整性、可用性、认证、问责和取证能力。为使阿联酋国民获得足够的网络安全领域的培训，该中心

① “Cyber Laws,” The Official Portal of the UAE Government, https://u.ae/en/resources/laws, accessde: 2020-12-8.

② “The UAE National Electronic Security Authority Introduces New Strategies, Policies, and Standards to Enhance the Security Resilience of UAE ICT Infrastructure,” Zawya, June 25, 2014, https://www.zawya.com/uae/en/press-releases/story/The_UAE_National_Electronic_Security_Authority_Introduces_New_Strategies_Policies_and_Standards_to_Enhance_the_Security_and_Resilience_of_UAE_ICT_Infrastructure-ZAWYA20140625101324/, accessde: 2020-12-9.

③ Andy Sambidge, “Dubai Sets up E-Security Centre to Fight Cyber Criminals,” Arabian Business, June 13, 2014, https://www.arabianbusiness.com/dubai-sets-up-e-security-centre-fight-cyber-criminals-553771.html, accessde: 2020-12-9.

④ “Ethical Hackers Invited to Join Inaugural du Hackathon at du Cyber Security Conference to Win AED 20000,” DU, August 2014, https://www.du.ae/about/media-centre/newsdetail/ethical-hackers-invited-to-join-inaugural-du-hack, accessde: 2020-3-5.

推出 C3① 网络课程以支持本地网络专业技术的开发，确保关键国家基础设施（Critical National Infrastructure）、工业控制系统（Industrial Control Systems）和关键信息基础设施（Critical Information Infrastructure）的安全。②

最后，政府积极推动数字化转型，提高办公效率、维护信息安全。阿联酋政府推出“联邦网络”（FedNet）项目，为联邦政府提供便捷、按需和安全的网络资源共享。项目小组随时监控“联邦网络”的活动，以确保在出现错误或违规时采取必要的行动。③ 阿联酋还设立了网络犯罪举报机制和数字健康援助热线。阿联酋民众可在网上直接举报网络犯罪行为，遇到互联网的任何问题也可拨打热线寻求专业建议。阿联酋还通过开发和推广电子身份证、电子签名和应用程序 UAE Pass 等项目，实现政务工作的数字化转型，维护公民的个人信息安全。

结　语

“阿拉伯之春”爆发后，为应对地区秩序和地区格局变动带来的内外威胁，阿联酋的地区角色发生重大变化，从地缘政治的参与者转变为地区秩序的塑造者，从安全公共产品的消费者转变为安全公共产品的提供者。阿布扎比王储穆罕默德·本·扎耶德成为阿联酋的实际统治者后，其主导了阿联酋国家安全战略的转型和地区政策的调整。阿联酋国家安全战略和地区政策的制定深受阿布扎比王储穆罕默德·本·扎耶德决策偏好的影响，呈现浓重的个人色彩。

---

① C3 是指“网络通信、文化和认证”（cyber communication, culture, and certification）英文单词首字母的缩写。

② “UAE Security Forum 2016: Bridging the Cybersecurity Talent Gap,” The Arab Gulf States Institute in Washington, February 11, 2016, p. 4, https://agsiw.org/uae-security-forum-bridging-the-cybersecurity-talent-gap/, accessed: 2020-12-9.

③ “Cyber Safety and Digital Security,” The Official Portal of the UAE Government, https://u.ae/en/information-and-services/justice-safety-and-the-law/cyber-safety-and-digital-security, accessed: 2020-12-12.

在国内层面，穆罕默德·本·扎耶德以危害国家安全为由，铁腕打压政治异见势力和政治伊斯兰力量，强化国家认同和塑造忠君意识；积极推进宗教国家化进程，通过设立宗教管理机构、管控宗教法令和审议清真寺演讲议题等手段，强化国家对宗教事务的主导权，营造传播温和教义和倡导宽容精神的国内环境；通过制定网络安全标准、完善网络安全相关法律法规、普及网络安全教育、推动数字化转型等手段，提升网络安全能力。

在地区层面，穆罕默德·本·扎耶德积极配合美国等盟友的地区反恐行动；倚重沙特和埃及等安全伙伴在地区行动中协调立场；“利雅得－阿布扎比轴心”的建立标志着阿联酋的地区政策路径从对机构和国家行为体的依赖，转向通过私人人脉关系处理地区事务；为遏制伊朗的地区扩张和打压政治伊斯兰势力，加大海外军事行动和介入地区冲突的力度。

Y.12

“塞西时代”埃及反恐和去极端化的措施与效果

戴贝　周华*

摘　要：自2014年塞西当选埃及总统后，埃及政府对其国内的恐怖主义和极端主义势力打出了一套“组合拳”，安全反恐与发展反恐这两种模式齐抓并举，取得了比较明显的成效。近年来，埃及总体安全形势日渐好转，恐怖袭击事件数量大幅减少，极端势力日益不得人心。本报告主要从安全领域出发，全面回顾塞西政权在反恐和去极端化方面所面临的形势、采取的举措以及取得的成效，并分析其未来可能面临的挑战，力图全面呈现“塞西时代”反恐和去极端化这一系统工程，如机制建设、安全打击、金融反恐、国际合作、宗教维新和教育改革等，以期为国际反恐和去极端化行动的经验总结与交流提供一些参考。

关键词：埃及　反恐　去极端化　塞西时代

2014年6月，塞西正式就任埃及总统后，面对本国严峻的安全形势，领导国家实施综合战略，打出反恐和去极端化“组合拳”。经过多年持续的努力，埃及反恐斗争取得基本胜利，国内恐怖主义和极端主义势力遭受沉重

* 戴贝，中国国际广播电台阿拉伯语部翻译，从事新闻采访、编辑和翻译等方面的工作，长期关注中东问题；周华，北京语言大学中东学院教授，主要从事阿拉伯语教学与相关研究。

打击。本报告试以2014年塞西就任总统并于2018年获得连任至2020年的7年为时间维度，分析埃及在反恐与去极端化领域采取的政策措施、取得的成效以及未来面临的挑战。

一　世俗派重新掌权后的反恐形势

2013年6月，拥有穆斯林兄弟会（以下简称“穆兄会”）背景的总统穆尔西执政仅仅一年后便遭到军方罢黜，代表伊斯兰势力的穆兄会退出国家政治舞台，埃及世俗派重新掌权。2014年6月，前军方领导人塞西赢得总统选举，埃及由此步入“塞西时代”。塞西上任后，全国面临极其严峻的反恐形势，主要可归纳为三个方面。

首先，西奈半岛成为受恐怖主义侵害的“重灾区”。西奈半岛的安全问题由来已久，该半岛为多国交界地带，地理环境复杂。穆巴拉克时期，埃及主要通过逮捕疑似属于恐怖组织人员等手段，将地区治理重点放在安全领域。穆巴拉克政权倒台后，盘踞在西奈半岛北部的极端恐怖势力利用当地出现的权力“真空”，开始重整旗鼓，西奈半岛因此成为极端组织的大本营，“耶路撒冷支持者”是其中影响力最大的恐怖组织。2014年11月，该组织宣布效忠“伊斯兰国”，对外更名为“西奈省”，以表明其成为“伊斯兰国”西奈半岛分支的身份。该组织是近年来西奈地区恐怖袭击活动的最主要的制造者。例如，2014年10月，北西奈省一处军事检查站遭到自杀式汽车炸弹袭击，造成30多名士兵死亡；2015年1月29日，北西奈省首府阿里什及附近城镇一处军警检查站、一家酒店和一个国营报纸办事处遭到系列武装袭击，造成至少26人死亡、100多人受伤；2015年7月初，阿里什周边地区再度遭到该组织武装袭击，造成了17名军人死亡和数十人受伤。

2017年11月24日，极端组织再次在西奈半岛制造了震惊国际舆论的血腥惨案。数十名恐怖分子持枪扫射北西奈省比尔·阿布德市一座清真寺内的礼拜民众，造成305人死亡、100多人受伤。尽管没有组织宣称对此次事件负责，但一些证据和各方分析均表明，该袭击系“伊斯兰国”西奈半岛分支所为。此次恐怖事件是近年来埃及首次发生的针对清真寺礼拜者的大规模袭击。恐怖组织意在通过此次袭击展示其“顽强实力”，但这种惨无人道的卑劣行径无疑是恐怖势力在埃及社会“最后的疯狂”，埃及政府对其进行强力清剿也成为必然。

其次，极端分子合流、外溢效应加剧，威胁埃及全境安全。穆巴拉克下台后，埃及国内政权经历反复更迭，不稳定因素一度加剧。与此同时，邻国利比亚的安全局势持续动荡，当地恐怖主义势力频频作恶，并威胁到埃及边境安全。此外，“伊斯兰国”恐怖势力一度在伊拉克、叙利亚肆虐，并不断向周边国家渗透。这些因素共同导致埃及本国恐怖主义、极端主义势力抬头，塞西上任后，恐怖主义势力更加频繁地在当地社会制造袭击事件、煽动仇恨情绪和散播极端思想，以期挑衅世俗政权，制造更大的影响力。

恐怖极端分子不满足于对西奈地区基础设施和军警的袭击，还将平民列为袭击目标，并将触角伸向苏伊士运河以西的核心地区，以期在埃及全境制造更大的恐慌。2015 年 6 月 10 日，埃及南部著名旅游城市卢克索的卡纳克神庙附近发生针对游客的自杀式爆炸袭击，造成多人伤亡。6 月 29 日，埃及总检察长巴拉卡特遭遇汽车炸弹袭击，因伤势过重，送医数小时后不治身亡。2017 年 4 月 9 日，北部城市坦塔和亚历山大分别发生针对教堂的爆炸袭击，共造成 46 人死亡，100 余人受伤。2018 年 12 月 28 日，一辆载着 14 名越南游客、1 名埃及司机和 1 名埃及导游的旅游客车在开罗吉萨金字塔景区附近遭遇路边炸弹袭击，造成 4 死 12 伤。2019 年 5 月 19 日，一辆载有外国游客的旅游巴士在位于开罗郊区的埃及国家博物馆新馆附近遭炸弹袭击，造成 17 名游客受伤，其中 10 人为埃及公民，7 人为南非公民。

最后，穆兄会政权倒台引发新的安全威胁。埃及穆兄会成立于 20 世纪 20 年代，其根本宗旨是在现代社会复兴伊斯兰教，追求建立一个实施伊斯兰教法的大一统的神权国家，使《古兰经》和圣训成为家庭与国家最主要的核心价值。它遭到世俗军人统治集团的排斥，长期处于非法状态，进行地下秘密活动。穆巴拉克政权倒台后，穆兄会得以公开参与掌控国家政权的角逐。2012 年，穆兄会旗下“自由和正义党”主席穆尔西在总统选举中胜出，但执政仅仅一年便遭军方罢黜。此后，临时政权将穆兄会定性为恐怖组织，对穆兄会领导人、成员，乃至支持者开展大规模拘捕行动，包括穆兄会最高决策机构指导局主席穆罕默德·巴迪亚在内的高层纷纷被捕。

穆兄会尽管遭到残酷镇压，但由于其组织结构十分复杂，一些下属机构和分支隐秘性极强，加之其在底层民众中根基深厚，临时政权的打击难以将其彻底瓦解，更无法将其彻底清除出埃及。与此同时，穆兄会内部也对其未来发展道路产生分歧，部分成员主张用更激进的方法对抗政权。被埃及官方定性为恐怖组织的“决断”组织便是由脱离穆兄会的成员组成的，该组织被指控策划实施了多起恐怖事件。其中，2016 年 12 月在开罗吉萨金字塔附近一个检查站发生的炸弹袭击造成 6 名警察死亡和 6 人受伤；2019 年 8 月 4 日，位于开罗的国家癌症研究所附近一辆载有大量爆炸物的汽车逆行撞上 3 辆正常行驶的汽车后发生巨大爆炸，造成 20 人死亡和 47 人受伤，肇事车辆原本计划在其他地方制造更大的恐袭事件，而交通事故直接引爆了车上的爆炸物。

二　埃及世俗政权的反恐举措和成效

塞西当选埃及总统后，执政当局对恐怖极端势力始终保持高压打击态势，通过开展数次大规模的军事打击、常态化的“先发制人”安全行动，以及加强立法配合、国际合作等途径多管齐下、综合施策，取得了较大成效。

（一）安全打击行动

1. 西奈半岛的军事反恐行动。自 2015 年至 2018 年，埃及武装部队在西奈半岛开展了“烈士权利”“西奈 2018”两场大规模军事行动，清剿恐怖分子。2015 年 9 月，埃及武装部队以“烈士权利”为代号宣布了一项军事行动，以消灭北西奈省多个地区的恐怖分子，行动分为多个阶段，直至 2017 年结束，军队成功剿灭“耶路撒冷支持者”组织下属约 500 名恐怖分子，捣毁 50 个恐怖分子藏匿的据点。2018 年 2 月 9 日，埃及军方宣布进行代号为“西奈 2018”的反恐“全面行动”，这是一次针对西奈半岛北部和中部多个地区的恐怖分子的全面清剿计划，旨在通过摧毁恐怖分子前哨基地，加强对边境口岸控制，实现使埃及免受恐怖主义和极端主义侵害的目标。经过 10 个月的行动，军方成功摧毁了恐怖分子的大量基础设施，如隧道、军械弹药库、行政和联络中心，收缴和销毁了大量车辆、武器、弹药和爆炸装置，击毙 500 多名恐怖分子，大批极端分子、逃犯以及他们的支持者被逮捕。该行动将“耶路撒冷支持者”组织的高级别领导人作为目标，最终消灭了该组织首领阿布·乌萨马·马斯里，以及行政负责人、媒体负责人等其他头目。

2. “先发制人”的打击行动。自 2015 年开始，在军方开展大规模清剿西奈武装分子行动的同时，埃及安全部门在全国范围内也加大了对涉恐人员的搜捕力度。在尼罗河三角洲地区和山谷腹地尤其是开罗周边一些新城，全面排查恐怖分子可能的聚集地和藏匿场所，通过“先发制人”的打击行动震慑恐怖主义势力。2015 年 11 月，安全部队在开罗北部击毙“耶路撒冷支持者”头目之一的阿什拉夫·阿里·加拉卜利，他被认为该组织中“最危险的人物之一”，曾企图谋杀多名埃及政府部门官员、参与意大利驻埃及领事馆炸弹袭击以及多起针对军警和边防检查站的恐怖袭击。“西奈 2018”行动任务基本完成后，安全部门的反恐行动自 2019 年至 2020 年仍在持续。在西奈半岛北部、中部沙漠地区和开罗等地开展的多轮行动中，数百名恐怖分子被打死，挫败了多起极端分子计划实施的恐怖袭击活动。2020 年 4 月，警方在开罗阿米里亚区一幢公寓击毙 7 名恐怖分子，缴获 6 挺机关枪及子弹。据内政部声明称，该伙恐怖分子企图于复活节前夕在开罗袭击科普特正教会基督徒。

此外，对穆兄会组织的清算也被列为世俗政权打击恐怖主义的一项重要内容。塞西当选总统后，对穆兄会继续保持高压打击态势，对该组织领导成员及其武装分支“决断”组织成员展开追捕行动。2020 年 8 月，安全部门逮捕了躲藏在新开罗第五街区一间公寓里的穆兄会头目马哈茂德·伊扎特。伊扎特是穆兄会原最高领导人巴迪亚的前副手，2013 年巴迪亚被捕后他成为穆兄会代理领导人，其涉嫌参与策划了多起暗杀及炸弹袭击事件，包括暗杀2015年时任总检察长的巴拉卡特等。

（二）立法和机制建设

2015年7月1日，埃及内阁通过新的《反恐怖主义法》，旨在加快对暴力和恐怖袭击案件的审判程序，以应对日益严峻的恐怖主义威胁，该法经总统塞西签署后于8月16日正式生效。该法规定“恐怖活动”是在埃及国内或国外使用武力、暴力和恐吓等手段扰乱公共秩序、破坏社会安全的行为；“恐怖分子”则是在埃及国内外从事或策划恐怖活动，煽动、威胁进行恐怖活动的任何人。根据新反恐法，恐怖分子嫌疑人将通过特别法庭快速受审，针对恐怖分子的刑罚最低判处5年有期徒刑，最高可判处死刑，向恐怖分子提供资金支持者将被判终身监禁。

新的反恐法在此后的实施过程中经历了多次修改完善。2021年初通过的修正案规定：“根据对恐怖主义罪行定罪的裁决，任何恐怖主义活动中使用的房产、资金、武器和其他物品都将被收缴，检察机关有权关闭被用于为恐怖主义犯罪制造或设计武器的场所。此外，出租房屋等不动产必须在警方登记备案，违反者将被处以不少于一年的监禁，以及5000～10000埃镑的罚款。对通过语言、文字及其他任何手段鼓吹极端主义思想、呼吁恐怖主义行为的人加重刑罚。”①

除《反恐怖主义法》外，埃及议会还批准了其他法案或相关法律的修正案，遏制恐怖主义犯罪。例如，《刑法》最新修正案中规定，对炸药持有者、制造商和进口商增加了刑罚，如果犯罪是出于恐怖目的实施的，则应判处死刑或无期徒刑；2018年通过的《恐怖主义者和恐怖主义实体认定法》对恐怖主义资金认定及恐怖主义筹资活动等事项进行了更全面的定义；2020年4月通过的《紧急状态法》多项修正案，赋予总统和政府部门在紧急状态下关

---

① “أحمد فتحي, "مصر تكافح الإرهاب من "أبواب العقارات," https://al-ain.com/article/egypt-9, accessed: 2021-2-4.

闭学校、禁止公共和私人集会、禁止出口特定商品和限制贸易等权力。

在国内反恐协调机制建设方面，埃及于 2017 年 7 月成立了全国反恐委员会，由塞西担任主席，成员包括政府高层官员和埃及宗教领袖。通过每两个月举行的例会或必要时的临时会议，委员会可协调宗教和安全部门共同评估反恐形势、制定相关策略。委员会的成立旨在加强对恐怖分子的震慑，同时建立预警机制，增强处置突发事件的能力。

（三）打击恐怖主义金融活动

近年来，埃及在打击洗钱和恐怖主义筹资犯罪领域付出巨大努力。埃及中央银行和其他相关部门制定了专门的财务政策，加强了对国外汇款的管控，并采取措施鼓励民众进入正规金融部门进行资金管理活动。埃及金融监管委员会制定了新的控制措施，通过高效、透明的规则和工具确保非银行金融市场的规范运行，打击非银行金融活动领域实体的洗钱和资助恐怖分子的行为。

此外，在对穆兄会组织的清算过程中，执法部门注重对其财务资金方面的打击，使其失去生存和发展资本。穆兄会代理领导人马哈茂德·伊扎特被捕后，其背后的财务部门也被一网打尽。调查发现，伊扎特通过将穆兄会资产藏匿到一些支持者——商人的账户中，实现对穆兄会财务委员会的重组，开展洗钱业务及新的投资。

（四）跨国合作打击

塞西上台后，在国际多边场合多次呼吁国际社会坚定地与埃及站在一起，共同对恐怖主义进行打击。此外，埃及积极同有关国家进行协调，打击威胁本国安全的境外恐怖组织，努力消除地区恐怖主义。

2014 年 9 月，美国与 10 个阿拉伯国家就建立联盟打击“伊斯兰国”组织达成协议，埃及是参与国之一。2015 年 2 月 15 日，“伊斯兰国”利比亚分支在网上发布视频，宣称已将 21 名埃及科普特基督徒处死。埃及于当地时间 16 日展开打击行动，对利比亚境内的“伊斯兰国”目标发动空袭，炸死至少40名极端组织成员。

此外，为有效阻止邻国利比亚危机持续发酵带来的恐怖主义外溢影响，埃及一方面与阿拉伯国家联盟保持合作，为政治解决利比亚危机做出外交努力；另一方面将代表世俗力量的哈夫塔尔领导的利比亚国民军视为盟友，埃及武装部队向其提供支持，并在利比亚境内对恐怖分子发动数次空袭，直接介入打击当地恐怖组织，以确保埃及西部边界的安全。2019年5月28日，埃及从利比亚军方引渡恐怖主义头目、埃及前军官希沙姆·阿什马维，此人策划了针对埃及安全人员和机构的多次恐怖袭击，2019年11月被埃及刑事军事法庭判处死刑。

在地区和国际层面，埃及反恐部门还积极在阿拉伯国家联盟、非洲联盟、伊斯兰合作组织和联合国等区域和国际组织框架内，同国际社会加强反恐调研和情报交流，切断恐怖主义资金来源，阻止恐怖极端组织得到来自境外的秘密支持。

经过对恐怖极端组织的军事打击和“先发制人”的行动，埃及的国家反恐战取得了很大成效。埃及国家信息服务中心发布的统计数字（见表1）显示，自2014年至2020年，埃及发生的恐怖袭击事件数量除2015年外呈逐年下降趋势，2018年和2019年恐怖袭击事件数量均在个位数，2020年埃及全境更是没有记录到恐怖袭击事件的发生。此外，根据澳大利亚著名智库经济与和平研究所发布的《全球恐怖主义指数报告》，埃及自2019年以来，已连续两年脱离受恐怖主义影响最严重的十个国家排名，2019年排在第11位，2020年排在第14位。①

表1　2014～2020年埃及恐怖袭击事件数量

年份	2014	2015	2016	2017	2018	2019	2020
恐怖事件数量(起)	222	594	199	50	8	2	0

资料来源：埃及国家信息服务中心。

① “إبراهيم قاسم, عام الانتصار على «طيور الظلام».. الضربات المتلاحقة لعناصر الجماعات المتطرفة دفعتها إلى التراجع 2020,” https://www.youm7.com, accessed: 2021-1-2.

2018 年以来埃及安全局势发生根本性改观，这与当年启动的“西奈 2018”大规模反恐军事行动密不可分。该行动取得的重大成果对埃及安全形势的扭转起到了决定性作用，持续的军事行动沉重打击了北西奈省和尼罗河三角洲各省的恐怖组织和极端势力。据埃及媒体统计，“西奈 2018”全面行动成功消除了西奈半岛 85% ~90% 的恐怖分子，以及尼罗河三角洲各省中超过 90% 的恐怖分子，清除了埃及全境 95% 以上的极端分子据点。一些起源于 2013 年或之前的恐怖组织销声匿迹，如“伊斯兰教法支持者”等组织。[①]

此外，埃及综合反恐行动实现了对恐怖组织陆海空的同步全面打击，整体国土安全得到有效提升。埃及边境和海上警卫力量在东部、西部和南部边境加强了对陆地和海上的控制，使得通往北西奈恐怖组织的资金、武器、设备和人员运输路线被封锁，切断了武装分子的资金来源和后勤支持，非法移民和境外恐怖分子的渗入得到限制，“伊斯兰国”被击溃后外国战斗人员入境埃及的现象被消除。至 2019 年，埃及官方认为该国的各类恐怖主义组织已几近瓦解，其行动能力也几乎丧失。近两年来，埃及没有发生针对电力、供水网络等国家民生设施目标的袭击，多数恐怖事件属于随机因素或所谓的“独狼”行动。

三　去极端化努力及其挑战

从历史上看，极端主义对现代埃及的侵害已经持续数十年。1981 年 10 月 6 日，总统萨达特被宗教极端主义者暗杀身亡。1997 年 11 月，南部著名旅游城市卢克索 60 余名外国游客和埃及人被恐怖极端分子打死。在 21 世纪的前 10 年中，西奈半岛的沙姆沙伊赫、达哈卜等旅游目的地多次遭到炸弹袭击，造成严重的人员伤亡。在经历所谓的“阿拉伯之春”后，极端组织

① “التجربة المصرية في مواجهة الإرهاب.. العملية الشاملة سيناء 2018 نموذجا ,منير أديب ,” https://al-ain.com/article/egypt-terrorism-sinai-egyptian-army, accessed: 2019-11-1.

“伊斯兰国”在地区动荡中壮大，使得埃及再度经受极端主义的严重侵害，该组织制造的袭击事件更是造成了严重的人员伤亡和财产损失。此外，“基地”组织分支、穆兄会附属武装组织等也对埃及国家安全构成了巨大威胁。

世俗派重新掌权后，基于国家在反恐斗争中所采取的立场，他们认为极端主义思想是恐怖组织赖以传播邪恶理论、吸引支持者以实现其政治目标的思想倚仗。因此，除了通过强力部门直接打击和防范恐怖主义犯罪外，在意识形态领域肃清极端主义思想同样成为埃及国家反恐综合战略中的重要环节。

（一）塞西力推宗教话语维新

穆兄会政权倒台后，其组织遭到清算，但以宗教外衣对伊斯兰教经文和教法做出的错误解读和极端言论在埃及社会仍有受众，不仅为恐怖主义和极端主义提供了滋生的土壤环境，而且成为影响社会生活方方面面的毒瘤。面对严峻的去极端主义形势，重新掌权的世俗政权的重要使命是如何使埃及走出一条实际可行的伊斯兰道路。2014 年，新当选总统的塞西在其就职仪式上发表的演讲中首次呼吁实施宗教话语维新，他主张建立现代宗教话语体系，从而为构建一个体现正义、宽容和善良的凝聚型社会提供思想基础，同时这种话语体系有利于培养出自觉忠诚于祖国和人民的后代。塞西此后在多次会议讲话中谈到更新宗教话语的必要性，认为这是在埃及和伊斯兰世界里最重要的需求之一，甚至对国家和民族来说是“生死攸关的问题”。[①] 塞西还呼吁伊斯兰宣教士更新对宗教文本某些远远落后于时代的解释，以科学的头脑努力解决所处时代的问题，积极同极端主义作斗争。

宗教话语是伊斯兰教中的一个特定概念，是一种基于包括《古兰经》和圣训在内的伊斯兰教法渊源的话语，宗教话语既可以由官方或非官方宣教机构发表，也可以出自宗教人士个人，其宗旨是传播伊斯兰信仰、教法、道

① “السيسي: تجديد الخطاب الديني قضية حياة أو موت ,محمد شريف,” https：//www. masrawy. com/news/News – Videos/details/2017/6/21/1108475，accessed：2019 –6 –21.

德和价值准则。宗教话语的一个显著特点是在伊斯兰信仰的框架内不断补充更新，而这些内容又与穆斯林的现实需求密切相关，从而服务于伊斯兰教应对当今伊斯兰世界面临的挑战。因此，宗教话语维新本身就是近代以来伊斯兰世界的一个老话题，围绕宗教话语哪些内容需要革新、如何革新等问题出现了很多争论。早在 19 世纪末 20 世纪初，伊斯兰知识分子就试图通过重新理解伊斯兰教法，推动阿拉伯民族向欧洲的近现代化靠拢。而反对者则认为，话语维新必须遭到抵制，这并非思想僵化停滞的问题，而是要保护宗教的本质免遭西化和被引入本不存在的内容，因此只需要伊斯兰学者对教法一致同意的正确理解，而不必话语维新。

（二）宗教部门去极端主义的主要工作

在国家层面，埃及消除极端主义思想根源的工作主要由三个机构负责具体执行，即宗教基金部（Awqaf）、教法判令委员会（Dar al-Ifta）和爱资哈尔（al-Azhar）。

宗教基金部采取了多项措施肃清穆兄会组织对宗教的渗透影响，包括重新任命传教人员、制定向清真寺施舍的条例和统一全国所有清真寺聚礼日伊玛目宣讲内容，背离这些宣讲内容的伊玛目一律被停职。该基金部还关闭了多家小型清真寺，认为这些清真寺游离于控制之外，是极端主义思想传播的根源。过去几年来，宗教基金部出版和翻译了大量关于反暴力极端主义和保护少数族裔的书籍，专门培训了数百名女宣教士，以帮助那些可能受到恐怖分子招募的女性摆脱困境。

埃及教法判令委员会是一个负责发布法特瓦（宗教法令）的官方机构，该机构对于抗击极端主义思想发挥了重要作用。根据塞西总统提出的宗教话语维新的倡议，该机构开始发布更为温和的法特瓦，并宣布某些过去不存在的事物可以为伊斯兰教所接受。该机构还负责培训新的教法解说人，专门从事解说挑战恐怖主义意识形态宗教基础的思想，并前往穆斯林占多数的国家和地区进行演讲宣传。此外在极端分子康复转化、网络对抗极端分子等方面，该机构也做了大量工作。

作为伊斯兰世界具有重要影响力的古老宗教机构，爱资哈尔在捍卫阿拉伯和伊斯兰事业、传播伊斯兰教正确形象方面起着关键作用，在打击构成恐怖组织思想基础的极端主义以及与伊斯兰国家和有关机构进行协调应对方面也扮演着至关重要的角色。近年来，爱资哈尔专注于信息澄清，致力于传播温和、宽容的宗教思想，驳斥恐怖组织利用社交媒体等互联网平台大肆宣扬的极端主义内容，瓦解恐怖组织所依赖的思想基础。爱资哈尔于2015年成立了“打击极端主义观察站”，监视互联网上出现的极端主义信息，并在宗教学理基础上做出回应反击。在宗教话语维新方面，爱资哈尔通过长老讲话和该机构发表的声明，以及其下属大学、清真寺、媒体和其他宗教机构举行的学术研讨会来展示伊斯兰教话语的中立、包容，传播其正面的形象。同时在培养阿訇和教职人员时，注重训练传播体现中立、包容思想的宗教话语的能力。

（三）教育领域去极端主义努力

宗教教育被视为埃及学校课程系统的重要组成部分。长期以来，《古兰经》等宗教文本内容不仅在宗教课本中出现，阿拉伯语、历史和地理等学科课本中也均有涉及。一些官员、议员认为，将宗教文本纳入阿拉伯语、历史和地理课程将产生“巨大危险”，为没有资格解释这些文本的教师留出了进行破坏性解释的可能空间，极易造成极端主义思想的滋生传播。埃及教育部于2015年3月成立了教育专家委员会，从消除暴力和极端主义思想的角度对课程教育大纲进行审查，以避免出现可能被误解的政治和宗教观念。2018年3月，教育部宣布了一项新的教科书发行计划，新课本注重加强道德培育，体现各宗教的共同价值观以及宽容、共生、爱国的原则，以打击宗教极端主义。

事实上，早在1978年埃及和以色列签署《戴维营协定》时，修改课本以使其对和平发挥更积极的作用便成为条件之一。自那时起，埃及的课本便开始稀释《古兰经》文本和先知圣训以及与之相关的话题内容。但如今一些要求将宗教文本从阿拉伯语、历史等课本中删除，只保留于宗教课本中的言论激起了争论，批评者认为将学校宗教教育中的伊斯兰价值观转变为一套共有的价值观将消除学生的伊斯兰身份，这也有违国家的相关法律规定。

（四）去极端主义面临的挑战

首先，宗教话语维新争议不断。在世俗力量占据主导的埃及社会，尽管政府机构、媒体和知识精英长期以来一直要求更新宗教话语，但社会各阶层始终对此难以达成共识。一些宗教人士认为，进行宗教话语维新时要警惕因将伊斯兰意识观念与恐怖主义联系起来，而选择放弃遵循先知圣训。在2018年11月20日埃及宗教基金部举行的先知诞辰纪念日庆祝活动上，爱资哈尔大长老艾哈迈德·塔伊卜在讲话中批评了那些呼吁放弃遵循先知圣训的人，他表示："当今伊斯兰世界中存在的真正问题是对我们的宗教起源的错误理解。"对此，同时出席活动的总统塞西当场反问："究竟是谁更冒犯了伊斯兰教？是那些呼吁放弃先知圣训、只遵循《古兰经》条文的人？还是那些由于秉持错误见解和极端主义思想而犯下罪行、破坏世界穆斯林声誉的人？"[①] 塞西在不同场合中多次强调，伊斯兰世界中的问题不在于是否遵循先知圣训，而是在于某些穆斯林的错误行为造成了对伊斯兰教的亵渎。此外，在一些与宗教有关的社会问题上，各方始终争议不断。这些问题包括：男性是否对女性拥有监护权，男女是否平等享有继承权，未成年婚姻是否被允许，口头离婚是否有效，法律制定过程中对《古兰经》的考量程度，等等。

其次，极端主义思想的形成是一个非常复杂的过程，不仅仅涉及宗教意识形态因素，还有其他导致极端主义的因素，如经济、社会和政治因素等。在埃及社会，典型的圣战分子往往来自工人阶级或中下层阶级背景的年轻人，其原本试图完成高等教育，但经济困境、社会偏见、腐败等问题使他们感到失望，最终未能走上理想的社会阶梯。通过改善生活条件，升级基础设施和公共服务，实施可持续发展项目，使青年免受极端主义思想的影响而走上对抗道路，这种方式显然有助于创造一种排斥恐怖主义和极端主义的社会

① “نيرڤانا محمود, شيخ الأزهر.. بين السنة النبوية ومذبحة الروضة,” https://middle-east-online.com, accessed: 2019-11-27.

环境。

塞西当选总统后，提出经济改革计划，着力解决贫困问题，但埃及经济前景仍不十分明朗。尽管埃及近几年出现了5%以上的经济增长，但埃及普通民众仍然饱受失业、长期财政紧缩的困扰。一些批评者认为，随着物价提高、取消一些基础商品和服务补贴后，通货膨胀加剧，失业率不断上升，中产阶级规模不断减小，国家贫穷程度不减反升。

最后，即便在意识形态层面上，挑战亦不可小觑。一些受到极端主义思想影响的人将爱资哈尔等宗教机构视作国家的政治工具，认为“爱资哈尔的教职人员更像是国家官员，而不是宗教学者，他们因为不会向当局发出真实意见而失去了可信度”。正如埃及金字塔政治与战略研究中心高级研究员齐亚德·阿克在一次采访时所言，如果不为对话和批评留出空间，与极端主义意识形态作斗争的宗教机构仍然可能难以接触到那些容易受到极端主义侵害的人。

结　语

埃及在打击恐怖主义方面拥有丰富的经验。早在20世纪90年代，穆巴拉克时代的埃及安全部门就已开始全力应对当时日趋活跃的恐怖组织策划、实施爆炸袭击事件。时代轮回，当经历了政局变革的埃及再次回到世俗政权治下时，面对的是更加复杂的地区安全局势和更加严峻的恐怖主义威胁。自2014年塞西当选总统后，埃及世俗政权对恐怖主义和极端主义的打击取得了明显成效。尤其是2018年塞西连任以来，全国总体安全形势出现了巨大改观，恐怖袭击事件数量大幅减少。同时应该看到，目前埃及仍存在着若干极端恐怖团体和势力，主要包括“决断”组织、“伊斯兰国”残余势力、“基地”组织分支等，加上不隶属于任何组织的极端分子，都威胁着埃及的国家安全和社会稳定。2020年突如其来的新冠肺炎疫情席卷全球，使得极端组织的活动大大受限，未来埃及在打击恐怖主义和极端主义领域仍然面临着持续和巨大的挑战。

2019 年，埃及全民公投通过宪法修正案，将总统任期由 4 年改为 6 年，且可连任一次，这意味着塞西将可能执政到 2030 年，有军队背景的塞西长期执政显然有利于埃及保持稳定。未来埃及将有能力集中力量实施重大经济项目、加快开发北西奈地区和缩小国内发展差距，从而有望实现以综合反恐为保障、以发展促安全的最终目标。正如总统塞西在一次媒体采访中所说：“可持续发展是埃及应对挑战的最重要的方式。面对恐怖主义，埃及同时采取了两条不同的解决路径，即发展路径和安全路径。”①

① “السيسي: نواجه الإرهاب نيابة عن العالم سواء في سيناء أو على الحدود مع ليبيا, سي ان ان الشرق الأوسط,” https://arabic.cnn.com/middle-east/article/2019/12/11/sisi-terrorism-libya-sinai, accessed: 2019-12-15.

Y.13
2020年巴以问题进程与前景展望

刘风华*

摘　要：2020年，巴以问题僵局仍未突破。以色列持续扩张其在巴勒斯坦领土上的定居点，甚至提出兼并部分巴勒斯坦被占领土的计划。与此同时，中东地区格局发生变化，多个阿拉伯国家与以色列建交，阿以关系正常化进程有所推进，巴以问题不再是该地区的核心问题，加之应对新冠肺炎疫情危机成为国际社会关注重点。上述因素共同造成巴勒斯坦问题逐渐被边缘化，巴以和平进程停滞不前。本报告简要概述了2020年巴以问题发展进程中的重大事件，分析影响和阻碍巴以和平进程的主要原因，并对2021年巴以问题发展前景进行展望。

关键词：巴以问题　阿以关系　新冠肺炎疫情

一　2020年巴以问题的新进展

2020年，巴以问题越发被边缘化，巴以和平进程受到阻碍。一方面，在新冠肺炎疫情全球性蔓延的大背景下，以色列对巴勒斯坦人的集体惩罚政策伤害了数百万巴勒斯坦民众的权益，加剧了地区局势的紧张，引发多轮暴力冲突；另一方面，在美国的积极斡旋下，2020年8月13日，阿联酋和以

* 刘风华，北京语言大学中东学院副教授，主要从事阿汉语言对比研究与翻译、中东热点问题研究。

色列两国宣布同意外交关系全面正常化，这标志着阿拉伯国家阵营内部结构正悄然发生改变，巴勒斯坦问题不再是其中心议题。

2020年4月下旬，以色列两大政党签署联合政府协议，同意自7月1日起在美国“中东和平新计划”框架下，兼并约旦河西岸的部分巴勒斯坦被占领土。[①] 以色列不断侵占、蚕食巴勒斯坦领土，严重违反了《联合国宪章》和《日内瓦公约》，此举如果得以付诸实践，则是肯定了通过战争和武力获取土地的不义行为，将会破坏经济和政治秩序，引发冲突和战争。巴勒斯坦民众的民族自决权遭到剥夺，他们的基本人权也受到更为严重的侵犯。

联合国人权事务高级专员巴切莱特呼吁以色列不要继续推进其非法兼并巴勒斯坦被占领土的计划，该行为将对巴勒斯坦和整个地区的人权状况带来灾难性影响。[②] 巴切莱特指出，兼并行为可能带来一系列后果。首先，居住在遭兼并地区的巴勒斯坦民众获得教育、医疗等必要服务将会变得更加困难，人道主义援助也将受到一定阻碍；其次，土地兼并将使以色列所建定居点的规模得以扩大，加剧巴以冲突；最后，兼并将最终对巴勒斯坦人民的生活造成破坏性的影响，没有任何法律对他们的权利给予保障。2020年7月，联合国被占巴勒斯坦领土人权状况特别报告员林克呼吁，以色列应立即停止一切对巴勒斯坦人构成集体惩罚的行为，这些行为每天使数百万巴勒斯坦人受到伤害，除了加剧紧张气氛、容易引发暴力之外没有任何作用。[③] 这种看法并非虚言。在这方面，最典型的例子就是以色列对加沙地带实施常年封锁政策，造成加沙地带成为全球失业率最高的地区之一，许多民众无法获得充足的食物、水源和稳定的电力供应。

在世界各国共同对抗新冠肺炎疫情的大环境下，巴以局势出现一些积极

① 《联合国47位人权专家：以色列兼并被占领土将导致21世纪的种族隔离 美国支持怂恿令人深感遗憾》，https：//news. un. org/zh/story/2020/06/1059912，最后访问时间：2020年11月13日。

② 《联合国人权高专敦促以色列停止兼并计划，警告该危险行为“极有可能引发冲突”》，https：//news. un. org/zh/story/2020/06/1060912，最后访问时间：2020年12月2日。

③ 《联合国人权专家：以色列对巴勒斯坦人的集体惩罚有违国际法且有辱公平公正原则》，https：//news. un. org/zh/story/2020/07/1062411，最后访问时间：2020年12月2日。

态势。2020 年 9 月，哈马斯与以色列达成停火协议，一定程度上缓解了新冠肺炎疫情大流行期间加沙地带及其周围地区的紧张局势。然而，短暂的停火协议换来的至多是一夕安寝，长时间的封锁才是造成问题的主要根源。联合国近东巴勒斯坦难民救济和工程处表示，新冠肺炎疫情对长期处于非法封锁中的加沙地带造成了更为严重的社会和经济影响，发电厂的关闭导致电力供应极为短缺，进而对医疗体系造成极大破坏，致使约 200 万人的生命健康受到威胁。[①] 此外，迫于封锁造成的经济压力，人们不得不离家寻找工作机会。这种因生活所迫而不得不进行的人口流动也在一定程度上为病毒的传播和疫情的扩散提供了机会，造成了大量巴勒斯坦难民被感染。

2020 年 8 月，阿联酋和以色列共同宣布将实现两国关系正常化，此举使巴勒斯坦处境更加艰难。巴勒斯坦方面表示，阿联酋此举相当于在巴勒斯坦人民背后“捅刀子”的背叛行为，是在破坏阿拉伯和平倡议。[②] 通过承诺暂缓吞并巴勒斯坦领土，以色列与阿拉伯国家阵营内的阿联酋建交，客观上扩大了对巴勒斯坦的外交包围圈，同时也加剧了阿拉伯世界内部的矛盾与分歧，使巴以冲突继续升级。

总之，2020 年，以色列的土地兼并计划激化了阿以之间的矛盾，巴勒斯坦人民的处境更加艰难。加之部分阿拉伯国家与以色列实现关系正常化，使得阿拉伯国家兄弟阋墙，中东和平进程再次受阻。

二　影响2020年巴以问题发展进程的因素分析

2020 年，巴以矛盾并无实质性进展，究其影响因素，可以概括为以下几点。

---

① 《联合国近东巴勒斯坦难民救济和工程处呼吁确保电力燃料在内的所有重要物资畅通无阻进入加沙》，https：//news. un. org/zh/story/2020/08/1065352，最后访问时间：2020 年 12 月 23 日。

② 《阿以关系正常化，谁才是最大赢家?》，http：//sa. sogou. com/sgsearch/sgs_ tc_ news. php?req = c26tRv6Wj9AD0jBCuwkZiPOTS7dU7FycoQk0mRIsBA = &user_ type = 1，最后访问时间：2020 年 12 月 5 日。

第一，中东地区的主要矛盾转移，巴勒斯坦问题逐渐被边缘化。近年来，美国一直致力于整合阿联酋、沙特、卡塔尔、科威特、阿曼和巴林等中东国家的力量，旨在联合这些国家共同对抗伊朗。此外，随着伊朗国家实力和地区影响力尤其是宗教影响力的大幅提升，中东地区的主要矛盾也从传统的阿以矛盾转变为伊斯兰教内部逊尼派和什叶派之间的对抗①，以沙特为代表的部分阿拉伯国家将伊朗视为头号公敌。如此一来，打击伊朗这一共同目标便将美国同中东地区部分阿拉伯国家紧密地联系起来。

长期以来，在阿拉伯民族主义的感召下，阿拉伯国家一直团结一致帮助巴勒斯坦抗击以色列。近年来，在经历了“阿拉伯之春”后，部分阿拉伯国家实力衰退、政权坍塌。这些国家自顾不暇，再也无法紧密团结在一起，同仇敌忾对抗以色列。反观以色列方面，在美国的大力支持下，其综合国力空前强大。在这种情况下，阿拉伯国家不得不放弃长期坚守的阿拉伯民族主义，从自身利益出发，用合作取代对抗，以谋求本国的发展。巴以问题已逐渐沦为部分阿拉伯国家构建地区影响力，提升国家软实力的工具。

这一转变最显著的表现就是2020年8月阿联酋和以色列宣布建交。两国出于政治需要和国家利益考虑建交，阿联酋、以色列以及美国均能从中受益。对阿拉伯国家而言，一方面，部分阿拉伯国家将伊朗视为威胁，以色列也处于伊朗的对立面，所谓“敌人的敌人便是朋友”，阿以建交意味着阿拉伯阵营部分国家开始联合以色列，合力对抗来自伊朗的威胁；另一方面，以色列是阿拉伯国家进一步密切对美关系的桥梁，与以色列建交能够获得美国的保护。② 对美国而言，阿联酋和以色列建交实则是其中东政策的重要成果。阿以建交正值美国总统换届选举之际，当时美国疫情严重，

① 《阿联酋－以色列建交，传统阿以冲突让位于新的阿以合作》，https：//www. thepaper. cn/newsDetail_ forward_ 8750655，最后访问时间：2020 年 12 月 2 日。

② 《回眸 2020 之六，中东地缘政治版图继续生变》，http：//sa. sogou. com/sgsearch/sgs_ tc_ news. php？ req = wcSXYn8QfbM5VfqngzTDcpbRBU3kq0BUQXU7hG － pG7E = &user_ type = 1，最后访问时间：2020 年 12 月 2 日。

时任总统特朗普民调支持率落后，通过斡旋达成阿联酋和以色列建交，无疑为特朗普寻求连任增加了筹码。对于以色列来说，与阿联酋建交并未让其付出任何实质性代价，仅仅承诺将暂停对“中东和平新计划”中涉及的约旦河西岸部分地区“实施主权”。“暂停”并不等于“停止”，内塔尼亚胡在宣布建交当晚便发表讲话，声称以色列不会放弃对该地区实施主权的计划。[①]

第二，巴勒斯坦国内矛盾重重，难以团结合作，共同寻求解决巴以问题的途径。20 世纪 80 年代以后，巴勒斯坦国内出现了多个政治派别，它们拥有独立的武装力量和政治势力，相互对立，分歧不断，尤以哈马斯和巴解组织之间的矛盾最为尖锐。2019 年 1 月，巴勒斯坦民族权力机构发表声明称，已经下令其工作人员撤出连接加沙地带和埃及的拉法口岸，以抗议哈马斯对口岸工作的干扰。这就意味着巴勒斯坦人离开加沙地带的主要陆路通道被关闭。虽然目前两个组织已经实现和解，声称将会团结起来反对阿以关系正常化，共同对抗“中东和平新计划”，但这种表面的和解并未消除它们之间的本质矛盾，双方也未将和解付诸行动，巴勒斯坦国内仍处于分裂状态。

第三，以色列的土地兼并计划咄咄逼人。以色列针对约旦河西岸地区的土地兼并计划一经推出，就成为中东地区冲突爆发的导火索。2020 年 7 月 5 日，来自加沙地带的火箭弹袭击了以色列南部，以军战机随后进行反击。此前，一枚火箭弹从加沙地带发射至以色列境内，以方随即出动战机轰炸了哈马斯位于加沙地带南部的地下设施，并出动坦克炮击了其数个军事哨所。[②]尽管在国际社会的谴责下，内塔尼亚胡在计划实施前一晚宣布将对计划进行继续讨论，但以色列对巴勒斯坦被占领土的吞并企图将不会发生根本性的改变。

---

① 《阿以建交，掌声最响的是美国和以色列》，https：//kuaibao. qq. com/s/20200819A0M2D400? refer = spider_ map，最后访问时间：2020 年 12 月 22 日。

② 《以色列“吞并计划”被迫刹车》，http：//baijiahao. baidu. com/s? id = 1672104496670783592，最后访问时间：2020 年 5 月 2 日。

第四，美国无视国际法，企图实施“绕开巴勒斯坦”的“中东和平新计划”，导致巴以冲突加剧升级。2017 年特朗普上台后，美国在巴以问题上极端偏袒以色列：2018 年，美国公开承认耶路撒冷为以色列的首都，并将美驻以使馆迁至耶路撒冷；2019 年，美国承认以色列对戈兰高地享有主权；2020 年初，美国出台所谓的“中东和平新计划”，并在 2020 年下半年抛出旨在推动阿以关系正常化的《亚伯拉罕协议》。所有这些举动表明，特朗普为寻求连任，获得更多支持率等一己私利，完全将巴勒斯坦国家和人民的利益踩在脚下，由此导致巴以矛盾不断激化，巴勒斯坦成为特朗普中东政策和竞选野心的受害者。

此外，席卷全球的新冠肺炎疫情一度成为国际社会关注和应对的重点，这一背景使巴以问题雪上加霜。

总体上讲，诸多地区与国际因素导致巴以问题前景黯淡。不过，2020 年中也出现了一些有利于解决该问题的积极因素，为巴以问题解决带来了一线曙光，这主要表现在国际社会参与调解巴以冲突的意识正在增强。面对以色列的土地兼并计划，联合国以及沙特、土耳其和中国等国家都对此表示强烈谴责，国际社会各方纷纷发声，参与到该问题的解决过程中。联合国秘书长古特雷斯在安理会中东问题视频会议上表示，如果以色列吞并计划实施，将严重违反国际法，将严重损害“两国方案”的前景，降低重启和谈的可能。因此，他呼吁以色列政府尽早放弃这一计划。沙特外交大臣在 2020 年 6 月召开的伊斯兰合作组织外长特别视频会议的开幕式中发言，对以色列企图吞并巴勒斯坦部分被占领土的计划表示强烈谴责。土耳其总统埃尔多安表示，这一计划对巴勒斯坦主权构成威胁，有违国际法，不应将巴勒斯坦领土转让给任何人。中国国务委员兼外交部部长王毅也在联合国安理会巴勒斯坦问题视频公开会上表示，以色列若采取单边行动，只会进一步加剧矛盾，损害互信。[①]

---

① 《以色列将兼并部分约旦河西岸被占土地 中方回应》，http：//baijiahao. baidu. com/s? id = 1670922697705168561，最后访问时间：2020 年 12 月 2 日。

三 2021年巴以问题发展前景展望

进入2021年，巴以问题依然没有得到解决，甚至正在被逐步边缘化，甚至有观点认为该问题已不再是中东地区的核心问题。然而，巴以问题作为中东地区根源性问题的地位并未发生根本改变，它仍然影响着国际和区域关系。

第一，巴以问题的重要性将会持续下降。近年来，在美国的斡旋和以色列“各个击破”策略的作用下，阿拉伯世界正逐渐碎片化，很难再有国家为了阿拉伯民族主义的理想而苦苦支撑，阿联酋、巴林等国率先迈出了与以色列建交的突破性一步。阿联酋凭借阿布扎比和迪拜两个酋长国，在政治、经济、能源、贸易、金融和投资领域均具有重要地位，俨然成为海湾国家中最开放、最务实和最发达的经济体。有观点认为，阿联酋和以色列建交将会产生“多米诺骨牌”效应，越来越多的阿拉伯国家将会基于政治和经济原因，选择缓和对以关系，与以色列交好，甚至效仿阿联酋、巴林等国与以色列实现外交关系正常化。一方面，倒向以色列可以与其联合对抗伊朗，这符合部分阿拉伯逊尼派国家的利益；另一方面，阿以长期对立使阿拉伯民众普遍具有“反以”心理，一时间无法接受阿联酋和以色列建交这一突破性事件，阿拉伯国家面临巨大的民意压力。如何平衡两者关系、如何做出政策选择，成为许多阿拉伯国家亟待思考的重要问题。在这一背景下，巴以问题曾经作为中东地区核心问题的地位被阿以关系问题所取代。此外，自巴以问题产生以来，虽然国际社会积极参与，但出于种种原因，该问题并未能得到解决甚至陷入僵局，双方矛盾反而越发激化。阿拉伯国家所面临的内外部环境以及整体的国际环境也处于不断变化之中，在谋求自身发展的过程中逐渐将巴以问题边缘化。

第二，巴勒斯坦内部难以实现团结一致，共同对外。长期以来，在对以色列的态度问题上，以哈马斯为代表的激进派与主张通过和平谈判寻求解决方案的巴解组织存在根本分歧，双方难以真正相互合作，共同推进巴以问题的解决。目前，双方虽然达成了和解，但本质上仍缺乏合作的基础。

第三，以色列不会轻易放弃企图吞并巴勒斯坦被占土地的野心。犹太人定居点问题一直都是巴以和谈陷入僵局的一大因素。以色列置巴勒斯坦和国际社会的反对于不顾，从未停止在约旦河西岸等地区设立犹太人定居点的行为。2020 年，内塔尼亚胡再次当选总理后随即宣布，对约旦河西岸部分地区“实施主权”是以色列新政府的一项“首要任务”，以色列不能错过“历史性机遇”。[①] 事实上，早在以色列议会选举之前，内塔尼亚胡便已声称将在赢得选举后着手将以色列领土拓展至约旦河西岸部分地区。当时做出这一承诺以期获得国内右翼和极右翼势力的支持，而现在推出土地兼并计划毫无疑问是对这一承诺的兑现和落实。该计划一经推出，随即在以色列国内和国际社会上引发一片哗然。不少以色列民众举行抗议活动，反对政府吞并约旦河西岸部分被占领土。该计划也遭到了国际社会的普遍反对，联合国和欧盟部分成员国以及沙特、阿联酋、约旦和埃及等阿拉伯国家纷纷发声，谴责批评以色列的这一计划。虽然迫于国内外舆论压力，以色列政府宣布将对该计划做进一步研究，但其不会轻易放弃在定居点问题上一贯坚持的立场。

第四，巴以之间的军事冲突仍会持续。2020 年，巴以双方交火不断。2 月，以色列军方发表声明称，以军战机瞄准了位于加沙地带南部的一系列哈马斯目标，包括一处哈马斯训练营以及其他军事设施。2 月 9 日晚，来自加沙地带的一枚发射物击中以色列南部一处空旷地带，由此触发空袭警报，致使当地数千人逃进避难所。以军方声称，自“中东和平新计划”提出以来，至少有 8 枚火箭弹或榴弹从加沙地带发射，并将以方作为打击目标。内塔尼亚胡在内阁例会上警告说，以方已做好对哈马斯和“巴勒斯坦伊斯兰圣战组织”（杰哈德）实施强有力打击的准备。据以色列媒体报道，以色列国防部部长纳夫塔利·贝内特在以色列与加沙地带边境召开的形势评估会议上发出警告称，如果哈马斯不停止“不负责任的行为”，它将面临来自以方的致

① 《以色列在美国支持下准备实施领土吞并计划，巴以和平进程增添新变数》，http：//m. yunnan. cn/system/2020/06/19/030732234. shtml，最后访问时间：2020 年 12 月 12 日。

命打击。[1] 随后，双方在埃及代表团的调停下达成停火协议。但 2020 年 5 月，双方在停火 40 日后再次发生交火。2020 年 8 月，阿联酋与以色列建交后，巴勒斯坦对此极为不满，阿联酋与以色列建交再次激化了巴以矛盾，未来双方间的军事冲突仍将持续。

第五，美国试图构建“中东版北约”，介入中东事务的整体规划不会改变。早在美国大选之前，特朗普政府便极力撮合海湾盟友与以色列和解，试图构建“中东版北约”，以便联合中东区域国家对伊朗实行战略包围。大选结果表明，拜登取代特朗普成为美国新一任总统。虽然拜登此前曾强烈批判特朗普政府的巴以政策，但在他上台执政后仍会延续前任政府在巴以问题上的基本做法，只是步伐或将有所缓和。

第六，联合国仍将坚持其一贯立场，主张通过两国方案解决巴以问题。2021 年 2 月 4 日，联合国秘书长古特雷斯主持在纽约总部开幕的联合国巴勒斯坦人民行使不可剥夺权利委员会会议，他在会议上表示，2021 年联合国将继续支持巴以双方通过对话解决冲突，并呼吁以色列政府停止其在定居点的一切活动，这些活动阻碍了两国方案的达成，是中东和平进程的极大障碍。未来一年，联合国将继续为建立一个独立、民主、可以生存的巴勒斯坦国，为和平、安全地推动以色列和其他邻国毗邻共存而不懈努力。[2]

第七，中国始终支持“两国方案”，呼吁巴以双方早日重启平等对话。2020 年 12 月 21 日，中国常驻联合国副代表耿爽在安理会中东问题视频公开会上发言，呼吁巴以双方遵守并落实联合国有关决议、“土地换和平”原则和“两国方案”。他表示，中方呼吁有关各方通过和平谈判划定巴以边界，放弃土地吞并计划、停止定居点的一切行动，不要采取任何单边行动，导致双方矛盾激化。新冠肺炎疫情发生以来，国际社会尤其是联合国近东巴勒斯坦难民救济和工程处就新冠肺炎疫情对巴勒斯坦经济和人道主义状况的

---

① 《埃及调停巴以交火》，http：//world. people. com. cn/GB/n1/2020/0212/c1002 - 31582794. html，最后访问时间：2020 年 12 月 2 日。

② 《联合国：以色列最近十年占领使加沙付出近 167 亿美元的经济代价》，https：//news. un. org/zh/story/2020/11/1072512，最后访问时间：2020 年 12 月 2 日。

冲击高度重视，并为改善巴勒斯坦人道主义局势做出了不懈努力，中方对此表示赞赏。同时，中国也为巴方提供了数批防护物资，派出医疗专家组并向工程处捐款，为巴勒斯坦抗击疫情提供了帮助。① 2021 年，中国继续同国际社会一道，为早日实现巴勒斯坦问题的全面、公正和持久解决作出不懈努力。

结　语

2020 年，新冠肺炎疫情席卷全球，巴以冲突并未因此有所缓和。相反，由于以色列推出针对巴勒斯坦被占领土的兼并计划、阿联酋与以色列关系正常化等问题，巴以矛盾进一步激化，中东和平进程再次陷入僵局。随着阿联酋和以色列建交，巴以问题作为中东地区核心问题的地位被阿以关系问题所取代，其被边缘化的趋势更加明显。但尽管如此，巴以问题始终是决定中东和平发展的重要因素。有关各方应该遵循“两国方案”，采取和平对话方式解决争端，放弃武力对抗，才有可能最终解决巴以问题，实现中东和平。

① 《中国常驻联合国副代表呼吁巴以重启对话》，http：//sxqnb. com. cn/shtml/sxqnb/20201223/452739. shtml，最后访问时间：2020 年 12 月 25 日。

Y.14

伊朗影响力在阿拉伯世界继续扩大：政策与前景*

王泽壮　曾　涛**

摘　要：自“阿拉伯之春”以来，特别是特朗普上任以来，伊朗一直面临着美国最严厉的制裁和地区敌对国的直接威胁，但伊朗不仅成功顶住国际压力，还充分利用本地区复杂多变的国际关系和阿拉伯世界“碎片化”现状，综合运用外交、军事、宗教和媒体等手段，在阿拉伯世界持续扩大影响力。2019年以来，伊朗对阿拉伯国家政策仍是这一大趋势的延续。随着新一届美国政府上台及其对中东、伊朗政策出现的调整，伊朗对阿拉伯国家的政策必将会做出相应的调整。

关键词：伊朗　对外政策　阿拉伯世界　什叶派阵营

在伊朗对外政策中，宗教派系和政治倾向高度多元复杂的阿拉伯国家既是伊朗构建国家安全屏障和国际同盟体系的重要因素，也是对伊朗国家安全战略和生存空间构成压力和挑战的危险地带。因此，如何在阿拉伯国家中找到安全的生存空间，是伊朗对阿拉伯国家外交政策的最优先考量。自“阿

---

* 本文为国家社科基金一般项目“哈梅内伊治国理政思想与实践研究”（项目编号：19BSS038）阶段性成果。

** 王泽壮，安徽大学西亚北非研究中心教授；曾涛，山西师范大学历史学院世界史专业硕士研究生。

拉伯之春”以来，特别是2017年初特朗普上任以来，伊朗在面临美国最严厉制裁和地区敌对国家直接威胁的不利条件下，不仅成功地顶住了美国制裁和围堵，还能充分利用本地区复杂多变的国际关系以及阿拉伯世界的“碎片化”，在塑造国家形象和弘扬传统民族文化的名义下，综合运用外交、军事、宗教、媒体等手段，在阿拉伯世界的影响力不断得到扩大。2019年至今，伊朗对阿拉伯国家政策仍然是这一大趋势的延续。

一　近年来伊朗对阿拉伯国家的政策

伊朗对阿拉伯国家政策不仅体现在公开的外交场合上，同时也表现在注重长期的、较为隐蔽的媒体宣传攻势上。

第一，在巴以问题上坚持一贯立场，即坚定支持巴勒斯坦一方。巴以问题是中东地区的传统议题，也是牵动阿拉伯世界与以美国为首的西方之间关系，以及伊朗与阿拉伯国家和以色列三方关系的核心议题。对伊朗伊斯兰革命政权的外交政策来说，在巴以问题上支持巴勒斯坦人民的合法权益，既是其反犹反美外交立场的最直接战场，也是维护其“伊斯兰世界代言人”形象的最有效手段。因此，2019年初，针对特朗普政府一手策划和导演的所谓“以投资换安全”的“世纪协议”，伊朗坚决反对，并不断在多个国际场合炒作巴以问题、抨击“世纪协议”。伊朗最高精神领袖哈梅内伊表示，伊朗将尽其所能继续“站起来为巴勒斯坦人民和巴勒斯坦团体而战”①。伊朗外长扎里夫则称“世纪协议”为“地区和世界的噩梦”②，同时，叙利亚、黎巴嫩真主党和也门胡塞武装等伊朗地区盟友，同样对这一问题积极发声，声援巴勒斯坦人民，在外交上形成共鸣。2019年5月3日开始，加沙地带巴勒斯坦抵抗组织对以色列进行大规模火箭弹袭击，致使以南部250万人进

① 《特朗普提议“世纪协议”后伊朗回来了》，http：//cn. chinadaily. com. cn/a/202002/06/WS5e3bb592a3107bb6b579d972. html，最后访问时间：2020年3月1日。

② 《美以“世纪协议”遭多国抨击 伊朗外长扎里夫：是该地区和世界的噩梦》，https：//world. huanqiu. com/article/9CaKrnKp7Kn，最后访问时间：2020年3月1日。

入防空洞避难，以色列安全部门高官称，伊朗支持的伊斯兰圣战组织在其间发挥重要作用。[①] 2019年5月31日“国际圣城日”，大批伊朗民众走上街头游行示威，示威活动的主题就是“‘世纪协议’的失败和巴勒斯坦事业的稳定”。[②] 针对2020年阿联酋、巴林与以色列建交等事件，伊朗的立场同样是强烈反对。伊朗官方表示，这是一个“战略错误”，阿联酋的做法“背弃了巴勒斯坦的事业”，阿联酋将“被犹太复国主义吞没”，不会有利于和平与安全，只会为以色列的利益服务。对于巴林与以色列关系正常化，伊朗伊斯兰革命卫队则表示，这是巴林当局做出背叛和愚蠢的行为，巴林将得到应有的报应。[③]

总之，伊朗出于安全考虑，对巴以问题十分敏感。支持巴勒斯坦一方，不仅意味着伊朗占据了全世界穆斯林反对犹太复国主义的道义制高点，也充分体现了伊斯兰革命高举的“伊斯兰团结”价值诉求，在客观上起到了分化和瓦解美国主导的地区性的反伊朗同盟。

第二，注重地缘布局与联通，以进一步发展和壮大伊朗主导的什叶派阵营。2019年6月1日，阿盟发言人透露伊朗正试图通过也门建立曼德海峡立足点，认为伊朗一旦获得曼德海峡立足点，伊朗舰艇从波斯湾经阿曼海域进出红海将成为现实，伊朗海上军力由此可以与叙利亚和黎巴嫩等亲伊朗势力形成一体。阿盟发言人所言虽然未得到伊朗的承认，也没有足够的事实证据，但伊朗通过各种形式对也门胡塞武装的渗透和支持早已成为公开的秘密。2019年9月，位于伊拉克安巴尔省的加伊姆口岸与叙利亚的阿布卡迈勒镇开放，此口岸是联通两国首都的必经之路，什叶派阵营的陆上联通进一步加强。[④]

---

① 《巴以昼夜激战致11死 以总理下令继续大规模袭击》，https：//baijiahao. baidu. com/s? id = 1632699403720593128&wfr = spider&for = pc，最后访问时间：2019年7月1日。

② 《伊朗全国各地举行国际圣城日游行活动 声援巴勒斯坦人民》，http：//news. cri. cn/zaker/20190601/e5a67cc5 - be3b - 9734 - 438d - 9519f918d234. html，最后访问时间：2019年7月1日。

③ 《伊朗警告巴林：与以色列建交将遭残酷报复》，https：//news. sina. com. cn/w/2020 - 09 - 13/doc - iivhuipp4024955. shtml，最后访问时间：2020年10月1日。

④ 《伊拉克重开与叙利亚口岸》，http：//military. people. com. cn/n1/2019/0929/c1011 - 31379183. html，最后访问时间：2020年10月1日。

2020 年 11 月 7 日，美国国防部代理部长克里斯托弗·米勒宣布，驻阿富汗和伊拉克美军人数将在 2021 年 1 月中旬前缩减至 2500 人。[①] 这无形中增加了伊朗在伊拉克等邻国的影响力。在伊朗的帮助下，伊拉克的什叶派民兵已拥有导弹批量生产的能力。据相关报道，在伊拉克某些地区，如在朱尔夫萨哈尔（卡尔巴拉以北）和扎法拉尼亚（巴格达以东），有些工厂专门研发导弹。[②] 此外，由于伊朗与伊拉克两国有近 1300 千米的接壤边境线，在美国制裁和地区敌对国围堵的背景下，伊朗尤其重视与伊拉克进行全方位的合作，有意将伊拉克视为自己的“战略后院”加以经营。

目前，伊拉克已成为伊朗在本地区最重要的商品销售市场，特别是在伊拉克的南部地区。更重要的是，伊朗生产的所谓“违禁”原油销售主要借助伊拉克渠道不断供应国际市场。2019 年 3 月 11 日，伊拉克总理阿卜杜勒－迈赫迪与伊朗总统鲁哈尼在巴格达举行会谈，两国签署多项谅解备忘录，将在反恐、石油、农业、交通、医疗和工业等领域展开合作，在经济合作中还包括建设一条连接伊拉克南部城市巴士拉和伊朗边境城镇沙拉姆切赫的铁路。[③] 此外，为拓展安全空间，伊朗还注重远洋军事能力建设，构建远洋支援与干预体系，力求从海上对地区盟友实现直接支持。2020 年 11 月 19 日，伊朗在霍尔木兹海峡阿巴斯港高调举行“沙希德·鲁达基”号支援舰服役仪式。虽然该舰装备与目前主流的军事标准相比稍显落后，但 12000 吨的满载排水量说明该舰也有不容小觑的自持力与续航力。同时，该舰搭载的相控阵雷达、直升机、无人机以及快艇等装备，使得该舰具备一定的海上机动基地功能[④]，可以实现武装力量的远洋投送，对敌对国产生威慑作用。

---

① 《美国防部：驻阿富汗和伊拉克美军明年初分别减至 2500 人》，http：//www. xinhuanet. com/mil/2020－11/18/c_ 1210891750. htm，最后访问时间：2020 年 12 月 1 日。

② Max Boot：“Iran-Backed Militias in Iraq Poised to Expand Influence,” October 13，2020，https：//www. cfr. org/in－brief/iran－backed－militias－iraq－poised－expand－influence，accessed：2020－12－5。

③ 《伊拉克和伊朗加强经贸合作》，http：//www. xinhuanet. com/world/2019－03/12/c_ 1124222559. htm，最后访问时间：2019 年 4 月 1 日。

④ 《欧美媒体报道伊朗服役准航空母舰，能携带大批舰载机还能防空反舰》，https：//www. sohu. com/a/433396456_ 624484，最后访问时间：2020 年 12 月 1 日。

第三，继续支持叙利亚巴沙尔政权、黎巴嫩真主党和也门胡塞武装等，构建安全走廊。在中东地区，伊朗将伊拉克和叙利亚视为伊朗最重要的盟友，其中更将叙利亚视为什叶派盟友在新月地带的“脊梁”，以此作为抵制和消解以色列和西方在中东地区影响力的屏障。伊朗半官方的迈赫尔通讯社援引伊朗最高精神领袖哈梅内伊的外交顾问韦拉亚提的话，在反以色列的国家和武装团体结成的“抵抗阵线”中，叙利亚发挥着重要作用，“同样是出于这个原因，我们认为任何对叙利亚的攻击将被视为攻击伊朗和伊朗的盟友”①。

2020 年，叙伊军事合作更加深入。7 月 8 日，叙利亚国防部部长阿里·阿卜杜拉·阿尤布和伊朗武装部队总参谋长穆罕默德·巴盖里在大马士革签署协议并发表联合声明：叙伊两国军队将继续协同应对各种风险和挑战，尤其是应对各种形式和名目的恐怖主义，叙伊两国有着牢固的战略关系，面对不断增强的压力和威胁，双方始终保持涵盖各领域的军事和安全合作。② 11 月 8 日，伊朗总统鲁哈尼表示，伊朗与叙利亚具有战略关系，伊朗将坚定支持“战略盟友”叙利亚并谴责美国政府承认以色列吞并戈兰高地，他呼吁继续反击“以色列占领”，直到所有被以色列占领的土地得到解放。③ 叙利亚局势的任何变化都已成为伊朗的最重要关切。

在坚定支持巴沙尔政权的同时，伊朗还加大了对黎巴嫩真主党、也门胡塞武装等武装力量的支持力度。在伊朗的支持下，黎巴嫩真主党从 2019 年开始不断增加其在政府中的影响力，越发成为以色列的“心头之患”。在海湾地区，伊朗通过各种形式支持也门胡塞武装，包括提供弹道导弹和无人机等军事装备，通过胡塞武装建立在红海航运的潜在军事优势，以期在极端情况下对海湾相关敌对国的石油运输构成直接威胁。从伊朗方面来说，也门虽

---

① 《伊朗高官：攻打叙利亚就是攻打伊朗》，https：//www. guancha. cn/Third – World/2013_ 01_ 27_ 123333. shtml，最后访问时间：2019 年 7 月 1 日。

② 《叙利亚和伊朗签署军事协议》，http：//www. xinhuanet. com/video/2020 – 07/10/c _ 1210695647. htm，最后访问时间：2020 年 7 月 12 日。

③ 《伊朗总统称坚定支持战略盟友叙利亚》，http：//www. xinhuanet. com/mil/2020 – 12/09/c_ 1210924099. htm，最后访问时间：2020 年 12 月 10 日。

然属于阿拉伯国家，但同属什叶派这一事实已经足以说明两国关系的重要性，而且发展与也门关系也意味伊朗势力可以借助也门直接渗入沙特的南部腹地，与沙特南部的什叶派建立直接联系，从而对沙特政府构成直接压力。

第四，强调伊斯兰什叶派宗教认同，对外高举“伊斯兰团结”的大旗。在伊朗对外关系中，伊斯兰教特别是什叶派因素仍然是伊朗维护和提高自身战略地位的有效工具。在伊朗现有的政治盟友中，伊拉克是什叶派人口最多的一个国家，两国在宗教领域展开的合作较多。伊拉克境内两大什叶派圣地纳杰夫和卡尔巴拉不仅完全向伊朗什叶派朝觐者开放，而且两大圣地从安全保卫到后勤保障都由伊朗宗教机构来负责。2019 年 3 月 13 日，伊拉克什叶派最高宗教领袖西斯塔尼在纳杰夫会见到访的伊朗总统鲁哈尼，双方就两国关系和地区局势进行了讨论。[①] 伊朗在伊斯兰世界继续高举“伊斯兰团结”的大旗，呼吁全世界穆斯林应团结一致，共同应对美国和以色列的威胁。2019 年 11 月 14 ~16 日，伊朗官方主办的第 33 届伊斯兰教团结国际大会在德黑兰召开，会议公开谴责“世纪协议”对穆斯林信仰的侵犯，并呼吁伊斯兰国家采取行动捍卫该清真寺。[②]

第五，利用新媒体作为传播媒介，积极开展对阿拉伯国家的宗教外宣。面对来自内外部的挑战和威胁，伊朗大力拓展外宣渠道，扩大地区影响力，阿拉伯语什叶派宗教歌曲就是其中之一。近年来，阿拉伯语什叶派艺术歌曲在网络上更趋活跃，特别是在 YouTube、Facebook、Twitter 和 Instagram 等社交媒体上，一群被称为拉杜德的什叶派职业宗教歌唱家受到网友的热捧。[③] 可以说，在中东乃至全世界的社交媒体平台上，什叶派制作的歌曲视频正凭借其独特的吸引力和感染力迅猛而广泛地传播，形成了独特的“什叶派教义 + 互联网 + 音乐”的艺术化宣教现象。阿拉伯语什叶派歌曲视频在新媒体

---

① 《伊拉克什叶派最高宗教领袖会见伊朗总统》，http：//m. xinhuanet. com/2019 – 03/13/c_1124232182. htm，最后访问时间：2019 年 4 月 3 日。

② 《伊斯兰团结大会的最后声明：伊斯兰世界必须就捍卫阿克萨清真寺采取坚定的立场》，https：//parstoday. com/zh/news/iran – i47276，最后访问时间：2019 年 12 月 1 日。

③ 《10 亿次观看，10 亿个感谢》，https：//www. youtube. com/watch？ v = eniMvs8Bc_ w，最后访问时间：2019 年 7 月 1 日。

上的广泛传播，是什叶派复兴向网络空间延伸的具体表现，其背后是伊朗主导的什叶派影响力的扩大和增强。至于这些视频的制作、发布者来源，主要有三个：一是伊拉克、巴林等海湾国家的拉杜德及其背后的什叶派宗派团体；二是黎巴嫩真主党等阿拉伯什叶派政治军事组织；三是伊朗国内的外宣机构。

二　伊朗对阿拉伯国家政策前景

就中东地缘态势整体而言，随着美国战略重心向印太地区转移，以及叙利亚、也门等地区边缘地带的热战逐渐趋于平缓，中东地区的斗争重心开始向本地区的中心地带即伊拉克、波斯湾、沙特和伊朗转移。目前来看，以伊朗为首的什叶派阵营充分利用阿拉伯世界群龙无首的有利时机，在未来地区博弈中对阿拉伯国家的政策将会在延续过去“又打又拉”传统的基础上，变得更加积极、活跃。

第一，伊朗对阿拉伯国家政策是基于伊朗自身安全和政权性质，并根据中东地区阿拉伯国家的整体状况而制定和实施的政策。在外交战略层面可以概括为“国家安全与穆斯林共同体利益优先”，在外交策略层面则可以概括为“以意识形态论亲疏”，对阿拉伯国家“又打又拉”。根据什叶派信仰一致性原则，伊朗特别注重发展与叙利亚、伊拉克、也门和黎巴嫩真主党等国家和组织之间的关系，力求巩固什叶派联盟。2019 年 9 月 7 日，伊朗、伊拉克和叙利亚三国在德黑兰签订铁路联通项目协定，旨在联通三国铁路，构建从伊朗霍梅尼港途径伊拉克巴士拉到叙利亚拉塔基亚的三国运输走廊，实现三国商贸及人员的联通与交流，同时，将进一步提高什叶派阵营内部的经济连通性与政治安全统筹性，极大扩展了伊朗的经济贸易与地缘政治空间。对沙特等敌对国家，伊朗则充分利用也门胡塞武装的影响力实现对沙特的牵制和打压；针对沙特、巴林等海合会内部的矛盾，伊朗进一步加强意识形态宣传和组织渗透；针对以色列，伊朗继续支持黎巴嫩真主党、巴勒斯坦哈马斯，适时炒作巴以问题，为美国主导的反伊朗联盟制造障碍。总之，伊朗对阿拉伯国家政策的整体态势将是沿袭过去的惯性，同时根据形势变化做出相应的策略调整。

第二，伊朗对阿拉伯政策将是导致地区关系与形势变化的重要变量，甚至能够影响地区基本格局与总体走向。伊朗作为中东大国，是引领地区变革的关键力量。伊朗主导的什叶派阵营经过长期战乱与斗争后逐渐趋于稳定，阵营内部统筹性与整合程度不断加强，在地缘上对以沙特为首的逊尼派阿拉伯阵营形成合围态势。此外，伊朗还存在一个有利于其影响力进一步扩大的因素，就是阿拉伯君主国内部的政治脆弱性和政治合法性危机在“阿拉伯之春”爆发后进一步加深。“阿拉伯之春”在西方被解读为“民主的春天”，但本质上是底层民众在民生问题上对强人政治的否定，而在伊朗看来却是“伊斯兰觉醒”，是社会底层人民对专制统治的“觉醒”。如今，以海合会各国为代表的阿拉伯君主国似乎已成为中东政治大变革背景下的孤岛，其变革压力与势能更大。伊朗在伊斯兰政府名义下实行民众政治参与，即伊朗政府所极力宣扬的“伊斯兰民主”对这些君主国也形成一定的社会政治压力。伊朗经过 40 余年的实践所形成一套完整的治理模式和丰富的发展经验，已经成为伊朗向这些阿拉伯君主国展示制度魅力和国家形象的主要内容。

第三，伊朗对阿拉伯政策将与新一届美国政府的中东政策存在密切联动关系。随着美国新一届政府中东政策逐渐明朗，伊朗对阿拉伯国家政策必将随之做出相应的调整。从冷战后美国外交战略整体来说，中东只是美国世界霸权战略的一个热点区域，一个混乱而可控的中东秩序是最符合美国利益的，因此构建一个大国之间“斗而不破”的地区秩序，同时维护美国利益，仍将是美国新一届政府中东政策的基石。根据拜登竞选演说和目前的一些政策宣传看，新一届美国政府大概率会改变特朗普政府的“极限施压”政策，重回奥巴马时期的“接触”与“促变”，美伊关系缓和将成为确定的方向。一旦美伊关系实现缓和，伊朗对阿拉伯国家的某些政策必将有所节制，对也门胡塞武装、黎巴嫩真主党等亲伊政治宗教派别的实际支持将会削弱。同时也要看到，一旦实现美伊和解，这意味着伊朗现有地区影响力成为既定事实，这反过来加剧地区对手的担心，甚至会更加促使沙特和以色列两个主要对手“抱团取暖”。总之，新一届美国政府的中东政策，将是影响和促使伊朗对阿拉伯国家政策做出调整的最重要的外部因素。

结 语

伊朗在中东影响力持续扩大，极大引起了以色列、沙特和美国的担忧，以致特朗普任期最后两年中东政策的核心内容就是积极推动构建本地区的反伊阵营。2019 年 1 月 8 日，国务卿蓬佩奥访问中东 8 国意图构建“中东战略联盟”① 共同应对“伊朗威胁”；2020 年 9 月在华盛顿举行“中东和平峰会”，埃及、约旦、沙特、巴林、阿曼和苏丹等国领导人受邀出席。应该说，近年来美国主导中东地区“拉郎配外交”、“高科技暗杀”和“封喉式制裁”等应对措施，都与伊朗在本地区影响力逐渐扩大有着直接的因果关系。尽管当前伊朗实现了在阿拉伯国家影响力的“逆势上扬”，但从长远来看，伊朗对阿拉伯国家采用的外交政策暴露了伊朗现行外交政策的理想色彩过于浓厚，这样的政策不仅有违于“利益优先、发展至上”的现代国际关系基本理念，而且也容易招致中东地区国家的疑虑和担心。其结果就是，既对地区和平稳定不利，又加剧了自身民生凋敝的困境。

① 《美国国务卿蓬佩奥将访问中东 8 国》，http：//www.xinhuanet.com/world/2019 - 01/05/c_1123951259.htm，最后访问时间：2019 年 1 月 7 日。

Y.15
海湾地区非伊朗系什叶派力量的发展变化*

王光远**

摘　要：　随着伊朗在中东地区影响力日益增强，中东地区出现了以伊朗为核心的什叶派阵营。伊朗与阿拉伯什叶派之间既有基于教派和历史的认同，也有因民族差异和现实利益导致的隔阂和分歧。特别是“阿拉伯之春”后，伊朗之外的多股什叶派力量在中东地区迅速发展，并对伊朗的宗教和政治权威发起挑战。伊拉克的什叶派宗教领袖西斯塔尼和萨德尔不断发出与伊朗地区政策相左的声音，甚至做出削弱伊朗影响力的举动。与伊朗有矛盾的设拉子运动以卫星频道和新媒体为宣传阵地，大肆传播反伊朗意识形态，取得了广泛的关注。海湾地区非伊朗系什叶派力量的发展与壮大，不仅揭示了什叶派内部关系的复杂性，也预示了未来伊朗对中东什叶派影响力的下降。

关键词：　什叶派　伊朗　伊拉克　设拉子运动

一直以来，伊朗被认为是什叶派的中心，而阿拉伯什叶派被称为伊朗在

* 本成果受北京语言大学院级项目资助（中央高校基本科研业务费专项资金），项目批准号：20YJ020005。

** 王光远，博士，北京语言大学中东学院讲师，研究方向为海湾地区国际关系与国际政治。

阿拉伯国家的“第五纵队”，接受伊朗的指挥和控制。埃及前总统穆巴拉克曾表示，阿拉伯什叶派更忠于伊朗而不是自己的国家。在“什叶派新月地带”概念提出后，伊朗带领伊拉克、叙利亚、黎巴嫩真主党和也门胡塞武装组成什叶派阵营，与沙特领导的逊尼派阵营进行博弈和对抗，成为一种流行的观点。

然而，实则未必。2019 年 10 月，伊拉克爆发大规模反政府示威游行，人们走上街头要求解决腐败、失业和公共服务不足等问题，但抗议矛头很快指向伊朗。2019 年 11 月 27 日和 12 月 1 日，伊朗驻纳杰夫领事馆在一周内两次被纵火焚烧。抗议者还袭击了与伊朗关系密切的伊拉克已故宗教领袖穆罕默德·巴基尔·哈基姆的陵墓。而在此之前的 11 月 3 日，抗议者还曾试图纵火焚烧伊朗驻卡尔巴拉的领事馆。

值得注意的是，纳杰夫和卡尔巴拉都是什叶派圣地，伊朗多年来向这两座城市和周边地区投入巨额资金，维护修缮宗教场所，建设机场、学校和医院等基础设施。此外，伊朗也非常注重加强对伊拉克的公共外交，为伊拉克人提供签证便利，还建立数个阿拉伯语电视频道和广播对伊拉克进行宣传。[①] 在军事领域，伊朗支持的什叶派民兵武装在与“伊斯兰国”的战斗中发挥了关键作用。但为何伊朗在经营什叶派网络多年后，且在伊拉克投入了大量人力、物力和财力后，却在什叶派的核心圣地遭到反对，这些反伊朗势力来自何处？是外部力量干预的偶发性事件还是长期积累的矛盾所致？很显然在海湾地区的什叶派中存在着多股独立于伊朗的力量。

研究非伊朗系什叶派力量的发展变化，不仅为我们了解和认识中东地区教派分化和发展与虚拟网络空间的教派争夺提供了新的认识视角，也为我们充分预测和把握中东地区教派冲突和现实地缘政治的未来趋势提供了新的观察维度。

---

① 魏亮：《伊朗影响伊拉克的目标与途径》，《阿拉伯世界研究》2014 年第 1 期。

一　海湾阿拉伯什叶派与伊朗的复杂关系

中国学者李福泉指出："伊朗和阿拉伯什叶派的关系是中东最敏感、最受关注和最受误解的关系之一。"① 对于阿拉伯什叶派来说，伊朗是什叶派人口最多的聚居地，是伊斯兰革命的中心，也是一个国家。② 从教派主义层面上看，伊朗伊斯兰革命的成功，使得长期受压迫和被边缘化的什叶派掌控了一个现代国家的政权，这对有着不同境遇的阿拉伯什叶派有着很强的吸引力，并产生追随伊朗摆脱困境的动力。因此许多阿拉伯什叶派穆斯林都有在1979 年后前往伊朗求学和避难的经历。从伊斯兰主义层面看，伊朗基于什叶派传统和伊朗国情进行的政治改革，实行"法学家监国"的政治制度，建立了真正意义上的伊斯兰政府，对渴望实现真主主权的阿拉伯什叶派伊斯兰主义者具有强大的示范效应。从民族主义层面看，伊朗在对外政策中独立自主，高举反对美国和以色列的旗帜，让饱受帝国主义干涉之苦的阿拉伯人感到尊重和钦佩。

但与此同时，伊朗和阿拉伯什叶派也有不和谐甚至是相互冲突的一面。

首先，从民族感情上看，阿拉伯人与波斯人有着很深的民族隔阂。波斯人作为伊朗主体民族鄙视阿拉伯人，认为他们是劣等民族。而且，伊朗也将阿拉伯什叶派作为地区政策的利用对象。③ 而阿拉伯什叶派则反感伊朗人的傲慢和偏见。虽然他们乐于见到一个强大的什叶派国家的兴起，但也视伊朗什叶派为异族。④

---

① 李福泉：《海湾阿拉伯什叶派政治发展研究》，生活·读书·新知三联书店，2017，第 343 ~ 344 页。

② Graham E. Fuller, Rend Rahim Francke, *The Arab Shi'a: The Forgotten Muslims*, New York: St. Martin's Press, 1999, pp. 71 – 77，转引自李福泉《伊朗与阿拉伯什叶派关系》，《国际问题研究》2015 年第 2 期。

③ 李福泉：《伊朗与阿拉伯什叶派关系》，《国际问题研究》2015 年第 2 期。

④ 李福泉：《海湾阿拉伯什叶派政治发展研究》，生活·读书·新知三联书店，2017，第 345 页。

其次，从政治领域看，并非所有阿拉伯什叶派都认可伊朗倡导的政治制度。阿拉伯什叶派本身内部高度异质化的群体，其中有对伊朗抱有好感的伊斯兰主义者，但也有很多秉持世俗主义和民族主义的什叶派。对于这些什叶派来说，伊朗模式既不是需要遵循的发展模式，也不是唯一正确的道路。

最后，在宗教领域，很多阿拉伯人效仿的什叶派宗教领袖与哈梅内伊之间存在分歧。受什叶派效仿传统的影响，通常情况下，普通什叶派穆斯林和低级宗教学者都要选择一个效仿对象，服从其对教法的权威判断，无条件地追随他的决定。这个效仿对象被称为穆智台希德（mujtahid），是有资格进行教法创制的高级宗教学者。穆智台希德又分为三个等级，分别为霍贾特伊斯兰（伊斯兰的证据）、阿亚图拉（真主的迹象）和大阿亚图拉。大阿亚图拉就是效仿渊源。在多个效仿渊源同时存在时，会有一个公认的最高效仿渊源。但是，这种公认的“最博学者”是由什叶派大众普遍自发承认的，并没有形成体制化。当1895年最高效仿渊源米尔扎·穆罕默德·哈桑·设拉子（Mirza Muhammad Hasan Shirazi）去世后，在谁有资格获得“最博学者”的称号并成为最高效仿渊源的问题上，什叶派大众产生了巨大的分歧。[①] 就阿拉伯什叶派来说，他们追随的效仿源泉是多样化的，既有伊朗的大阿亚图拉如哈梅内伊，也有伊拉克的大阿亚图拉如阿里·西斯塔尼。不同的效仿源泉有着不同的宗教和政治理念，有的支持伊朗伊斯兰革命和法基赫监护制度，属于政治行动主义者。有的则遵从传统的政治无为主义（又称为寂静主义者），反对宗教学者介入现实政治，比如伊拉克的胡伊。此外，还有的效仿源泉虽然是政治行动主义者，但并不支持伊朗最高领袖行使法基赫监护权。由于效仿源泉的分歧和理念差异，他们的追随者对伊朗的态度和立场千差万别。有的什叶派甚至对伊朗满怀敌意，激烈抨击伊朗的政治制度和地区政策。

① D. M. Maceoin, “Changes in Charismatic Authority in Qajar Shi'ism,” in Edmund Bosworth and Carole Hillenbrand (ed.), *Qajar Iran: Political, Social and Cultural Change 1800 - 1925*, p. 161，转引自吴冰冰《什叶派现代伊斯兰主义的兴起》，中国社会科学出版社，2004，第74页。

总之，由于上述分歧的存在，什叶派内部呈现多元化发展趋势，各派别之间的关系是复杂而微妙的。这也决定了伊朗无法绝对掌控整个什叶派网络，从而让非伊朗系什叶派力量有发展和壮大的空间。近年来，特别是“阿拉伯之春”后，非伊朗系什叶派力量出现较快发展。

二　务实的批评者——西斯塔尼和萨德尔

什叶派的效仿源泉彼此之间存在对教法权威和资源的竞争关系，多个宗教网络并存在什叶派内部是一种常态。[①] 哈梅内伊在什叶派网络中的最大竞争对手就是伊拉克的最高宗教领袖大阿亚图拉西斯塔尼。西斯塔尼出生于伊朗马什哈德，成年后来到伊拉克纳杰夫求学，后被伊拉克效仿源泉大阿亚图拉胡伊选定为继承人。受胡伊政治无为主义思想的影响，西斯塔尼在很长一段时间内，都对伊拉克国内政治事务采取超然的态度。而且，他也不赞成霍梅尼式的伊斯兰政府理论。他认为，宗教人士的社会作用是为公众提供普遍性的建议。教法学家的责任主要是监督而非治理。[②] 但当2003年伊拉克政治生态崩溃后，西斯塔尼开始利用他的宗教领袖身份在伊拉克重建中发挥作用，比如他强调组建政党、选举制度化的重要性，承认伊拉克宪法的作用，鼓励追随者参与选举，等等。在2014年“伊斯兰国”肆虐期间，西斯塔尼更是史无前例的发布了“圣战”法特瓦，号召什叶派拿起武器保卫圣地。可以说，西斯塔尼以现实主义的态度对待宗教与政治生活之间的关系，为推动伊拉克的国家治理和统一贡献了力量。

虽然西斯塔尼出生在伊朗，但他在政治上的考量都是基于伊拉克的国家利益。他与哈梅内伊在诸多问题上存在分歧，充分说明了他独立于伊朗的态

---

① Elvire Corboz, *Guardians of Shi'ism: Sacred Authority and Traditional Family Networks*, Edinburgh: Edinburgh University Press, 2015, p. 50.

② 王宇洁、黄麟：《从宗教传统到现实政治：当代伊拉克著名什叶派宗教领袖的思想流变》，《西亚非洲》2018年第3期。

度。比如在“阿拉伯之春”爆发后，哈梅内伊认为这场变革受到了伊斯兰革命的启发，呼吁什叶派予以支持。① 但西斯塔尼却在反对暴力的基础上呼吁更多的对话和谈判。二人对导致沙特与伊朗断交的尼姆尔事件的态度也有很大差别。哈梅内伊对沙特处死尼姆尔予以非常严厉的谴责，表示沙特将面对“神圣报复”并走向灭亡。西斯塔尼虽然也表示谴责，但更多的是向死者家属表示同情和哀悼。

西斯塔尼对伊朗系的什叶派宗教学者多持敬而远之的态度。比如，2004年他飞往伦敦治病途中曾短暂停留黎巴嫩，真主党总书记哈桑·纳斯鲁拉欲到机场迎接却被他婉拒；2017 年 9 月，西斯塔尼没有接见到访伊拉克的哈梅内伊特使——伊朗确定国家利益委员会主席马哈茂德·哈希米·沙赫鲁迪。自 2019 年起，西斯塔尼对什叶派民兵组织“人民动员力量”的态度发生变化。从 2019 年 10 月反政府示威游行一开始，西斯塔尼就支持抗议者，呼吁政府满足他们的诉求。他的私人代表不仅在每个星期五的布道中都对抗议者表示支持，还参加了在卡尔巴拉举行的大规模抗议活动。西斯塔尼强调通过提前选举和新的选举法改变整个政治体制，并谴责政府对抗议者使用暴力，甚至影射“人民动员力量”中的亲伊朗民兵组织在杀害抗议者。2020年 4 月，4 个亲西斯塔尼的武装组织表示它们正考虑从“人民动员力量”中撤出。② 9 月，西斯塔尼会见了联合国秘书长伊拉克问题特别代表，他呼吁伊拉克政府实行法治，打击腐败，并提出应没收非法武器，阻止某些团体在伊拉克强行划分势力范围，为在伊拉克正改革抗议活动中所有被杀害、受伤或被绑架的人民伸张正义。12 月，此前发布声明考虑退出的亲西斯塔尼的 4个旅举行了一次会议。会议的最后发言措辞严厉，反对腐败和利用民兵武装谋取个人和派别利益。它们宣布将组建一支隶属于伊拉克武装部队总参谋长

① 《哈梅内伊聚礼讲话》，https：//farsi. khamenei. ir/speech - content? id = 10955，最后访问时间：2020 年 12 月 25 日。

② Hamdi Malik，“Pro-Sistani ‘Popular Mobilization Units’ Break with Pro-Iran Militias in Iraq，” https：//www. al - monitor. com/pulse/originals/2020/04/iraq - iran - pmu - sistani. html # ixzz6nQpu9PKV，accessed：2021 - 1 - 29.

而不是伊朗的动员部队。[①] 可以说，在赋予了什叶派民兵组织“人民动员力量”宗教合法性后，西斯塔尼开始消解这个组织的合法性，这不仅在军事领域打击了亲伊朗的民兵组织，也让其开始在政治方面失去支持，这无疑都损害了伊朗在伊拉克的影响力。

另一位与伊朗关系复杂的什叶派宗教领袖是穆克塔达·萨德尔。他出身于伊拉克著名的萨德尔家族，其父穆罕默德·萨迪克·萨德尔是大阿亚图拉，由于反对萨达姆的统治于1999年被逮捕杀害。他的岳父是大名鼎鼎的穆罕默德·巴基尔·萨德尔，伊拉克达瓦党的创始人，1980年被萨达姆处死。他的叔父穆萨·萨德尔则是黎巴嫩什叶派现代伊斯兰主义的代表人物，阿迈勒运动的创始人。可以说，萨德尔家族是什叶派政治行动主义的先驱，为什叶派的政治运动贡献巨大。穆克塔达·萨德尔继承了家族的光荣传统，在2003年萨达姆政权倒台后积极投身政治。他的追随者甚至将萨达姆城改名为萨德尔城，成了该派的重要基地，足见其号召力。

2004年，萨德尔建立了忠于自己的武装组织马赫迪军，与美军展开了一系列战斗。2007年萨德尔又解散麾下民兵组织，淡出政坛前往伊朗学习。2011年萨德尔重返伊拉克，继续参与政治建设，并逐渐从边缘走向中心，萨德尔将自己定位为伊拉克民族主义者，不仅反对美国对伊拉克占领，也反对伊朗对伊拉克内政的干涉。自伊拉克前总理马利基2010年第二次上台后，萨德尔就一直批评伊朗对伊拉克的政策，他曾指出，“苏莱曼尼是伊拉克权势最大的人……决定了伊拉克的政治和教派等各项事务”[②]。此外，他还反对伊朗向叙利亚派遣伊拉克什叶派民兵。相比与伊朗的明显分歧，萨德尔更倾向于阿拉伯世界，渴望打开与阿拉伯国家沟通的大门，甚至呼吁伊拉克回归到之前的阿拉伯氛围中。阿拉伯国家也对萨德尔批评伊朗的举动表示支持

① Mustafa Saadoun, “Shiite Factions Close to Sistani Move to Separate from Iran-backed Militias,” https://www.al-monitor.com/pulse/originals/2020/12/iraq-iran-pmu-sistani.html#ixzz6nQopeOs5, accessed: 2021-1-29.

② 《萨德尔关于伊朗的言论在伊拉克引发争议》，https://www.aljazeera.net/news/reportsandinterviews/2013/12/23/تصريحات-الصدر-بشأن-إيران-تثير-الجدل，最后访问时间：2020年2月23日。

和欢迎。2017 年 8 月，萨德尔一度前往沙特与王储穆罕默德·本·萨勒曼会谈，被视为制衡伊朗的举动。

虽然与伊朗之间存在分歧，反对伊朗对伊拉克的干涉，但西斯塔尼与萨德尔对伊朗的立场秉持实用主义原则，并非彻底决裂。萨德尔虽然以伊拉克民族主义者和反伊朗的立场而闻名。但他的家族与伊朗关系密切，他本人也从未彻底断绝与伊朗的关系。2019 年 9 月，萨德尔出人意料地出席了在德黑兰举行的阿舒拉节仪式，与最高领袖哈梅内伊和苏莱曼尼并排而坐。他所坐的位置一般都留给被伊朗敬为上宾的人。在苏莱曼尼遇刺后，西斯塔尼第一时间向哈梅内伊发出唁电，悼念苏莱曼尼和穆罕迪斯两位烈士，并称赞他们在对抗极端主义方面为伊拉克做出的突出贡献。二人的言谈与行为反映了什叶派内部复杂而微妙的关系，也代表着许多伊拉克什叶派对伊朗的现实主义立场：既不完全反对伊朗，也不放任伊朗对伊拉克内政的干涉，更不会唯伊朗马首是瞻。伊朗虽然在什叶派网络中占据优势，但仍无法左右所有什叶派的政治选择。除了需要面对温和反对者的批评外，更让伊朗头疼的是极端激进什叶派的威胁。

三　激进的反对者——设拉子运动

2013 年 9 月，哈梅内伊在关于伊朗“敌人”的演讲中，提到了一个令人感到陌生的对象：设在西方的什叶派卫星频道。哈梅内伊称其是“一群给教派冲突火上浇油的雇佣兵”，并强调说，“它得到了大众媒体的广泛关注”。这些以伦敦和美国为基地的卫星频道向全世界传播错误的什叶派信仰。[①] 哈梅内伊提到的这些什叶派卫星频道都与设拉子运动有着直接或间接的关系。

设拉子运动在伊拉克、科威特、巴林和沙特等海湾国家的什叶派中拥有

① Arash Azizi, “Iran Targets ‘MI6 Shiites’,” https://www.al-monitor.com/pulse/originals/2015/04/iran-shia-shirazi-movement-secterian.html, accessed: 2020-2-23.

强大的影响力，在多个西方国家都设有分支机构。设拉子运动的核心是设拉子家族。该家族19世纪从伊朗设拉子迁居至伊拉克纳杰夫和卡尔巴拉，在一个多世纪的时间中人才辈出。比如大阿亚图拉米尔扎·穆罕默德·哈桑·设拉子（Mirza Muhammad Hasan Shirazi）是19世纪什叶派最高效仿渊源，在1891年伊朗烟草革命中发挥了领导作用。他培养了许多优秀的门生，构成了紧密结合哲学和政治的“萨马拉学派”[①]，对什叶派政治思想的发展和壮大起到了关键作用。哈桑·设拉子的侄子兼学生穆罕默德·塔基·设拉子（Muhammad Taqi Shirazi）当过什叶派的最高效仿渊源，在反对英国殖民统治的运动中发挥了领袖作用。

然而，让设拉子学派在海湾乃至整个中东地区产生广泛影响的重要人物是穆罕默德·侯赛尼·设拉子（Muhammad Husayni Shirazi）。他的父亲是大阿亚图拉马赫迪·设拉子（Mahdi Shirazi）。得益于深厚的家学渊源和出色的个人能力，穆罕默德·侯赛尼·设拉子一生著作颇丰，主题涉及科学、伦理学、政治学、经济学、社会学、法律和人权等，是现代什叶派非常重要的大阿亚图拉。20世纪60年代中期，穆罕默德·侯赛尼·设拉子与他的弟弟哈桑·设拉子在卡尔巴拉创立了一个地下政治伊斯兰组织，由他们的外甥塔基·穆达里斯（Taqi al-Mudarresi）负责运作。在遭到复兴党的打压后，穆罕默德·侯赛尼·设拉子和塔基·穆达里斯带领家族主要成员前往科威特。家族成员是什叶派效仿源泉关系圈的首要基础。[②] 依靠家族关系，以穆罕默德·侯赛尼·设拉子为核心的设拉子运动在科威特发展壮大，辐射整个海湾地区，吸引了许多来自沙特和巴林的阿拉伯什叶派青年学习宗教知识和政治理念。此外，哈桑·设拉子在1972年来到了叙利亚和黎巴嫩，拜访了那里的阿拉维社团，发布了承认阿拉维派为什叶派的法特瓦，为设拉子运动在沙姆地区的发展奠定了基础。

穆罕默德·侯赛尼·设拉子是教法学家监国理念（法基赫监护）的提

---

① 吴冰冰：《什叶派现代伊斯兰主义的兴起》，中国社会科学出版社，2004，第107页。

② 李福泉：《什叶派宗教网络视角下的中东政治与伊朗外交》，《世界宗教研究》2020年第6期。

出者和拥护者之一。在伊朗伊斯兰共和国建立初期，设拉子运动一度非常有影响力，在伊朗多个部门都有众多追随者。但是，穆罕默德·侯赛尼·设拉子不同意霍梅尼作为最高领袖实行法基赫监护统治，而是希望用教法学家委员会取代最高领袖，从而与霍梅尼发生了分歧。在霍梅尼去世后，穆罕默德·侯赛尼·设拉子挑战哈梅内伊的宗教权威，拒绝承认其是什叶派世界的唯一领导人。[①] 他与伊朗政权的冲突最终导致设拉子运动成员被逐出伊朗，他本人则被软禁在库姆直至2001年去世。此后，他的弟弟萨迪克·设拉子（Sadiq al-Shirazi）接替他成为设拉子家族的族长。

以穆罕默德·侯赛尼·设拉子思想为核心的设拉子运动在世界不同地区建立了许多机构，有医院、学校、图书馆、金融慈善机构和伊斯兰研究中心等。但设拉子运动影响最为广泛的活动还是在媒体领域，吸引了众多宗教学者和什叶派信众的关注。穆罕默德·侯赛尼·设拉子生前就曾鼓励追随者进军媒体领域，以掌控话语权。2004年设拉子运动建立了Alanwar卫星频道，播放什叶派教法和教义的讲座节目，以及拜谒什叶派圣地的仪式。彼时正值教派冲突恶化，该卫星频道得到了广泛关注。此后设拉子运动一直致力于媒体宣传，到目前共开设了20多个多语种的卫星电视频道。如阿拉伯语频道：Marjaeyat TV、Alanwar TV、Alanwar TV 2、Imam Hussein TV、Al-Mahdi TV、Alhawza Alilmiyya TV、Shaaer TV、Al-Abbas TV、CH 4 Teen、Al-Aqila TV和Imam Hassan TV；波斯语频道：Marjaeyat、Imam Hussein、Imam Asr、Alhawza Alilmiyya、BaitAlabbas、Aby Al-Fadl al-Abbas、Al-Qaem、Imam Sadiq、Al-Slam和Al-Ghadeer；英语频道：Marjaeyat和Imam Sadiq。此外，还有乌尔都语和土耳其语频道。

除播放穆罕默德·侯赛尼·设拉子等宗教学者的讲座与演讲外，这些频道的另一个重要内容就是对传统什叶派仪式的传播。比如催人泪下的什叶派哀歌，以及在阿舒拉日用刀剑击打头部的血腥场面等。这样做的目的是激发

① "The Limits of Iranian Influence among Gulf Shi'a," https://ctc.usma.edu/the-limits-of-iranian-influence-among-gulf-shia/, accessed: 2020-7-14.

观看者的情感，从而获取他们的支持。因为一部分激进的设拉子学派分子知道他们无法与伊朗在政治和经济领域相抗衡，于是别有用心地走向了意识形态领域，通过煽动性的言论和画面来激发什叶派穆斯林的情感，从而获得他们的支持。在政治领域，设拉子学派通过讲座和演讲的方式攻击伊朗的政治制度；在宗教方面，设拉子学派反对伊朗官方推行的什叶派教法原则与理念，鼓励诋毁与阿里有隙的欧麦尔等逊尼派崇敬的人物，还推崇用刀剑自残身体以纪念侯赛因的行为。① 这与伊朗所倡导的理念截然相反，霍梅尼本人曾多次对什叶派攻击和侮辱逊尼派的行为表示不满。② 哈梅内伊也发布法特瓦禁止侮辱先知的同伴和圣妻阿伊莎③，严禁在阿舒拉日用刀剑自残身体。然而，设拉子学派的极端话语却在中东教派冲突日益恶化背景下获得了巨大的宣传效果。

特别是在社交媒体兴起后，设拉子学派利用在传统媒体积累的经验和优势，与时俱进，在 YouTube、Facebook 和 Twitter 上开设了多个账号，发布精心制作的“艾纳希德”（什叶派歌曲）视频，吸引了大量的用户关注，形成了与伊朗势均力敌，甚至有所超越的趋势。与设拉子学派颇有渊源的伊拉克著名拉杜德（宗教歌曲吟诵师）巴希姆·卡尔巴拉伊就是例子，他在 YouTube 上发布的视频作品观看次数总和竟然突破了 20 亿次，订阅用户数量近 800 万。④ 然而，巴希姆·卡尔巴拉伊的早期作品中就有宣传激进暴力的内容，他本人还因为侮辱圣妻阿伊莎被科威特政府驱逐出境。中东国家年轻人群体数量较多，获得了年轻人的支持和关注，就获得舆论阵地。对于年轻人来说，宗教学者的传教演讲往往过于冗长，难免感到枯燥乏味。而社交

① 参见设拉子学派官方网站，http://www.alshirazi.net/istftaa/30.htm，最后访问时间：2020 年 8 月 6 日。

② Wilfried Buchta, “Tehran’s Ecumenical Society (Majma ‘ Al-Taqrib): A Veritable Ecumenical Revival or A Trojan Horse of Iran?” in Rainer Brunner and Werner Ende, eds., *The Twelver Shia in Modern Times*, pp. 333 – 334.

③ “Ayatollah Khamenei’s Fatwa: Insulting the Mother of the Faithful Aisha is Prohibited,” https://english.khamenei.ir/news/3905/Ayatollah-Khamenei-s-fatwa-Insulting-the-Mother-of-the-Faithful, accessed: 2020-7-23.

④ 参见 https://www.youtube.com/user/bkstaff110/about。

媒体上的歌曲视频符合年轻人追求新鲜事物的心理特点，对他们有很强的吸引力。设拉子运动将自身优势与社交网络的特点完美结合，在年轻人中的影响力不断扩大。

2018 年 3 月 6 日，由于在库姆的一次演讲中攻击哈梅内伊，将其比作“埃及法老”，伊朗政府逮捕了萨迪克·设拉子的儿子侯赛因·设拉子，在社交媒体和现实中引发了一系列的连锁反应。侯赛因·设拉子被捕的消息在设拉子开设的卫星频道中和社交网络上飞速传播，引发了追随者们的愤怒，纷纷前往所在国的伊朗使领馆举行示威抗议活动，要求释放侯赛因。科威特设拉子运动的领导人优素福·穆拉·哈迪（Yussef Mulla Hadi）则称伊朗政权是一个打着“教法学家监国”幌子的独裁政权，呼吁全世界的什叶派与该政权划清界限。[①] 伊朗驻伦敦大使馆更是被 4 人强行闯入，降下伊朗国旗升上了他们所属组织的旗帜。这个组织与设拉子运动有着千丝万缕的联系，其领导者是极端什叶派教士亚塞尔·哈比卜。他曾是设拉子运动的活跃分子，一直在社交媒体上发布宣扬教派仇恨和反伊朗的视频，引发了巨大的争议。他激进的言论让许多设拉子运动中的人都与他划清了界限。2014 年 2 月，萨迪克·设拉子办公室发表声明称，只有设立在世界各地的设拉子运动的分支机构和 Marjaeyat 电视台能够代表效仿源泉萨迪克·设拉子的思想，这实际上是以隐晦的方式终结了设拉子运动与亚塞尔·哈比卜的联系。然而，亚塞尔在社交媒体上的影响力逐渐扩大，并在 2015 年得到了一支伊拉克什叶派民兵武装的效忠。[②]

但是，并不是所有的设拉子学派都宣扬仇恨言论，且激进地反对伊朗。在穆罕默德·侯赛尼·设拉子去世后，设拉子运动内部也分为了不同流派，有如亚塞尔·哈比卜那样的激进极端流派，也有理性温和的流派。如当新冠肺炎疫情在伊拉克暴发蔓延之际，有设拉子学派的追随者创作歌曲鼓动什叶

---

① 《科威特抗议者与伊朗政权决裂》，http：//alwatan. kuwait. tt/articledetails. aspx？ id = 546652&yearquarter = 20181，最后访问时间：2021 年 2 月 26 日。

② 《伊拉克军人宣布效忠科威特教士亚塞尔·哈比卜》，https：//arabi21. com/story/876402/جنود-عراقيون-يعلنون-الولاء-لرجل-الدين-الكويتي-ياسر-الحبيب，最后访问时间：2021 年 2 月 27 日。

派拜谒阿里等伊玛目的陵墓，称这是最好的治病良药，在社交媒体上造成了非常负面的影响。而设拉子运动的创始人之一，塔基·穆达里斯则发表官方声明，呼吁伊拉克人民遵守防疫规定，实行隔离以阻止疫情传播。①

无论如何，设拉子运动在媒体宣传和意识形态方面取得的成功令伊朗感到强烈不安，指责其得到了外国反伊朗势力的支持。伊朗伊斯兰教派和解协会秘书长阿拉奇就指出设拉子学派得到了沙特的资金支持，其建立起来的媒体矩阵已经对伊朗构成了威胁。② 但设拉子伊斯兰研究中心则强调这些媒体的运行资金都是来自追随者捐赠的“胡姆斯”（Khums，五一税），根本不需要外国支持，充裕的资金让效仿源泉萨迪克·设拉子有独立于国家的能力。此外，很多在海湾地区、伊拉克和巴基斯坦的什叶派商人都向萨迪克捐赠资金。事实上，信徒与效仿源泉之间密切的经济联系确实能够保障宗教学者独立的经济地位，使他们能够在宗教思想上保持自由，也能运用财富资源介入政治。③ 从这一点看，设拉子运动应该不是反对伊朗国家的提线木偶，而拥有独立行为能力的跨国什叶派宗教网络。设拉子运动的发展壮大是什叶派内部流派多元化与复杂化的表现。

结　语

自1979年以来，伊朗一直致力于成为全球什叶派的领袖和榜样，哈梅内伊也希望成为全世界什叶派的效仿源泉。2003年后，随着伊朗在伊拉克影响力的骤增，一条将伊朗、伊拉克、阿拉伯湾沿岸、叙利亚和黎巴嫩真主党连接起来的“什叶派新月地带”似乎已经形成，伊朗掌控什叶派网络为地区战略和国家利益服务得到了印证。“阿拉伯之春”后，以教派冲突为表

① 参见《穆达里斯关于新冠病毒的宣言》，https：//almodarresi. com/ar/archives/17032，最后访问时间：2021年2月27日。

② http：//kayhan. ir/ar/news/25247？fbclid = IwAR0GOESrO8xr0ivpV1I_ BENEqXdGVmLkCBG64RbaliBspmIAXErJnEbt5eQ，accessed：2021 - 2 - 22.

③ Robert Gleave，“Conceptions of Authority in Iraqi Shi'ism：Baqir al-Hakim，Hairi and Sistani on Ijtihad，Taqlid and Marja'iyya，” *Theory*，*Culture & Society*，Vol. 24，No. 2，2007，p. 62.

征的地缘政治博弈愈演愈烈，更是让伊朗带领的什叶派阵营对抗沙特带领的逊尼派阵营展成了不争的事实。

实际上，什叶派内部并不是铁板一块，伊朗也不是什叶派的“梵蒂冈”。无论是在海湾地区还是“什叶派新月地带”，一个以伊朗为核心的高度统一的什叶派阵营从来就没有形成过。“在可预见的将来，不论是什叶派内部的思想潮流，还是什叶派信徒的政治诉求，都会更加多样化。”① 虽然伊朗将全球什叶派整合到伊斯兰革命和教法学家监国框架内的愿景已经取得了长足的进展，但什叶派内部的其他声音与主张不应被忽略，比如西斯塔尼和萨德尔都在政治上发出与伊朗不同的声音，还有作为非主流什叶派别的设拉子运动。它们避实就虚，利用卫星频道和社交媒体进行软实力战争，以播放宗教仪式和音乐的方式取得了很多什叶派的认同和支持，对伊朗的宗教和政治权威发起了有力的挑战。

由于学界对以设拉子运动为代表的反伊朗系什叶派力量缺乏了解和研究，对阿拉伯什叶派与伊朗关系方面存在一定的误解和误读。比如导致沙特与伊朗断交的尼姆尔事件，由于伊朗强烈谴责沙特处死尼姆尔，尼姆尔经常被视为伊朗培养的，代表伊朗利益的什叶派教士，但实际上他与设拉子运动的关系更为密切，他的一些宗教观念和政治主张与伊朗官方存在巨大分歧。因此，将中东地区的什叶派看作以伊朗为核心的一个整体，强调伊朗对什叶派的绝对领导和控制，是研究中东教派问题和地缘政治的一种过于简单化的论断。

当然，伊朗对伊拉克和海湾地区的强大影响力是客观存在的，宗教和历史文化纽带决定了双方的羁绊和关系的复杂性。2019 年 10 月 6 日，为对伊拉克爆发反政府示威游行作出回应，哈梅内伊用波斯语、英语和阿拉伯语在推特上写道：“伊朗和伊拉克是两个国家，它们的心与灵魂通过对真主的信仰和对伊玛目侯赛因的爱而联系在一起……这种纽带将日益牢固。敌人制造

① 王宇洁、黄麟：《从宗教传统到现实政治：当代伊拉克著名什叶派宗教领袖的思想流变》，《西亚非洲》2018 年第 3 期。

不和的企图已经失败，他们的阴谋不会得逞。”① 诚然，无论是穆克塔达·萨德尔与伊朗的若即若离，还是西斯塔尼削弱亲伊朗武装力量的宗教合法性，抑或是设拉子学派占领卫星频道和社交媒体进行反伊朗宣传，都不会在短时间内撼动伊朗在什叶派中的优势地位，但也不能排除未来伊朗对海湾地区什叶派影响力下降的可能性。

① “Iranian Officials Growing Concerned about Iraqi Protests,” https：//www. al – monitor. com/pulse/originals/2019/10/iran – officials – concern – protests – iraq. html#ixzz6nQlXl3c4.

Y.16
新冠肺炎疫情对中东经济发展的影响及未来思考

姜英梅*

摘　要：　近年来，受多种因素影响，中东经济长期低迷，陷入发展困境。2020年新冠肺炎疫情全球大流行，导致全球经济陷入衰退。中东经济遭受疫情和低油价的双重打击，解决经济发展困境成为中东国家面临的主要挑战之一。后疫情时代，中东经济发展理念和发展战略可能发生改变，探索适合本国国情的发展道路。为应对"低油价"时代，石油出口国必须加快经济多元化进程；疫情催生中东数字经济发展，迎接第四次工业革命浪潮；疫情还引起中东国家对产业链和供应链的重视，以减少经济对外依赖。疫情加速"百年未有之大变局"的演进，如何把握历史机遇，变"危"为"机"，这是对中东决策者和精英的重大考验。

关键词：　新冠肺炎疫情　中东经济　世界经济

中东①地区战略位置极其重要，作为世界经济体系的一员，中东经济发展深受国际政治经济环境影响。此外，全球公共突发事件（自然灾害及公

---

* 姜英梅，法学博士，中国社会科学院西亚非洲研究所副研究员，主要从事中东经济发展和中东金融问题研究。

① 本报告的中东概念，包括西亚和北非地区的阿拉伯国家、土耳其、伊朗和以色列。国际货币基金组织（IMF）和世行等国际机构对中东地区包括的国家范围不一致，而本报告中图表数据均来自IMF，所以不包括土耳其和以色列的相关数据。

共卫生）对中东经济的影响也不容忽视。2020年新冠肺炎疫情全球肆虐，导致包括中东地区在内的世界经济出现衰退。与此同时，国际油价震荡下行，中东受到疫情和低油价的双重打击，对陷入困境的中东经济来说可谓雪上加霜，对中东经济发展理念和发展战略产生深远影响。

一　疫情令中东经济雪上加霜

近年来，受多种因素影响，中东经济长期低迷，陷入发展困境。2020年新冠肺炎疫情暴发，并在全球迅速蔓延，呈大流行趋势，几乎所有国家都受到波及，严重冲击着世界经济。疫情正通过同时发生的冲击——国内和国外需求下降、贸易减少、生产中断、消费者信心下降和金融条件收紧——在中东造成严重影响。2020年下半年，中东经济缓慢复苏，国际货币基金组织10月的《世界经济展望报告》指出，在疫情和低油价的双重打击下，2020年中东经济将大幅收缩5%（见表1），仅比7月预测高0.7个百分点。[①]

表1　2019~2021年世界各地区经济增长率（含预测值）

单位：%

地区	GDP增长率预测			比2020年6月预测值差异	
	2019年	2020年	2021年	2020年	2021年
世界	2.8	-4.4	5.2	0.8	-0.2
欧元区	1.3	-8.3	5.2	1.9	-0.8
美国	2.2	-4.3	3.1	3.7	-1.4
日本	0.7	-5.3	2.3	0.5	-0.1
英国	1.5	-9.8	5.9	0.4	-0.4
新兴市场和发展中经济体	3.7	-3.3	6	-0.2	0.2
中国	6.1	1.9	8.2	0.9	0
印度	4.2	-10.3	8.8	-5.8	2.8
撒哈拉以南非洲	3.2	-3	3.1	0.2	-0.3
中东	0.8	-5	3.2	0.7	-0.5

资料来源：IMF, *World Economic Outlook*, October 2020, p. 10。

① IMF, *World Economic Outlook*, October 2020, p. 10.

1. 石油出口国遭受疫情和低油价双重冲击

自疫情暴发以来，在国际需求下降、石油价格战、库存能力不足以及市场投机行为等多重因素的作用下，2020 年国际平均油价较 2019 年已经下降了 32% 左右（见图 1）。国际油价大跌导致石油出口国财政收入和出口收入大幅下滑，缩小了各国应对危机的财政政策空间，汇率和政府财政承压，并弱化外部账户状况。石油出口国的盈亏平衡油价仍然大大高于现行油价，一些国家（阿尔及利亚、巴林、伊拉克、伊朗和阿曼）盈亏平衡油价超过 80 美元/桶。受低油价和疫情的持续双重打击，2020 年石油出口国将出现严重衰退（ -6. 6% ），非石油经济萎缩 5. 8% 。海合会国家经济也将出现大幅萎缩。为减少财政开支、增加收入，5 月 11 日沙特宣布 7 月起将增值税率从 5% 提高到 15% ，并于 6 月 1 日起暂停发放生活津贴。[①] 相比疫情，低油价对中东石油出口国的影响更为深远。巴林和阿曼急需海合会国家援助，阿曼计划征收增值税。油价或产量的持续下跌可能进一步侵蚀石油出口国的政策空间，并可能影响这些国家的银行体系。

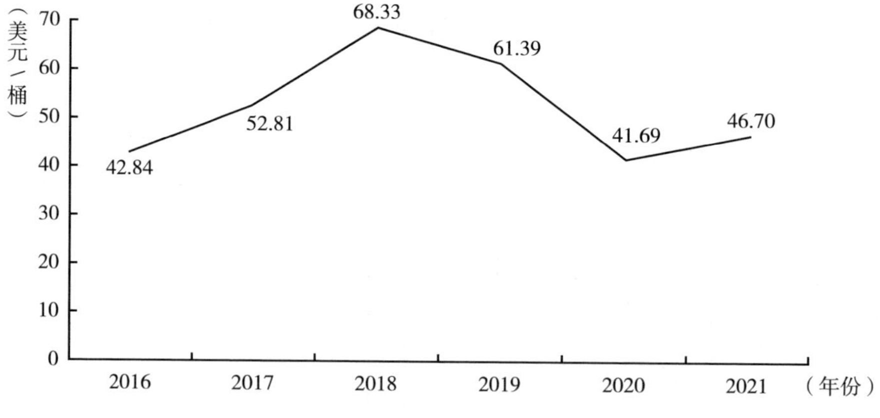

图 1　IMF 平均油价

资料来源：IMF，*World Economic Outlook*，October 2020，p. 155。

---

① 沙特生活费津贴政策是从 2018 年开始的，为了应对当时增加 5% 增值税之后产生的物价上涨，向每位沙特公民每月发放约 1000 里亚尔。

2. 石油进口国遭受多重冲击

疫情暴发前，中东石油进口国经济保持中低速增长。一方面，疫情、金融环境趋紧和产油国增长乏力都是中东石油进口国面临的长期挑战。国际货币基金组织预计石油进口国增长率将从2019年的3.0%收缩至2020年的-1.0%。全球油价下跌有利于石油进口国，但宏观经济严重失衡限制了各国应对挑战的能力。许多国家财政政策空间有限，公共债务高居不下。[①] 另一方面，石油进口国还遭受第二轮效应的影响，油价下跌带来的好处大多被贸易、旅游业、汇款受阻、全球金融状况趋紧、国内信贷条件外溢所抵消，这些因素加上限制措施，继续抑制增长，多国继续下调经济增长预期。埃及是2020年中东地区唯一GDP增长率为正值的国家，但疫情也暴露出埃及经济的结构性弊端。例如，改革并未切实提高民众生活水平，经济对外资依赖大，以及广大贫困人口和高企的失业率尤其是年轻人失业严重。埃及四大外汇收入来源旅游、侨汇、苏伊士运河收入和油气收入都受到疫情冲击。黎巴嫩2019年10月以来政治动荡加剧，2020年3月主权债务违约，是该国历史上首次。黎巴嫩货币贬值了70%（自2019年底），个别银行非正规资本管制和外汇短缺导致恶性通货膨胀，食物、电力短缺，以及日益严重的贫困。8月贝鲁特港口大爆炸，造成巨大的生命和财产损失，暴露出该国治理的极大问题，也导致了政府官员辞职和新的抗议活动，加剧了国家困难与不确定性。此外，由于中东地区对外部粮食依赖较大，还需警惕疫情恶化引发全球粮食危机。当年“阿拉伯之春”就与国际粮食价格上涨、民生艰难有很大关系。一些国家（黎巴嫩和苏丹）社会动荡加剧，进一步限制了决策者的政策空间。叙利亚、利比亚和也门等受冲突影响的国家更加脆弱，需要国际社会的大力支持。

① IMF预计2020年中东石油进口国债务总额占GDP的比例将达到68.1%，略高于新兴市场经济体债务水平。债务水平高企可能限制进一步财政支持的范围和有效性，并引发对债务可持续性的担忧。债务总额指的是非金融公共部门，国家电力公司和国家石油公司除外，且包含央行持有的主权债务。

表 2　2020 年中东经济形势恶化的国家

经济萎缩≥7%的国家	GDP 增长率(%)	通胀率为两位数及以上的国家	通胀率(%)
利比亚	-66.70	苏丹	141.60
黎巴嫩	-25	黎巴嫩	85.50
伊拉克	-12.10	伊朗	30.50
阿曼	-10	也门	26.40
苏丹	-8.40	利比亚	22.30
科威特	-8.00	土耳其	11.90
摩洛哥、突尼斯	-7.00		

资料来源：IMF，*World Economic Outlook*，October 2020，pp. 146，151。

3. 警惕疫情引发社会紧张态势

疫情期间，地缘政治冲突有所缓解，但地区安全仍面临不确定性，主要是受一些国家冲突的影响，例如利比亚、叙利亚和也门，以及东地中海的紧张态势。此外，由于经济低增长、高通胀和高失业率，中东国家贫困率大幅上升，已经倒退到 1993 年的水平。① 一些中东国家因民生问题引起的社会抗议活动不断，疫情以及防疫措施带来失业人口数量增加、侨汇收入较少，贫困人口大幅上升，应警惕经济困境引发社会动荡等连锁反应。例如，黎巴嫩面临严重的经济和金融危机，疫情导致经济状况继续恶化（见表 2），疫情期间还爆发了数次社会抗议活动。

为遏制疫情传播，中东各国政府采取强有力的防控措施，防控手段不断升级。与此同时，各国政府采取经济刺激政策以应对疫情对经济的冲击和由此产生的长期衰退。进入 2020 年 6 月以来，为应对经济持续下滑，中东多国政府适度“解封”，寻找平衡维持经济，商业活力有所回升，但经济疲软已成常态，复苏之路漫长。

① World Bank，“Indicators，” https：//data.worldbank.org/indicator/SI.POV.DDAY? locations = ZQ&view = chart，accessed：2020 - 4 - 29.

二　中东经济发展面临的主要挑战

与2008年国际金融危机不同，当时大多数中东国家财政水平良好，债务水平较低，与国际金融市场的融合程度较低。如今，中东许多国家财政困难，一些国家债务负担较重，也更加依赖国际金融市场。贸易保护主义回温及地缘政治风险都将严重影响商业投资信心。在“高赤字、高失业、高通胀”的“三高”挤压之下，中东各国单靠自救难以抵御外部冲击。中东经济发展面临来自内部和外部的严峻挑战。

（一）国际战略环境发生深刻变化

中东政治经济发展深受国际战略环境变化的影响。对中东地区而言，出于各种原因，许多中东国家未能把握历史机遇期，全球化的挑战远远大于机遇①，中东经济仍处于世界经济体系的边缘地带。世界经济形势是影响中东经济发展的最大外因。受世界经济复苏乏力、低油价和贸易紧张局势等多重因素影响，中东经济长期面临较大的下行风险压力。当今世界正面临百年未有之大变局，疫情加速了大变局的演进，对全球经济和国际政治格局造成严重影响，几乎所有国家、所有行业均受到不同程度的影响。疫情对全球贸易、投资和供应链等造成冲击，还对国家治理和全球合作方式产生深远影响。根据国际货币基金组织2020年6月的报告，疫情发展的根本不确定性是影响全球经济前景的主要因素，疫情导致中东国家经济陷入困境，未来反弹乏力。此外，美国与中国在多个方面的紧张局势不断加剧、石油输出国组织“欧佩克+”成员之间关系的摩擦以及广泛的社会动荡给全球经济带来进一步的挑战。②

（二）中东经济受国际油价波动影响明显

自2014年下半年国际油价下跌以来，国际油价一直呈低迷状态。中东

① 冯璐璐：《中东经济现代化的理论与现实探讨：全球化的视角》，人民出版社，2009，第212页。

② 国际货币基金组织：《世界经济展望最新预测》，2020，第9页。

地区石油出口国石油出口收入大幅减少，经常账户状况令人担忧，一些国家甚至连续多年出现财政赤字。石油进口国来自石油出口国的侨汇收入、外国直接投资和援助也呈下降趋势。中东石油出口国的石油型经济结构比较脆弱，财政收入和外汇收入仍依赖石油收入。中东燃料出口占商品出口的比例很高，2000 年达到 80.3%，2016 年降至 61.4%。但是，这种下降不是因为非石油出口的增加，而是因为石油价格下跌导致石油出口收入比例下降。除了阿联酋多元化程度较高，燃料出口占商品出口的比例为 35%，其他产油国包括阿尔及利亚、伊拉克、科威特、利比亚和卡塔尔都在 90% 以上，阿曼、沙特和伊朗也在 70% 以上。2017 年伊拉克、科威特和利比亚自然资源租金收入占 GDP 的比例接近 40%，阿曼、沙特和叙利亚占 20% 以上，而阿尔及利亚、伊朗、阿联酋和卡塔尔在 10% 以上。海合会国家开展经济多元化的许多项目依赖石油收入，同时影响非石油经济。2008 年国际金融危机和国际油价暴跌，最终导致中东巨变。2014 年国际油价进入低油价时代，中东经济长期低迷。2020 年，中东经济在新冠肺炎疫情和低油价的双重冲击下陷入衰退。经济结构脆弱，产业结构落后，导致中东经济更易受到外部冲击。油价长期处于低位，虽然成为石油出口国经济多元化改革的驱动力，但从短期来看，石油出口国经济发展仍将在很大程度上依赖石油经济。

（三）中东大多数国家尚未找到适合自身的发展道路

中东国家独立后，为实现民族独立和国家复兴，积极探索经济发展之路，大致经历了计划经济建设阶段（伊斯兰社会主义和阿拉伯社会主义的混合经济阶段）、伊斯兰主义探索阶段、新自由主义的经济结构调整阶段以及“阿拉伯之春”后经济转型阶段。[①] 但是，中东国家仍未改变其不发达的社会状况。除了海合会国家以及土耳其和以色列两个非阿拉伯国家，大多数中东国家经济发展滞后，贫穷、失业成为中东大多数国家的通病，尤其是年

① 姜英梅：《世界经济体系下的中东经济地位》，载西北大学中东研究所《中东研究》（2020 年第 1 期/总第 12 期），社会科学文献出版社，2020，第 169 页。

轻人失业问题，都成为政府亟待解决的大问题。与“阿拉伯之春”爆发前相比，中东经济增长缓慢甚至负增长，发展陷入困境。无论是经济增速还是人均收入，均低于前十年的水平。伊朗、土耳其、黎巴嫩和伊拉克经济形势恶化，海合会国家、突尼斯等经济低迷，其他若干经济体增长亦不容乐观。利比亚、叙利亚和也门陷入冲突内战和经济崩溃之中。曾经导致“阿拉伯之春”爆发的主因——经济困顿、民生艰难、老人政治、腐败、不公，还继续存在。中东贫富差距日益扩大，广大底层民众生活更加不容易。2019年以来，在阿尔及利亚、苏丹、伊拉克、黎巴嫩、伊朗、埃及以及其他爆发战乱和冲突的国家，抗议浪潮此起彼伏。①

（四）地区不稳定拖累中东经济发展

稳定是经济发展的前提条件。中东地区长期动荡不安，地缘政治风险高，严重影响了各国政治经济决策，打击市场信心和资本流入，严重影响经济发展。“阿拉伯之春”以来，地区动荡长期化、复杂化，地缘政治风险不断上升。域外大国对中东事务插手干预，地区大国与域外大国博弈不断，导致地区局势更加复杂，热点频发。“伊斯兰国”组织崛起，叙利亚陷入长期内战，利比亚在多年分裂后陷入内战，也门爆发代理人战争。此外，美伊紧张局势不断升级，巴以冲突旷日持久。根据世界银行报告，十年来中东冲突风险急剧增加，从2007年的6%增加到2019年的近20%，1/5的人生活在冲突边缘。② 2020年新冠肺炎疫情暴发后，中东地缘政治矛盾和冲突有所缓和，但导致中东动荡的结构性矛盾和热点问题仍未解决。同时，由于疫情对经济和民生的影响，一些国家（黎巴嫩、伊拉克）经济几近崩溃，社会动荡加剧。③

---

① 姜英梅：《“阿拉伯之春”以来的中东经济发展问题：困境与应对》，《当代世界》2021年第4期。

② World Bank, https：//blogs. worldbank. org/opendata/one – five – people – middle – east – and – north – africa – now – live – close – proximity – conflict，accessed：2020 – 4 – 20.

③ 姜英梅：《“阿拉伯之春”以来的中东经济发展问题：困境与应对》，《当代世界》2021年第4期。

（五）劳动生产率低

劳动力是最重要的经济资源和生产要素。各国的经济发展实践表明，人力资本对经济发展越来越具有决定性的意义。在新兴市场和发展中地区，中东地区劳动生产率增长势头都是最弱的，2013～2018年平均为0.3%，当然，地区国家之间也存在较大差异。劳动生产率增长乏力扩大了中东与发达经济体之间的经济差距。庞大的公共部门、滞后的私营部门和缺乏经济多样化阻碍了劳动生产率的增长。[①] 从长远来看，提高企业的生产率和增长率是创造更多更好就业机会的关键。中东地区是世界上人口最年轻的地区，如此大规模的青年人口却未转化为该地区的竞争优势，庞大的人力资源并未得到有效的开发，教育和创新方面的薄弱环节非常明显，尤其是在数学和科学领域。根据世界银行报告，中东地区人力资本指数相对较低，排名世界前60位的中东国家只有以色列、巴林、阿联酋、土耳其、阿曼和卡塔尔；排在100名之后的国家有5个，分别是埃及、伊拉克、苏丹、也门和南苏丹。[②] 知识青年失业严重是突尼斯“茉莉花革命”和“阿拉伯之春”的主要推动因素之一。缺乏先进的科学技术、先进的管理经验以及富有创新精神的人才，就无法有效发挥人力资源在生产力发展中的主观能动性。[③]

（六）中东地区缺乏公平竞争的市场环境

近年来，为吸引外资和私人资本，促进经济增长，中东国家采取多种改革措施改善营商环境。根据世界银行发布的《营商环境报告（2017）》和《营商环境报告（2020）》，中东地区营商环境排名从2017年的第116名升至2020年的第107名。全球营商环境排名前100位的中东国家从7个增加到9个。[④]

---

① World Bank, *Global Economic Prospects*, January 2020, p. 117.

② World Bank, *Human Capital Index*, 2019, p. 32.

③ 姜英梅：《“阿拉伯之春”以来的中东经济发展问题：困境与应对》，《当代世界》2021年第4期。

④ 姜英梅：《“阿拉伯之春”以来的中东经济发展问题：困境与应对》，《当代世界》2021年第4期。

然而，中东国家营商环境总体排名靠后，仅有4个国家全球排名居前50位。从清廉指数全球排名来看，中东国家总体排名靠后，这表明中东国家的政府治理能力和政府效率较低，利益集团对政府的影响较大。从全球竞争力排名来看，中东仅有6个国家位居全球前50位；从经济自由度指数来看，中东地区经济比较自由的国家只有阿联酋、以色列和卡塔尔3个国家（见表3）。此外，中东国家市场环境较好的国家主要是海合会国家、土耳其和以色列，其他国家还远没有形成公平竞争有效的市场环境，从而限制了私营部门的发展，而充满活力的私营部门和中小企业是吸收就业、促进经济发展的重要力量。从国际上看，美国、德国和日本的中小企业对经济发展的贡献大约是50%。

表3　2018～2019中东国家市场环境指数排名

中东国家	营商环境排名2019年	清廉指数排名2018年	全球竞争力排名2018年	经济自由度排名2019年
阿联酋	16	23	25	18
巴林	43	99	45	63
摩洛哥	53	73	75	78
沙特	62	58	36	83
阿曼	68	53	53	75
约旦	75	58	70	66
卡塔尔	71	33	29	31
突尼斯	78	73	87	128
科威特	83	78	46	79
吉布提	112	—	—	151
埃及	114	105	93	142
伊朗	127	138	99	164
黎巴嫩	143	—	88	157
阿尔及利亚	157	105	89	169
伊拉克	172	168	—	—
叙利亚	176	178	—	—
利比亚	186	170	—	—
也门	187	176	140	—
以色列	35	34	20	26
土耳其	33	78	61	71

资料来源：Transparency International, *Corruption Perception Index 2018*, p. 10；World Bank, *Doing Business 2020*, December 2019, p. 16；The Heritage Foundation, *2020 Index of Economic Freedom*, January 2020, p. 2。

三　对疫情常态化下中东经济发展的思考

2010年底爆发席卷中东的“阿拉伯之春”。“阿拉伯之春”之后，中东社会面临大动荡与大转型，进入漫长痛苦的政治、经济和社会转型期。近年来，中东经济结构性矛盾日益加深，脆弱性加剧，极易受到外部环境和全球公共突发事件的影响。2020年，新冠肺炎疫情使中东本已脆弱的经济雪上加霜。[①] 疫情除了造成严重的卫生危机之外，还对中东经济造成严重影响。中东经济发展陷入困境，解决经济发展问题成为各国政府的首要任务。在全球大萧条和低油价的背景下，中东经济发展面临严峻挑战，但也蕴含机遇。中东国家应变“危”为“机”，破新局、开新篇。

（一）疫情对中东经济发展理念的影响

疫情对国家治理、全球治理、国际格局以及经济全球化产生影响。究竟什么样的国家治理可以更大程度上降低损失、控制疫情？疫情期间，通过中国与西方国家抗疫措施和复工复产的比较，暴露出世界各国国家治理体系和公共卫生应急管理体系的优势和短板。应对灾难，国家干预至关重要，而应对经济衰退，更离不开国家干预。这在历史上数次大灾大难面前已得到验证。[②] 基辛格指出，新冠肺炎疫情流行将永远改变世界秩序，是对新自由主义的挑战，有可能引起国家干预的抬头。[③] 因此，疫情防控常态化下可能引发中东国家对国家作用和国家干预的重新思考，强权政府的作用会加强，国家治理能力会有所上升，从而影响中东经济发展理念。[④] 提振经济的一个有

---

① 姜英梅：《“阿拉伯之春”以来的中东经济发展问题：困境与应对》，《当代世界》2021年第4期。

② 中国中东学会会长杨光研究员在2020年4月30日“新冠肺炎疫情对中东的战略影响线上研讨会”上的讲话。

③ 《基辛格：新冠肺炎疫情将永久改变世界秩序》，参考消息网，http：//column.cankaoxiaoxi.com/2020/0407/2406882.shtml，最后访问时间：2020年4月7日。

④ World Bank，“Reaching New Heights：Promoting Fair Competition in the Middle East and North Africa，” October 2019，p. 16.

效途径是政府加强制度建设，建立以竞争为机制的市场体系，减少对国有经济的补贴和豁免，以此创造更有效的国有经济，并减少非正规经济。竞争有助于建立市场进入和退出机制，发挥企业家精神，提高劳动生产率和企业效率，也有助于推动中东经济增长和重建民众对政府信任。①

（二）疫情倒逼石油出口国加快经济多元化进程

在过去数十年时间里，石油出口国一直习惯于采取家长式的治理模式来确保政治上的稳定，将油气行业创造的丰厚利润以工资、补贴、现代化的公共基础设施服务和其他福利模式重新分配给本国公民。“阿拉伯之春”之后尤其是 2014 年国际油价暴跌并进入低油价周期后，中东石油出口国面临艰巨的任务，即重新调整其增长模式，由“食利性”向“生产性”转变，以建立更加多样化的经济体，减少对油气资源的依赖。相比疫情冲击，低油价对石油出口国的影响更为深远。国际货币基金组织在一份关于石油未来的新报告中表示，考虑到人口增长、收入和能源效率提高，全球石油需求将在 2040 年前后（或更早）达到顶峰。这可能对石油出口国产生重大影响，主要是中东海湾国家，如果不进行重大改革，这些国家现有的金融财富可能会在未来 15 年内耗尽。② 实际上，国际货币基金组织并不是第一个预测石油峰值的组织，国际能源署此前已有关于石油峰值的警告。与此同时，国际上也出现了一些“海湾国家经济即将崩溃”的论调，各国发展愿景能否顺利推进下去，毕竟海合会国家的经济转型战略都需要大量的财政资金作为支撑。阿曼和巴林两国政府因为其公共财政吃紧、外汇储备缩水而岌岌可危。疫情防控常态化下，石油出口国政府必须切实推进经济多元化改革，提供良好的制度环境，大力促进私营部门发展，在生产率高、创造就业岗位多的行

① World Bank, “MENA Economic Update: How Transparency Can Help the Middle East and North Africa,” https://www.worldbank.org/en/region/mena/publication/mena-economic-update-april-2020-how-transparency-can-help-the-middle-east-and-north-africa, accessed: 2020-4-9.

② 《全球石油需求将在 2040 年左右或更早达到峰值》，国际石油网，http://oil.in-en.com/html/oil-2890439.shtml，最后访问时间：2020 年 2 月 10 日。

业加大投资力度。这是关系到各国经济发展还是衰退的关键议题，深刻影响到本国公民与政府或王室统治家族之间的既有社会契约，更影响到国家内部的治理和稳定。

（三）中东还应重视产业链、供应链建设，减少对外部依赖

疫情在全球范围内引发对供应链安全的高度重视，一些经济上对外较为依赖的国家开始反思各自的产业政策。与世界其他国家一样，中东国家在疫情冲击下也面临着供应链中断带来的巨大挑战。作为世界上粮食对外依赖度最高的地区之一，中东国家应加强农业投资，依靠现代技术提高农业生产力，让农民有利可图。海合会国家可以通过海外投资，例如将本国主权财富基金、外国技术和本国土地有机结合起来，开展三方合作，互利共赢。由于几十年新自由主义发展模式，中东国家工业发展滞后，一些国家甚至出现了"工业化"现象，许多国家工业制成品或中间产品依赖进口，如黎巴嫩 80% 的物资需要进口。重要物资（包括食品、医疗设备以及海水淡化和发电厂设备）的供应安全一直是海合会国家的大问题。除了提高库存能力，投资海外生产，供应来源多元化，中东国家还应力推产品和服务的本地化生产，进一步加强供应链建设，避免重要物资供应短缺，减少经济对外依赖度。

（四）发展数字经济，迎接第四次工业革命浪潮

第四次工业革命浪潮，以数字经济为基础，正在深刻改变全球经济。中东国家应抓住第四次工业革命的历史机遇，大力提升生产力，转变生产方式，改善经济结构。中东大多数国家处于工业化的初级发展阶段，但发展中国家的传统工业化道路可能不完全适用于中东。工业化曾经创造的工作，特别是装配线的重复性工作，将越来越多地由机器而不是由人来完成。相反，中东国家可以集中精力，利用其庞大且受过良好教育的青年人口潜力，他们的潜力远远超出流水线，跨越工业化，进入数字未来。中东许多国家将技术创新作为经济发展的驱动力之一，出台了各自的数字化转型方案，希望建立

知识型经济，实现经济多样化和现代化。① 2020 年疫情期间，远程医疗、电子商务、在线学习以及金融远程技术服务已经成为很多国家的日常消费行为。海合会国家和埃及、突尼斯、土耳其等国家的数字经济增长前景比较乐观。②无论是传统产业还是新兴产业，都在寻求数字化转型。从长远来看，更广泛地使用数字平台和数字服务，发展数字经济，将对中东国家产生深远影响，改变中东高技术产品出口极少的情况，通过科学技术这一重要生产要素，促进经济发展转变为更加多样化、创新性的经济体。③

（五）以发展促和平

中东地区是世界上冲突最多的地区。21 世纪，和平与发展依然是中东国家面临的两大难题。长期以来，中东地区的冲突解决主要有三种路径："以实力促和平"、"以民主促和平" 和 "以发展促和平"。历史和现实证明，中东问题不能通过武力和战争来解决。2016 年 1 月 19 ~ 23 日，中国国家主席习近平出访中东三国，在阿拉伯联盟总部发表演讲时指出：中东蕴含希望，各方要在追求对话和发展的道路上寻找希望。化解分歧，关键要加强对话。破解难题，关键要加快发展。道路选择，关键要符合国情。中东动荡，根源出在发展，出路最终也靠发展。发展事关人民生活和尊严。只有让青年人在发展中获得生活的尊严，在他们的心中，希望才能跑赢失望，才会自觉拒绝暴力，远离极端思潮和恐怖主义。④ 中国倡导"以发展促和平"，强调"发展赤字"是引发冲突的主要根源，经济社会发展有助于维护国家稳定，化解社会矛盾和推动地区冲突解决，从而在国家和地区层面上将发展

---

① World Bank, "A New Economy-For The Middle East and North Africa," October 2018, p. 2.

② 《疫情下的海湾地区：数字经济的快速发展》，中国对外投资合作网，http：//www.codafair. org/index. php? m = content&c = index&a = show&catid = 112&id = 2059，最后访问时间：2020 年 5 月 14 日。

③ World Bank, "The Middle East & North Africa: From Transition to Transformation", April 2019, p. 15.

④ 习近平在阿拉伯国家联盟总部的演讲，《共同开创中阿关系的美好未来》，http：//www. xinhuanet. com/world/2016 - 01/22/c_ 1117855467. htm，最后访问时间：2020 年 5 月 22 日。

带来的经济红利转化为安全红利。该理念倡导发展与和平的联动性，“输血”与“造血”的两重性，短期目标与中长期目标的渐进性。[①] 未来，中东国家政府应处理好改革、稳定与发展之间的关系，以对话促合作，以合作促和平。

结语

新冠肺炎疫情导致全球经济衰退的同时，也对地区国家产生“溢出效应”，中东国家正遭受疫情和低油价的双重暴击。疫情冲击下，当务之急是保护最脆弱的群体，保护关键的经济部门。为遏制疫情传播，中东各国政府要采取强有力的防控措施。与此同时，各国政府应采取经济刺激政策以应对疫情对经济的冲击，包括现金转移等财政政策，增加流动性等宽松货币政策。然而，中东国家经济形势仍很大程度上取决于全球疫情防控情况、国际油价回升程度，以及银行流动性用于信贷增长的意愿，还取决于地区秩序和世界经济复苏的程度。总之，疫情冲击下，中东各国政府在解决经济发展问题，探索符合自身发展的道路上面临巨大挑战。

① 孙德刚、张丹丹：《以发展促和平：中国参与中东安全事务的理念创新与路径选择》，《国际展望》2019 年第 6 期。

Y.17
低油价冲击下的阿拉伯油气市场分析

陈 静*

摘　要： 2020年，阿拉伯油气市场经历了巨大的波动，油价经历了断崖式下跌后在低位震荡，造成这种情况的主要原因有新冠肺炎疫情在全球范围内的大流行、沙特等产油国产油政策多变、可再生清洁能源挤占传统能源市场份额等。本报告将分析低油价对阿拉伯产油国和非产油国在政治、经济和民生等方面造成的影响，并阐述不同阿拉伯国家在此情况下的应对措施。

关键词： 低油价　阿拉伯国家　油气市场

2020 年以来，一场始料未及的新冠肺炎疫情对全球的生产和消费造成巨大影响。在全球生产活动急速放缓的背景下，国际石油价格在这一年中出现大幅下滑。阿拉伯国家作为国际油气市场的重要组成部分，其所受到的影响也非常大。

一　2020年阿拉伯世界油气市场概况

由于新冠肺炎疫情、沙特与俄罗斯价格战、原油运输储备等多方面因素

* 陈静，北京语言大学中东学院讲师；中国文化译言网（CCTSS）国家工程语言阿拉伯语专家委员会专家，从事大型会议同传、交传工作；2019 年外研社“教学之星”大赛阿拉伯语组全国总冠军；主要教授阿拉伯语翻译、写作多门课程，从事阿拉伯社会文化、中东问题、中阿互译等研究。

的影响，2020 年全球油气价格出现暴跌。2020 年初（2020 年 1 月 2 日），美国西德克萨斯中质原油（WTI）期货价格为 61.18 美元/桶，年底（2020 年 12 月 31 日）为 48.52 美元/桶，跌幅约为 20.7%。[①] 布伦特原油（BRENT）现货原油价格也由 2020 年初（2020 年 1 月 2 日）的 67.05 美元/桶跌至年底（2020 年 12 月 31 日）的 51.22 美元/桶，跌幅约为 23.6%。[②] 2020 年 4 月 20 日，WTI 期货交易首次出现 -37.63 美元/桶的极端交易价格情况，这次期货交易出现负值被业内人士称为“史诗级崩跌”。[③] 2021 年，随着需求逐渐回升，石油价格逐渐回暖。

与石油市场紧密相关的天然气价格也处于低迷状态。2020 年初（2020 年 1 月 2 日）美国天然气期货合约价格为 2.122 美元/百万英热单位，年底（2020 年 12 月 31 日）为 2.539 美元/百万英热单位，涨幅约为 19.7%。全年期货天然气均价 2.127 美元/百万英热单位，与 2019 年的 2.530 美元/百万英热单位相比降幅为 15.9%。[④]

国际油价“过山车”式的低位震荡，对阿拉伯产油国影响很大。根据阿拉伯石油输出国组织（OAPEC）的数据，到 2019 年底，阿拉伯国家的原油储量估计为 7157.4 亿桶，比 2018 年略增加 0.01%，占全球储量 12520 亿桶的 57.2%。阿拉伯国家的天然气储量与 2018 年相比下降了 0.02%，达到 54.4 万亿立方米，占全球天然气总储量的 26.5%。[⑤] 在原油和天然气生产方面，2019 年 OAPEC 成员国产量达到每天约 2850 万桶，仅阿拉伯国家的原油产量就达到每天约 2460 万桶，阿拉伯国家的原油产量约占全球产量的 28.3%。此外，2019 年阿拉伯国家销售的天然气量近

① US Energy Information Administration, https://www.eia.gov/dnav/pet/hist/RCLC1D.htm, accessed: 2021-5-8.

② US Energy Information Administration, https://www.eia.gov/dnav/pet/hist/RBRTED.htm, accessed: 2021-5-8.

③ 陆如泉：《上半年的全球石油市场：两只“黑天鹅”+三头“灰犀牛”》，http://www.hxny.com/nd-47375-0-17.html，最后访问时间：2021 年 3 月 27 日。

④ US Energy Information Administration, https://www.eia.gov/dnav/ng/hist/rngc1d.htm, accessed: 2021-5-8.

⑤ “Organization of Arab Petroleum Exporting Countries,” *Annual Statistical Report 2020*, p. 31.

5968 亿立方米，其中约 5626 亿立方米来自 OAPEC 成员国，占阿拉伯国家产量的 94.3%。[①] 从这些简单的数据可以看出，阿拉伯产油国经济结构单一，高度依赖石油，所以石油价格的波动对阿拉伯国家区域政治、生产生活影响巨大。

二 阿拉伯油气市场低迷原因解读

油气价格是供需关系、金融市场、政治博弈等多方面因素的综合体现，这次石油价格呈“V”字形震荡，其原因纷繁复杂。从整体来看，2020 年国际油气市场低位震荡，造成这种状态主要有以下几个因素。

（一）新冠肺炎疫情大流行导致供需关系改变，油价低迷不振

2020 年，世界经济经历了新冠肺炎疫情的巨大冲击，这种冲击突出表现在供需关系之上。各国政府出于防疫抗疫需要，不得不采取各种政策限制国际旅行，防止疫情进一步扩散，这就造成交通运输行业对石油需求的大幅度下降。与此同时，全球生产活动和贸易，也面临大幅度冲击，甚至进入停滞状态。世界货币基金组织估计，由新冠肺炎疫情导致的全球生产消费停滞所带来的影响，比十年内任何一场经济危机所带来的影响都要恶劣。2020 年第一季度，世界对石油需求锐减，所需量约为 9240 万桶/日，比 2019 年第四季度锐减 840 万桶/日。而国际原油储备则在第一季度末增长约 5.17 亿桶，达到约 93.9 亿桶，比上一季度增长约 5.8%[②]，出现典型的供大于求的状况。第二季度，石油需求继续呈现大幅度滑坡，比上一季度减少 1040 万桶/日，全世界总需求为 8260 万桶/日，比 2019 年同期更是减少了 1600

① “Organization of Arab Petroleum Exporting Countries,” *Annual Statistical Report 2020*, p. 32.

② “التقرير الربع السنوي حول الأوضاع البترولية العالمية لمنظمة الأقطار العربية المصدر للنفط – الربع الأول ٢٠٢٠,” https://oapeco rg. org/Home, accessed: 2021 -4 -23.

万桶/日。① 由于石油需求的减少，世界石油产量也随之降低。2020 年第一季度，世界石油产量约为 9970 万桶/日，比上一季度减少 70 万桶/日，其中石油输出国组织国家产量约 3320 万桶/日，比上一季度减少约 70 万桶/日。②

进入 2020 年第三季度后，由于对新冠肺炎疫情的适应和控制，全球生产和生活有所恢复，尤其是中国疫情得到明显控制和改善，世界石油需求出现了回升。2020 年第三季度和第四季度世界石油需求分别为 9100 万桶/日和 9420 万桶/日。但同时也应看到，2020 年第三季度和第四季度中，美国、巴西和印度的确诊人数和死亡人数持续增加，日本、澳大利亚、韩国等国出现了第二轮新冠肺炎疫情，原油市场前景仍不甚乐观。

中国作为世界第二大经济体和世界经济发展的重要驱动者，是最早受到新冠肺炎疫情影响的国家之一。由于中国在疫情暴发之初就采取了严格的防疫抗疫措施，对城市的交通、生产、人员往来等方面进行了隔离和管制。所以在 2020 年第一季度，疫情对中国经济的影响巨大。根据中国国家统计局的数据，2020 年第一季度中国 GDP 同比下降 6.8%，这是自 1992 年中国开始公布季度 GDP 数据以来的最低数值，也是首次出现季度增速为负值的情况。③ 对外贸易方面，中国商务部数据显示，第一季度中国货物贸易进出口总值为 6.57 万亿元，比 2019 年同期下降 6.4%。④ 对经济的影响体现在对石油及其附属产品的需求减少上。根据《中国能源发展报告 2020》的数据，中国 2020 年第一、第二季度，企业延迟复工，且因国家对高速公路和普通公路实行交通管制，造成成品油需求锐减，从而进一步导致对原油需求下

① "الربع الثاني ٢٠٢٠ التقرير الربع السنوي حول الأوضاع البترولية العالمية لمنظمة الأقطار العربية المصدر للنفط –," https://oapec org. org/Home, accessed: 2021-4-23.

② "التقرير الربع السنوي حول الأوضاع البترولية العالمية لمنظمة الأقطار العربية المصدر للنفط – الربع الأول ٢٠٢٠," ttps://oapeco rg. org/Home, accessed: 2021-4-23.

③《中国一季度 GDP 降 6.8% 几十年来首次负增长复苏前景不明朗》, https://www.bbc.com/zhongwen/simp/business-52320939，最后访问时间：2021 年 2 月 3 日。

④《国务院新闻办就 2020 年一季度进出口情况举行发布会》, http://www.gov.cn/xinwen/2020-04/14/content_5502183.htm，最后访问时间：2020 年 12 月 25 日。

降；1～5月，成品油表观消费量12767万吨，同比下降6.7%，其中汽油、柴油和航煤分别下降3.1%、1.2%和44.4%；进入6月后，中国南方地区进入梅雨季节，且受到台风等极端天气的影响，降雨量激增，部分地区遭受洪涝灾害，也导致当地成品油需求降低。①

新冠肺炎疫情是阿拉伯油气市场中的“黑天鹅”事件，其造成的影响一直延续到现在。在需求减少的大背景下，阿拉伯产油国面临极为严峻的经营环境。

（二）产油国政策多变和价格战导致市场波动

从20世纪70年代开始，OPEC首次尝到通过控制石油产量左右石油价格的甜头。1973～1974年，OPEC国家控制了世界55%的石油产量，由此实现了对原油定价的控制。除OPEC以外，阿拉伯国家内部产油国还成立了阿拉伯石油输出国组织，进一步加强了阿拉伯地区对油价的控制能力。在1973年爆发的第四次中东战争中，这两个石油输出国组织发挥了重要作用，石油价格呈指数上升，开创了用石油做武器的先河。此次阿拉伯油气市场的价格波动，与产油国多变的政策也有着紧密的联系。2020年1月，“OPEC+”达成减产协议，减产50万桶/日，这不仅有助于缓解疫情对油价造成的重创，也有助于缓和日趋紧张的中东地缘政治形势。

2020年，国际油价在短期内断崖式下跌，主因是沙特和俄罗斯之间的价格战。沙特在欧佩克与外部石油生产国（尤其是俄罗斯）之间的产油国进行了大约四年的协调，以使产油国获得令人满意的价格。2020年3月6日，俄罗斯拒绝了OPEC再度深化减产即将减产量由100万桶/日提高至150万桶/日的建议。俄罗斯拒绝减产的目的之一，是试图减缓美国页岩油的增长，与页岩油抢夺市场份额。如果油页岩的增长减慢，将不再需要继续减价。

① 《〈中国能源发展报告2020〉显示：石油供给和需求增长明显》，https：//weibo.com/ttarticle/p/show？id=2309404568529897914386#_loginLayer_1620657445073，最后访问时间：2020年12月25日。

作为对俄罗斯做法的反击，沙特于3月9日宣布石油增产，沙特阿美石油公司承诺每天供应1230万桶。彭博社分析称，沙特石油生产甚至超过了沙特阿美石油公司的最大产能，表明沙特王国甚至在使用其战略库存，以尽可能快和尽可能多的原油充斥市场。此外，沙特降低其2020年4月的石油销售价格，使其比3月的销售价格每桶降低6~8美元，立即导致市场混乱。2020年3月9日，国际石油价格发生闪崩。当天，布伦特最低价为31.02美元/桶，日跌幅31.52%；WTI最低价为27.34美元/桶，日跌幅33.77%。海湾证券交易所遭受了前所未有的损失，沙特阿美石油公司在数小时内蒸发了超过3000亿美元的市值。同时，俄罗斯宣布每天增加50万桶产量，日产量达到1180万桶。

2020年4月石油期货价格崩盘后，俄罗斯和沙特领导的“OPEC+”重返谈判桌，其成员于4月就达成前所未有的减产协议。5月1日，“OPEC+”开始实施史上最大规模的减产行动。该协议规定从5月初到7月底每天减产970万桶，占全球供应量的10%，从8月初到年底每天减产770万桶。由于该协议被较好执行，促进了原油价格的快速回调，其在5月和6月上涨了20%以上。

以沙特为代表的海湾产油国石油产量高、质量好且开发成本低，加之在多年的石油生产出口过程中积累了大量的石油美元和雄厚的外汇资本，所以这些国家可以在短期内应对油价下跌，并利用价格优势，将某些特定国家挤出市场，夺取世界石油市场中的份额。沙特发动价格战，除了挤压俄罗斯的市场份额，还打击了以美国页岩油为代表的生产成本较高、对低油价应对能力较差的石油企业，迫使它们亏损离场。因此，从长远看，沙特等海湾产油国以短期油价低迷造成的损失为代价，从而在市场份额和话语权方面获得潜在收益。

（三）可再生清洁能源的广泛运用挤占了传统化石燃料的市场份额

随着科技的不断进步和人类对环境问题的越发重视，可再生清洁能源成为能源投资的重点。在过去的十几年中，可再生能源一直在挑战传统化石能源在电力生产中的主导地位。2019 年全球新增净发电量中，近 78% 来自风能、太阳能、生物质能及废弃物、地热和小水电。由联合国环境规划署、法兰克福学院－联合国环境规划署气候与可持续能源融资合作中心以及彭博新能源财经合作出版的《2020 年全球可再生能源投资趋势》显示，得益于技术进步、规模经济和激烈竞争，风能和太阳能的成本不断下降。2019 年下半年，新建太阳能光伏发电厂的电力成本比 10 年前降低了 83%。可再生能源装机成本创新低，这意味着未来可再生能源领域的投资将实现更高的产能。[①] 新冠肺炎疫情背景下，全球生产恢复的过程中，促进再生清洁能源发展将成为刺激经济恢复的重要引擎，这符合人类对健康发展和环境友好日益高涨的要求。联合国环境规划署就表示，清洁能源是新冠肺炎疫情背景下"最具成本效益"的投资之一。国际能源署（IEA）的数据也显示，2020 年，年度可再生能源发电量增加了 45%，达到近 280 吉瓦，这是自 1999 年以来的最高同比增长量。2020 年，全球风电装机容量增加了 90% 以上，达到 114 吉瓦。尽管 2021 年和 2022 年的年度市场增长速度有所放缓，但仍比 2017～2019 年的平均水平高 50%。2021 年和 2022 年，超高容量的新增装机将成为"新常态"，可再生能源占全球新增电力装机容量的 90%。[②]

可再生清洁能源的增长和广泛运用，对传统油气行业造成了新的挑战和威胁，自然也引起了阿拉伯油气市场的注意和重视。OAPEC 在 2020 年第四季度的分析报告中指出，在 2020 年新冠肺炎疫情大背景下，全球可再生清洁能源依然逆势得到发展。全球全年可再生清洁能源（不包括大水电）投资达到 3035 亿美元，比 2019 年的 2980 亿美元增长约 18%。这一数值自 2014 年的 2670 亿美元开始，保持在 2500 亿美元以上已经连续 7 年之久。其中，2020 年对太阳能的投资占比重最大，约为 1486 亿美

① 联合国环境规划署：《清洁能源成本下降，为 COVID-19 复苏计划的气候行动提供机会》，https：//www. unep. org/zh－hans/xinwenyuziyuan/xinwengao/qingjienengyuanchengbenxiajiangweicovid. 最后访问时间：2020 年 12 月 25 日。

② IEA，"Renewable Energy Market Update 2021，" https：//www. iea. org/reports/renewable－energy－market－update－2021，accessed：2021－5－25.

元，占比为49%，比2019年增长12%。风能投资约为1427亿美元，生物质能及废弃物约为100亿美元。[①] IEA在2019年提出了2050年实现净零排放这一至关重要的话题，以将全球变暖幅度限制在1.5°C。并且在2020年5月评估了全球要达到2050年实现净零排放所需的技术创新水平，召开IEA-COP 26“净零排放”峰会，全力推动可再生清洁能源的使用，实现减排零排。

对于阿拉伯国家来说，由于所处地区气候普遍炎热，水资源匮乏，所以更荣易受气候变化影响。卡塔尔等一些国家/地区的平均温度已提高了2℃以上。根据世界银行的数据，西亚和北非受气候和环境问题的影响即将加剧。到2050年，冷却用电需求预计将增长2倍。所以对于阿拉伯地区而言，特别是对非石油生产国的阿拉伯国家来说，可再生能源尤其是太阳能光伏发电，在该地区非石油生产国的能源结构中扮演着越来越重要的角色。根据国际能源署的估计，就目前的燃油发电而言（按40美元/桶及以上的价格定价），按平准的电力成本计算，太阳能光伏已经具有竞争力。此外，太阳能光伏发电有望逐步降低成本，这意味着到2030年它还将与天然气发电竞争。[②] 阿拉伯地区还拥有丰富的太阳能资源，伊拉克最不发达的地区，其太阳能发电的平均太阳辐照度仍然比德国最好的太阳辐照度地区高1/3。

根据国际可再生能源机构（IRENA）的数据预测，可再生清洁能源占比到2030年将增加到全球能源总量的30%。短期来看，虽然低价的石油供应影响了资本对于可再生能源的投资，但长期来看，可再生清洁能源本身具有的优势使其保持了长期的竞争力，对传统化石燃料的市场份额造成挤压，也给2020年下半年石油价格的回升带来了一定的压力。

---

① “التقرير الربع السنوي حول الأوضاع البترولية العالمية لمنظمة الأقطار العربية المصدر للنفط – الربع الرابع ٢٠٢٠,” https://oapeco rg. org/Home, accessed: 2020 - 12 - 15.

② IEA, “The Case for Energy Transitions in Major Oil - and Gas - producing Countries,” https://www. iea. org/commentaries/the - case - for - energy - transitions - in - major - oil - and - gas - producing - countries, accessed: 2020 - 12 - 15.

三　油价低位震荡对阿拉伯国家的影响

2020年，诸多因素使国际油气市场处于低迷状态，阿拉伯油气生产国对油气依存度较高，油价下跌对政府收入造成直接损失，公共债务和外债使得国民经济更加脆弱，而对经济结构多元化或较为平衡的国家相对冲击较小。

（一）石油生产国政府缩减财政预算，金融体系面临巨大危机，国民福利和文化体育等事业受到巨大影响

多年以来，阿拉伯国家产油国（特别是海湾国家）对石油收入依存度一直居高不下。政府预算是根据全年预期的平均油价制定的，如果石油价格超过预期，这些预算将实现财政盈余，石油价格下降则将出现财政赤字。近年来，油价下跌使阿拉伯产油国一直备受预算赤字的困扰。但与此同时，过去十年中，阿拉伯海湾国家政府支出却一直持续增长。人口增长、庞大的公共部门、雄心勃勃的发展计划，以及重大文化、体育事件都需要巨额支出。

2020年，石油价格暴跌扩大了除卡塔尔外的所有阿拉伯产油国的财政赤字。海合会国家的经济在2020年受到了沉重打击。自2014年下半年油价开始下跌之后，海湾国家预算中的财政赤字已接近最高的纪录。2014～2020年，海合会成员国的财政赤字超过8500亿美元，仅沙特阿拉伯就有4370亿美元。① 标普预计，受新冠肺炎疫情和油价低迷影响，海湾国家2020年财政赤字将达1800亿美元，需发债融资1000亿美元和提取资产800亿美元予以平衡。2020～2023年，海湾国家财政赤字累计将达4900亿美元，其债务水平于2020年达1000亿美元历史高位后，2023年将降至

① “ناصر التميمي, دول الخليج وارتفاع أسعار النفط: عودة للإنفاق أم فرصة للتنويع الإنتاجي,” https://studies.aljazeera.net/ar/article/4959#a2, accessed: 2021-1-8.

700 亿美元。[①]

以产油大国沙特为例。2020 年沙特 GDP 下降 3.7%，财政赤字预计为 794.7 亿美元，占 GDP 的 12%，同比增长 124%。其中收入 2053.3 亿美元，同比降低 16.9%；支出 2848 亿美元，同比增长 0.85%，较预算增长 4.7%；公共债务为 2277.3 亿美元，同比增长 26%，占 GDP 的 34.3%；沙特央行政府储备金为 922.7 亿美元，与预算持平。截至 2020 年底，沙特公共部门支出预计将增长 30.3%，市政服务部门将增长 4.6%，教育部门将增长 1.4%，军事部门将下降 5.9%。[②] 国际货币基金组织估计，沙特的财政收支平衡价格将达到每桶 68 美元。

其他几个海湾国家的财政状况也不容乐观。巴林财政和国民经济部初步核算的财政运行数据显示，2020 年，受新冠肺炎疫情和低油价的双重冲击，巴林财政总收入为 56.89 亿美元，比年初预算减少 21.52 亿美元（其中，石油收入为 33.24 亿美元，比年初预算减少 22.5 亿美元）；总支出为 100 亿美元，比年初预算增加 2393 万美元；总财政赤字为 43.11 亿美元，比年初预算增加 21.63 亿美元。[③] 卡塔尔由于在制定财政预算时对油价估计比较保守，约为每桶 40 美元，所以 2020 年财政基本能够保持平衡。这也得益于卡塔尔经济依赖于液化天然气出口，而液化天然气出口受到石油价格的影响不那么严重。2021 年卡塔尔预算为 535 亿美元，其中包括削减支出约 7.5%，赤字为 95 亿美元。尽管如此，未来几年全球天然气市场的消极变化可能会给卡塔尔政府的外债负担增加压力。阿曼背负着沉重的债务负担，几乎没有足够的财力资源来应付各种债务。在 2021 年阿曼政府的预算中，假设油价达到每桶 45 美元，政府将比 2020 年削减约 14% 的支出。2020 年，新冠肺

① 《标普预计海湾国家 2020 年债务水平将升至 1000 亿美元历史高位》，http://jedda.mofcom.gov.cn/article/jmxw/202007/20200702984919.shtml，最后访问时间：2020 年 12 月 25 日。

② 《沙特公布 2021 年财政预算案》，http://www.mofcom.gov.cn/article/i/jyjl/k/202012/20201203025764.shtml，最后访问时间：2020 年 12 月 25 日。

③ 《巴林政府减收增支，财政赤字进一步扩大》，http://www.mofcom.gov.cn/article/i/jyjl/k/202102/20210203038501.shtml，最后访问时间：2021 年 3 月 25 日。

炎疫情对阿联酋政府收入带来影响，由于游客人数不足以及消费减少，阿联酋政府增值税收入减少。阿联酋压缩了一部分政府财政支出，所以2020年政府财政赤字仅占GDP的0.2%。①

海湾国家长期以来居高不下的巨额预算，以及它们对低油价下经济现实反应能力的匮乏只是问题的一部分，主要限制因素之一是海湾国家预算的扭曲性质。在大多数海湾国家中，石油和天然气部门占政府总收入的70%或更多，与此同时，工资和补贴构成了政府支出的大部分，这些预算组成部分难以改革。

同样，因为海湾国家金融市场与石油价格急剧下跌的相互作用，这些国家的股市也产生了严重下挫。随着油价的下跌，沙特TASI指数在2020年3~5月遭受多次暴跌，引发全球金融市场动荡。2020年3月9日，沙特和俄罗斯的石油价格战导致全球金融市场出现“黑色星期一”。美股三大指数开盘后全线下跌，其中纳斯达克指数跌幅为7.2%，道琼斯指数跌幅为7.79%，创下自2008年次贷危机以来的最大跌幅，标普500指数跌幅为7%，第二次触发熔断机制。美股三大股指全部暂停交易15分钟。TASI股指开盘下跌超9%，沙特阿美石油公司股价开盘暴跌10%，交易一度暂停。

由于油气市场中石油价格低迷，一些知名石油公司业绩不断下滑。埃森克美孚在2020年公布的财报中宣布，全年亏损224亿美元，利润降幅为256%。BP全年亏损203亿美元，利润降幅超过600%。雪弗龙全年亏损55亿美元，利润降幅为290%。面对巨额亏损，世界知名油气公司也提出了相应的开支削减计划和措施。埃森克美孚宣布将特拉华盆地钻井平台数量减少20%以上，壳牌宣布2020年资本支出计划减少至200亿美元以下，道达尔和雪弗龙分别设立了资本支出削减33亿美元和40亿美元的计划，BP也计划削减资本支出的20%。作为阿拉伯世界中体量最大的国际石油公司沙特

① 《迪拜酋长批准2021年政府预算》，http：//finance.sina.com.cn/roll/2021-01-01/doc-iiznctke9592260.shtml，最后访问时间：2021年5月25日。

阿美石油公司，在2020年受原油价格急剧下跌的影响，其净利润约为490亿美元，比2019年下降了44%。沙特阿美石油公司甚至公开宣称，这是“最困难和具有挑战性的一年”。①

海湾国家一直以高预算和高福利维持着国民福利，向其公民提供社会财富。高预算一方面扩大和改善公共服务和设施，包括教育、卫生和体育等；另一方面也为公民提供大量在政府部门的工作机会，以换取远远高于私营部门的薪水和福利。此外，海湾国家通过政府合同和专有许可授予企业所有者经济租金，这使他们能够从企业代理中获得盈余和利润。然而，当这种已经确立的社会契约长期维系时，政府就是在允许公民获得石油财富的合法份额。当石油收入减少时，重新谈判也不容易。以沙特为例，它是该地区最大的原油生产国，在其2020年预算中，沙特阿拉伯假定每桶石油的价格为60美元。由于油价低位震荡，预计削减开支5%，约为133亿美元。沙特将增值税率从5%增加到15%，并停止支付一部分生活津贴。

对于非海合会国家的石油生产国来说，石油收入骤降对政府财政影响更是巨大。比如，伊拉克石油收入占国家预算的90%左右。面对油价下跌，它难以像海合会国家那样依赖外汇储备和多元化经济获得财政平衡。伊拉克在2020年预算草案中把石油价格定为每桶56美元，以资助发展项目和臃肿的公共部门，其2020年财政赤字约840亿美金。石油收入的锐减和新冠肺炎疫情给挣扎求生的伊拉克人增加了巨大的经济压力，并引发针对经济疲软和政府腐败的多次抗议活动甚至暴力冲突。

① “أرباح مجموعة أرامكو الصافية تتراجع بنسبة 44 في المئة بسبب انخفاض أسعار النفط,” https://www.france24.com/ar/%D8%A7%D9%82%D8%AA%D8%B5%D8%A7%D8%AF/20210321-%D8%A3%D8%B1%D8%A8%D8%A7%D8%AD-%D9%85%D8%AC%D9%85%D9%88%D8%B9%D8%A9-%D8%A3%D8%B1%D8%A7%D9%85%D9%83%D9%88-%D8%A7%D9%84%D8%B5%D8%A7%D9%81%D9%8A%D8%A9-%D8%AA%D8%AA%D8%B1%D8%A7%D8%AC%D8%B9-%D8%A8%D9%86%D8%B3%D8%A8%D8%A944-%D9%81%D9%8A-%D8%A7%D9%84%D9%85%D8%A6%D8%A9-%D8%A8%D8%B3%D8%A8%D8%A8-%D8%A7%D9%86%D8%AE%D9%81%D8%A7%D8%B6-%D8%A3%D8%B3%D8%B9%D8%A7%D8%B1-%D8%A7%D9%84%D9%86%D9%81%D8%B7, accessed: 2020-12-25.

（二）非石油生产国财政负担有所减轻，但经济运行仍面临诸多不确定性

由于地理位置接近，开采和运输成本低，所以化石能源消费是阿拉伯国家最主要的能源消费方式。其中，石油消费又占化石能源消费的比重最大。除了几个主要海湾产油国，中东阿拉伯国家中既是油气生产国，又是油气消费国，根据不同产品的细分也有所不同。比如埃及是原油进口国，也门是精炼油产品进口国，等等。对于油气消费占比较高的阿拉伯国家来说，2020年油价产生的较大波动和低位运行影响是较为复杂的。简单来看，从财富转移效应的角度，低油价能够减少石油进口国到出口国收入和购买力的转移，能够节省生产生活和运输成本，这对于石油进口国来说有着积极的影响。但由于油价大幅度波动导致的不确定性，以及低油价期间原油存储能力的限制，阿拉伯非石油生产国在进行决策时，其变更决策的成本增加，反而影响投资积极性，降低利润，对工业生产造成负面影响。

以埃及为例，埃及从2010年开始由石油出口国转变为石油进口国，其天然气产品基本可以自给自足。在2020年，埃及承诺通过新建炼油厂、提高现有设施、合理化消费、汽车油改气和鼓励使用可再生能源等方式，在2023年实现汽油和柴油的自给自足。2019/2020财年，埃及国际收支赤字为86亿美元，其中石油贸易赤字为4亿美元。相比2018/2019财年810万美元石油贸易的盈余来说，油价的下降不仅没有为埃及的石油贸易增加收入，反而在石油出口收入方面下降了31亿美元，由2018/2019财年的116亿美元降至2019/2020财年的85亿美元。同时，石油进口支出由于整体需求缩减、油价下跌，由2018/2019财年的115亿美元降至2019/2020财年的89亿美元。[①]

长期以来，埃及对石油产品给予了大量的财政补贴，导致政府负担严

① 《2019/2020财年埃及国际收支赤字86亿美元》，http：//eg. mofcom. gov. cn/article/jmxw/202012/20201203023757. shtml，最后访问时间：2020年12月25日。

重。从 2019 年开始，埃及对石油消费品采用每三个月一变的自动定价机制，该定价综合考虑国际油价、埃磅汇率和运输成本，涨跌幅度不超过 10%，这是国家减少石油补贴计划的一部分。2021 年初，埃及 95 号汽油价格约为 0.53 美元/升，92 号汽油约为 0.47 美元/升，柴油价格约为 0.42 美元/升，民众仍然能够享受到较为廉价的石油产品。而对石油产品的补贴，在 2020/2021 财年上半期，下降至 5.38 亿美元，相比 2019/2020 财年同期的 9.76 亿美元下降了 45%。这一补贴的显著下降，除了石油产品本身需求减少、埃及政府持续致力于削减补贴之外，很大程度上得益于石油价格的低位运行。

从减少石油补贴的角度看，低油价有助于阿拉伯非产油国减轻财政负担，但换个角度看，石油行业为阿拉伯世界提供了大量的工作机会，也为非石油生产国带来重要的侨汇收入。2011 年“阿拉伯之春”不仅对约旦、利比亚和也门的石油工业造成毁灭性打击，更重创埃及、突尼斯、叙利亚等国的旅游业，导致整个地区经济增长大幅度放缓，外来投资大幅度减少，失业问题更加突出。比如，埃及是典型的劳务输出国，2018 年的埃及海外人口普查数据显示，埃及海外劳工数量达到 950 万人，其中阿拉伯国家约 620 万人，仅在沙特就有 290 万名埃及劳工。2019 年，埃及海外侨汇达 268 亿美元。① 然而，自 2020 年初新冠肺炎疫情开始以来，由于抗疫防疫的需要，以及大型石油公司收入缩减，在沙特的大量埃及劳工返回家乡。不过，从 2020 年 6 月开始，埃及侨汇收入再次出现增长。整个 2020 年，埃及海外侨汇不仅没有下降，还增长至 296 亿美元，涨幅 10.4%。这一方面是大量埃及海外务工人员返乡，带回了长年海外务工的存款；另一方面是埃及央行为了激励埃及民众的信心，提高利率，对吸收海外汇款有着积极的影响作用，使 2020 年埃及海

① “العمالة العائدة" تنزع فتيل قنبلة البطالة في مصر,” https://www.independentarabia.com/node/126561/%D8%A7%D9%82%D8%AA%D8%B5%D8%A7%D8%AF/%D8%A7%D9%84%D8%B9%D9%85%D8%A7%D9%84%D8%A9-%D8%A7%D9%84%D8%B9%D8%A7%D8%A6%D8%AF%D8%A9-%D8%AA%D9%86%D8%B2%D8%B9-%D9%81%D8%AA%D9%8A%D9%84-%D9%82%D9%86%D8%A8%D9%84%D8%A9-%D8%A7%D9%84%D8%A8%D8%B7%D8%A7%D9%84%D8%A9-%D9%81%D9%8A-%D9%85%D8%B5%D8%B1, accessed: 2020-12-25.

外侨汇收入增加。

然而，从长远来看，产油国受低油价影响对劳工需求减少，不利于埃及、黎巴嫩等劳务输出国获取长期的侨汇收入，大量回流的海外劳工也会造成国内失业率上升，加重社会负担，从而对经济运行环境产生负面影响。所以，油气价格在2020年产生的波动的影响，对于非产油国来说是非常复杂的，既有积极因素也有消极因素，根据具体国家和具体行业的不同，其对低油价的反应也是各异。

四　阿拉伯世界油气市场发展走向和阿拉伯国家的应对措施

在新的一年中，阿拉伯油气市场出现以下几个发展趋势，阿拉伯国家也在进行相应的调整和应对。

（一）随着疫情控制和生产恢复，石油价格在低位回暖，海湾产油国经济逐渐恢复

随着疫情的反复和疫苗在全球范围内的使用，全球经济和石油市场正从2020年新冠肺炎疫情大流行造成的历史性需求下降中恢复过来。2020年惊人的库存过剩正在得到解决，全球战略储备除外的石油库存有所增加。然而，在疫情防控常态化时期，石油市场可能不会恢复到“正常”水平。2021年第一季度，世界对石油需求小幅度降低，约下降80万桶/日，降幅约为0.8%，总需求量约为9240万桶/日。这种小幅度的降幅一定程度是受到世界第三波疫情的影响，特别是对欧洲的影响。同时，2020年上半年积累的原油存储也在逐渐消化，EIA预计，2020年1～5月库存平均增加940万桶/日，2020年6月至2021年12月以250万桶/日的速度小幅去库存，预期将需要18个月将库存恢复2020年初水平。

从石油价格的角度来看，随着2020年5月沙特主导的“OPEC+”最大规模减产行动启动，以及6月OPEC和俄罗斯减产对油价形成有效支撑，石

油价格逐渐恢复到40美元/桶左右。2020年第三季度，WTI油价约为40.9美元/桶，第四季度约为44.1美元/桶。到2021年第一季度，随着中国经济的加速以及美国推出经济刺激计划，油气市场信心恢复，WTI油价已经恢复到57.8美元/桶。2021年4月以来，油价基本保持在60美元/桶以上，5月更是涨到了65美金/桶左右。

随着全球石油价格上涨，海湾国家的经济从2021年开始复苏。如果石油价格保持在每桶70美元左右，海湾国家的收入将大幅增长。穆迪投资者服务公司预计，海合会成员国总预算中的财政赤字将在2021年内得到很大程度弥补。华盛顿的国际金融研究所（Institute of International Finance）预计，布伦特原油价格将在2021年达到平均每桶60美元，比2020年高40%。这将有助于海合会国家降低整体财政赤字，到2021年将碳氢化合物收入增加到3400亿美元，而2020年该收入仅为2000亿美元。得益于此，海合会国家2021年将实现2.5%的经济增长（2020年收缩4.9%），到2022年，增长率将上升到3.1%。据高盛估算，如果每桶石油平均价格达到65美元，并且其他财务事项保持不变，那么6个海合会国家的借款需求将减少96%。[①]

（二）阿拉伯国家继续多元化进程，推行改革计划，寻求经济转型

2020年低油价导致海湾产油国面临重重压力，也使经济多样化再次成为海湾阿拉伯国家的紧迫问题。几十年来，海湾产油国一直关注其碳氢化合物收入的可持续性。长远看，石油和天然气并不是取之不尽用之不竭的资源。巴林和阿曼处于最困难的境地，因为巴林的储量预计将在未来10年内耗尽，而阿曼的储量则将在25年内用尽。从中期来看，由于可再生清洁能源的需求增加以及能源效率和存储的改善，石油收入下降可能将是常态。国际货币基金组织在新冠肺炎疫情大流行之前估计，如果海合会成员国不实施

① “دول الخليج وارتفاع أسعار النفط,” https://studies.aljazeera.net/ar/article/4959#a2，accessed：2020-12-25.

基本的金融和经济改革，它们将在2034年之前耗尽其积累的财富，而新冠肺炎疫情甚至可能会缩短这一周期。

海湾国家的私营部门活动严重依赖于消费和政府资助的项目，这些项目最终依赖于石油和天然气收入。尽管海湾国家在过去10年中取得了一些进展，但除阿联酋和巴林外，其中大多数国家的石油和天然气生产仍占GDP的40%以上。海湾国家的政策制定者一直试图改变这种畸形的经济发展模式，并为非石油经济发展提供激励措施，通过加强主权财富基金和避免需要政府持续支持或补贴的项目来实现收入来源的多元化，同时鼓励个人储蓄和投资。

在阿拉伯国家制定的未来发展目标中，经济多元化是明确的发展方向。自沙特2016年制定“2030愿景”以来，2019年沙特非石油收入约为840亿美元，约为“2030愿景”提出前10年平均水平的3倍；2019年，非石油收入在总收入中占34%，前10年平均为12%，非石油收入对财政的贡献度大大提升。2016年至2019年末，沙特非石油收入为2800亿美元，较上个4年的1365亿美元增长约105%。国际货币基金组织表示，沙特2021年实际GDP增长2.1%，2022年增长4.8%。预计沙特2021年非石油经济增长3.9%，2022年增长3.6%。[①] 2015年初，阿联酋内阁通过了《国家发展计划与2021愿景》，计划将在2021年使非石油领域的实际GDP增长从2012年的3.2%增加到5%。2020年，阿联酋在疫情环境、经济下滑的大背景下，非石油经济规模年萎缩了6.2%，是自2011年以来的首次萎缩。但是根据阿联酋央行预测，2021年其非石油经济规模将增长3.6%。

近年来，海湾国家意识到，经济多元化中很大一部分支撑还是依靠石油行业的收入，所以开始反思这种多元化模式是否还要持续，并且开始允许私营部门发展。在过去10年中，海湾国家在创造营商环境中付出了不少的努力，将经济多样化纳入其国家视野，并成立了各种机构以将私营部门纳入正

---

① 《沙特2030愿景规划令非油收入翻番》，http://www.mofcom.gov.cn/article/i/jyjl/k/202002/20200202938993.shtml，最后访问时间：2020年12月25日。

在进行的经济活动中，支持中小企业的发展和融资，如沙特中小企业管理局、阿曼中小企业公署等机构，提供一系列具有竞争力的举措甚至直接补贴，帮助中小企业更轻易地获取政府服务，创造就业机会。

尽管在过去10年中，海湾产油国的营商环境得到了改善，但是它们在营商环境方面相比欧美国家仍然滞后。海湾国家的私营部门与大多数西亚和北非地区私营部门一样，受到过度监管，并受到根深蒂固的发展模式和知识体系的支配，大多数私营部门的活动是由上市公司或国有公司支配，并取决于政府合同，由公共金融机构提供资金，得到政府补贴的支持。这些国有公司在刺激现代化，创新和经济增长方面发挥了重要作用。但是随着时间的流逝，尤其是在低油价带来的压力下，政府的寻租经济已经成为经济多元化的阻碍。

除阿拉伯产油国外，阿拉伯其他国家也面临着经济结构不合理带来的挑战。埃及从2016年开始，在塞西政府的领导下进行一系列经济改革，每阶段为期三年，目前已经开始进入第二阶段。凭借这一系列的改革，埃及获得了国际货币基金组织120亿美元的贷款。第一阶段的经济改革中，埃及致力于取消能源补贴，减轻政府的财政压力，并上马了一些大规模经济项目，如农业领域的“百万费丹”计划、交通工业领域的“新苏伊士运河发展计划”等。第二阶段经济改革计划中，经济的生产结构多元化是该计划的主轴，其目的是改善埃及的生产，提高经济的灵活性和多样化，创造就业并增加出口。为此，埃及在生产和服务部门一级确定了五个优先领域，即农业、工业、建筑业、旅游业以及电信和信息技术部门。其中，电信和信息技术部门的份额要从此前的2.8%提高到5%。此外，该阶段的计划还侧重于绿色经济和环境保护、解决水资源匮乏和人口过剩的问题。

（三）发展可再生清洁能源，促进地区能源供给模式转型

面对低油价带来的压力，阿拉伯国家意识到，发展清洁的可再生能源是未来世界能源发展的大势。所以，中东产油国虽然在目前的油气市场中占主导地位，但也将可再生清洁能源的开发看作发展要务。2013年，阿拉伯国

家联盟在第三届阿拉伯经济和社会发展峰会上，通过的《2010～2030 年阿拉伯可再生能源发展战略》，为区域合作奠定了基础，以发展阿拉伯世界的可再生能源。各国承诺将本地区已安装的可再生能源发电能力从 2013 年的 12 吉瓦提高到 2030 年的 80 吉瓦，这体现了阿拉伯国家对可再生能源的发展信心。

沙特作为产油大国和 OPEC 组织的领导者，意识到国际石油价格未来很难再形成高价局面，所以沙特在其出台的“2030 愿景”中就已经提出大力发展太阳能、核能等新能源，计划到 2030 年增加可再生能源发电 9.5 吉瓦。2017 年沙特还宣布，将于 2032 年前在新能源领域投资 300 亿～500 亿美元，计划在未来 10 年内推出 30 个太阳能和风力发电项目，在 2023 年之前实现可再生能源发电量占全国总发电量的 10%。2020 年 7 月，沙特与美国空气产品公司（Air Products）达成了全球规模最大的绿色制氢项目——“投建巨型绿色制氢工厂”的合作，预计总投资达 70 亿美元。该工厂配有装机 4 吉瓦的太阳能、风能和储能发电系统，2025 年投产后有望实现 650 吨/天的氢产量。为了便于运输和出口，该厂还将应用氢氨转换技术，届时还能生产 120 万吨/年的氨。

阿联酋在其制定的“2021 愿景”中，计划将清洁能源在整个能源中的占比提升到 27%，其中大部分通过建设核电站实现。2020 年 8 月，阿拉伯世界首座核电站巴拉卡核电站在阿联酋投入运行，总装机量达 5600 兆瓦，能够以安全、可靠和零排放的方式满足全国 1/4 的电力需求，每年减少 2100 万吨碳排放。此外，阿联酋还拥有世界最大的太阳能发电厂德哈夫拉（Al Dhafra），总装机量为 20 亿瓦。此外，阿拉伯其他国家也致力于清洁能源的转换。摩洛哥 2016 年制定了《可再生能源法》，鼓励公共或私人机构利用可再生能源发电，并销售和出口可再生能源生产的电力。2020 年，摩洛哥可再生能源占比已经达到 43%，并计划于 2050 年实现 100% 可再生能源供电，其中主要为太阳能。埃及 2019 年投入运营的本班太阳能光伏产业园，是目前世界最大的太阳能光伏产业园之一，耗资 20 亿美元，预计装机量达到 1600 兆瓦，2019 年产出电能总量达 24 亿千瓦时。此外，埃及 2019

年还完成了最大风电场 Ras Gharib 的建设和调试，该风电场配备了 125 台涡轮机，每台涡轮机的容量为 2.1 兆瓦，装机容量为 262.5 兆瓦。2019 年，阿曼宣布在南部佐法尔省（Dhofar）地区建造风能工厂，年产能约为 160 兆瓦。

这些大型可再生能源项目的开展，体现了阿拉伯国家对未来能源市场的进取心和未雨绸缪。作为全球油气市场的重要参与者，阿拉伯国家已经意识到，在寻求实现经济多样化的同时，必须实现能源生产的多样化，并将能源转型作为其发展战略的核心，这样才能保证其在未来能源市场中不再依赖传统油气产品。

结 论

总体来看，阿拉伯国家由于区域国情复杂，经济状况和经济结构差别较大，对油气市场变化的反应和影响也各不相同。对于阿拉伯几个重要的产油国来说，分为以下几种情况。

第一种情况。如果新冠肺炎疫情加剧，出现无法预计的“黑天鹅”事件，阿拉伯产油国仍要面临油价的波动和财政压力，需要动用外汇储备和债务基金维持现有的生活。对阿拉伯非产油国来说，油价下跌虽然能够给石油消费带来一定的积极影响，但对其经济发展和就业的负面影响也不可忽视。此外，低油价带来的压力将给该地区的经济状况和地缘政治增添极大的不稳定因素，甚至可能影响世界秩序的运行。

第二种情况。如果油价保持在每桶 60～65 美元的范围内，海湾产油国可以保持政府预算平衡。但这种情况需要大量的额外投资补偿政府支出，可能在未来几年内使经济增长保持较低水平，并可能给经济较为困难的巴林和阿曼等国增加财务压力。对于非产油国来说经济预算压力也增大，必须通过多元化经济模式和开发可再生能源项目来进行弥补。

第三种情况。如果油价升至每桶 75～80 美元的水平，随之而来的是海湾产油国取消紧缩政策，增加公共支出，实施基础设施项目和一些经济多样化项目以支持增加和创造就业机会。虽然这种模式可能使公共财政恢复到原来的水平，但它仍然取决于政府的支出和石油收入。但过高的油价会给阿拉伯非产油国家带来严重的财政负担，直接影响工业和居民消费，甚至将矛盾由经济领域外溢到政治生活领域，出现类似“阿拉伯之春”的大规模抗议活动。

无论出现哪种结果，阿拉伯世界在2021年都需要从区域一体化和整体协调可持续发展的角度进行布局，大力进行经济改革，为阿拉伯经济体向高附加值行业的多元化转型提供机会。这就要求政治、社会和教育等领域同步改革，创造一个更加多元化、更加具有竞争力的市场环境，来应对未来阿拉伯油气市场的变化和压力。

中东与世界

The Middle East and the World

Y.18
2020年美国中东政策评估

寿慧生 *

摘　要：　2020年是特朗普执政的最后一年，特朗普中东政策由此画上句号，拜登可能在未来开启不一样的中东政策，但过高估计美国政治循环造成的中东政策变化会造成误判。特朗普执政四年，中东地区已经发生结构性变化，不是继任者可以轻易扭转的。本报告首先简要总结中东局势的变化，在此基础上总结特朗普的中东政策，并分析其影响。

关键词：　美国　中东　特朗普　拜登　地区安全

* 寿慧生，北京语言大学国别与区域研究院研究员、土耳其研究中心主任，主要研究领域为国际关系和国际政治经济学，主要关注全球战略、中美关系、美国政治和外交、国际发展以及全球与区域治理等。

美国第45任总统特朗普执政四年，中东格局发生了巨大的变化，变化之大可能超出此前任何一届二战后美国政府曾经面临过的。2020年是特朗普执政的最后一年，其到底给美国留下什么样的中东政策遗产？新上任的拜登政府在多大程度上会改变特朗普的政策导向，又在多大程度上延续他的政治遗产？在奥巴马遗产和特朗普遗产之外，拜登能否开拓出一条带有他自身印记的中东政策之路？这对美国、中东甚至整个世界而言都是极为关键的问题。本报告通过回顾和梳理特朗普执政最后一年的中东政策，以期能对回答这些问题有所助益。

一　迷失在中东乱局中的美国

在特朗普执政四年间，中东局势进一步复杂化，具体表现为以下几点。首先，地区局势进一步不稳，不安全因素增加。在2020年，此前延续多年的安全顽疾依旧存在，甚至在不同程度上升级。如叙利亚、伊拉克和也门等地的冲突趋于尖锐，即使新冠肺炎疫情也未能阻挡冲突各方的军事行动。其次，地区安全不稳定范围扩大。此前的军事冲突主要集中于阿拉伯地区，但2020年在更大范围内出现了冲突，例如那卡地区和东地中海地区的冲突爆发。又比如，利比亚内战开始溢出到整个中东地区，卷入像埃及和土耳其等国家，发展为地区性冲突。再次，阿拉伯国家政局持续动荡，经济下滑，整体治理能力进一步减弱，无力应对内外忧患。阿拉伯世界在中东政治权力版图中的塌陷为非阿拉伯国家（以色列、伊朗和土耳其）的崛起和扩张提供了机会。这些国家彼此间的关系以及与阿拉伯国家间的关系均极为复杂，让地区局势陷入多重挑战当中。最后，随着地区强国的崛起和美国中东战略的持续收缩，域外大国对中东的干预能力下降，大国决定中东命运的时代正在结束。[①]

在中东局势日趋复杂化背景下，特朗普执政四年的中东政策呈现以下几个特点。

① 牛新春：《拜登的中东政策粉墨登场》，《世界知识》2021年第8期。

（一）战略目标明确，战略规划模糊

特朗普上台后，在“美国优先”的原则下调整美国的外交战略，中东政策也不可避免受其影响。“美国优先”原则的核心是摆脱战后秩序奉行的多边合作框架的约束，在美国利益最大化的基础上制定对外政策。在中东地区，特朗普的战略目标明确——在延续奥巴马战略收缩的前提下，颠覆奥巴马的中东政策，将伊朗视为主要威胁，通过全面遏制伊朗来联合阿拉伯国家并促其与以色列修好。

特朗普的外交战略规划以缺乏宏观考量，缺乏连续性、协调性著称。人们所熟知的特朗普式反复无常、急速摇摆的特点，在很大程度上源于这些问题。特朗普政府外交以小团队决策为特点，缺乏职业外交家和智库的参与。其后果就是一方面导致决策目标逢迎小范围团体利益而缺乏统筹规划和细节上的考量；另一方面与此前美国战后外交传统切割，不再受限于建制派的价值观和传统外交风格，而是因人而异，随性而为。在中东战略规划上亦是如此。在叙利亚问题、伊核问题和巴以和平几大议题上，都可以看出这种战略规划的随意性和模糊性。

（二）战略视野狭窄，在核心领域之外严重不作为

特朗普及其团队对美国外交的认知非常狭隘，对于美国与世界各国关系的认知完全是从19世纪重商主义和民族主义的狭隘视角出发，将美国的国家利益与战后承担维护全球和平稳定繁荣的世界领导者的身份相对立，与美国传统建制派切割，以美国利益最大化为原则来指导其外交战略，因此其“美国优先”原则与后冷战时期全球多边外交传统形成巨大冲突。在中东地区，特朗普的外交战略导向是以美国利益最大化为核心，与此无关的议题被弃之不顾。这种战略导向带来的后果是外交战略和外交资源全部集中在某些狭窄领域，如反伊和推动以色列与阿拉伯国家建交，而无视诸多对当地安全与发展至关重要的议题。例如，北非地区在“阿拉伯之春”后面临政治动荡、经济发展乏力等难题，特朗普对这些地区的关注远远不够，在政策支持

和经济援助上也都远逊于此前的政府。最为突出的是利比亚内战持续不断，美国几乎不作为，任由其蔓延扩散而没有足够的战略规划。这种认知和价值观上的缺陷为中东地区的安全局势和发展前景都带来严重后果。

（三）政策内容简单，手段粗暴

在缺乏宏观战略视野和战略规划、排斥职业外交家和对外合作的情况下，特朗普团队的外交政策出现内容简单、手段粗暴的特点。最为显著的是针对伊朗，特朗普采取极限施压的政策，试图迫使伊朗就范于美国的军事威胁，而几乎完全摒弃外交工具，甚至不顾盟友的反对。特朗普在政策明显失效的情况下强行施压，还导致地区紧张局势升级，这不仅无助于解决伊核问题，还为俄罗斯、伊朗以及土耳其等国家借势在地区扩张力量提供了机会。在特朗普执政后期，这种情况愈演愈烈，特别是在其执政的最后一年，面对大选结果的不确定性，特朗普团队试图以更为极端的方式打压伊朗，希望无论结果如何，至少可以显示出自身的强硬立场，以此获得保守派极端力量的同情，为自己的将来保留一份政治遗产。因此，无论是特朗普本人还是国务卿蓬佩奥，都很清楚这样的策略不在于结果而在于过程。

总之，特朗普的中东战略和政策特点鲜明，同时缺陷也严重且明显，导致美国的中东政策进一步模糊随意。尽管遏制伊朗和推进巴以和平进程的核心议题未变，但总体而言，至少对于稳定地区局势来说，特朗普的中东政策在战略目标和政策规划方面过于模糊，这种状况势必会进一步推动中东地区局势的复杂化。

二　2020年中东局势盘点及美国的政策应对

特朗普上任初期，美国政府的中东政策基本上沿三条主线推进：一是遏制伊朗；二是推进巴以和平进程；三是叙利亚反恐问题，主要是消灭“伊斯兰国”以及平定后续的乱局。在特朗普前两年任期内，这三条线仍然边界清晰。进入 2019 年后，三条线的边界开始逐渐模糊并聚合为一条主线：

遏制伊朗成为特朗普政府的核心议题，其他两条线几乎完全被吸纳到反伊的议程当中。无论是叙利亚的反恐议题还是巴以和平进程，都已经因完全为反伊行动服务而发生根本性变化。2020 年是特朗普任期的最后一年，随着中东局势开始产生新情况，这些过去的主线也随之变化，特朗普的政策大致可以总结如下。

（一）反伊政策缺乏新意和后劲

特朗普对伊“极限施压”在 2019 年达到顶峰，双方冲突不断，紧张局势持续升级。但到了 2019 年最后三个月，美伊双方冲突开始缓和，除一些新制裁外，双方更倾向于采取代理冲突的模式来表达不满，而不是正面对抗。

然而，2020 年 1 月 3 日，伊朗伊斯兰革命卫队下属“圣城旅”指挥官苏莱曼尼在伊拉克巴格达国际机场外遭美军无人机袭击身亡。苏莱曼尼被美国视为伊朗革命输出、支持中东地区极端武装力量的主要策划人和指挥官。其主要负责审核伊朗对所有反以色列武装的培训与支援，并操控向叙利亚输送军事物资，集军事、外交和情报等大权于一身。由于他的运作，伊朗什叶派的影响力在中东得以大大提升。美国情报部门透露，“圣城旅”在伊拉克、叙利亚、黎巴嫩、巴勒斯坦、约旦以及中亚、欧洲、非洲的许多国家均设有指挥机构。美国将苏莱曼尼视为眼中钉。据报道，特朗普总统早在 2019 年 6 月就下达了刺杀苏莱曼尼的命令。2019 年 12 月 27 日，美军在伊拉克的军事基地遇袭，导致美方人员伤亡，该事件很大程度是苏莱曼尼被暗杀的直接动因。

苏莱曼尼事件后，双方尽管口头上舌枪唇剑，但行动上非常克制，避免了直接的、大规模的军事冲突。2020 年 1 月 8 日，伊朗袭击美军驻伊拉克的“阿萨德空军基地”，但美国对此不予反击，显示出特朗普尽管喜欢走险棋，但无意将两国推到战争中去。美国国务卿蓬佩奥在 2020 年 1 月 13 日的演讲中，高调宣扬特朗普的“极限施压”政策，称美国对伊政策由外交孤立、经济制裁和军事威慑三部分组成，这套政策组合拳有两个目标：一是枯竭伊朗政权区域扩张的资源；二是迫使伊朗表现得像“正常国家”。[①] 在此节点发表这种讲话，美国显然在传递重要消息：美国无意对伊朗发动军事行动。

此后美伊双方又开始进入口水战摩擦中。2020 年 4 月，双方军舰在波斯湾地区发生对峙，两国彼此指责，但并无具体行动。7 月 24 日一架从伊朗飞往黎巴嫩首都贝鲁特的伊朗客机在飞行途中遭到两架美国战斗机的骚扰，导致数名乘客严重受伤，最终该客机在贝鲁特安全降落。7 月 28 日，伊朗伊斯兰革命卫队在伊朗南部（包括波斯湾和霍尔木兹海峡）展开大规模海陆空军事演习，以应对美国航空母舰在该地区的威胁。类似的摩擦或者威胁始终不断，但并未产生实质影响。11 月 27 日，伊朗顶级核科学家穆赫森·法赫里扎德在德黑兰省附近被暗杀。11 月 29 日，伊朗伊斯兰革命卫队高级指挥官穆斯林·沙赫丹在伊拉克和叙利亚边境地区遭无人机袭击身亡，但这些事件均没有在美伊之间产生严重的冲突。

2020 年，美伊双边关系最重要的议题集中在伊核协议上。5 月底，美国单方面宣布取消对德黑兰全面核协议项目的制裁豁免，伊朗方面称这是最终取消伊核协议的陷阱。伊朗原子能组织发言人卡迈勒万迪回应称，这项决定不会影响伊朗的核计划，德黑兰有能力不依靠任何国家自主保障核燃料。据称俄罗斯 2020 年 4 月底曾向布什尔核电站提供新一批核燃料，此为反应堆未来运行的必需品。布什尔核电站的 1 号机组不包括在美国的制裁范围内，美国对该核电站的豁免延长了 90 天。此后整年当中两国间的关系基本上集中在“美国实施制裁、伊朗需求突破和国际社会斡旋”的复杂但也略显枯燥的外交冲突中。9 月 21 日，美国政府宣布，将对 27 个与伊朗核武器项目有关的实体和个人施加新的制裁与出口限制。

2020 年底，特朗普在总统大选中失利，拜登成功当选。美国总统易位导致美国对伊朗政策面临新变数。拜登在刚刚当选不久就表示，美国准备重

---

① Pompeo, “The Restoration of Deterrence: The Iranian Example,” The Hoover Institute at Stanford University, January 13, 2020, https: //www. state. gov/the – restoration – of – deterrence – the – iranian – example/, accessed: 2020 – 5 – 2.

返伊核全面协议，并结束特朗普政府对伊朗的制裁。12 月 21 日，伊朗原子能组织负责人阿里·阿克巴尔·萨利希表示，伊朗欢迎下届美国政府重返伊核协议，纠正特朗普政府在 2018 年退出伊核协议的错误行为，但这种回归必须是无条件的。

在美伊围绕伊核协议博弈的过程中，国际社会积极参与斡旋。根据 2015 年伊核协议的条款，伊朗武器禁运将于 2020 年 10 月 18 日解除。联合国安理会第 2231 号决议认可了该条款，并将其列入了法律。8 月 15 日，联合国安理会否决了美国关于延长对伊朗进行武器禁运的决议草案，这是美国政府首次在伊核问题上遭到联合国安理会的拒绝。8 月 21 日，英国、法国和德国发布的一份联合声明中宣布反对美国提出的针对伊朗的“Snapback”程序，并表示不会支持这一与联合国当前努力方向不相符的行动。8 月 26 日，联合国安理会 8 月轮值主席、印尼驻联合国大使贾尼（Djani）表示，由于 15 个成员国在伊核问题上没有达成共识，美国试图重启联合国对伊朗实施制裁的计划无法继续展开。10 月 18 日，联合国安理会宣布终止伊朗武器禁令，伊朗可以与其他国家自由进行武器贸易。

欧盟作为伊核协议利益相关方，同样积极维护伊核协议。8 月 30 日，欧盟外交事务发言人彼得·斯塔诺（Peter Stano）表示，欧盟仍致力于维护伊核协议（联合全面行动计划），以尊重国际协议、维护国际安全。9 月 19 日，英国、法国和德国向联合国安理会致函呼吁，联合国应根据 2015 年伊核协议对伊朗实行制裁减免直到 9 月 20 日以后。18 日，英国、法国和德国常驻联合国代表在致联合国安理会 15 个成员国的联合信函中表示，根据联合国安理会第 2231 号决议，美国为恢复联合国对伊朗的制裁而做出的任何决定或采取的任何行动都没有法律效力，联合国不应该恢复对伊朗的制裁。10 月 8 日，欧盟外交政策和安全事务高级代表约瑟普·博雷尔表示，欧盟正努力增加与伊朗的贸易，继续维护伊核协议。博雷尔在欧洲议会关于伊朗局势的讨论中说：“欧盟正尽力增加与伊朗的贸易。我们不能赞同美国的立场，正如联合国安理会 13 个成员国一样。”

国际原子能机构也设法参与斡旋。2020 年 8 月 26 日，国际原子能机构总干事格罗西对伊朗进行访问，并与伊朗发表联合声明，称双方将进一步加强合作，建立互信，以促进全面执行《保障监督协定》及《附加议定书》。

（二）巴以问题出现新变化

尽管特朗普的反伊政策既缺乏新意也未获得实质性成果，但其在巴以问题上还是取得重要突破。在2019年夏天达成的所谓“世纪协议”与“和平到繁荣”计划书等各种铺垫下，2020年1月28日，特朗普公开发布了美国版的“中东和平新计划”，其核心就是承认耶路撒冷为以色列不可分割的首都，允许以色列将其在所占领的巴勒斯坦领土上建立的、联合国视为非法的定居点据为己有，同时许诺给巴勒斯坦人有限的自治权。这个计划被外界认为是给自20世纪70年代以来持续几十年的以“两国方案”为核心的巴以和平进程画上了句号。

对特朗普而言，过去美国若干届政府希望通过一个全面且一劳永逸的“两国方案”来解决中东问题，而整个计划的核心就是迫使以色列放弃对巴勒斯坦聚居区以及周边地区占领。但几十年过去，以色列越来越强大，巴勒斯坦则踏步不前，其他阿拉伯国家已经将以色列视为“正常国家”和中东力量平衡的永久博弈中一个正常的参与者。特朗普的思维是对这个无法逆转的现实予以承认①，并寻找一个新的替代方案。这个方案的核心在于将巴勒斯坦人排除在中东政治的重要选项之外，换之以推进以色列与阿拉伯国家间的友好关系，以此来形成对伊朗的围堵。

虽然巴勒斯坦方面不断发出威胁，表示将重新考虑与以色列和美国达成的所有协议，民主党总统候选人拜登也表示反对以色列总理内塔尼亚胡推进对于在约旦河谷的犹太定居点拥有主权的行为，但所有这些都没能挡住特朗普推进“世纪协议”的决心和步伐。

2020年9月，阿联酋与以色列签署关系正常化协议。特朗普宣称这是

① Michael S. Doran, “The Dream Palace of the Americans: Why Ceding Land Will not Bring Peace,” *Foreign Affairs*, November/December, 2019, pp. 21 – 29.

“新中东的开始”，并称另有至少5个国家将与以色列建立外交关系。长期反对特朗普的《纽约时报》专栏专家托马斯·弗里德曼，也将此次“和平协议”的签署比作“地缘政治地震”，认为将深刻影响中东各方面的力量，特别是让中东不再被过去的仇恨和狭隘所困，而是能够面向未来，拥抱和平。[①] 在此过程中，巴勒斯坦方面一直发表强烈谴责，哈马斯在一份声明中表示，阿联酋与以色列的和平协议是“在巴勒斯坦人民背后捅了一刀”。零星的抗议活动和袭击行为显然没能阻止大部分阿拉伯国家的赞同。在特朗普于8月13日正式宣布以色列和阿联酋同意两国关系正常化后，埃及、阿曼和巴林都表示支持，巴林和阿曼表示希望在将来与以色列建立更加紧密的联系。埃及总统塞西甚至在8月13日就致电阿联酋阿布扎比王储、阿联酋武装部队副总司令穆罕默德·本·扎耶德，祝贺阿联酋与以色列关系正常化，称这是阿联酋迈出的历史性一步，将有助于推动和平进程。他称赞新的协议制止以色列对巴勒斯坦领土的吞并，这种方式将维持两国解决方案并为巴以之间的和平进程提供机会。

阿联酋与以色列实现关系正常化，在阿拉伯世界掀起了与以色列关系正常化的热潮。据以色列《国土报》10月1日报道，以色列和黎巴嫩确认同意就两国海洋边界问题进行谈判。这是以色列和黎巴嫩之间在过去30年里进行的第一次直接政治对话。2020年10月，以色列与苏丹达成两国关系正常化协议。12月，摩洛哥决定和以色列实现关系正常化。

所有这些进展都显示出，中东地区大部分阿拉伯国家都不再延续旧有思维处理与以色列的关系，而巴勒斯坦问题显然已经在地区国家的眼中发生了质变。据报道，内塔尼亚胡表示，与阿联酋和巴林签署正常化协议，让巴勒斯坦人除了坐上谈判桌之外别无选择。这显然也是特朗普政府的策略和目

① Thomas L. Friedman, “A Geopolitical Earthquake Just Hit the Mideast,” *New York Times*, August 13, 2020, https://www.nytimes.com/2020/08/13/opinion/israel-uae.html, accessed: 2020-9-2.

标，而且也确实起到了一定的作用。[①] 11 月 17 日晚，巴勒斯坦总统阿巴斯宣布，在巴以中断接触 6 个月后，巴勒斯坦决定从即日起恢复与以色列的安全合作。显然，巴勒斯坦在这种困境下已经开始被迫转变思维，改变以往的强硬立场。

（三）美国在中东其他热点问题上无所作为

纵观 2020 年，中东地区格局发生巨大变化，但特朗普除了针对伊朗采取制裁威胁的老套路和积极推进“世纪协议”外，对地区内发生的其他问题基本上漠不关心，政策上无所作为，甚至让人感觉其在被局势所左右，在不得已的情况下被动应对。

1. 叙利亚被美国边缘化，成为“群雄逐鹿”之地。此前，叙利亚反恐问题是特朗普中东外交的核心议题之一。但自 2019 年“伊斯兰国”基本被歼灭后，利比亚问题被特朗普视为一个需尽快甩掉的“包袱”。[②] 2019 年 2 月开始，美国从叙利亚撤军，仅在叙东北部和南部的坦夫美军基地各留 200 人。2020 年 12 月 22 日，美国宣布对叙利亚实施新制裁，目标是叙利亚央行以及叙利亚政府高层的个人，以此切断叙利亚政府的资金链。

美军的撤离和在叙利亚的收缩态势，为土耳其军事解决叙利亚北部库尔德人问题提供了机会。2020 年 10 月开始，土耳其发动多次军事行动，袭击靠近土叙边境的库尔德武装。美国国会和政府尽管对土耳其提出威胁并实施制裁，但基本上采取默认态度。在整个 2020 年，土耳其在叙利亚北部不断轰炸，并且牢牢地控制了叙利亚北部地区。对此，美国除了谴责土耳其和象征性的制裁外，并无太多作为。

在土耳其控制叙利亚北部的同时，俄罗斯等国家也进一步扩大其在叙利亚的势力。2020 年 5 月，俄罗斯宣布扩大驻叙利亚军事基地，将就相关问题与叙方展开谈判。8 月 20 日报道，叙利亚政府与俄罗斯方面达成协议，

① 寿慧生：《阿以和平协议背后的美国中东政策》，《北京语言大学国别和区域研究简报》2020 年第 7 期。

② 莫盛凯：《特朗普政府中东政策的特点》，《战略决策研究》2020 年第 5 期，第 42 ~ 103 页。

叙利亚同意给予俄罗斯更多的海陆区域，以扩大赫梅明空军基地（Khmeimim Air Base）的范围。

2020 年 7 月 1 日，俄罗斯总统普京、土耳其总统埃尔多安和伊朗总统鲁哈尼举行视频会议，讨论叙利亚问题。三方强调，只有在尊重叙利亚主权和领土完整的基础上才能实现该地区的稳定与安全，并表示愿为此做出协调努力。普京表示，美国对叙利亚实施制裁使叙国内局势更加严重，普京呼吁各方对如何在制裁条件下对叙实施人道主义援助进行考量。

此外，埃及也开始涉足叙利亚问题。2020 年 7 月底，埃及向叙利亚西北部的阿勒颇省派遣了约 150 名携带轻武器的士兵，其中一些被部署在伊德利卜省以南的萨拉凯卜市。埃及干预叙利亚很大程度上是为了干扰土耳其的军事力量，抵消土耳其在利比亚的军事干预和与埃及的对抗。

2. 利比亚内战扩展为地区冲突。利比亚在“阿拉伯之春”后内战持续不断，但大部分时期内仅限于境内各派间的冲突。进入 2020 年后，外部力量开始介入，内战开始扩展为地区冲突，甚至成为代理人战争。①

其中最为积极的是土耳其。此前利比亚内战各方处于胶着状态，但土耳其出于自身利益考量，一直选择支持占领利比亚西北地区的民族团结政府来对抗控制东部和南部地区的“国民代表大会”。2019 年 11 月 27 日，土耳其与民族团结政府签署军事合作谅解备忘录和海上划界协议。根据备忘录，利比亚民族团结政府可请求土耳其提供用于海陆空军事行动的武器装备与载具，双方还可在情报共享方面展开合作。如果民族团结政府发出请求，土耳其还可组建“快速反应部队”进入利比亚。根据海上划界协议，土耳其在东地中海将拥有更大的专属经济区。2019 年 12 月 13 日，利比亚国民军领导人哈夫塔尔宣布对利首都的黎波里发起总攻。2021 年 1 月 2 日，土耳其议会通过派兵议案，1 月 5 日总统埃尔多安称，土耳其正在分批向利比亚派

---

① Zia Weise, “The Libyan Conflict Explained,” Politico, January 17, 2020, https://www.politico.eu/article/the-libyan-conflict-explained/；杨忠洁：《利比亚冲突或成“代理人战争”》，http://www.81.cn/gfbmap/content/2020-07/01/content_264902.htm，最后访问时间：2021 年 1 月 2 日。

兵以支持其合法政府，其军队的职责是“确保停火，而非战斗”。[①]

土耳其的介入让原本已山穷水尽的利比亚民族团结政府峰回路转，利比亚战事出现反转，但此举也刺激了支持利比亚“国民代表大会”的埃及。埃及议会在2020年7月20日发表声明说，一致同意授权埃及军队在境外执行战斗任务，以“在西边战略方向打击武装分子和外国恐怖分子，捍卫埃及国家安全”。埃及政府随后声称，控制利比亚东部的利比亚“国民代表大会”于7月14日以“土耳其占领行为对我国和邻国特别是埃及构成直接威胁”为由，邀请埃及派兵干预。埃及此后虽未实质性派兵，但此举使埃及与土耳其原本的紧张关系雪上加霜。事实上，卷入利比亚内战的国家远不止这两个。长期以来，利比亚内战各方一直得到其他国家支持。沙特、卡特尔、阿联酋和约旦等中东国家以及俄罗斯、意大利和法国等欧洲国家，均以不同方式介入利比亚内战。

在利比亚乱局中，特朗普政府几乎无所作为。特朗普于2020年6月22日与法国总统马克龙互通电话讨论利比亚问题，呼吁各方的军事升级行动须立即停止，防止利比亚冲突更加复杂，但也仅此而已。美国此前曾在利比亚国民军和利比亚政府军之间进行过调解，但此后随着利比亚局势复杂化，特朗普几乎毫无动作。

总体而言，特朗普政府在这些对其而言不具核心战略价值的地区冲突中没有表现出积极介入的意图，基本上是任其发展甚至是刻意忽视，但美国的国际地位又不允许其完全置身事外。在这种情况下，特朗普政府在这些地区问题上变得很被动，甚至有被局势牵着鼻子走的感觉，完全看不出自身的主张。

三 特朗普的遗产与拜登面临的挑战

总体来看，2020年美国中东政策呈现极端趋势：对涉伊朗和以色列问

① 傅波：《土耳其高调出兵利比亚》，http://www.81.cn/gfbmap/content/2019-12/25/content250653.htm，最后访问时间：2020年5月2日。

题，特朗普政府持续加大力度推进；对其他地区热点问题则基本上无所作为，甚至干脆袖手旁观，完全没有主动的战略主张和政策意见。这主要源于以下几个原因。

首先，特朗普及其团队战略目标狭窄，政策资源完全集中在特朗普所关心的两大议题上，其余议题不在其考虑范围之内。其次，特朗普的外交战略和政策的基础是“美国优先”原则，这个原则决定了美国难以在地区冲突中顾及所有议题，更难以获得广泛的国际支持，这个前提决定了特朗普政府不可能去积极干预对他而言居于次要地位的地区冲突。最后，特朗普团队缺乏战略规划，更多依靠特朗普本人和他的团队核心成员的个人喜好和判断来做决策。即使在完全吸引其注意力的“伊朗”和“以色列”两大议题方面，也多半依赖参与方的合作，否则难有作为，最明显的是以色列和阿拉伯国家和平协议的成功源于各方自身利益的驱动，因此协议才得以签署，但在伊核问题上缺乏配合则难有所为。在无法吸引其全部注意力的其他地区冲突方面，则既没有介入的意愿，也缺乏解决问题的手段。

在执政的最后一年，特朗普的中东政策延续其此前的总体战略目标，将打压伊朗、团结阿拉伯国家以及促进阿拉伯国家与以色列关系为战略和政策核心。在此战略目标的指引下，特朗普对于中东地区内的其他议题几乎完全忽视，不加介入。这种战略产生的影响，有些可能是短期的，有些则为其继任者的决策带来极大的挑战。换句话说，拜登上台后面临的是一个比之前复杂得多的中东。具体来说，拜登政府在中东面临以下几个挑战。

第一，美国对伊朗“极限施压”没能对伊朗产生决定性影响，但团结了阿拉伯国家，并引导一些国家与以色列建交。对这种结果评价尚早，但不可否认的是，从此以后，中东地区格局产生了根本性变化，此前作为中东核心的巴勒斯坦问题将无力主导地区问题，而是让位给伊朗与美国及地区国家间的关系。

第二，地区权力分配格局彻底改变，地区政治板块大幅度重组，各国间外交方面合纵连横的出发点，以及策略、工具选择等都已经发生了根本性变化。[①]

---

① 田文林：《衰朽与动荡：“阿拉伯之春”十周年反思》，《国际论坛》2021 年第 3 期。

美国的中东政策正处于收缩态势，特朗普执政的最后一年进一步加速。美国的战略收缩进一步刺激了地区国家采取行动。最明显的是非阿拉伯国家如以色列、土耳其和伊朗借势扩展影响。一是以色列在与阿拉伯国家关系正常化后面临的地区环境明显改善，处于优势的地位。二是土耳其的地区影响力日益扩展，触手远及北非和高加索（如对那卡地区冲突的介入），土耳其扩张性外交战略面临前所未有的机遇。拜登政府很难改变这种格局，美国面对一个完全不同、更为复杂的美土关系，一方面作为传统同盟国彼此需要对方的认可，另一方面双边关系的矛盾日益尖锐，严重影响到对地区安全稳定的维护。①

第三，特朗普在叙利亚和利比亚等地区冲突方面的不作为，导致这些地区的冲突形成“拉锯战”，内战变成代理人战争，牵涉域内和域外大国多方博弈，将留下极为严重、难以预估的后果。② 相比于伊朗问题，这些对特朗普而言不重要的地区冲突实际上涉及更多平民的生命和生活，引发更为严重的国际人道主义危机，并由此产生更多安全隐患。特朗普的不作为更进一步加剧了这些地区的困境，削弱了这些国家本已经脆弱的治理能力，最终可能会酿成更严重的地区冲突和非冲突安全问题。

简而言之，特朗普之后的中东已经彻底改变。在这种新的环境当中，拜登领导的新一届美国政府面临的将是一个不同以往的“新中东”。③ 这个“新中东”关键的政治主体和政治规则都随之发生改变。中东同时面临权力、思想、资源三个维度方面的真空。④ 在这种情况下，无论是旧有的问题（如伊朗和巴以关系），还是新的冲突点（如利比亚问题），都要求美国政府

---

① 宫小飞、石斌：《叙利亚危机与美土关系的疏离》，《国际问题研究》2020 年第 5 期。

② 杨忠洁：《利比亚冲突或成“代理人战争”》，http：//www. 81. cn/gfbmap/content/2020 - 07/01/content_ 264902. htm，最后访问时间：2021 年 5 月 2 日。

③ 唐志超：《秩序、意识形态和模式之转换——中东剧变以来的地区政治发展》，《西亚非洲》2020 年第 5 期；马晓霖：《美国解决巴以冲突的新方案：基于“世纪协议”的文本解读》，《西亚非洲》2020 年第 3 期。

④ 牛新春：《美国大选年，中东在发生什么变化》，《世界知识》2020 年第 18 期。

突破旧有思维来应对。[①] 如果拜登延续奥巴马时期的思维习惯应对新局面，势必会遭到无法预料的打击，但美国在中东地区又面临着全面收缩的需要，过于积极的地区干预和激进的举措，不符合美国的战略利益。就此而言，拜登的中东政策必须是“极简主义”——追求最低目标，投入最少外交、政治和军事资源。[②] 在这种两难处境当中，拜登政府的中东政策将注定不会一帆风顺，也不会轻易如其所愿。我们看到的很可能是一个在中东地区手举“民主”大旗以及口头上高呼“多边主义”和“积极干预”，但行动上小心谨慎、难有所作为的美国政府。

---

① Dalia Dassa Kaye, Linda Robinson, Jeffrey Martini, Nathan Vest, and Ashley L. Rhoades, *Reimagining U. S. Strategy in the Middle East: Sustainable Partnerships, Strategic Investments.* Santa Monica, Calif. : Rand Corporation, 2021.

② 牛新春：《拜登的中东政策粉墨登场》，《世界知识》2021 年第 8 期。

Y.19

"阿拉伯之春"与俄罗斯中东外交

李静雅*

摘　要：　"阿拉伯之春"浪潮引发了俄政界和学界对俄罗斯中东政策的重新思考，并推动俄中东政策向更主动的方向调整。"阿拉伯之春"爆发以来，俄进一步夯实与叙利亚的关系，重点联合土耳其和伊朗，积极参与和塑造中东局势，以平衡、务实和灵活的方式与中东各国建立良好互动，同时积极推动俄与中东国家在各个领域的合作关系。在俄对中东政策的"组合拳"下，俄重回对中东具有重要影响力的大国行列。从大国博弈角度看，美俄缠斗仍是俄中东外交的大背景，但在美投入相对降低的情况下，俄土竞合逐渐成为俄中东外交的主线。

关键词：　"阿拉伯之春"　中东　俄罗斯外交

2010年12月17日，突尼斯蔬菜水果摊贩穆罕默德·布阿齐兹自焚以示对当地政府的不满，以此为始，中东地区多国接连发生政局动荡，这一社会政治运动被称为"阿拉伯之春"。10年后回看，"阿拉伯之春"的民主化进程并未根本改变当地民众的生活水平，但深刻改造了该地区的政治进程，也对俄罗斯调整中东政策产生了重大影响。自"阿拉伯之春"爆发以来，俄罗斯的中东政策更加积极主动，俄也作为对中东地区具有相当影响力的大国强势回归。

---

* 李静雅，中国现代国际关系研究院助理研究员，主要研究领域为俄罗斯外交。

一 “阿拉伯之春”后的俄罗斯中东政策

“阿拉伯之春”爆发之前，俄罗斯在中东的政策整体较为平稳，并没有太多“大手笔”，但“阿拉伯之春”的爆发，引发了俄罗斯对其中东政策的重新思考。

俄罗斯学界对“阿拉伯之春”的认知并不限于对这次剧变起因的学理性分析，还聚焦于这场政治运动对俄罗斯、欧亚地区乃至全球的影响。俄科学院主席团成员、前总理普里马科夫认为，温和的伊斯兰主义者与激进分子之间对抗的结果，不仅影响中东的未来，还将影响世界其他地区的未来。[①] 俄罗斯战略研究所多位中东专家也指出，“阿拉伯之春”带来的政治变化破坏了具有战略意义的中东局势，并对世界上正在发生的事产生了明显影响。[②]

从具体影响看，俄专家将“阿拉伯之春”带来的挑战主要分为两类。一类主要聚焦“阿拉伯之春”对中东地缘格局的影响。俄科学院东方学研究所阿拉伯和伊斯兰研究中心研究员杰姆琴科·弗拉基米尔维奇认为，阿拉伯国家的政治变革致使俄罗斯在该地区的存在感显著减弱，但其他参与者（美国、英国、法国、中国）的影响力反而得到保留甚至增加，这导致俄未来不得不在新条件下行动。[③] 俄罗斯国际事务委员会专家弗拉基米尔·阿瓦特科夫则认为，土耳其在“阿拉伯之春”中发动全球信息宣传攻势，意图加入世界大国之列，因此俄罗斯制定政策时需考虑土耳其因素。俄很大程度上已经失去了在中东地区的政治地位，如果俄现在不采取积极行动，未来其

---

① Очень Ближний Восток, https：//rg. ru/2012/08/08/vostok. html, accessed：2021 -1 -21.

② 《Арабская весна》：последствия для России и мира, http：//moskvam. ru/publications/publication_ 828. html, accessed：2021 -1 -21.

③ 《Арабская весна》 и политика России в ближневосточном регионе, http：//www. perspektivy. info/print. php？ ID =152146, accessed：2020 -12 -27.

将可能不及其他国家（除美国）在该地区的影响力。[①]

另一类分析的关注点主要是“阿拉伯之春”对俄安全的威胁。

第一是政治安全。“阿拉伯之春”席卷中东前后，俄罗斯与周边地区正经历数场重要选举活动，包括2010年乌兹别克斯坦议会选举、2011年哈萨克斯坦总统选举、2011年俄罗斯国家杜马选举和2012年俄罗斯总统大选等。在该背景下，中东地区发生暴力推翻政权的活动受到俄官方高度关注。俄认为“阿拉伯之春”的根源在于地区内部社会经济问题长期积累未能妥善解决，而西方趁乱对地区国家进行干预和操纵。还有部分俄罗斯学者认为这是发生在中东地区的“颜色革命”。俄科学院中东研究所所长叶夫根尼·萨塔诺夫斯基担心，外部势力可能趁乌兹别克斯坦和哈萨克斯坦国家政权交替之机组织“中亚之春”，“民主伊斯兰化运动”将在俄罗斯伏尔加沿岸和里海地区扩散。[②] 俄科学院东方学研究所阿拉伯和伊斯兰研究中心研究员伊琳娜·兹瓦杰利斯卡娅认为，美国及其北约盟国干预中东国家内政，导致新难民潮和新“圣战”组织出现。鉴于此，应严格区分真正的民族起义和外来势力引起的叛乱。[③]

第二是宗教极端主义渗透风险。俄罗斯虽然是基督教文明国家，但国内有大量穆斯林，因此很可能受“阿拉伯之春”影响，面临宗教极端主义渗入威胁。俄科学院东方学研究所专家库尔巴诺夫认为，俄穆斯林青年用英语和阿拉伯语在网上获取信息，展现出对“阿拉伯之春”的特别关注，他们支持中东地区所发生的事件，并真诚希望阿拉伯世界在未来几年内发生变化。[④] 俄外交部专家阿尔图尔·卢沙诺维奇认为，俄罗斯和中亚的大多数穆

---

① 《Арабская весна》 по-турецки, https://russiancouncil.ru/analytics-and-comments/analytics/arabskaya-vesna-po-turetski/, accessed: 2021-1-21.

② 《阿拉伯之春蔓延政治伊斯兰或影响俄战略安全》，http://tsrus.cn/articles/2012/11/27/19079.html，最后访问时间：2021年1月11日。

③ Россия и меняющийся Ближний Восток, https://russiancouncil.ru/analytics-and-comments/analytics/rossiya-i-menyayushchiysya-blizhniy-vostok/, accessed: 2021-1-15.

④ Влияние арабской весны на Россию и российских мусульман, https://islamnews.ru/news-123441.html, accessed: 2021-1-21.

斯林属于逊尼派，过去20年中从中东到俄罗斯的宗教宣教人员数量增加，“阿拉伯之春”之后，俄罗斯穆斯林分布地区的青年抗议活动数量有增加之势。①

第三是俄罗斯的经济安全问题。油气资源是俄罗斯经济发展的重要支柱，中东地区是全球油气资源的主要供应地之一。鉴于该地区国家对世界油气市场的影响力，中东地区对俄经济安全的重要性不言自明。俄科学院东方学研究所专家哈扎诺夫指出，由于利比亚在“阿拉伯之春”中发生权力变化，俄罗斯与卡扎菲政府签订的天然气田开发和基础设施建设巨额合同很可能失效。② 还有俄罗斯战略研究所专家认为，“阿拉伯之春”对俄经济的影响危机与机遇并存，这场危机消极影响是在西方支持下，反对派赢得胜利的国家很可能会驱逐俄罗斯；积极影响就是一些依赖美国的国家政权垮台可能会导致该国外交政策变化，为俄拓展合作提供新的机会。俄罗斯应与该地区所有主要政治力量建立并发展关系，避免对任何政治力量给予“不妥协”的支持。③

以上分析和思考肯定了“阿拉伯之春”对俄罗斯的重要影响，同时也提出了一个问题，即俄罗斯如何与“阿拉伯之春”后的中东国家相处，如何重新定位俄罗斯的中东政策，以维护和重振俄罗斯在该地区的影响力。

2012年，俄罗斯总统普京签署了“关于落实俄罗斯联邦外交政策的措施”的法令，该文件中阐述了俄对中东危机的立场。该法令称，俄支持在尊重国家主权和领土完整，以及不干涉内政的基础上结束暴力和克服危机，并建议在不预设条件的情况下进行民族对话。④ 在2013年版《俄罗斯联邦外交政策构想》中，俄罗斯对“阿拉伯之春”的认识更加深入，指出文明

① Российские мусульмане и《арабская весна》, https://interaffairs.ru/jauthor/material/817, accessed: 2021-2-1.

② 《Арабская весна》и позиция России, http://www.vostokoved.ru, accessed: 2021-1-26.

③ 《Арабская весна》: последствия для России и мира, http://moskvam.ru/publications/publication_828.html, accessed: 2021-1-21.

④ Указ Президента Российской Федерации от 07.05.2012 г. № 605, http://www.kremlin.ru/acts/bank/35269, accessed: 2021-2-1.

认同在"阿拉伯之春"事件中发挥的重要作用。此版外交构想提出，"从西亚和北非的事件中可以清楚地看到恢复文明根源的渴望。在这些事件中，社会政治和社会经济复兴的活动常常以'伊斯兰价值观'的口号举行，在其他地区也观察到类似的过程"。俄认为，在文明认同作用上升的情况下，试图将自己的价值观强加于他人的做法反而推动仇外心理，加剧国际冲突，最终导致国际关系陷入混乱和无法控制的局面。在 2013 版的外交政策构想中，俄对如何与中东国家交往做出设想，指出传统的军事政治联盟无法抵制现代的挑战和威胁，以灵活参与多边结构为基础的网络化外交模式，将取代集团化的外交方式，使国家更有效地与各方寻求共同的解决办法。①

2015 年，俄罗斯加入叙利亚战局后，在同年出台的《俄罗斯国家安全战略》中批评了美国及北约在中东地区的负面作用，认为美国在"全球打击"的概念下，在中东地区部署武器造成地区稳定受到挑战。美国采取的集团性军事活动不利于解决国际纷争，反而促使中东移民流向欧洲。② 2016 年版《俄罗斯联邦外交政策构想》中，叙利亚首次以单独的形式出现，该文件全面阐述了俄在叙利亚、伊朗问题上的立场，即支持叙人决定叙未来，支持落实伊核协议，并准备给予全面协助。俄再次强调"尊重主权和领土完整、不干涉内政和自主决定命运"的原则，支持以政治手段解决地区国家之间的冲突，对中东地区的恐怖主义和大规模杀伤性武器等问题充分关注。③ 同时，俄对未来继续发展与中东地区国家和组织的合作抱有期待。2019 年，波斯湾和霍尔木兹海峡水域接连发生油船被袭或被扣事件，与此同时，美国对伊朗"极限施压"，制裁不断升级。在此背景下，俄罗斯抛出了《波斯湾地区集体安全构想》。俄将波斯湾地区视为重要战略地区，认为该地区是确保现代国际安全的关键问题之一。为此，俄方在《波斯湾地区

---

① Концепция внешней политики Российской Федерации, https://www.ng.ru/dipkurer/2013-03-04/9_concept.html, accessed: 2021-2-1.

② Указ Президента Российской Федерации от 31.12.2015 г. № 683, http://www.kremlin.ru/acts/bank/40391/page/1, accessed: 2021-2-1.

③ Указ Президента Российской Федерации от 30.11.2016 г. № 640, http://www.kremlin.ru/acts/bank/41451/page/1, accessed: 2021-2-1.

集体安全构想》中向海湾地区国家以及该区域外国家提议放弃武力，在军事领域互相履行透明义务，签署军控协议和建立非军事区，加强中东地区核不扩算机制，以及签署打击国际恐怖主义、武器走私、贩毒和有组织犯罪协定等。① 整体来看，“阿拉伯之春”发生后，俄罗斯的中东政策完成了从思考到参与和塑造的转变，俄在中东地区的影响力也随之上升。

二　俄罗斯中东外交的特点

在“阿拉伯之春”中，俄罗斯谨慎处理与中东国家间的关系，总体采取了不干涉地区国家内政的政策。正因为如此，俄罗斯基本维护了与大多数中东国家之间的关系，这为之后俄罗斯调整其中东政策创造了良好条件，打开了俄在中东的新局面。

其一，重点突出，抓住关键国家打造关系纽带。俄罗斯在中东地区的重点国家主要有三个，分别是叙利亚、土耳其和伊朗。叙利亚是俄在中东地区传统的合作伙伴国，自苏联时期起两国就保持友好关系。在“阿拉伯之春”中，叙利亚未能幸免于难，国内发生了反政府抗议。俄一开始就坚定地站在巴沙尔政权一方，数次阻止联合国安理会谴责叙利亚政府的决议。为尽快实现和平，俄多次将叙国内反对派邀请至俄协调，呼吁巴沙尔政府与反对派进行对话。叙利亚陷入内战后，眼看反政府武装不断攻城略地，俄罗斯于2015年9月应叙利亚政府的要求，直接出兵叙利亚，由此极大地改变了叙内部的力量平衡，也“打出”了俄在中东地区的“名气”。在俄的支持下，巴沙尔政府转守为攻，从摇摇欲坠到最终站稳脚跟。2017年1月，俄罗斯、土耳其和伊朗三方共同发起“阿斯塔纳进程”，使政治解决叙利亚问题走入新轨道。2018年俄罗斯、伊朗和土耳其组织的叙利亚全国对话大会在俄召开，会议决定成立叙利亚宪法委员会，开启了政治解决叙利亚问题的新平

---

① Российская Концепция коллективной безопасности в зоне Персидского залива, https://www.mid.ru/ru/foreign_policy/international_safety/conflicts/-/asset_publisher/xIEMTQ3OvzcA/content/id/3733575, accessed: 2021-2-1.

台。2020 年 8 月，在俄协调下，“叙民主委员会”和“人民意志党”在莫斯科签署谅解备忘录，继续推进叙国内政治进程。

俄与土耳其和伊朗之间的合作与俄叙合作不同。如果说俄叙合作关乎俄能否在中东立足，那么俄与土、伊保持战略合作则关乎俄影响力能在多大程度上铺开。美国著名战略家布热津斯基在《大棋局》一书中指出，由于土耳其和伊朗所处的地理位置敏感，且常处于潜在的脆弱状态，故其行为会对该地区的地缘战略棋手（法、德、俄、中、印）行为将造成影响，所以被视为欧亚大陆地缘政治“支轴国家”。某种程度上，土耳其和伊朗在地缘战略方面相当活跃，也有资格被视为战略棋手。[①] 早在“阿拉伯之春”前，土耳其就逐步同较为亲俄的叙利亚、利比亚和巴勒斯坦积极开展合作。在“阿拉伯之春”中，土耳其敏锐地观察到利用新形势提升本国影响力的机会。初期，俄土之间在众多问题上存在分歧，特别是俄飞机被土空军击落使两国关系陷入危机。但 2016 年土耳其政变未遂后，俄土关系迅速好转，形成良好的竞合模式，这在利比亚和叙利亚战场上均有表现。

伊朗在历史上并不是俄的友好伙伴，但相同的利益将俄伊联系在一起。一是双方有共同的反美立场，随着美制裁的深入，伊朗需要俄方的支持。二是“阿拉伯之春”加剧了中东地区逊尼派和什叶派之间的对抗，伊朗将自己视为中东地区大国，力保中东地区的什叶派政权，因此对叙利亚巴沙尔政府给予支持，并直接将兵力投入叙利亚，对以色列形成压力。在俄罗斯介入叙利亚战争之后，伊朗多次允许俄通过伊领空打击叙境内恐怖分子，双方形成战略合作关系。俄也将伊朗拉入与土耳其的三方模式，在叙利亚问题上通过伊朗一定程度上平衡土耳其的作用。三是在经济需求上，伊朗受美制裁希望扩大石油的经济作用，与俄罗斯签署有“石油换商品”的协议，双方均可从中获利。因此，尽管俄伊存在分歧，但却能保持合作。2018 年，美退出伊核协议后，俄罗斯表达了对伊朗的支持，并在美计划重启对伊制裁时坚

① 〔美〕兹比格纽·布热津斯基：《大棋局》，中国国际问题研究所译，上海人民出版社，2007，第 35 页。

决反对，并提出在解除武器禁运后加强军事合作。

俄、土、伊三方竞合模式持续至今。2020 年初，伊朗伊斯兰革命卫队下属“圣城旅”指挥官苏莱曼尼之死给全球投下“重磅炸弹”，苏莱曼尼是劝说俄出兵叙利亚的关键人物，也是俄在中东的“老朋友”。在该事件中，俄、土、伊三方之间的密切关系再次得到检验。2020 年，利比亚和叙利亚的数次停火的背后均能窥见俄、土、伊的影子。

其二，务实灵活，寻找共识弥合分歧。冷战时期，苏联在中东的布局带有意识形态色彩，而当前俄罗斯的中东政策更具有开放性和平衡性。为最大限度实现俄利益，俄与中东国家同时发展友好关系，并尽力避免与地区大国对抗。因此，尽管埃及和以色列与俄罗斯的重点合作伙伴土耳其和伊朗存在矛盾，但俄却能在其中游刃有余。2013 年，埃及发生政变，俄尽管对埃及局势感到担忧，但同时表态希望与埃及新政府保持合作关系。2014 年 2 月，普京对埃及国防部部长塞西参选总统表示支持，这为之后俄埃关系打下基础。塞西在当选总统两个月后便开启了首次访俄之旅。之后，俄埃领导人通过互访或多边平台保持每年至少会晤一次的频率，在反恐、军事和核能等领域达成共识，埃及成为俄在北非地区主要的经贸合作伙伴。2018 年，俄埃签署最高级别的全面伙伴关系和战略合作协议，并至今保持较高的合作水平。相比之下，美国对新埃及政府的表态并不积极，土耳其甚至呼吁西方国家对埃及政府实施制裁。

俄罗斯与以色列关系总体良好。“阿拉伯之春”后，以色列对叙利亚乱局外溢表现出极大担忧，同时对伊朗出兵叙利亚感到巨大压力。在叙利亚战场上，以色列经常对叙境内的伊朗据点发起袭击。2015 年，俄出兵叙利亚后，为避免与以色列在叙利亚战场上出现意外冲撞，建立了冲突消除机制，并为此设立特别协调中心。从效果看，该机制加强了两国军方之间的协调，将合作具体化和机制化，有效避免了两国在叙利亚境内因利益不同而发生冲突。2018 年，以色列以俄侦察机作掩护空袭叙利亚，导致俄军机被叙利亚防空系统误击，但俄在该事件中保持克制，表示该事件仅为偶然事件，这对于以强硬外交著称的俄罗斯实属罕见。对以色列而言，俄是在叙利亚战场上具有能力“规范”伊朗行为的大国之一，其本身也与俄有千丝万缕的文化联系，以色列国内有超过百万公民不同程度掌握俄语，俄语广播、电台和图书馆等也得到保留。作为美国在中东的铁杆盟友，以色列也并未完全跟随美国参与对俄罗斯的制裁。

俄罗斯与沙特关系总体向好。2011 年后，俄罗斯和沙特在叙利亚问题上立场相左，沙特国内一度出现反俄思潮。2014 年，美国页岩油产量和欧佩克国家油气产量双增导致油价暴跌，俄罗斯和沙特作为全球产油大国，抛开在中东具体问题上的立场分歧，走向合作，并寻求在能源领域进行机制化互动。2015 年以来，沙特与俄罗斯接触日益密切，双方就能源政策和立场进行协调，力争维持世界石油市场的稳定性和可预见性。2016 年 12 月，曾经作为国际石油市场竞争对手的俄罗斯与沙特共同推动达成全球石油减产协议，形成“OPEC +”联盟。2017 年和 2019 年，俄沙两国领导人的历史性互访表明俄沙关系快速拉近。2020 年，疫情导致国际油价大幅下跌，这再次为俄沙合作创造了机会。受利益和对能源问题不同认知影响，俄沙在能源上的合作时有龃龉，但两国能在协调下寻找最大公约数，并通过在能源利益上的协调，尽量弥合在地区问题上的分歧，进而为维持两国友好关系发展奠定基础。

其三，善用优势，布局地区军事影响力。强大的军事实力是俄跻身世界大国的基础之一，俄前副总理德米特里·罗戈津曾称，俄罗斯联邦军事技术合作局是俄“第二外交部”[①]，军事技术合作在俄与中东国家的合作中发挥关键作用。阿拉伯国家是全球军售市场“大户”，每年全球约有 1/3 的军售是销往该地区。俄与中东国家军事技术合作主要表现在四个方面。一是直接出兵参与。为保护盟友、捍卫俄安全利益，俄在“阿拉伯之春”后罕见将军队直接派往原苏联之外的地区（叙利亚）参战。即使 2016 年俄宣布撤军后，仍在叙保留有军事力量。通过战场上真枪实弹的磨合，俄叙协同作战水

① Рогозин：ФСВТС сегодня является вторым внешнеполитическим ведомством，https：//ria. ru/20131211/983472868. html，accessed：2021 -1 -26.

平不断提高。二是军售合作。经过叙利亚的实战检验，俄军多款装备的可靠性和有效性得到证实，也因此受到中东多国的关注。叙利亚、伊朗、沙特、卡塔尔、土耳其、埃及、伊拉克、阿尔及利亚和黎巴嫩等均与俄签订有军售合同，内容涉及枪械、战机、运输机、防空系统和无人机等方面。俄罗斯联邦军事技术合作局局长德米特里·舒加耶夫在2019年底表示，过去五年俄罗斯平均每年向中东出口超过20亿美元的武器，占俄武器总出口额的10%~20%。[①] 俄在中东地区的军售不只是为经济服务，同时也是俄地区政治博弈的手段，尤其体现在俄土军售问题上。2017年7月，俄土就购买S-400防空系统达成初步协议。美国对此予以严厉警告，并用美第五代战斗机F-35为要挟，对土施压要求其调整购买俄防空系统的计划。然而，美国的警告并未阻止俄土合作，2020年底美因此对土实施制裁。三是军事基地建设。叙利亚的塔尔图斯海军基地系俄在中东地区的传统基地，在叙战争期间，塔尔图斯基地得到重修和扩建。根据2017年俄叙达成的协议，俄将至少还可使用该基地49年。在叙战争中发挥作用的赫梅米姆空军基地，同样也对俄开放49年之久。通过对叙两个军事基地的巩固，俄在地中海地区的军事存在上升。2020年11月，普京新批准一项决议显示，俄将在苏丹建立一座可容纳4艘舰艇和300名人员的海军基地，该基地具备部署核动力舰船的能力，并可转移俄所需的“任何军事装备、弹药、设备与材料”。这意味着在地中海之后，俄军又在红海海域取得新的突破。四是联合军演。2015年6月，埃及和俄罗斯首次开展“友谊之桥”大规模联合军演，旨在加强两国战略性军事与安全合作。此后，该军演成为俄埃的经常项目，2020年，尽管新冠肺炎疫情肆虐，两国仍于11月开展“友谊之桥2020”联合演习。此外，2019年海湾地区局势升温时，俄与中国、伊朗在阿曼湾举行联合军演，为稳定地区局势发挥了积极作用。

其四，巧用软实力，与中东各国保持建设性关系。与俄罗斯在中东地区

---

① Глава ФСВТС оценил объём экспорта оружия на Ближний Восток в $2 млрд, https://russian.rt.com/world/news/688004-fsvts-blizhnii-vostok-oruzhie, accessed: 2021-1-26.

采取的硬实力动作相比，俄罗斯在该地区的软实力行动并不显眼。俄罗斯国际事务委员会专家苏奇科夫认为，尽管俄罗斯无法与美国的软实力宣传相比，但仍有很大的机会提高俄在中东地区的形象。[①] 在俄出兵叙利亚后，俄在宣传上的首要任务是打造俄出兵的正义性和合理性，树立起帮助地区国家、尊重地区国家文化的大国形象。在国家杜马和联邦委员会的支持下，俄于2016年出版《伊斯兰图集》（Атлас Ислама），将伊斯兰教的历史、分布地区和宗教意义绘制其中，在打击极端主义和恐怖主义的同时，表现出对伊斯兰宗教的友好态度。从更广范围看，俄罗斯联邦独联体事务、俄侨和国际人文合作署为推广俄罗斯文化发挥了重要作用。该机构运营的俄罗斯文化和科学中心遍布埃及、叙利亚、突尼斯、阿联酋、巴林和巴勒斯坦等国，为地区国家学生来俄留学提供便利。2015年，曾有学者建议将中东国家在俄罗斯（包括苏联时期）留学的毕业生联合起来建立组织，此类毕业生的数量大约是20万人。[②] 随着俄叙关系深入，俄语在叙利亚的认可度上升。2019年，俄罗斯恢复了因战争暂停工作的叙利亚俄罗斯文化和科学中心，到2020年，约有2万叙利亚人在学习俄语[③]，其中包括商人以及未来计划在俄留学的青年人，俄叙人文交流作为两国军事合作的补充，为俄叙保持民众间的友好和谐提供了肥沃的土壤。

2020年，新冠肺炎疫情暴发，俄罗斯寻找到与中东国家加强在公共卫生领域合作的机会。2020年8月，俄罗斯注册全球首支新冠病毒疫苗“卫星－V”，受到国际社会高度关注，疫情肆虐的中东地区国家也急盼与俄开展相关合作。2020年8月，资助疫苗开发的俄罗斯直接投资基金透露，将与沙特和阿联酋合作研发疫苗，两国共享疫苗数据，并在当地开展第三阶段

---

① Россия на Ближнем Востоке:《Делайте с нами — и останетесь собой》, https://russiancouncil.ru/analytics-and-comments/analytics/rossiya-na-blizhnem-vostoke-delayte-s-nami-i-ostanetes-soboy/, accessed: 2021-1-28.

② “Russia's People Diplomacy in the Middle East,” https://www.jpost.com/Opinion/Russias-people-diplomacy-in-the-Middle-East-445555, accessed: 2021-2-1.

③ Русский язык в Сирии изучают уже 20 тысяч школьников, https://ria.ru/20200602/1572323797.html, accessed: 2021-2-1.

临床试验。9 月 30 日，俄罗斯直接投资基金又与埃及医药巨头 Pharco 达成协议，向埃及供应 2500 万剂“卫星 - V”新冠病毒疫苗，助力埃及卫生部防控疫情。2021 年 1 月以来，俄疫苗在中东国家的使用更加普遍。1 月中旬，巴勒斯坦通过加速审核程序成为中东地区第一个注册“卫星 - V”新冠病毒疫苗的国家，不久后“卫星 - V”疫苗抵巴开始应用。1 月 21 日，阿联酋也授权“卫星 - V”疫苗的紧急使用。同时，沙特与俄罗斯开始研究“卫星 - V”疫苗在沙境内本地化生产的可能性。俄罗斯直接投资基金总裁基里尔·德米特里耶夫表示，沙特可能成为向中东和北非供应“卫星 - V”疫苗及俄与阿斯利康组合疫苗的物流中心。①

三　俄罗斯扩大在中东的影响力

“阿拉伯之春”后，俄重新调整中东政策，显示与美在处理中东问题上的不同立场。2014 年乌克兰危机使美俄关系进一步恶化，俄为摆脱因乌克兰危机陷入的政治孤立和制裁，进一步推动俄在中东地区采取新动作，而俄罗斯的行动又对围绕中东的大国博弈产生了新影响。

第一，从趋势看，俄罗斯在中东推进的系列政策帮助俄重回对中东具有重要影响力的大国之列。美国在“阿拉伯之春”中的矛盾行为大大降低了其在中东地区的可信度。美国打着民主的旗号支持突尼斯和埃及的抗议活动，利用“阿拉伯之春”之机，以人道主义为借口推翻曾经与美进行反恐合作的卡扎菲政权，但对于阿尔及利亚、巴林和沙特发生的民众抗议则持谨慎态度，特别是 2013 年埃及政变使美国陷入两难。时任美国务卿希拉里也承认，美国国会有时会区别对待各种民主运动，当情况背离美国利益时，会迫使美国政府采取不同立场。② 在该背景下，奥巴马奉行“亚太再平衡”策

① В РФПИ оценили возможности поставок “Спутник V” на Ближний Восток, https: //ria. ru/20210121/koronavirus – 1594008640. html, accessed: 2021 – 1 – 23.

② “Clinton: US Interests Sometimes Clash with Mideast Reform,” https: //www. reuters. com/article/mideast – clinton – democracy – idUSN1E7A626E20111108, accessed: 2021 – 1 – 25.

略，与伊朗达成伊核协议，将战略重点转移至亚太地区，为俄罗斯在中东扩大影响力创造了条件。特朗普与中东国家的相处方式则更加激进。在其任内，美单方面退出伊核协议，建立反伊同盟；大力支持以色列，承认耶路撒冷为以色列首都；减少对叙利亚反对派和库尔德人的支持，又对叙利亚进行轰炸。

俄罗斯则不断推进与中东国家在政治、军事、经济等多领域的合作，步步为营地提升影响力。在地区内部矛盾上，俄立场通常为反对暴力推翻合法政权、尊重国际法以及倡导和平谈判以解决问题，因此中东国家虽种族、宗教和派系各异，但均有可能与俄达成共识，并建立相对稳定的合作关系。对于俄美间的差异，俄多次加以宣传，推动中东国家树立对俄的信任感。欧盟安全研究所发布的分析报告称，“俄罗斯的巧妙控制，加之美国中东政策的不稳定，让中东地区所有地缘政治参与者与俄罗斯合作，并对俄罗斯的利益予以应有的尊重”①。

需要指出的是，俄罗斯在中东影响力上升是相对的上升，俄罗斯的中东政策也有其局限性。从整体实力出发，俄在该地区的影响力仍弱于美国。俄采取与各方交好的方式“重返”中东，但实际上俄罗斯与几乎所有合作的中东国家都或多或少存在分歧，而且中东国家之间的矛盾久治难愈。随着俄罗斯更深入、更广泛地参与中东事宜，俄需要顾及的利益就越多，平衡各方的难度更加大。

第二，中东议题成为俄欧对话的重要话题之一。俄罗斯将本国视为欧洲文明的一部分，即使与欧洲政治关系恶化，但能源经贸将两者紧密地联系在一起。俄在中东取得突破后，中东议题（特别是反恐和难民问题）成为俄欧对话的常见话题。到 2015 年秋季，“伊斯兰国”恐怖组织控制了叙利亚约 70% 的领土和伊拉克 30% 的领土，组织成员有数万人。② 叙利亚的合法

① 《欧盟专家：俄罗斯重返中东凭借的是巧妙政策》，http：//sputniknews. cn/politics/201808031026036663/，登录时间 2021 年 1 月 18 日。

② Возвращение России на Ближний Восток：война и дипломатия，https：//ru. valdaiclub. com/a/highlights/vozvrashchenie – rossii – na – blizhniy – vostok/， accessed：2021 – 2 – 1.

政府实际拥有的领土极其有限。与恐怖主义问题同时发酵的还有难民问题。由中东乱局引发的难民问题造成了欧洲二战以来最严重的难民危机。俄罗斯2018年发布的《俄罗斯联邦2019~2025年国家移民政策构想》中提出，近年来，俄边界和利益区附近移民活动大幅增加。从中东和北非国家到欧洲的大量难民不仅对欧洲各国社会经济造成压力，也促使犯罪分子、恐怖分子和极端主义组织成员渗入这些国家，这将对俄及其周边国家构成威胁。[①] 因此，在稳定中东局势，减少难民问题上，欧洲与俄罗斯存在一定的对话基础。

2018年美国退出伊核协议遭到欧洲国家普遍反对：英、法、德三国发布联合声明，对美国退出伊核协议的行为表示遗憾，并坚持留在伊核协议框架内；欧洲理事会主席呼吁欧盟组成联合阵线反对美国退出伊核协议。俄罗斯作为伊朗的合作伙伴也同样支持捍卫原有伊核协议。这种共同点为欧洲与俄罗斯接近增添了新动力。为使伊朗继续留在伊核协议内，俄欧虽存在方式上的差异，但仍愿意对此开展密集协调。美退出伊核协议后不到一个月，马克龙访俄，双方表示将进一步深化经贸合作，加强在维护伊核问题全面协议和政治解决叙利亚冲突等中东热点问题上的协作。[②] 德国总理默克尔同样选择出访俄罗斯，与普京讨论叙利亚问题方案和人道主义援助，并表示虽然伊核协议不完美，但仍有必要保留。

随着俄罗斯在中东地区影响力上升，俄欧在许多有关中东的话题上都存在沟通的必要性，且能够在部分议题上达成共识，保持了最低限度的合作。但低程度合作和在小部分事务上的共识并不能弥合俄欧之间长久存在的矛盾和分歧，更不能离散美欧之间强有力的联盟纽带，俄与西方在中东地区的战略利益仍有较大分歧。

---

① Указ《О Концепции государственной миграционной политики Российской Федерации на 2019 – 2025 годы》, http: //www. kremlin. ru/events/president/news/58986, accessed: 2021 – 2 – 1.

② 《俄法同意加强经贸与中东问题合作》, http: //www. xinhuanet. com/2018 – 05/25/c_1122887215. htm，最后访问时间：2021年1月26日。

第三，中东与俄周边地区（特别是南高加索地区）出现相互联动趋向。历史上看，土耳其和俄罗斯在高加索地区进行了数个世纪的交锋，随着奥斯曼帝国在一战中的战败，高加索地区成为苏联的组成部分，之后尽管苏联解体，但俄罗斯仍对高加索地区具有传统的独特影响力。相反，土耳其在南高加索地区的影响力呈现逐渐减弱趋势，其与南高加索地区的联系更多表现在经济上，中东地区成为其近年来的经营重点。“阿拉伯之春”后，俄罗斯进一步加速在中东地区布局，如此一来，俄土在中东地区的利益便出现碰撞。土耳其在叙利亚和利比亚问题上的立场并不一致，俄土两国之所以能形成既有竞争又有合作的良性互动模式。这一方面是因为彻底的敌对关系不利于实现各自在中东地区的利益，另一方面，从更广大的角度看，两国的合作关系有利于同时抬升两国的地位，提高各自在对外关系上的筹码。因此，俄土之间的合作是基于竞争的合作，竞争性才是合作的底色。

土耳其除了将中东地区作为其外交的主要方向外，中亚国家和南高加索的突厥语国家也是其重点外交对象。俄罗斯将周边国家被称为“近邻”，将其视为最重要的外交方向之一。因此，俄土的利益在俄周边地区再次出现不一致的情况。随着俄罗斯对中东事务介入不断深入，土耳其在与其合作的同时也在寻找新的发力点。2020 年发生的第二次纳卡战争为土耳其进入南高加索区创造了机会。土耳其和阿塞拜疆同为突厥语国家，此次战争中，土耳其坚定地站在阿塞拜疆身后，支持其用武力解决纳卡问题。而在此前，纳卡问题一直是以俄罗斯、美国和法国为主席国的欧安组织明斯克小组以和平谈判方式推动解决。南高加索地区直接与俄南部腹地接壤，若战争升级将严重威胁到俄北高加索地区的安全形势，在土耳其力挺阿塞拜疆的情况下，俄不得不在协调停火时考虑土的利益。纳卡战争后，阿塞拜疆将土视为地区安全的“保障者”之一。因此，俄土之前在中东地区的竞合模式似乎延伸应用于南高加索地区，但这就使两国在中东和南高加索两个地区的利益呈互动之势。当俄罗斯在中东与土合作或竞争时不得不考虑到土在其周边越来越大的动作，这意味着俄土之间的利益更难以调和，特别是土的影响力已经渗入俄罗斯传统和核心利益的地区。总体看，美俄博弈仍是重点，美国是俄在中东地区外交面临的最大对手，但在美地区投入相对降低情况下，俄土竞合成为2020年俄中东外交的主线。

Y.20

阿拉伯国家和以色列建交对欧盟中东政策的影响*

贾烈英　郝博闻**

摘　要：在特朗普政府的极力鼓动下，阿联酋和巴林在2020年9月与以色列建立全面的外交关系。阿拉伯国家和以色列建交，意味着以色列在中东的地缘政治环境得到改善，同时为巴以问题的解决增加了新变数，这些变化无疑使中东形成了更加复杂的地缘政治局面。欧盟为了更好地实施其中东政策，实现"自身安全"这一战略目标、有效维护地区和平与稳定，一方面需要建立更为独立的中东战略，减少美国政府干涉，掌握地区政治博弈的先机与主动权；另一方面还需要解决内源性矛盾，加速培养周边国家和社会的"韧性"，提升欧盟吸收外部冲击和适应相关变化的动态能力。

关键词：阿拉伯国家　以色列　欧盟　中东政策

欧盟自2016年通过《欧盟外交与安全政策的全球战略》以来，将"自身安全"置于战略目标的首位，而不再将推进民主化和政权更迭作为主要

* 本文为北京语言大学梧桐创新平台项目"软权力视域下的中美亚太政策走势研究"（中央高校基本科研业务费专项资金资助，项目编号18PT03）阶段性成果。

** 贾烈英，北京语言大学国际关系学院院长、教授、博士生导师；郝博闻，北京语言大学党委组织部。

目标。然而，2017 年特朗普政府上台后，美国与欧盟在伊核协议、巴以冲突等问题上出现了政策冲突，其实质是美国中东战略对欧盟中东战略布局的侵蚀。2020 年 8 月，以色列与阿联酋宣布将实现关系全面正常化，同年 9 月，以色列与巴林同意建立全面外交关系，这些影响中东政治格局的重大事件，不仅意味着阿拉伯世界内部的分裂以及支持以色列的反伊朗阵营的扩大，还意味着曾经以巴勒斯坦问题为中心的阿拉伯共同事业的破产。① 当年埃及、约旦与以色列建交，一定程度上是为了构建和平的政治环境，但对于没有直接与以色列发生冲突的海湾阿拉伯国家来说，与以色列的建交意味着中东地区国家阵营的分化，非但不利于和平，还会加剧紧张形势。② 原本就处于动荡之中的中东安全生态变得更加不稳定。在此背景下，欧盟不得不在一定程度上调整自身的中东战略，以维护自己的安全需求和发展利益。

本报告内容主要分为三大部分。第一部分分析海湾阿拉伯国家和以色列建交的背景、进程及现状，探究涉事国为何会在众多中东其他国家反对的情况下仍坚持建交，这有助于分析现今阿拉伯世界对与以色列建交的态度，以及预测未来可能出现的其他建交国。第二部分探寻阿拉伯国家与以色列建交产生的影响，重点分析对欧盟中东政策的影响，这将有助于预测各个利益团体战略方向的调整。第三部分将讨论欧盟为了保障“自身安全”而采取的韧性、独立和主动的中东战略，探寻欧盟的中东策略对中国的启示。

一　海湾阿拉伯国家和以色列建交的背景、进程及现状

（一）阿拉伯国家自身安全受到威胁

“阿拉伯之春”的爆发对中东政治格局产生了深远影响，尤其是伊朗地区影响力的迅速上升，通过扶植“代理人”这种有效且廉价的方式向阿

① 丁隆：《阿以建交开启中东地缘政治新变局》，《人民论坛》2020 年第 29 期。

② 丁隆：《阿以建交，“新中东”的风向标》，《环球时报》2020 年 8 月 15 日，第 7 版。

拉伯世界渗透扩张，由此对很多阿拉伯国家产生了直接威胁。除此以外，伊朗与阿拉伯国家本就存在着民族矛盾和教派矛盾，这让一些军事、经济实力不如伊朗的阿拉伯国家采取措施制衡伊朗。

在这种情况下，对于一个理性的国家行为体来说，选择一个有利于维护自身安全的阵营更符合自身利益。曾经在阿拉伯世界具有领导力和话语权的埃及，近些年因经济增速放缓、时局动荡，地区领导力下降，沙特却依托石油资源迅速发展，逐步扮演起阿拉伯世界的“领头人身份”。[①] 沙特与伊朗在叙利亚危机、也门内战等诸多热点问题上冲突不断，再加上双方民族矛盾和经济利益上的竞争，于是沙特与伊朗两大地区强国很早就形成了阵营化的对抗。在共同“反伊朗”的呼声驱使下，阿拉伯国家寻求联合以色列对抗伊朗，这也是一些阿拉伯国家与以色列关系缓和甚至建交的主要原因。[②]

一些阿拉伯国家（如阿联酋）始终致力于增加自己在海湾地区的领导力量，实现自己的外交政策和战略目的，因此与美国在中东地区的代理人——以色列建交，既能帮助自己发展壮大军事实力，也可以用结盟的形式促进经济、科技等方面的发展。巴林与以色列的建交很大程度上是在沙特默许之下发生的，但也在一定程度上反映出巴林自身希望通过迎合美国来获得军事和经济上的支援。穆达西尔·夸马尔提出“威胁感知”是海湾阿拉伯国家与以色列之间寻求结盟的综合因素引起的结果。这种威胁感知的凸显是由美国对参与区域事务外交政策兴趣的下降、伊朗和土耳其对区域干预的不断增加以及俄罗斯和中国对区域地缘政治的日益沉浸带来的，这三点的综合作用让海湾阿拉伯国家对威胁有了知觉。此外，伊朗和土耳其的泛伊斯兰主义言论以及由穆斯林兄弟会塑造的跨国伊斯兰舆论也构成了意识形态上的威胁，因此海湾阿拉伯国家和以色列寻求共同抵抗威胁的联盟。[③]

---

① 丁工：《以色列会迎来“建交潮”吗?》，http：//www. banyuetan. org/gj/detail/20200928/1000200033136201601260816027607767_ 1. html。

② 刘中民：《阿联酋、巴林与以色列建交，中东政治展现怎样的图景》，https：//www. jfdaily. com/staticsg/res/html/web/newsDetail. html? id = 292318。

③ Md. Muddassir Quamar, “Changing Regional Geopolitics and the Foundations of a Rapprochement between Arab Gulf and Israel,” Global Affairs, p. 1.

（二）阿拉伯国家自身发展遇到瓶颈

近年来，页岩油革命导致全球能源市场日益供大于求。截至 2020 年初，美国以每日 1300 万桶原油产量成为全球最大的原油出口国，尽管 2020 年 3 月沙特与俄罗斯发动了震惊世界的石油价格战，摧毁了“页岩油神话”，但是在新能源、可再生能源快速发展的今天，单纯依赖石油很明显不符合海湾国家的长远利益。例如，阿联酋很早就开始重视经济发展多元化，谋求摆脱对石油的过度依赖。阿联酋经济部部长曼苏里在第三届阿联酋经济规划论坛上表示，到 2021 年，阿联酋非石油部门将贡献 80% 的 GDP，石油收入占 GDP 的比重将降至 20%，比过去四年还要低 10%。[①] 未来，阿联酋将建立起以吸引投资和对外贸易为支柱的开放型经济，同时引进尖端科技，助力军事和研发领域齐头并进。在目前形势下，以色列作为美国在中东的“代理人”，具备帮助阿联酋的实力。因此，为突破发展瓶颈，在现有条件下，阿联酋与以色列建交不失为一种合理的选择。

（三）中东政治环境发生根本变化

除了自身安全和发展等因素推动了一些海湾阿拉伯国家与以色列走近之外，中东地区本身政治环境发生的根本性变化也成了催化剂。“阿拉伯之春”引起的区域地缘政治的尖锐化让地区国家威胁感增加，伊朗与六国在 2015 年签署的《联合全面行动计划》（JCPOA），使海湾阿拉伯国家和以色列得以和睦相处。[②] 中东国家力量此消彼长，在阿拉伯世界权力板块中，海湾阿拉伯国家迅速崛起，形成沙特、阿联酋和卡塔尔三大地区性的中心力

① Fareed Rahman, “UAE's Non - oil Contribution to GDP to Swell to 80% by 2021,” https: //gulfnews. com/business/uaes - non - oil - contribution - to - gdp - to - swell - to - 80 - by - 2021 - 1. 2092158, accessed: 2021 - 1 - 25.

② Md. Muddassir Quamar, “Changing Regional Geopolitics and the Foundations of a Rapprochement between Arab Gulf and Israel,” Global Affairs, pp. 1 - 6.

量。[1] 新的地区性大国崛起后，它们有信心脱离阿拉伯世界单独行动并采取激进的外交安全政策，来展现其宏大的抱负。

此外，阿拉伯民族主义不断弱化，阿拉伯各国间的巨大差异和利益纠纷不断侵蚀阿拉伯人心中的民族主义，于是阿拉伯国家对曾经界定的整体利益和以色列作为外敌入侵者的信念产生了动摇。[2] 从巴勒斯坦问题被明显边缘化可以看出，阿拉伯众国很难像此前那样支持巴勒斯坦，巴勒斯坦问题甚至被一些国家视为发展的障碍。如今巴勒斯坦问题被拿到谈判桌上，更多是作为一种外交政策的谈判筹码，而非像最初阿拉伯国家独立时设想着彻底解决巴勒斯坦问题，带领整个阿拉伯民族走向独立与富强。换句话说，这些国家的执政方针更加理性，将国家利益置于民族利益之上。[3] 这为阿拉伯国家与以色列建交提供了思想上共识的基础。阿联酋在宣布与以色列关系正常化之后，不久便颁布了总统令，即废除抵制以色列的法律，且规定可以与以色列在经贸、金融、投资等领域开展合作，相关的商品和服务也开始自由交易，两国的航线也随之打开。[4]

（四）美国对中东事务的干预

美国政府一直致力于改善以色列在中东的地缘政治环境，但效果并不明显。这次美国以“世纪协议”为手段，打破了阿拉伯世界内部原有的合作关系，为新的地区结盟提供了便利条件，而这个联盟的核心目标就是通过支持以色列来共同抵抗来自伊朗的威胁。两个海湾阿拉伯国家与以色列建交，除了上述自身安全与发展的需求和适应中东地区环境之变等因素外，还有一个主要原因就是美国对中东事务的干预。阿联酋与以色列的建交选择在美国大选之前公布消息，以及美国国务卿和高级官员选择对阿联酋进行历史性访

---

① 唐志超：《秩序、意识形态和模式之转换——中东剧变以来的地区政治发展》，《西亚非洲》2020 年第 5 期。

② 高尚涛：《埃及在与以色列和解进程中的观念重构》，《中东研究》2017 年第 2 期。

③ 李伟建：《阿以关系缓和 中东各方再平衡》，《新民晚报》2020 年 12 月 30 日。

④ 田野：《阿联酋总统颁政令　结束抵制以色列》，http：//www. xinhuanet. com/world/2020 – 08/31/c_ 1210777406. htm。

问，从这些动作可以看出，美国特朗普政府旨在通过促成阿拉伯国家和以色列的建交，彰显本届政府的外交成果。尽管特朗普竞选团队最后没能竞选成功，但是其外交政策意图却十分明显，即希望扩大美国在中东的代理人势力，进一步遏制伊朗。阿联酋与以色列建交之后，美国不仅增加了与海湾地区的贸易机会，还给予了海湾国家大量的经济与军事支持。特朗普也于在任的最后一天，取消了2018年开始对阿联酋大部分铝制品征收10%的关税，此外向阿联酋出售了50架F－35战斗机与18架MQ－9“死神”无人机。①

二　阿拉伯国家与以色列建交的影响

阿拉伯国家与以色列建交不仅是中东的重大事件，同样对世界产生了深远影响。从地区层面看，以色列长期紧张的地缘政治环境得到极大改善。一是海湾阿拉伯国家的认同可能会导致阿拉伯民族主义的理想破灭，也就是原来以解决巴勒斯坦问题为核心要义的共同事业破产，这曾经是以色列在中东改善与邻国关系的主要限制。二是海湾国家与以色列关系正常化，不仅为后续其他阿拉伯国家效仿提供了可能，还使联合抵制伊朗阵营的实力正在扩大。但笔者认为，尽管巴勒斯坦问题现在有被边缘化的趋势，但只要巴勒斯坦问题一日不解决，以色列就很难获得真正意义上的安全外部环境。

对阿拉伯世界来说，海湾国家与以色列关系正常化，违背了1967年各国在阿拉伯国家峰会确立的对以色列“不和解、不谈判、不承认”的原则，以及2002年阿盟贝鲁特峰会上规定的在建立巴勒斯坦国之前不承认以色列的条件。2016年沙特退役将领埃施基表示，“没有巴勒斯坦问题的和平解决，阿拉伯世界就不会有和平”②。因此，2020年阿联酋和巴林与以色列建

① Aaron Mehta, “US State Dept. Approves UAE's Purchase of F－35 Jets, MQ－9 Drones,” https：//www.defensenews.com/global/mideast－africa/2020/11/10/uae－purchase－of－f－35－mq－9－officially－cleared－by－state－department/，accessed：2021－1－10.

② Tamar Pileggi, “In Israel, Ex-Saudi General Says Palestinian State Would Curb Iran Aggression,” https：//www.timesofisrael.com/in－israel－ex－saudi－general－says－palestinian－state－would－curb－iran－aggression，accessed：2021－1－10.

交，使阿拉伯世界原来的统一立场遭到破坏。土耳其和伊朗谴责阿联酋和巴林决定与以色列实现关系正常化并签署《亚伯拉罕协议》，使巴勒斯坦在这次变局中的利益受到相当大的损失，令巴勒斯坦的处境更加尴尬。虽然近年来巴勒斯坦问题日益被边缘化，但无论是阿拉伯统治精英还是阿拉伯－伊斯兰公众舆论，和平解决问题的想法一直都没有消失。分析人士乔杜里认为，既然已经有海湾阿拉伯国家与以色列关系实现正常化，多米诺骨牌很有可能会继续倒下。①未来可能有更多的阿拉伯国家与以色列建立正常的外交关系。

从国际层面看，阿以关系缓解的影响同样是多方面的。就欧盟而言，这一重大事件使欧盟原有的中东政策受到极大冲击。近年来，中东的安全环境并没有得到缓解。阿拉伯国家本身受限于宗教冲突、领土纷争等问题，欧盟在干预中东事务过程中，很难平衡各方利益，因此欧盟在 2016 年通过了《欧盟外交与安全政策的全球战略》（以下简称《欧盟全球战略》），将自身安全作为最优先的政策，而且不再将推进民主化和政权更迭作为战略目标。美国尽管减少了对全球事务的参与，但对中东的关注度一直没有降低。特朗普上台之后的一系列政策，如遏制伊朗、迁馆耶路撒冷等让欧盟盟友大为不满，但又无可奈何。

对于阿拉伯国家与以色列的建交事件，欧盟尽管对外公开支持或者不明确反对，但不希望未来有更多阿拉伯国家与其建交，原因有二点。一是从阿联酋和以色列在美国华盛顿签署关系全面正常化协议时，只有匈牙利外交部部长彼得·西亚尔托出席了签字仪式，他是欧盟派出的唯一一名高级代表。②从此举可以看出，欧盟选择一个亲特朗普政府的官员，既可以向美国表示对这一事情的支持，也可以向阿拉伯世界表示并没有很看重这个结果。欧盟的发展与中东稳定密不可分，而且欧盟还需要考虑伊朗和土

① Shahzad Chaudhry, "Never Say Never," https://tribune.com.pk/story/2261076/never-say-never, accessed: 2021-1-10.

② 《匈牙利外交部长彼得·西亚尔托出席了签字仪式，他是欧盟排出的唯一一名高级代表》，http://www.xinhuanet.com/world/2020-09/15/c_1210799693.htm。

耳其这些中东主要势力的态度，因为无论是能源贸易还是难民问题，欧盟都需要与这两个国家合作，而伊朗、土耳其都明确表示反对海湾国家与以色列建交。二是尽管欧盟在巴林与以色列建交发表声明欢迎巴林与以色列建交，称这是美国为中东地区的和平和稳定做出的积极贡献①，但欧盟并没有在这个过程中起到什么积极作用。欧盟要是真心实意地支持，就会同美国一起游说剩下的阿拉伯国家和以色列建交，但实际上欧盟并未这样做。总之，面对更为复杂的中东形势，欧盟不得不调整对中东政策，设法维护自身利益。

三　新时期欧盟的中东政策

（一）奉行更加务实的“韧性”战略

欧盟通过《欧盟全球战略》将“自身安全”作为战略目标的首位，强调欧盟在东部和南部周边地区建设有韧性的国家和社会。2020 年欧盟委员会发布首份题为《为迈向更具韧性的欧洲指明方向》的战略展望报告（以下简称《报告》），把韧性定义为应对挑战的能力，同时是以公平、民主、可持续方式进行变革的能力。② 有学者认为韧性战略的目的是提高周边国家承受内外压力和在遭遇破坏时具有强大的恢复能力。③ 此外，该战略的核心

① P. Stano, “Bahrain/Israel: Declaration by the High Representative on Behalf of the European Union on the Establishment of Diplomatic Relations,” https://eeas.europa.eu/headquarters/headquarters - homepage/85030/bahrainisrael - declaration - high - representative - behalf - european - union - establishment - diplomatic_ en, accessed: 2021 - 1 - 15.

② Bassot. Étienne et al. , “Towards a More Resilient Europe Post - coronavirus,” EPRS | European Parliamentary Research Service with the Directorates - General for Internal Policies (IPOL) and External Policies (EXPO), p. 11.

③ Mogherini F. , “Shared Vision, Common Action: A Stronger Europe,” A Global Strategy for the European Union's Foreign and Security Policy, p. 23.

思想“有原则的务实主义”，在一定程度上是对国际政治现实主义的回归。[①]

笔者认为，所谓务实的“韧性”战略是一种理性的且能够最大限度上维护欧盟自身利益的战略，即避开冲突的锋芒，调节周边国家关系的同时，提升其应对特殊危机的能力。这可以从欧盟2020年处理巴勒斯坦问题时的态度看出，其在国际上表示重视巴勒斯坦问题，希望巴勒斯坦问题得以和平解决，而面对特朗普“中东和平新计划”中提到的将耶路撒冷确立为以色列首都时却无实质行动。前者帮助巴勒斯坦解决独立问题与本身价值观相一致，后者的“无动于衷”也是维护自身利益的一种方式。另外，欧盟对伊朗的政策也可以体现出其战略具有的务实性和韧性。欧盟不惜在伊核问题上与美国产生冲突，力图维持伊核协议，同时建立多边贸易支付体系保障伊朗避免因美国制裁而陷入危机，保障了石油贸易的稳定性。欧盟认为，保护伊朗的石油贸易才是约束伊朗行为的有效手段。这些做法都体现了欧盟优先追求安全利益的务实性和提升伊朗抵抗特殊危机的韧性。

欧盟采取“韧性”战略具有天然的优势，因为欧盟内部成员国（如法国、德国等）在很多事情上不愿意与美国产生直接冲突，而其他欧盟成员国则可以替欧盟实现并实施外交决策，尽管欧盟的共同外交政策只能被认为是最低共同点政治的表达，它不能挑战任何成员国的核心外交政策利益。[②]但这种选取其他代表的方式可以有效控制决策的成本，更易于实现战略意图。2019年之前，欧盟的中东战略受西方自由、民主、人权、善治和法治等价值观念的影响，一直推行自由民主的策略。尽管这种民主化政策取得一定成效，但并未解决中东局势动荡的问题，而且使领土争端和难民危机等问题层出不穷。欧盟意识到应着眼于中东地区更长远的发展，以一种潜移默化的方式引导各国通过渐进方式走上西式的发展道路[③]，不能“一刀切”地推

---

① 叶江：《试析欧盟安全战略的新变化——基于对欧盟2003与2016安全战略报告的比较》，《学术界》2017年第225期。

② B. Tonra, and T. Christiansen, “The Study of EU Foreign Policy: Between International Relations and European Studies,” *SSRN Electronic Journal*, 2011.

③ 曾向红：《“规范性力量”遭遇“新大博弈”：欧盟在中亚推进民主的三重困境》，《欧洲研究》2020年第2期。

行民主化，而应该优先改善中东国家的政治安全环境。“韧性”战略就是反映了这样的思路。

（二）建立更独立的中东战略，减少“路径依赖”

由法德等国主导的欧盟与美国之间一直保持着较为友好的关系，欧盟在制定中东战略的时候往往会被美国捆绑到一起，不得不配合美国的中东战略。然而，特朗普政府上台之后，美国激进的中东政策（如耶路撒冷问题、伊核协议问题等）触碰到欧盟的底线，因此引来欧盟主要成员国的反对。造成这种分歧的原因主要是：一方面，欧盟制定共同的外交政策领域中设定了更有抱负的目标；另一方面，每个成员国仍有能力继续推行独立的外交政策。在决策制度层面，较大的参与者的霸权冲动将决定政策的产出，较小的参与者没有选择空间，只能适应并通过附带条款得到补偿。[①] 这些在欧盟中话语权相对弱小的国家就会通过主动暴露分歧的方式去换取一定的利益。曾经作为欧盟主要成员国之一的英国脱欧后，这种集体决策变得更加困难。因此只有保障成员国的利益，才能消除内部分歧，于是欧盟重新考量自身战略和美国中东政策的关系，建立了更加独立自主的中东战略。

首先，克服“路径依赖”。美国经济学家道格拉斯·诺斯指出，各种制度在演进过程中因“惯性”，会导致所处的路径无论好和坏，都会因变革的成本难以估计或过高导致难以脱离现状。另外，在惯性作用下会不断强化原有路径的机制，这种锁定效应往往是导致路径恶性循环和低效的主要原因。每一个行为体在做决策时，由于原有路径的配套机制已经逐渐发展健全，探索新的路径无疑会打破常规，产生新的成本和未知的结果。欧盟现有中东政策路径有两条主线：一方面是推行民主化；二是努力推进解决巴勒斯坦问题，但效果都不理想。在当前外部动荡环境的催化作用下，欧盟进行改革的成本可以相对降低。

---

① Hans Mouritzen, “Tension between the Strong, and the Strategies of the Weak,” *Journal of Peace Research*, Vol. 28, No. 2, pp. 217 – 230.

其次，从伊核协议问题可以明显看出，欧盟和美国的中东诉求和利益并不完全一致，有时甚至十分对立。海湾阿拉伯国家和以色列建交时，欧盟的反应是既支持又不支持：支持体现在对外宣称这种建交为日后解决中东问题提供了新思路；不支持体现在欧盟并没有大肆宣扬，更多是观察阿拉伯世界其他利益团体的态度。过去美国在插手中东事务尤其是发动反恐行动时，欧盟都会用实质行动作出表态。欧盟这次更多的是思考和观察，而不是轻易追随美国的步伐。欧盟为了更好地处理中东事务，需要探索更为独立、更符合自身利益的战略。换句话说，这种独立的战略就是在不直接与美国发生冲突的情况下，维护中东国家和地区稳定，以独立的视角为涉事国及周边国家分析利弊，做出及时有效的判断。

（三）争取在中东掌握“先发制人”的博弈主动权

阿拉伯国家和以色列建交对欧盟中东政策的另一个影响，就是让欧盟意识到在中东政治中需要“先发制人”掌握地区博弈的主动权。美国在中东频繁的动作让欧盟每次都被动做出反应，这种应对会让欧盟错失选择最佳策略的机会。因为当博弈双方进入策略选择阶段时，先采取策略的一方会掌握主动权，另一方尽管可以出招应对，但选择的空间却被前者所限制，导致难以得到最好的均衡结果。假设美国在中东有 A、B 两个选择，而中东局势与欧盟利益有着密切关系，欧盟不可避免地加入这场博弈中。当美国先行进行政策选择，欧盟只能比较两种政策带来的收益如何。相反，若欧盟先做出实质可信表态，则可以将选择的压力转移给美国。

这种博弈手段尤其适用于涉事双方较弱势的一方，因为在这种情况下，优势的一方往往不愿意“两败俱伤”。举个例子，古巴导弹危机中，因为苏联在古巴部署导弹后使当时苏联的核快速打击能力要优于美国，于是美国采取了先发制人的战略，解决了核危机。美国的做法是率先包围古巴，打算第一时间清除威胁，尽管可能会引来苏联的报复，但也是因为这样直接的行动，限制了苏联的选择，打消了其想要发射导弹的意图，因为就算战争爆发美国率先受到核打击，但苏联自己也难以独善其身。

总体而言，欧盟在制定中东战略时，从以往被动应对调整到主动谋划，除培养周边国家韧性，应当主动从以下两个方面做出应对。一是提升集体决策的执行力，欧盟有能力和资本对未来可能发生的事情做出提前规划。比如目前海湾阿拉伯国家与以色列的建交很可能导致多米诺骨牌效应。尽管英国脱欧看似削弱了欧盟的整体实力，但一定程度上降低了集体决策的成本，既减少了内部分歧，也有助于消化来自美国的压力，因此欧盟在制定战略时应用更加有力的行动表明自己的决心，防止美国在中东为所欲为。二是主动介入美国与伊朗的争端，遏制战争发生的可能性。目前难民问题就已经让欧盟乏于应对，再加上中东政治环境动荡，一旦中东爆发战争，会导致欧盟难以寻求稳定的发展环境。

结　语

欧盟提出“韧性”这个概念，尤其近两年欧盟将“韧性”战略作为全球战略的最新指南和对邻国政策的核心要义。[①] 无论是应对金融危机、英国脱欧、难民问题、伊核协议问题还是巴以冲突，欧盟决策者似乎已经在“韧性”概念中找到答案。[②]

探寻欧盟如何运用“韧性”概念完善其外交政策，有助于中国更好地应对中东问题，制定更完善的中东政策。中东是中国共建“一带一路”的重要合作地区，也是大国激烈竞争的主要地区，因此改善中东政治环境对中国的发展具有积极的作用。一是中国可以根据实情，明确自己的“韧性”战略。与欧盟不同，中国尽管在经济领域已经有“一带一路”“亚投行”等

---

① European External Action Service, “A Strategic Approach to Resilience in the EU's External Action,” https://ec.europa.eu/europeaid/sites/devco/files/joint_communication_-_a_strategic_appro ach_to_resilience_in_the_eus_external_action-2017, accessed: 2021-6-20.

② Cristian Nitoiu, Florin Pasatoiu, “Resilience and the World Order: The EU and the RIC States,” *International Politics*, 2020, pp. 444-461.

机制可以增强金融体系的弹性，尤其是能更好地适应经济全球化。[①] 但在处理中东事务时对“韧性”并没有清晰的概念界定。中国在中东政策中也应采取“韧性”战略，切实看待巴勒斯坦问题。随着巴勒斯坦问题被边缘化，中国需要摆脱巴勒斯坦问题的限制，与周边国家建立良好的政治环境。二是中国作为一个崛起的力量，应利用自己的话语权，引领塑造国际事务，增加与其他国家的和平互动，将“发展和平论”思想传播给中东，夯实大国外交，共同抵御来自美国的压力。

① P. Ferdinand, “Westward ho – the China Dream and ‘One Belt, One Road’: Chinese Foreign Policy under Xi Jinping,” *International Affairs*, Vol. 92, No. 4, pp. 941 –957.

Y.21

定向、扩容、对冲：沙特参与全球经济治理

——以 G20 框架为中心*

邵玉琢**

摘　要：　在全球贸易保护主义与新冠肺炎疫情叠加下，一些国家采取单边贸易限制措施，由此极大破坏了全球产业链和供应链，发达经济体和新兴经济体均面临巨大压力，世界经济下行趋势明显。沙特作为2020年 G20轮值主席国，需要协调团结成员国承担起恢复世界经济、提振市场信心的重大责任，同时必须在贸易保护主义与多边贸易和投资体系之间做出抉择。沙特参与全球治理进程中采取了定向、扩容和对冲的策略，坚决维护多边贸易和投资体系，推动世贸组织谈判将电子商务、服务贸易等新兴经济领域纳入多边体系内，重视发展中国家和最不发达国家实现可持续发展目标的需求，作为应对地缘政治和贸易不确定"新常态"的战略对冲。

关键词：　沙特　全球经济治理　G20　贸易保护主义

* 本文为2021 年教育部高校国别和区域研究委托课题"二十国集团数字经济议题研究"（项目编号：GBQY2021WT－34）的阶段成果。

** 邵玉琢，博士，北京语言大学国别和区域研究院助理研究员。

2020 年，新冠肺炎疫情在全球蔓延，给世界经济带来严重冲击，世界经济出现二战以来最严重萎缩和大规模失业。[①] 沙特作为 G20 轮值主席国，于 2020 年 3 月召开了应对新冠肺炎疫情特别峰会，专门讨论如何加强国际合作，在全球范围内应对疫情，积极推动世界经济复苏。新冠肺炎疫情的持续蔓延严重破坏了全球产业链和供应链，经济复苏乏力、市场信心降低。G20 作为全球经济治理体系的重要多边机制，承担协调世界宏观经济，积极促成各国协调财政政策和货币政策，尽快恢复全球产业链和供应链的重大责任。沙特作为 G20 的轮值主席国，在讨论议题设置和推动形成共识方面备受关注。

国内关于沙特在 G20 框架内参与全球治理的研究多着眼于沙特加入 G20 的原因及其作用[②]，沙特参与全球经济治理的主要领域和表现特点[③]，以及沙特作为中东地区阿拉伯新兴经济体与 G20 大国的互动。[④] 既有从地缘政治格局、国际能源市场和全球金融市场等角度来分析沙特在 G20 框架内的代表性和重要性。但由于沙特与美国的战略盟友关系，沙特在 G20 框架内更多与美国等发达经济体的政策保持一致，参与全球经济治理体系的自由度有限。而 G20 轮值主席国的身份给予沙特更多话语权和主导权，特别是在新冠肺炎疫情影响下，无论是发达国家还是新兴市场国家都遭受冲击，更加需要 G20 轮值主席国在多边机制内积极发挥协调作用。本报告从议题设置、政策导向和改革方向等方面入手，考察沙特如何利用 G20 框架的中心位置，采取怎样的政策立场和协调策略，积极参与全球经济治理的改革。

---

① The World Bank, “COVID-19 to Plunge Global Economy into Worst Recession since World War II,” https://www.worldbank.org/en/news/press-release/2020/06/08/covid-19-to-plunge-global-economy-into-worst-recession-since-world-war-ii, accessed: 2020-10-19.

② 邹志强：《G20 视角下的沙特与全球经济治理》，《和平与发展》2012 年第 1 期。

③ 邹志强：《“一带一路”背景下沙特参与全球经济治理研究》，《阿拉伯世界研究》2015 年第 4 期。

④ 徐凡：《阿拉伯世界与 G20 机制化建设——沙特阿拉伯视阈下的国际关系基础》，《社会科学战线》2015 年第 3 期。

一　沙特担任 G20 轮值主席国面临的主要问题

作为全球经济治理体系的重要机制，G20 采取成员国轮值担任主席国的形式举办峰会，由轮值主席国设立临时机构协调组织领导人峰会及其他领域配套会议，轮值主席国在保障 G20 运行的过程中处于中心地位。沙特作为 2020 年 G20 轮值主席国，主要面临两大问题：一是突如其来的新冠肺炎疫情在全球范围内引发的持续性疫情，极大破坏了世界经济，如何恢复世界经济、提振市场信心是沙特必须面对的重大问题；二是受疫情影响，全球化利益分配格局加速调整，如何协调发达经济体和新兴经济体之间的利益，维护 G20 作为全球经济治理体系重要机制的有效性是沙特必须做出的战略选择。

第一，新冠肺炎疫情严重冲击世界经济，发达国家和新兴经济体均面临巨大压力。新冠肺炎疫情在全球范围内的蔓延，限制商品和人员的跨境流动，全球贸易和投资急剧下降。

世界商品贸易额下降直接导致就业岗位锐减。根据《国际劳工组织监测报告》2020 年第二季度全球劳工工作时间与 2019 年第四季度相比下降 10.5%，工作时长相当于 3.05 亿个全职工作岗位；主要区域经济体情况均在恶化，与疫情暴发前相比，2020 年第二季度美洲劳工的工作时长减少了 12.4%，欧洲和中亚减少了 11.8%，其余区域经济体减少均超过 9.5%；[①] 全球 33 亿劳动力中，将近 16 亿非正式就业人员（代表劳动力市场中最弱势的工人）受疫情影响收入下降，面临失去生计的风险。[②]

全球经济衰退，加速投资从新兴市场国家流出。根据联合国经济和社会事务部发布的《2020 年可持续发展目标报告》数据，2020 年 1 月至 3 月，

① International Labour Organization, "ILO Monitor: COVID-19 and the World of Work, Third Edition Updated Estimates and Analysis," https://www.ilo.org/wcmsp5/groups/public/—dgreports/—dcomm/documents/briefingnote/wcms_743146.pdf, p. 5, accessed: 2020-10-19.

② International Labour Organization, "ILO: As Job Losses Escalate, Nearly Half of Global Workforce at Risk of Losing Livelihoods," https://www.ilo.org/global/about-the-ilo/newsroom/news/WCMS_743036/lang--en/index.htm, accessed: 2020-10-19.

投资者从新兴市场国家累积撤资约 900 亿美元，资本外流规模超过 2008 年全球金融危机高峰时的记录水平；新兴市场主权债券的信贷利差已扩大至 600 个基点以上，自 2020 年以来翻了一番多，达到金融危机后的峰值。① 新兴市场国家公共债务以美元为主，资本外流导致政府和企业偿还债务和再次融资成本加大，并引发货币贬值，可能陷入债务危机。联合国秘书长古特雷斯呼吁，为应对疫情对发展中国家的冲击，需要多边机制大规模协调应对措施，参与协调的经济体量至少占全球 GDP 的 10% 。②

由贸易和投资构成主要支柱的世界经济体系受新冠肺炎疫情重创，全球商品贸易规模下降直接导致产业链和供应链遭到破坏，特别是包括药品、医疗设备和防护用品在内的基本产品供应链受损加剧经济下滑。投资者市场信心下降，资本流动性降低，给新兴市场国家带来更大的融资困难。疫情冲击破坏全球经济稳定和加剧地缘政治摩擦，使全球制造业和供应网络面临巨大风险，可能重绘世界贸易地图。③

第二，疫情在世界范围内持续蔓延，促使贸易保护主义抬头，增强了反全球化的力量。2020 年 3 月 11 日，世界卫生组织将新冠肺炎指定为全球性流行病。④ 为控制疫情的蔓延，各国采取单边措施，限制人员和货物流动，由此在疫情暴发初期加剧了物资供应短缺。截至 2020 年 4 月 25 日，共有 76

---

① United Nations Department of Economic and Social Affairs, "Corona Crisis Causes Turmoil in Financial Markets," https://developmentfinance.un.org/sites/developmentfinance.un.org/files/PB_59.pdf, p. 2, accessed: 2020 - 10 - 19.

② United Nations Department of Economic and Social Affairs, "2020 Financing for Sustainable Development Report," https://www.un.org/development/desa/publications/2020 - financing - for - sustainable - development - report.html, accessed: 2020 - 10 - 19.

③ Ben Aylor and Megan DeFauw et al., "Redrawing the Map of Global Trade," https://www.bcg.com/de - de/publications/2020/redrawing - the - map - of - global - trade, accessed: 2020 - 10 - 22.

④ World Health Organization, "WHO Director-General's Opening Remarks at the Mission Briefing on COVID-19 - 12 March 2020," https://www.who.int/director - general/speeches/detail/who - director - general - s - opening - remarks - at - the - mission - briefing - on - covid - 19 - - - 12 - march - 2020, accessed: 2020 - 10 - 22.

个国家（地区）实施了共122项医疗产品出口限制措施[1]，限制措施主要针对个人防护用品（口罩、手套、防护服和消毒剂等）、治疗支持设备及耗材（呼吸机、体外膜氧合器等）。“世界各国政府在试图遏制新冠肺炎疫情蔓延造成的经济损失时，在短期内转向保护主义。”[2]

贸易保护主义最先出现在与防控新冠肺炎疫情密切相关的防护物资和医疗设备领域。随着疫情在全球范围内持续蔓延，贸易保护主义延伸到其他领域。发达国家对于移民及外籍劳工的政策出现转变，新兴市场国家在本国工业政策方面也趋于收缩。世界贸易组织和其他区域贸易协定中的国家安全例外条款，在新冠肺炎疫情蔓延期间也被滥用。部分国家以国家安全为名，将对个人防护用具和呼吸机在内的防疫医疗物资出口限制扩大到食品、燃料等领域，粮食出口也受到限制，国际粮价随之波动。

此外，金融资本流动也受到新冠肺炎疫情影响。加拿大政府对某些投资增加了额外的审查环节；欧洲联盟发布了关于医疗卫生研究、生物技术和必要基础设施投资的新审查指南；法国将生物技术列入需要进一步筛选的关键技术清单；意大利将食品安全、卫生、银行保险和金融基础设施列为需要进行投资筛选的行业；疫情期间，外国资本收购法国和意大利在欧盟上市的公司，收购股份超过总股份10%以上的都要受到审查。[3]

2020年3月30日，G20召开贸易部长会议，会议提出G20成员已经开始和评估新冠肺炎疫情对贸易的影响，强调当前情况下政策透明度的重要性，并承诺向世界贸易组织通报本国采取的任何有关应对新冠肺炎疫情的紧急措施。然而，20个成员国中，只有12个成员国向世界贸易组织通报了相

---

① Richard E. Baldwin and Simon J. Evenett, *COVID-19 and Trade Policy: Why Turning Inward Won't Work*, London: Centre for Economic Policy Research Press, 2020, p. 50.

② Yen Nee Lee, "Coronavirus Pandemic will Cause a 'Much Bigger Wave' of Protectionism, Says Trade Expert," https://www.cnbc.com/2020/04/10/coronavirus-expect-a-lot-more-protectionism-says-trade-expert.html, accessed: 2020-10-25.

③ Antonio Ortiz-Mena, "COVID-19 and Protectionism: The Worst May Be Yet to Come," https://www.brinknews.com/covid-19-protectionism-the-worst-may-be-yet-to-come-nationalism-trade-supply-chains, accessed: 2020-10-25.

关措施。[①] 原本在多边协调框架下已经趋于缓和的贸易摩擦被疫情放大，贸易伙伴关系再度紧张。G20 成员为应对新冠肺炎疫情蔓延采取贸易限制措施产生了负面溢出效应，其中超过 54% 的政策对贸易伙伴产生了不利影响。[②]

基于多边谈判建立起来的世界贸易体系，以增强商品和资本的流动性推动全球化发展。新冠肺炎疫情暴发迫使各国采取贸易限制措施，部分国家将应对疫情蔓延采取的贸易限制措施扩大化和政治化，使用世界贸易组织及其他区域贸易协定中的例外条款，重新建立起关税和非关税壁垒，利用贸易全球化的规则增强反全球化力量，建立有利于自身利益的贸易循环体系。这种做法直接威胁到现有以世界贸易组织为基础的多边贸易体系，使已经遭受冲击的国际产业链和供应链雪上加霜。

第三，能否应对疫情带来的世界经济下滑风险，直接影响 G20 参与全球经济治理体系的有效性。在应对 2008 年至 2009 年爆发的全球经济危机中，G20 有效协调发达经济体和新兴经济体财政和货币政策，在应对全球经济危机方面发挥了重要作用，成为全球经济治理体系的重要平台。2020 年，新冠肺炎疫情暴发带来的世界经济下滑危机，使 G20 作为重要的多边协调机制再次被寄予厚望。

疫情出现以来，G20 成员加强了政策干预力度，从整体来看，政策干预中的有害措施比例明显增高（与 2019 年相比，政策干预中的有害措施比例提升至 24%），但对贸易伙伴造成的损害并没有增加。[③] G20 成员实施的贸易干预政策，除了对贸易伙伴造成损失的负面政策外，还包括有利于贸易伙

---

① Richard E. Baldwin and Simon J. Evenett, *COVID-19 and Trade Policy*: *Why Turning Inward Won't Work*, London: Centre for Economic Policy Research Press, 2020, p. 166.

② Simon J. Evenett and Johannes Fritz, *Collateral Damage Cross-Border Fallout from Pandemic Policy Overdrive the 26th Global Trade Alert Report*, London: Centre for Economic Policy Research Press, 2020, p. 9.

③ Simon J. Evenett and Johannes Fritz, *Collateral Damage Cross-Border Fallout from Pandemic Policy Overdrive the 26th Global Trade Alert Report*, London: Centre for Economic Policy Research Press, 2020, p. 41.

伴的措施以及对倾销进口、补贴进口或进口激增展开新调查等措施。根据2020年1月1日至10月31日G20成员宣布或实施的政策干预总数。G20成员采取的贸易限制措施呈现两极分化趋势。美国、巴西、英国和印度是实施贸易干预政策较多的国家，占G20成员实施贸易干预政策总数的38%，而日本、韩国、加拿大、沙特和德国采取的贸易干预政策中有害措施比例较高。[①] G20成员采取了临时性贸易干预政策，在疫情得到有效控制后承诺逐步放开限制。沙特G20峰会提出，使用必要的政策工具支持全球经济复苏，增强金融体系的弹性，抵御经济下行风险。[②]

无论G20成员何时兑现消除贸易干预政策的承诺，G20内部对应对新冠肺炎疫情的政策导向存在重大分歧，即抵御疫情带来的经济下行风险是否要以损害贸易伙伴利益为代价，更深层次的是对疫情过后的世界贸易体系内自由贸易主义和保护贸易主义之间的抉择。G20成员内部应对疫情的不同政策导向，反映出发达经济体与新兴市场经济体之间的矛盾——该矛盾根植于全球化利益分配格局调整，新冠肺炎疫情的暴发激化了这一矛盾。G20成员对贸易的干预政策，对其他国家也产生了负面的溢出效应。对2021～2022年预期恢复的结果，很大程度上取决于疫情的持续时间和政策反应的有效性。

沙特作为G20主席国，在成员内部政策分歧问题上需要找到平衡点，继续维护基于规则和谈判达成的多边贸易和投资体系，同时推动发达经济体与新兴经济体之间的利益格局调整，将国内经济转型与之结合起来，提高政策协调的有效性，在议题设置、政策协调方面实现自身政策意图，维护G20作为全球经济治理多边平台的重要作用。

① Simon J. Evenett and Johannes Fritz, *Collateral Damage Cross-Border Fallout from Pandemic Policy Overdrive the 26th Global Trade Alert Report*, London: Centre for Economic Policy Research Press, 2020, p. 42.

② Asharq Al-Awsat, "G20 Teaders Say They Will Ensure Fair Access to COVID-19 Vaccine," https://english.aawsat.com/home/article/2640681/g20-leaders-say-they-will-ensure-fair-access-covid-19-vaccine, accessed: 2020-10-25.

二　沙特在 G20 中经济议题的设置框架

G20 从一开始就将自身定位为“对话论坛”或“引导委员会”。[①] G20 没有常设秘书处，轮值主席国在议题设置方案上具有优先权，所有成员都有机会将自身偏好的议题纳入议程。主席国需要尽可能将各成员国不同的偏好议题汇聚成单一的政治共识，这一共识可以被视为具有较高程度道德权威性的总体原则，但 G20 论坛上达成的协议不具有法律约束力，落实具体的政策安排由其他国际组织完成。[②]

（一）聚焦企业与政府对话的 B20

G20 除了领导人峰会外，还配套相关议题会议，历届主席国与成员国协商开设相关配套会议。目前已经形成机制的历任主席国延续主办的 G20 配套会议包括：B20（工商峰会）、L20（劳工峰会）、T20（智库峰会）、C20（公民峰会）、W20（妇女峰会）、S20（科学峰会）、U20（城市峰会）和 Y20（青年峰会），其中与全球经济治理最密切相关的就是 B20。

早在 2010 年，韩国担任 G20 轮值主席国首创的 B20 一直延续至今，B20 讨论的内容与 G20 峰会主题议题密切相关。作为领导人峰会前就全球经济问题充分磋商和协调的平台，B20 向 G20 提交的政策建议也受到领导人峰会的高度重视，很多内容被列入 G20 峰会公报。作为 G20 框架下最早的配套会议，B20 也是 G20 与各成员国工商界的正式对话平台，通过具体的政策建议，促进企业界与政府之间的对话。B20 满足了全球经济体合作的迫切现实需求，在推动以贸易和投资为主要内容的经济全球化进程中，仅仅依靠政府间的协调是远远不够的，需要工商界的广泛参与，特别是在全球贸易和投资领域占有重要份额的跨国企业。B20 本身包含了发达经济体和新兴经济

① G20, “The Group of Twenty: A History,” http: //www. g20. utoronto. ca/docs/g20history. pdf, p. 51.

② 刘宏松：《二十国集团、中国倡议与全球治理》，上海人民出版社，2019，第 152 页。

体，将全球产业链和供应链的上下游的主要企业聚集在一起，这种多边磋商机制大大提高了诉求表达和政策协调的效率，同时由企业家、前政府高官和国际组织代表构成的工作团队在处理具体问题上具备较高的灵活性，能够最大限度地达成共识。

（二）沙特 B20设置的会议主题

B20 的核心是在共识基础上制定政策建议，由主席国确定 B20 的主题。这一主题是企业和政府都关心的问题，根据主题分设不同工作组。2020 年，沙特将 B20 的主题确定为“为包容性增长转型”（Transforming for Inclusive Growth）①，探索经济转型如何创造可持续和包容性增长。该主题涵盖了多个商业议题，包括通过资本持有者重塑商业、技术转型更加人性化、推进女性经济赋权、为企业创造平等竞争以及建立弹性贸易体系等方面。② 围绕这一主题，沙特在 B20 中共设立了6 个工作组：贸易与投资组，金融与基础设施组，能源、可持续发展与气候组，诚信与合规组，工作与未来教育组以及数字化组。③ 尽管根据主席国的要求而有所不同，但每个工作组均由来自跨国公司、国有企业、中小企业和商业协会的约 100 名业务代表组成。④

（三）沙特 B20工作团队构成

虽然参加 B20 的主体以工商界代表为主，但 B20 并不是全球主要经济体工商界的自发性磋商，而是带有半官方性质的多边对话平台。主席国在组建B20 的工作团队时，要平衡发达经济体和新兴经济体、G20 成员和非 G20 成员

① B20 Saudi Arabia，“Summit Overview，” https：//www. b20saudiarabia. org. sa/b20summit/index. html，accessed：2020 - 11 - 26.

② G20 Saudi Arabia，“The B20 Summit Fosters Transformation for Inclusive Growth，” https：//g20. org/en/media/Documents/G20SS_ PR_ B20% 20Summit_ EN. pdf，accessed：2020 - 11 - 30.

③ B20 Saudi Arabia，https：//www. b20saudiarabia. org. sa/ 2020 - 11 - 30，accessed：2020 - 11 - 30.

④ B20 Saudi Arabia，“B20 Members and Taskforces，” https：//www. b20saudiarabia. org. sa/about - b20/index. htm，accessed：2020 - 11 - 30.

国之间企业家的数量，增强工作团队成员的代表性，同时将G20成员前政府高官和国际组织代表纳入其中以保障政策建议的有效性和可操作性。

沙特在组建B20工作团队时，吸纳了往届B20主席、前政府高官和国际组织代表，在工商界代表的选择上，体现出沙特自身产业结构特点和经济改革需求。沙特任命优素福·阿卜杜拉·本扬（Yousef Abdullah Al-Benyan）担任B20主席。[①] 优素福掌管沙特多家特大型集团公司，担任沙特基础工业公司副董事长兼首席执行官，以及沙特延布国家石油化工公司、沙特肥料公司（SAFCO）和沙特钢铁公司（HADEED）的董事会主席；同时还兼任海湾石化和化工协会（GPCA）主席和石化制造商委员会主席。[②] 沙特任命优素福为B20主席，充分发挥沙特企业在全球石化领域的主导作用，牢牢掌握住B20政策建议的主导权，特别是在推动能源领域改革方面创造有利的国际环境。沙特基础工业公司是世界顶级石化企业之一，主要业务涉及石化、特材、农业营养素和钢铁，在生产聚乙烯、聚丙烯和其他先进的热塑制品、乙二醇、甲醇和化肥方面，公司居全球市场领先地位。[③]

沙特将阿根廷B20主席丹尼尔·富内斯·德·里奥哈（Daniel Funes de Rioja）、澳大利亚B20主席理查德·戈德（Richard Goyder）、俄罗斯B20主席亚历山大·肖欣（Alexander Shokhin）和意大利B20主席艾玛·玛格嘉莉娅（Emma Marcegaglia）均纳入工作团队，以显示沙特对往届B20取得成效的肯定和继承，也通过往届B20主席更好地发挥协调作用，在各成员国代表磋商过程中扩大共识，争取达成可操作的政策建议或者达成一致的改革方向。

同时沙特B20工作团队的另一个特点是吸纳了重要国际金融机构代表，包括万事达卡总裁兼首席执行官彭安杰（Ajay Banga）、汇丰集团主席杜嘉

---

① B20 Saudi Arabia, "Leadership & Structure of B20 Saudi Arabia," https://www.b20saudiarabia.org.sa/leadership-and-structure/index.html, accessed: 2020-11-30.

② B20 Saudi Arabia, "Leadership & Structure of B20 Saudi Arabia," https://www.b20saudiarabia.org.sa/leadership-and-structure/index.html, accessed: 2020-11-30.

③ 《沙特基础工业公司（SABIC）概览》，https://www.sabic.com/zh/about/corporate-profile/sabic-at-a-glance，最后访问时间：2020年11月30日。

祺（Mark Tucker）和欧洲投资银行行长维尔纳·霍耶（Werner Hoyer）等国际金融业的重要人物。沙特推动经济多元化改革需要吸引更多投资，同时沙特也需要投资领域的多元化，国际金融机构能够帮助沙特实现以上两方面的需求，也能够在B20多边机制平台上推动在发达经济体和新兴经济体之间的投资便利化，形成多边金融体制框架。

三　沙特在B20中的经济政策导向

沙特具有独特的地理位置——位于亚非欧三大洲交汇处，也是发达市场和新兴市场的交汇点，具有协调发达经济体和新兴经济体关系的地缘优势。同时，面对贸易保护主义与新冠肺炎疫情叠加对世界经济产生的不利影响，沙特在B20上的政策导向既体现自身对贸易政策和体制的选择，也需要最大限度地协调其他G20成员扩大宏观经济政策调控的共识，简单来说，就是需要在贸易保护主义和多边贸易体系之间做出抉择。

"全球经济治理是对全球化市场经济运行的一种管理，是对市场经济失灵的一种调节，以及经济运行结果不公平的一种合理纠正，是政府干预、调节和规制国内经济在全球范围内的扩展。"① 基于谈判和规则的多边贸易体系是全球化市场经济运行的基础，也是全球经济治理的最大前提。G20作为全球经济治理的重要多边机制，维护多边贸易和投资体系是G20主席国的责任。

贸易保护主义早在新冠肺炎疫情全球暴发前就已成为一股反全球化的力量。特朗普在联合国呼吁全球各国拥护民族主义并拒绝全球化，称明智的领导人将自己的人民和国家放在首位，"未来不属于全球化主义者，未来属于爱国者"②。特朗普政府主动挑起与中国的经贸摩擦，企图通过降低中美之

---

① 陈伟光：《全球治理与全球经济治理：若干问题的思考》，《教学与研究》2014年第2期。

② Reuters, "Trump Calls on Nations to Reject Globalism, Embrace Nationalism," https://www.reuters.com/article/us-un-assembly-trump-globalism-idUSKBN1W91XP, accessed: 2020-11-30.

间经济联动性实现与中国的“战略脱钩”，从而达到全方面遏制中国发展的目的，并且还要求美国盟友参与到中美“战略脱钩”计划中来，在世界贸易体系当中为中国制造更多的壁垒。

“经济全球化是社会生产力发展的客观要求和科技进步的必然结果……为世界经济增长提供了强劲动力……把困扰世界的问题简单归咎于经济全球化，既不符合事实，也无助于问题解决。”① 沙特作为美国在中东地区重要的盟友之一，面对特朗普政府实行的贸易保护主义政策，是否选择加入这股反全球化的势力，决定了沙特在疫情常态化下国际利益格局调整中的定位，也表明了沙特参与全球经济治理的意愿和能力。沙特采取了定向和扩容的策略，以实现战略对冲的目的，在 B20 中积极维护多边贸易机制，协调发达经济体与新兴经济体之间就多边贸易机制改革的相关意见，大胆拓展世贸组织规则尚未覆盖的经济领域，继续推动经济全球化发展。

（一）坚定维护多边贸易机制

“G20 应呼吁加强多边贸易和投资体系，同时承诺停止和减少保护主义，支持开放市场，执行和推进规则，以确保全球公平竞争的环境。”② G20 成员虽然承诺逐步减少贸易限制措施，但实际上全球范围内实施贸易限制措施的国家数量并没有因疫情的有效控制减少，反而有所增加。截至 2020 年 11 月 30 日，共有 88 个国家（地区）对医疗物资贸易采取了限制措施③，比 2020 年 4 月 25 日统计数据增加了 12 个国家（地区）。同时，贸易限制措施

---

① 《习近平：共担时代责任，共促全球发展》，http：//www. qstheory. cn/dt/2020 - 12/15/c_1126864230. htm，最后访问时间：2020 年 12 月 25 日。

② B20 Saudi Arabia，“B20 Trade and Investment Policy Paper，” https：//www. b20saudiarabia. org. sa/wp - content/uploads/2020/09/B20 - Trade - and - Investment - Policy - Paper - 27092020. pdf，p. 4，accessed：2020 - 11 - 30.

③ 中国国际贸易促进委员会：《新冠肺炎疫情持续对全球供给造成冲击 各国宏观政策透支严重》，中国国际贸易促进会重庆市委员会网站，https：//www. ccpitcq. org/html/content/20/12/13546. shtml，最后访问时间：2020 年 12 月 20 日。

也从医疗物资逐步扩大到其他商品领域。世贸组织多哈回合谈判陷入僵局后，多边贸易机制谈判停滞，现有的世贸组织规则尚未覆盖新的经济领域，全球范围内多边贸易机制面临严峻的挑战。

一是推动世贸组织改革，提高其有效性和合法性，为多边贸易机制谈判注入活力。沙特 B20 建议 G20 “建立一个工商界参与的高级工作组，根据利雅得倡议在决策、监督和谈判效力方面，为世贸组织改革提供指导，并为世贸组织上诉机构提出改革方案”①。

二是创造开放和公平竞争的规则制度。“G20 应支持并领导推动建立一个致力于开放和公平竞争的规则体系，同时认识到有必要考虑各国的能力和发展水平。”② 面对贸易保护主义与新冠肺炎疫情叠加的影响，沙特主张 G20 成员履行承诺，放弃贸易保护主义和贸易限制措施，应该制定履约时间表，同时避免施加新的关税和非关税壁垒。此外，G20 成员不应提供任何违反世贸组织规则的补贴，并提高补贴的透明度。

三是推动投资便利化谈判落地。“G20 应积极推动《世界贸易组织发展投资便利化部长级联合声明》，争取在下一届部长级会议结束谈判进程。”③ 受新冠肺炎疫情影响，全球境外投资流动性减弱，部分国家对境外投资实施强政策干预，特别是流向发展中国家的资金锐减，与出口和商品挂钩的境外投资受到负面影响最为严重。为了落实世贸组织推动投资便利化的工作，沙特号召 G20 成员在下次部长级会议前完成有关投资便利化促进发展协定的谈判，鼓励世贸组织重新启动其贸易和投资工作组。

---

① B20 Saudi Arabia, “B20 Trade and Investment Policy Paper,” https://www.b20saudiarabia.org.sa/wp-content/uploads/2020/09/B20-Trade-and-Investment-Policy-Paper-27092020.pdf, p. 13, accessed: 2020-12-3.

② B20 Saudi Arabia, “B20 Trade and Investment Policy Paper,” https://www.b20saudiarabia.org.sa/wp-content/uploads/2020/09/B20-Trade-and-Investment-Policy-Paper-27092020.pdf, p. 16, accessed: 2020-12-3.

③ B20 Saudi Arabia, “B20 Trade and Investment Policy Paper,” https://www.b20saudiarabia.org.sa/wp-content/uploads/2020/09/B20-Trade-and-Investment-Policy-Paper-27092020.pdf, p. 20, accessed: 2020-12-3.

（二）为新经济领域创造良好政策环境

“G20应促进电子商务发展，努力达成全面、平衡和高标准的世贸组织协议，照顾中小微企业、初创企业和发展中国家的需求。”① 沙特B20继续推动自2017年以来G20领导人峰会上对电子商务达成的共识，鉴于新冠肺炎疫情带来的人员流动和国际旅行限制，消费者心理和消费模式发生转变，电子商务迎来了新的发展机遇，也为疫情防控常态化时期世界经济复苏带来了新的增长点。

一是创造良好的政策环境促进企业进入电子商务领域。2017年12月13日，在布宜诺斯艾利斯举行的第十一届部长级会议上，世贸组织的71个成员确认了世贸组织在电子商务方面取得的进展，并发布了第一份关于电子商务的联合声明。② 2020年1月24日，在达沃斯年会上瑞士召集了由83个世贸组织成员国贸易部长参加的非正式会议，启动电子商务和贸易方面的谈判，并同意起草相关提案。③ 在前两轮谈判的基础上，沙特在2020年B20上提出倡议，在下一届G20部长级会议前加快在世贸组织内关于电子商务和贸易的联合声明倡议谈判，为达成促进电子商务发展的多边贸易协定奠定基础。G20在推动电子商务协定谈判的过程中，沙特主张将数据治理、消费者保护、企业和投资者利益保护以及减少行政负担等内容纳入谈判框架内。

二是提升电子商务的包容性，将中小微企业和初创企业纳入电子商务多边谈判协定框架内。新冠肺炎疫情的暴发使得以B2B和B2C为主要形式的

---

① B20 Saudi Arabia, “B20 Trade and Investment Policy Paper,” https://www.b20saudiarabia.org.sa/wp-content/uploads/2020/09/B20-Trade-and-Investment-Policy-Paper-27092020.pdf, p. 23, accessed: 2020-12-3.

② Yasmin Ismail, “E-commerce in the World Trade Organization: History and Latest Developments in the Negotiations under the Joint Statement,” January 2020, https://www.iisd.org/system/files/publications/e-commerce-world-trade-organization-.pdf#:~:text=At%20the%20Eleventh%20Ministerial%20Conference%20in%20Buenos%20Aires, The%20group%20stated%20that%20it%20planned%20to%20%E2%80%9Cinitiate, accessed: 2020-12-5.

③ World Trade Organization, “In Davos, DG Azevêdo Hears Support — and Urgency — for WTO Reform,” January 24, 2020, https://www.wto.org/english/news_e/news20_e/minis_24jan20_e.htm, accessed: 2020-12-5.

电子商务激增，数字经济在疫情全球蔓延期间发挥了突出的作用。为了应对疫情持续带来的人员流动障碍，推动数字经济发展成为刺激市场需求、推动经济复苏的重要手段。在电子商务多边谈判框架内，将中小微企业和初创企业纳入其中，是为了弥合发达经济体和新兴经济体之间的数字鸿沟，其中包括提供互联网接入和稳定的电力供应、在线支付的解决方案、获得消费者信任的解决方案、电子商务平台在互联网的公平竞争环境等。沙特主张支持延长对电子商务免征关税，同时呼吁 G20 加强发展数字经济的基础建设，包括高质量的电信基础设施，特别是在发展中国家和欠发达国家。

三是研创电子商务年度报告。“G20 应呼吁联合国贸易和发展会议在世界贸易组织和其他相关国际组织支持下，探讨在 2021 年前编制电子商务年度报告，重点关注进一步进展的机遇。”① 目前国际上对电子商务的研究存在不足，缺少完整权威的统计报告。沙特主张 G20 委托联合国贸易和发展会议在世贸组织和其他相关国际组织的支持下，撰写一份关于电子商务的年度报告；报告主要内容包括发现电子商务的障碍、扩大电子商务的机遇、电子商务如何帮助实现可持续发展目标，以及制定电子商务标准化指数，衡量各国经济对电子商务的开放程度。

（三）推动服务贸易谈判和贸易融资便利化

“G20 应支持世贸组织内正在进行的服务贸易谈判，为贸易融资和保险准入提供便利，支持旅游相关领域的服务出口，以此促进服务贸易，为贸易融资和保险解决方案提供便利。”② 服务业创造了全球 GDP 的 2/3 以上，雇用了最多的工人，并创造了全球最新的就业机会。经合组织/世贸组织增加值贸易（TIVA）数据库显示，服务业占出口总值增加值的 50% 以上，并在

① B20 Saudi Arabia, “B20 Trade and Investment Policy Paper,” https：//www. b20saudiarabia. org. sa/wp - content/uploads/2020/09/B20 - Trade - and - Investment - Policy - Paper - 27092020. pdf, p. 29, accessed：2020 - 12 - 5.

② B20 Saudi Arabia, “B20 Trade and Investment Policy Paper,” https：//www. b20saudiarabia. org. sa/wp - content/uploads/2020/09/B20 - Trade - and - Investment - Policy - Paper - 27092020. pdf, p. 31, accessed：2020 - 12 - 7.

制造货物出口增加值的30%以上。但报告称，服务贸易在电信、金融服务、运输、物流和专业服务等领域仍然受到限制。[①] 此外，很多服务业在进入其他国家时被严格监管，包括医疗服务、会计和法律服务等，增加了跨境服务贸易的复杂性，不利于服务贸易在全球范围内的流动。在多边贸易机制中推动服务贸易谈判有助于创造更加开放公平的国际市场，刺激世界经济复苏。

一是支持世贸组织正在进行的服务业国内监管谈判。沙特提议在下一届世贸组织部长级会议上正式签署该协议，以提高服务供应商的透明度和简化授权程序，促进国内和跨境服务贸易。G20鼓励世贸组织和世界卫生组织联合设立工作组，加强跨境医疗服务合作，促进专业医疗人员和设备的流动，以共同抗击疫情。

二是推动贸易融资和保险便利化。贸易融资使企业降低与进出口货物和服务的风险，保障世界贸易活动更加安全可控。根据世贸组织2016年的数据，全球商品贸易80%～90%都依赖贸易融资。[②] G20早在2011年就要求审查贸易融资便利化方案落实情况，并研究如何进一步提供更加便利的贸易融资环境。贸易融资便利化一定程度上影响世界贸易的复苏，因此沙特呼吁G20成员放宽现有贸易融资规则，向中小微企业提供更为便利的贸易融资政策，以及多边开发银行为中小微企业分配更多资源，扩大现有贸易融资便利化方案覆盖的范围，以帮助中小微企业应对疫情带来的冲击。同时沙特主张G20应支持相关国际组织设立工作组，通过促进创造公平的竞争环境，为有序使用官方支持的出口信贷制定框架；创造必要条件将贸易融资作为一种资产类别，聚集形成新的流动性来源；各成员国向B20提供职权范围文件，

---

① Organization for Economic Co-operation and Development, "Reform Services Trade Policies to Boost the Global Economy, OECD Says," August 6, 2017, http://www.oecd.org/newsroom/reform-services-trade-policies-to-boost-the-global-economy.htm#:~:text=Services%20generate%20more%20than%20two-thirds%20of%20global%20GDP%2C, the%20value%20added%20in%20exports%20of%20manufacturing%20goods, accessed: 2020-12-7.

② Cornelia L. Hammer, "The Financial Side of Global Value Chains," https://www.unece.org/fileadmin/DAM/stats/documents/ece/ces/ge.20/2017/Item_7_IMF__The_financial_side_of_GVCs_IMF_May_2017.pdf, p.3, accessed: 2020-12-7.

通过问询程序对贸易融资风险开展有针对性的审查。

三是刺激旅游业复苏。新冠肺炎疫情严重打击了旅游业，使主要依赖旅游业的经济体受到破坏，特别是中小微企业受到的打击尤为严重。Statista数据显示，2020年全球旅游业收入预计达到3963.7亿美元，比上年下降约42.1%。[①] 旅游业横跨多个经济部门，包括交通、餐饮、酒店和娱乐等，还需要交通、海关、移民和教育等部门合作，重启旅游业需要多边协调机制，以及国内各部门之间的配合。沙特提出，G20应刺激旅游业及其相关产业发展，根据《服务贸易总协定》承诺开放，并制定刺激旅游业复苏和可持续发展的政策，要求世贸组织与世界旅游组织开展密切合作，扫除限制国际旅行和旅游业发展的障碍，提出有效建议刺激旅游业复苏。

（四）促进贸易和投资实现可持续发展目标

"G20应鼓励和促进多边贸易和投资体系与其他相关国际组织的协调一致，特别是在实现可持续发展目标、应对气候变化、确保经济平稳过渡到可持续和多样化发展等方面。"[②] 实现全球可持续目标能够在粮食和农业、城市、能源和材料以及健康产业四个经济体系中打开约12万亿美元的市场，约占实体经济的60%[③]，并创造3.8亿个新就业机会。[④] 可持续发展目标处

① Statista, "Forecasted Change in Revenue from the Travel and Tourism Industry Due to the Coronavirus (COVID-19) Pandemic Worldwide from 2019 to 2020," https://www.statista.com/forecasts/1103426/covid-19-revenue-travel-tourism-industry-forecast, accessed: 2020-12-9.

② B20 Saudi Arabia, "B20 Trade and Investment Policy Paper," https://www.b20saudiarabia.org.sa/wp-content/uploads/2020/09/B20-Trade-and-Investment-Policy-Paper-27092020.pdf, p.40, accessed: 2020-12-3.

③ The Business & Sustainable Development Commission, "Better Business Better World Report," https://www.undp.org/content/undp/en/home/blog/2017/8/25/More-than-philanthropy-SDGs-present-an-estimated-US-12-trillion-in-market-opportunities-for-private-sector-through-inclusive-business.html, accessed: 2020-12-9.

④ Business Commission, "Release: Sustainable Business Can Unlock at Least Us $12 Trillion in New Market Value, and Repair Economic System," http://businesscommission.org/news/release-sustainable-business-can-unlock-at-least-us-12-trillion-in-new-market-value-and-repair-economic-system, accessed: 2020-12-9.

于世界经济战略的核心位置，实现这一计划将给发达经济体和新兴经济体带来巨大的收益，同时对实现联合国可持续发展目标至关重要。实现可持续发展目标必须依赖多边贸易和投资体系，增强贸易和投资的流动性，同时避免形成新的关税和非贸易壁垒。

一是加强国际组织间的协调合作。沙特主张 G20 应鼓励世贸组织、联合国可持续发展目标司、联合国妇女署和世界银行之间更加紧密地合作，在不设置新的贸易壁垒的情况下促进贸易和投资的增加，提高对实现可持续发展目标的贡献。沙特提出 G20 启动可持续工业发展多边对话，讨论到 2021 年各国在经济和工业政策方面与可持续发展目标协调对接，促进工业部门向可持续发展方向过渡，建议世界银行和贸发会议给予开发银行和金融机构扩大发展筹资，建议世界银行、贸发会议和联合国妇女署在 2021 年前设立联合工作组，分析女性在国际贸易中代表性不足的原因，并制定措施促进贸易包容性的增长。沙特向 G20 成员提出倡议，密切配合 G20 提出的“非洲倡议”帮助非洲实现可持续发展目标，确保世贸组织成员执行《内罗毕一揽子计划》，消除农产品贸易壁垒，并恢复关于渔业补贴的谈判。

二是促进有关绿色产业的贸易和投资。沙特主张 G20 应敦促世贸组织在相关国际组织的支持下，通过关于绿色技术贸易的共同框架，并审查这些领域的关税和非关税贸易壁垒，包括支持世贸组织框架下的环境商品协定，主要包括有助于实现环境和气候保护目标的产品，以及鼓励采取共同标准消除开发和应用关键环境技术的市场准入保障。

三是支持经济多样化。沙特建议 G20 鼓励世贸组织与世界银行密切合作，在推动新的贸易和投资协定时，支持发展中国家和欠发达国家经济多样化，利用现有的多边发展和援助框架，包括贸易援助、联合国发展援助框架和最不发达国家强化综合框架，让当地企业特别是中小微企业参与到当地经济多样化进程中。

四　沙特在全球经济治理中的策略选择

从 B20 议题内容设置和政策建议来看，沙特在参与全球经济治理体系中由边缘走向中心，从参与者的角色转变为议题设置者，获得了更多的话语权和决策权，利用 G20 平台向世界展示更为开放、进步和充满活力的新兴经济体形象。在贸易保护主义和多边贸易、投资体系的选择中，沙特坚决支持维护基于规则和谈判的多边贸易和投资体系，并积极推动世贸组织改革，扩大多边贸易和投资体系的覆盖范围，包括电子商务、服务贸易等新兴经济领域，并推动发展中国家和最不发达国家的可持续发展。沙特采取这样的策略是在平衡长期战略与短期挑战、内部需求和外部环境等因素后做出的战略对冲。简单来说，沙特没有跟随特朗普政府反全球化的政策，加入贸易保护主义阵营，破坏全球经济治理体系的基础，试图重塑全球利益分配格局。沙特选择继续维护多边贸易和投资机制作为战略对冲主要出于以下几方面考虑。

第一，实施国家长期发展战略需要更加开放公平的多边贸易机制。2016 年，沙特国王萨勒曼及王储穆罕默德·本·萨勒曼提出了“2030 愿景”，作为沙特国家发展的重要战略指南。“2030 愿景”包含三方面主要内容：充满活力的社会、蓬勃发展的经济和雄心勃勃的国家①，具体包括通过给予妇女、青年更多参与经济社会活动能力，释放社会活力，为经济发展注入动力；推动经济多元化改革，维护宏观经济稳定，推动可持续发展；加大人力资源开发力度以及发挥地缘优势增加贸易和投资额等内容。“2030 愿景”中的一大特点是一体推动经济转型和社会转型，将开发人力资源作为联结经济转型和社会转型的重要接口，特别是大力提升妇女在经济社会活动中的地位和作用。落实“2030 愿景”中经济改革和社会改革措施一方面需要沙特自身开放市场，吸引更多投资；另一方面沙特的经济多元化改革也需要更加开放平等的多边贸易和投资体系，依靠贸易和服务的自由流动打造新的经济领域和流动性增长点。

因此，沙特牢牢把握住 G20 轮值主席国的机遇，充分利用了多边机制

① Kingdom of Saudi Arabia, “Vision 2030,” https://www.vision2030.gov.sa/sites/default/files/report/Saudi_Vision2030_EN_2017.pdf, p. 13, accessed: 2020-12-10.

政策协调的有效性，在 B20 框架内为实现自身社会经济改革战略目标预留了政策接口，推动世贸组织改革，完善多边贸易和投资体系。将沙特 B20 给 G20 提交的政策建议报告与“2030 愿景”对比可以发现（详见表 1），沙特“2030 愿景”中指向性的内容被写入了沙特 B20 向 G20 提交的政策建议报告中，“2030 愿景”中三个方面的主要内容全面与 G20 对接。在经济多元化和社会改革两个领域中，突出强调妇女的作用，激发妇女潜力，提升妇女工作能力，提高女性劳动力在劳动市场中的比例，放宽政策为妇女接受劳动技能培训和参与商业活动提供便利和融资支持。在沙特 B20 给 G20 提交的政策建议报告中，沙特将“2030 愿景”中激发青年和妇女潜力，参与经济社会建设的内容，扩大为给所有人实现 21 世纪的机遇。

与此同时，沙特作为 G20 中唯一的阿拉伯国家和伊斯兰世界的主要代表，借助 B20 平台向全世界工商界释放内部经济社会改革的信号，并以 G20 政策建议的形式积极争取有利于沙特经济社会转型发展的外部条件，坚定地维护多边贸易体系，以提高国际社会对沙特市场的信心，进一步挖掘特殊地缘优势，吸引高质量投资，推动沙特经济改革。

表 1　沙特 B20 提交给 G20 的政策建议报告与“2030 愿景”内容对比

主要议题	沙特 B20 提交给 G20 的政策建议报告	“2030 愿景”内容
提高劳动者技能	为妇女和青年赋权，增强劳动力对科技的适应能力。（p. 5）G20 应通过支持和推进数字教育创新，跨越数字技术的鸿沟，向妇女提供更多的数字就业机会（p. 7）	继续向教育和培训投资，使青年有从事未来工作的能力。（p. 36）在社交媒体和数字平台上有大量的营销机遇。提供更多便利，推动使用社交媒体和数字平台营销，提供信贷和融资支持，鼓励非营利部门提升家庭生产力（p. 36）
推动经济多样化	扩大可持续发展的融资规模，追求经济多样化（p. 5）	决心推动经济多样化加强国家经济实力，将主要优势转化为在未来实现全面多样化的有力工具。（p. 7）利用投资力量，创造更加多元化和可持续的经济（p. 13）

续表

主要议题	沙特 B20 提交给 G20 的政策建议报告	“2030 愿景”内容
贸易和投资便利化	在包括体制改革在内的贸易合作方面取得实质性进展。(p. 5) G20 应加强多边贸易和投资体系,同时承诺停止和消除保护主义,支持开放市场(p. 6)	放宽对所有权和外国投资的限制,吸引区域和国际自由投资者,制定必要的行业法规促进国内和区域的商品流动,增加小微零售企业融资,刺激它们的增长和发展。(p. 57) 要形成一个向世界开放的先进金融和资本市场,从而获得更多的融资机会,刺激经济增长。为此,我们将继续为股票市场的投资和交易提供便利(p. 43)
推动技术进步拓展新领域	培养必要的技能来支持具有灵活性的数字基础设施。(p. 5) G20 应促进公共机构、大型企业、中小企业和个人做好网络安全,加强网络安全领域的人力资源投资,支持并实现具备灵活性的数字基础设施(p. 7)	先进的数字基础设施是现代先进工业活动的组成部分。它能吸引投资者并增强沙特经济的基本竞争力。与私营部门合作,发展电信和信息技术基础设施,特别是高速宽带,扩大其在城市内部和周围的覆盖面和容量,并提高质量(p. 57)
促进女性就业	G20 需要努力加快消除妇女就业障碍创造平等的就业环境。特别是 G20 应评估和修改各国政策保障妇女权利和机会均等。G20 应探讨各种政策模式,提升妇女在劳动力市场中的比例。(p. 9) G20 应通过推动改革、促进包容性环境保障公平和平等的薪酬,鼓励灵活的新工作方式,释放妇女潜力、发挥妇女的领导力和提升妇女地位(p. 10)	沙特妇女是一笔巨大的财富,大学毕业生中 50% 以上是女性。持续发掘她们身上的才能,投入资金提升女性劳动能力,让她们有更美好的未来,为经济和社会发展做出贡献(p. 37)
扶植中小企业	G20 应积极帮助中小企业和企业家(p. 14)	努力为公民创造合适的就业机会,支持中小企业创业、私有化和新产业投资。为了实现这一目标,成立中小企业管理局,制定有利于企业发展的法规,推动融资便利化,建立国际合作关系,增加国家采购和政府投标的份额,鼓励我们的年轻企业家(p. 36)

资料来源:B20 Saudi Arabia, “B20 Policy Recommendations to the G20 Realizing Opportunities of the 21st Century for All Transfroming for Inclusive Growth,” https://www.b20saudiarabia.org.sa/wp-content/uploads/2020/09/Policy-recomendations-to-the-G20_IMG_update_Chair_compressed-min.pdf, accessed: 2020-12-10; Kingdom of Saudi Arabia, “Vision 2030,” https://www.vision2030.gov.sa/sites/default/files/report/Saudi_Vision2030_EN_2017.pdf, accessed: 2020-12-10.

第二，拉动经济增长需要维护全球产业链和供应链稳定，离不开多边贸易和投资机制。沙特以能源产业为主的经济结构处于全球产业链和供应链的上游，新冠肺炎疫情对世界贸易的破坏作用通过产业链和供应链逐级传导到上游，形成了聚集效应，严重影响沙特经济。

各国为了防控新冠肺炎疫情采取单边贸易限制措施，给供需两侧均带来了负面影响，表现为生产能力下降、运输和物流中断、大多数主要市场和产品需求量下降。海合会各国的商品和服务进出口贸易量预计将在2020年下降10%，在2021年恢复到仅3%～4%的增长。[①] 石油出口占沙特出口总量的约80%，石油收入占GDP的40%以上，占政府收入的70%。根据国际货币基金组织的预测，沙特2020年GDP增速预计降至-2.3%，到2021年将增至2.9%。[②] 为了减少产业链和供应链遭受破坏带来的冲击，沙特石油企业试图缩短供应链，将主要精力集中在国内生产上。沙特阿美石油公司在2020年11月30日宣布，扩大其旗舰计划增加国内业务、增强国内供应链，为沙特公民提供就业机会。[③] 虽然通过缩短供应链能够短期克服国际贸易受阻影响，但沙特能源企业严重依赖亚洲市场，特别是中国市场，在沙特国内建成相对稳定的供应链还需要相当长的一段时间，硬件上主要受国内的产业结构和生产能力限制，软件上还需要创造良好的营商环境。沙特工业部门占GDP的47.4%，但主要由非制造业（石油钻探）主导[④]，短期内很难形成实力强劲的国内制造业，仍然需要维护全球产业链和供应链的稳定，继续依靠多边贸易和投资

① The Economist Intelligence Unit, "Middle East Brief: Post-COVID-19 Supply Chains," https://www.eiu.com/n/middle-east-post-covid-19-supply-chains/, accessed: 2020-12-11.

② Economic Indicators, "The Economic Context of Saudi Arabia," https://www.nordeatrade.com/en/explore-new-market/saudi-arabia/economical-context, accessed: 2020-12-11.

③ Matthew Amlôt, "Aramco Announces Expansion of Its Saudi Arabia Supply Chain in Boost to Local Jobs," https://english.alarabiya.net/en/News/gulf/2020/11/30/Oil-Aramco-announces-expansion-of-its-Saudi-Arabia-supply-chain-in-boost-to-local-jobs, accessed: 2020-12-11.

④ Economic Indicators, "The Economic Context of Saudi Arabia," https://www.nordeatrade.com/en/explore-new-market/saudi-arabia/economical-context, accessed: 2020-12-11.

体系。

第三，激活投资市场需要多边框架下的国际资本与投资的开放和有序流动。受新冠肺炎疫情影响，全球外国直接投资（FDI）流动面临严重压力，外国直接投资规模大幅下降。经合组织预测，即使在最乐观的情况下，2020年外国直接投资流量也可能比2019年下降至少30%。[①] 沙特在石油和天然气、旅游业、航空和金融服务等主要外国直接投资流入行业受到严重影响，跨国公司收入减少了67%。[②]

沙特在“2030愿景”中指出“成为全球投资巨头”[③] 是经济社会改革的一大支柱，并提出“放宽对所有权和外国投资的限制吸引区域和国际自由投资者，到2020年将现代贸易和电子商务对零售业的贡献率提高至80%”[④]。近两年内，由于石油收入减少沙特对外投资规模也有所下降，同时为了满足产业结构调整需要也放缓了在石油能源领域内的投资（详见表2）。沙特对外投资从2018年的229.87亿美元下降至2019年的131.85亿美元，2019年宣布的主要对外投资项目：沙特阿美石油公司在中国开发油气设施的100亿石油项目，完成时限尚不明晰。[⑤] 同时，沙特积极开放国内市场，创造吸引国外投资的政策环境。沙特现在允许外国公司在沙特证券交易所上市，取消了政府资产私有化首次公开募股后外

---

① Organization for Economic Co-operation and Development, “Foreign Direct Investment Flows in the Time of COVID-19,” May 4, 2020, https://read.oecd-ilibrary.org/view/?ref=132_132646-g8as4msdp9&title=Foreign-direct-investment-flows-in-the-time-of-COVID-19, p. 2, accessed: 2020-12-11.

② United Nations Conference on Trade and Development, “World Investment Report 2020 International Prodeuction Beyound the Pandemic,” https://unctad.org/system/files/official-document/wir2020_en.pdf, p. 41, accessed: 2020-12-11.

③ Kingdom of Saudi Arabia, “Vision 2030,” https://www.vision2030.gov.sa/sites/default/files/report/Saudi_Vision2030_EN_2017.pdf, p. 6, accessed: 2020-12-11.

④ Kingdom of Saudi Arabia, “Vision 2030,” https://www.vision2030.gov.sa/sites/default/files/report/Saudi_Vision2030_EN_2017.pdf, p. 57, accessed: 2020-12-11.

⑤ United Nations Conference on Trade and Development, “World Investment Report 2020 International Prodeuction Beyound the Pandemic,” https://unctad.org/system/files/official-document/wir2020_en.pdf, p. 45, accessed: 2020-12-11.

国所有权限制①，提高外资持股比例上限，外资可在包括旅游业在内的多个行业100%持股，并放宽投资者执照和签证条例。② 因此，沙特为了实现“2030愿景”中的目标，必须依靠多边贸易和投资体系推动投资便利化，一方面开放沙特市场吸引更多国际投资帮助发展非石油产业，另一方面沙特境外投资也需要更加开放公平便利的投资环境。

表2　沙特外国直接投资流入流出情况（2014～2019）

单位：亿美元

年份	外国直接投资流入量	外国直接投资流出量
2014	80.12	53.96
2015	81.41	53.9
2016	74.53	89.36
2017	14.19	72.8
2018	42.47	229.87
2019	45.62	131.85

资料来源：United Nations Conference on Trade and Development, “World Investment Report 2020 International Prodeuction Beyound the Pandemic,” https://unctad.org/system/files/official-document/wir2020_en.pdf, p.240, accessed: 2020-12-11。

第四，应对地缘政治和贸易的不确定“新常态”选择多边贸易和投资体系作为降低风险的战略抉择。美国特朗普政府挑起中美经贸摩擦，2018年以来对全球贸易体系带来了负面影响。中美经贸摩擦带来的影响并不会随着特朗普政府下台而结束，而是与新冠肺炎疫情产生叠加效应，给世界贸易格局带来根本性变革。根据波士顿咨询公司预测，即便世界贸易在2023年前恢复到疫情前18万亿美元的规模，全球各主要贸易集团间流量也发生了

① United Nations Conference on Trade and Development, “World Investment Report 2020 International Prodeuction Beyound the Pandemic,” https://unctad.org/system/files/official-document/wir2020_en.pdf, p.103, accessed: 2020-12-11.

② United Nations Conference on Trade and Development, “World Investment Report 2020 International Prodeuction Beyound the Pandemic,” https://unctad.org/system/files/official-document/wir2020_en.pdf, p.42, accessed: 2020-12-11.

格局上的变动。

“当前，最迫切的任务是引领世界经济走出困境。世界经济长期低迷，贫富差距、南北差距问题更加突出。究其根源，是经济领域全球增长动能不足、全球经济治理滞后、全球发展失衡三大突出矛盾没有得到有效解决。”① 沙特在参与全球经济治理过程中，必须考虑地缘政治和贸易不确定性的“新常态”。换言之，沙特需要考虑如何在新一轮全球贸易格局调整中维护相对有利的外部环境，同时避免地缘政治博弈对社会经济改革带来的负面影响。在这一重大战略问题上，沙特选择支持多边贸易和投资体系，特别是加强同中国的贸易合作，作为应对“新常态”挑战的战略对冲。

2020 年 10 月 12 日，沙特 B20 召开“全球对话中国”会议。沙特提出“贸易是一种向善的力量”，指出通过改革世贸组织、降低关税和其他贸易措施以及推动贸易便利化，实行开放和公平的贸易制度，在未来五年贸易价值累计将增加 4.7 万亿 ~6.3 万亿美元，G20 成员 GDP 将增长 7.9 万亿 ~10.1 万亿美元；而如果 G20 成员选择贸易保护主义，到 2025 年 G20 成员 GDP 损失 5.3 万亿 ~7.3 万亿美元。② 中国是全世界唯一拥有联合国产业分类当中全部工业部门的经济体，制造业规模早在 2010 年已经超越美国成为全球第一，产业链和供应链技术迭代速度较快，处于全球产业链和供应链中的重要位置。中国也是疫情发生以来第一个恢复增长的主要经济体③，特别是在发达经济体采取宏观调控措施后，中国在维护全球产业链和供应链中的作用明显。德国工业机器人制造商哈恩自动化公司计划在未来三年向中国投资数百万欧元，公司首席执行官弗兰克·康拉德（Frank Konrad）表示，

---

① 《习近平：共担时代责任，共促全球发展》，http：//www.qstheory.cn/dt/2020 - 12/15/c_1126864230.htm，最后访问时间：2020 年 12 月 15 日。

② B20 Saudi Arabia，“B20 Global Dialogues with China Council for the Promotion of International Trade（CCPIT），” https：//www.b20saudiarabia.org.sa/events/b20 - global - dialogues - with - china - council - for - the - promotion - of - international - trade - ccpit/，accessed：2020 - 10 - 12.

③ 《逆风破浪开新局——以习近平同志为核心的党中央引领 2020 年中国经济高质量发展评》，http：//www.xinhuanet.com/politics/2020 - 12/15/c_1126864640.htm，最后访问时间：2020 年 12 月 12 日。

“没有中国，我们第三季度的业务就不会那么好”①。沙特充分认识到中国在全球产业链和供应链中的基础作用，并支持中国维护多边贸易和投资体制的立场，作为应对地缘政治不确定性“新常态”的战略对冲策略。

结　语

全球范围内贸易保护主义抬头与新冠肺炎疫情叠加，对全球贸易体系带来巨大冲击。发达经济体和新兴经济体均面临严峻挑战，发展中国家和最不发达国家长期面临发展动能缺失的风险，难以实现可持续发展目标。各国在应对疫情上缺少多边协调，又采取单边贸易限制措施，一定程度上助长了贸易保护主义的势头。随着疫情逐步稳定，部分国家非但没有取消贸易限制措施，反而以疫情防控为由增加其他关税和非关税的贸易限制措施，严重破坏了多边贸易和投资体系，使全球经济复苏雪上加霜。

G20 成员 GDP 占全球的 85%，贸易额占世界贸易的 75%②，是全球经济治理的主要参与者和决策者，在应对新冠肺炎疫情带来的全球经济风险方面发挥核心作用。沙特作为 2020 年 G20 轮值主席国，必须维护 G20 作为全球经济治理重要多边平台的权威性和合法性，坚决支持基于谈判和规则的多边贸易和投资体系，同时为自身社会经济转型创造良好的外部政策条件，应对世界贸易规模萎缩对全球产业链和供应链上游带来的聚集效应，选择坚持多边贸易和投资体系因应地缘政治和贸易不确定“新常态”的战略对冲。

沙特作为中东最大的经济体和最大的能源出口国，在全球经济体系中占有重要位置。在担任 G20 轮值主席国期间，沙特提出了“为包容性增长转

---

① Michael Nienaber, “‘Better Off Thanks to China’: German Companies Double Down on Resurgent Giant,” https://www.metro.us/better-off-thanks-to/, accessed: 2020-12-12.

② TNN, “G20 Countries Account for 85% of Global GDP, 75% of World Trade,” https://timesofindia.indiatimes.com/business/international-business/G20-countries-account-for-85-of-global-GDP-75-of-world-trade/articleshow/47670497.cms#:~:text=The%20G20%20or%20the%20Group%20of%20Twenty%20is, of%20the%20world%E2%80%99s%20population.%20Why%20was%20it%20formed%3F, accessed: 2020-12-11.

型”的目标，包括为所有人实现21世纪的机遇，为妇女和青年赋权，增强劳动力对科技的适应能力；追求经济多样化，包括可持续旅游业等创业就业的行业；推动向循环经济转型，促进绿色科技投资；提高妇女地位，充分释放妇女领导潜力等具体内容。

沙特充分利用G20轮值主席国的职能，将自身经济社会改革目标与全球经济治理导向相结合，发挥B20多边协调磋商机制的高效性，提出推动世贸组织改革、扩大多边贸易和投资机制对电子商务等新兴经济领域的覆盖面，增加对中小微企业的政策扶植；支持发展中国家和最不发达国家实现可持续发展目标；提升服务贸易流动性、创造公平开放的全球市场环境，促进贸易融资便利化等方面的政策建议。

沙特国王萨勒曼及王储穆罕默德·本·萨勒曼以“2030愿景”为目标，推动国内一系列的改革措施，促进经济多样化、打造新的经济增长点，同时加快社会改革力度，激发妇女和青年的社会活力，促进中小企业发展提升国家竞争力。因此，沙特在G20议题设置方面兼顾了发达经济体和新兴市场经济体两方面的关切，确定了维护多边贸易和投资体系的方向，在世贸组织框架内继续扩大对电子商务和服务贸易等新兴经济领域的覆盖，兼顾发展中国家和最不发达国家推动可持续发展的诉求，以多边贸易和投资体制作为应对地缘政治不确定性“新常态”的战略对冲，更加突出了沙特作为阿拉伯国家和中东大国加快改革步伐以及积极参与全球治理的意愿，向世界展示了沙特的活力。

Y.22

美国从阿富汗撤军与全球反恐形势

王 震*

摘 要： “9·11”事件以来，美国的阿富汗政策经历了一个不断变化的过程。这一转变既与美国内部的政府更迭、民意变化等密切相关，也与其面临的恐怖威胁来源、安全战略重心变化等密切相关。当前，美军从阿富汗撤军不仅会刺激阿富汗和全球其他地区的跨国“圣战”运动，也将会给阿富汗未来局势带来巨大的不确定性和不稳定性，进而增加跨国“圣战”势力和恐怖组织死灰复燃的风险。

关键词： 阿富汗 全球反恐 跨国“圣战” 美国

2021年4月14日，拜登总统正式宣布：美国将于5月1日前开始从阿富汗撤军，并将在9月11日前完成全部撤军。① 由于阿富汗不仅是冷战结束以来全球跨国“圣战”运动的核心活动区域，也是“9·11”事件后美国全球反恐战争的主战场，美军的撤出既影响着阿富汗局势的前景，也关乎未来全球跨国“圣战”恐怖活动的长远走向。本报告拟从美军撤离阿富汗这一关键变量入手，分析其对阿富汗局势和全球反恐战争走向的影响。

---

* 王震，法学博士，上海社会科学院研究员，主要从事国际安全与中东问题研究。

① Meg Wagner, Melissa Macaya, Fernando Alfonso III, Melissa Mahtani and Mike Hayes, "Biden Announces Plan to End America's Longest War," CNN, April 15, 2021, https://edition.cnn.com/politics/live-news/biden-afghanistan-announcement/index.html, accessed: 2021-5-2.

一 “9·11”事件以来美国对阿富汗政策的演变

“9·11”事件发生后，小布什政府迅速将其定性为“战争行为”[①]，并据此发动了全球反恐战争，其首要目标正是本·拉登和“基地”组织藏身的阿富汗。自此之后，虽然白宫三易其主，美国对阿富汗政策也不断变化，但却始终未能实现在阿富汗的战略目标。因此，这场旷日持久的战争也被不少美国媒体称为“历史上最长的战争”。[②]

1. 小布什政府的阿富汗政策

“9·11”事件后，小布什总统在公开讲话中很快将其幕后黑手锁定为本·拉登领导下的“基地”组织，并认为其通过“协助和教唆”实行谋杀，塔利班政权也在进行“谋杀”。为此，小布什向塔利班政权明确提出了五点要求：向美国移交所有藏匿于阿富汗的“基地”组织头目；释放所有被关押的外国人，包括美国公民在内；保护阿富汗境内的所有外国记者、外交官和援助工人；立即永久性地关闭阿富汗境内所有的恐怖分子训练营，并向有关当局移交所有的恐怖分子及其支持者；允许美国完全进入恐怖分子训练营，以确保其不再继续运作。小布什总统还强调，这不是“谈判和讨论”，塔利班必须立即执行这些要求，“要么移交恐怖分子，要么与恐怖分子面临

---

① Office of the Press Secretary, “President George W. Bush, Remarks during Photo Opportunity with the National Security Team,” the Cabinet Room, White House, September 20, 2001, https://georgewbush - whitehouse. archives. gov/news/releases/2001/09/20010912 - 4. html, accessed: 2020 - 5 - 2.

② Doug Bandow, “Afghanistan, the Longest War in American History,” *The American Conservative*, January 2, 2019, https://www. theamericanconservative. com/articles/afghanistan - the - longest - war - in - american - history - trump - withdrawal/; Miles Elliott, “Afghanistan: Forgotten, But not Gone,” 21st Century Wire, July 4, 2017, https://21stcenturywire. com/2017/07/04/afghanistan - forgotten - but - not - gone/; Williams Brian Glyn, *Afghanistan Declassified: A Guide to America's Longest War*, Philadelphia: Pennsylvania: University of Pennsylvania Press, 2012; Aaron O' Connell edited, *Our Latest Longest War: Losing Hearts and Minds in Afghanistan*, Chicago and New York: University of Chicago Press, 2017.

相同的命运”①。

2001 年 10 月 7 日，美军在阿富汗发起了“持久自由”军事行动，这一行动也被视为“9·11”事件后美国全球反恐战争的开端。小布什总统在同一天的讲话中表示：“我们向塔利班提出的要求一个也没有得到满足，现在它必须为此付出代价。”他还宣称，美国军事行动的目的是不再让阿富汗成为恐怖分子的活动基地，并将藏匿于此的恐怖分子“绳之以法”。② 到 2002 年 3 月，美军推翻了塔利班在阿富汗的统治，打垮了阿富汗境内 80% 的“基地”组织武装力量，包括其核心领导层。然而，美军并未完全实现其在阿富汗的战略目标：一方面，美军虽然推翻了塔利班政权，但始终无法完全将其从阿富汗的政治版图中清除，而且严重低估了阿富汗重建的难度；另一方面，“基地”组织虽然遭到了重创，但却在本·拉登领导下从一个等级森严、组织严密的跨国恐怖组织逐渐转型为一场松散而广泛的全球性“基地”“伊斯兰圣战运动”。③

2003 年 3 月 20 日，美军又以“大规模杀伤性武器”等为借口，发动了“伊拉克自由行动”。美军在不到一个月的时间里就推翻了萨达姆在伊拉克的统治，但是美军在伊拉克的军事行动不仅分散了其全球反恐战争的资源和精力，也让阿富汗境内的塔利班和“基地”组织获得了千载难逢的喘息机会。“基地”组织头目艾曼·扎瓦希里（Ayman al-Zawahiri）在 2004 年甚至宣称：“美国人介于两场大火之间。如果他们留在伊拉克，他们将流血致死；如果他们撤出，就会失去一切。”④ 美国学者丹尼尔·L.

① Office of the Press Secretary, “President George W. Bush, Address to a Joint Session of Congress and American People,” United States Capitol, Washington, D. C., September 20, 2001, https://georgewbush - whitehouse. archives. gov/news/releases/2001/09/20010920 - 8. html, accessed: 2021 - 1 - 2.

② Office of the Press Secretary, “President George W. Bush, Address Announcing Military Strikes Against the Taliban,” October 20, 2001, https://georgewbush - whitehouse. archives. gov/news/releases/2001/10/20011007 - 8. html, accessed: 2021 - 2 - 12.

③ Rick Ozzie Nelson, Thomas M. Sanderson, *A Threat Transformed: Al Qaeda and Associated Movements in 2011*, Washington: CSIS Report, February 2011, p. 5.

④ Daniel L. Byman, “Who Wins in Iraq? Al-Qaeda,” *Foreign Policy*, March/April 2007.

拜曼（Daniel L. Byman）也指出，在美军入侵伊拉克之前，“基地”组织已经举步维艰。但是，伊拉克战争不仅证明了本·拉登所宣扬的“美国（远敌）才是伊斯兰世界的首要敌人”，也使“基地”组织和塔利班迅速得以重建。换言之，“美国在伊拉克停留的每一天，都是‘基地’组织和更广泛的‘圣战’组织的福音”①。

2. 奥巴马政府的阿富汗政策

2008 年总统大选期间，奥巴马就对小布什政府的阿富汗政策提出了质疑和批评。2009 年入主白宫后，奥巴马授权对美国的阿富汗和巴基斯坦战略进行了为期 60 天的评估，并于 3 月 27 日公布了新的阿富汗和巴基斯坦战略。奥巴马认为，美国在阿富汗地区应当聚焦一个更为明确的目标，即“破坏、摧毁并打败阿富汗和巴基斯坦境内的‘基地’组织，同时阻止其在未来回到这两个国家”。为实现这一目标，美国需要一个更强大、更明智的综合战略，而且必须认识到“巴基斯坦和阿富汗未来之间的根本联系”。与此同时，美国不能因为伊拉克战争而拒绝向阿富汗投入更多资源。② 2009 年 9 月 16 日，联邦政府跨机构联合小组发布了关于阿富汗和巴基斯坦战略的白皮书，进一步重申了美国在阿富汗和巴基斯坦地区的战略目标，并认为这些核心目标对美国的国家安全“至关重要”，同时也是现实的和能够实现的目标。同时，白皮书还就美国在阿富汗的政策提出了一系列政策建议，比如扩大阿富汗国家的安全力量、整合阿富汗和巴基斯坦境内的军民平叛资源，增加国际支持，等等。③

2009 年 12 月 1 日，奥巴马在访问西点军校时进一步阐述了其阿富汗战

---

① Daniel L. Byman, “Who Wins in Iraq? Al-Qaeda,” *Foreign Policy*, March/April 2007.

② Office of the Press Secretary, “Remarks by the President on a New Strategy for Afghanistan and Pakistan,” Room 450, Dwight D. Eisenhower Executive Office Building, The White House, March 27, 2009, https://obamawhitehouse.archives.gov/video/A – New – Strategy – for – Afghanistan – and – Pakistan#transcript, accessed: 2020 – 8 – 2.

③ “White Paper of the Interagency Policy Group's Report on U. S. Policy toward Afghanistan and Pakistan,” *Foreign Policy*, March 27, 2009, https://foreignpolicy.com/2009/03/27/white – house – white – paper – on – u – s – policy – to – afghanistan – and – pakistan/, accessed: 2021 – 5 – 12.

略。他在讲话中继续重申美国在阿富汗的目标是"破坏、摧毁并打败'基地'组织及其极端分子盟友"，阻止阿富汗重新成为"基地"组织的避风港。为实现这一战略目标，奥巴马还提出了三项具体措施。一是采取新的军事战略。一方面，向阿富汗增派 3 万名美军士兵，与先前部署在阿富汗的 6.8 万名美国军人和 3.9 万名来自其他国家的国际安全援助部队（ISAF）成员一起击败塔利班；另一方面，美国会尽快将安全责任移交给阿富汗武装力量，以便让阿富汗人"对自己的国家负责"，"18 个月之后，我们的部队将开始回家"。二是美国将与伙伴国、联合国和阿富汗人民一道，在阿富汗推进更有效的社会治理，包括消除毒品、改革阿富汗政府本身等。三是美国在阿富汗的成功与巴基斯坦"密不可分"，美国将会重新定义与巴基斯坦之间的关系，增强其反恐能力并"支持巴基斯坦的民主与发展"①。简言之，奥巴马政府阿富汗战略的核心在于三点：一是通过在战术层面向阿富汗增兵打败塔利班武装，进而实现最终从阿富汗撤军的战略性目标；二是美国不寻求在阿富汗长期驻军，而是会逐步放弃在阿富汗进行重建的责任，最终将其移交给阿富汗人；三是将阿富汗问题放在更为广泛的阿富汗 - 巴基斯坦框架下进行统筹和思考。

2011 年 5 月 1 日，藏匿于巴基斯坦境内的本·拉登被美军击毙。奥巴马总统在随后的讲话中表示，在过去 20 多年中，本·拉登一直是"基地"组织的领导人和象征，因而本·拉登之死标志着"迄今为止美国击败'基地'组织的最重大成就"②。6 月底，奥巴马在白宫进一步宣布了从阿富汗撤军的"三步走"计划。根据这一计划，作为第一步，2011 年底美军将会从阿富汗撤回 1 万名士兵；第二步，在 2012 年夏季结束前，

① "President Obama on the Way Forward in Afghanistan and Pakistan," the U. S. Military Academy at West Point, N. Y., December 1, 2009, https://obamawhitehouse. archives. gov/photos - and - video/video/president - obama - way - forward - afghanistan - and - pakistan#transcript, accessed: 2020 - 9 - 2.

② Office of the Press Secretary, "Remarks by the President on Osama Bin Laden," The White House, May 2, 2011, https://obamawhitehouse. archives. gov/the - press - office/2011/05/02/remarks - president - osama - bin - laden, accessed: 2021 - 5 - 2.

美军将撤回3.3万人的增援阿富汗作战部队，而驻阿美军任务也将由作战转为提供支援；第三步，到2014年底完成全部撤军计划。① 2012年5月1日，奥巴马与阿富汗总统卡尔扎伊共同签署了战略伙伴关系协定。这份协议更像是为美军撤出阿富汗而做出的制度性安排，它一方面承诺阿富汗将在2014年后授予美军人员进入和使用阿富汗设施的权力，另一方面却没有就未来阿富汗武装力量的规模和援助等内容做出任何实质性承诺。②

然而，奥巴马总统的阿富汗撤军计划实施得并不顺利。一方面，美军在增兵后也无法完成彻底消除塔利班的军事目标；另一方面，美军撤离伊拉克后出现的局势恶化促使白宫不得不重新考虑其阿富汗撤军计划。众所周知，美军从伊拉克撤出不到两年，"伊斯兰国"组织在叙利亚和伊拉克地区便乘势崛起，迅速取代"基地"组织而成为全球跨国"圣战"运动中的一面旗帜。这不仅使奥巴马政府从伊拉克仓促撤军的政策面临大量指责，也使阿富汗撤军计划出现了新的不确定因素。2014年5月27日，奥巴马总统在白宫宣布了新的撤军计划，即在2014年底撤回22000名美国军人，同时结束美军在阿富汗的作战任务；到2015年底，驻阿美军将会在9800名的基础上削减一半；到2016年底，驻阿美军将会降至保卫美国大使馆所需的正常水平。③ 2016年7月6日，奥巴马在离任前又宣布了新的撤军方案，即在总统任期结束前美国将会在阿富汗保留大约8400名士兵，而不是先前

① Office of the Press Secretary, "Remarks by the President on the Way Forward in Afghanistan," East Room, The White House, June 22, 2011, https://obamawhitehouse.archives.gov/the-press-office/2011/06/22/remarks-president-way-forward-afghanistan, accessed: 2021-5-2.

② "Enduring Strategic Partnership Agreement between the Islamic Republic of Afghanistan and the United States of America," June 1, 2012, https://obamawhitehouse.archives.gov/sites/default/files/2012.06.01u.s.-afghanistanspasignedtext.pdf, accessed: 2021-5-2.

③ Office of the Press Secretary, "Statement by the President on Afghanistan," Rose Garden, the White House, May 27, 2014, https://obamawhitehouse.archives.gov/the-press-office/2014/05/27/fact-sheet-bringing-us-war-afghanistan-responsible-end, accessed: 2020-9-2.

计划中的5500名。[①] 至此，奥巴马从上任之初就开始大力推动的阿富汗撤军政策算是告一段落。

3. 特朗普的阿富汗政策

和奥巴马一样，特朗普同样在大选期间对美国的阿富汗和叙利亚反恐政策提出了严厉批评。当选总统后，特朗普团队在初步评估的基础上提出了美国的新阿富汗战略。2017 年 8 月 21 日，特朗普就美国的阿富汗和南亚政策首次发表公开讲话，这也是其上任后首次提出阿富汗反恐战略。在此之前，美军在阿富汗使用了被称为“炸弹之母”的 GBU－43/B 大型空爆炸弹，以打击藏匿于楠格哈尔省阿钦地区的“伊斯兰国”武装分子。在这次讲话中，特朗普将美国在阿富汗的核心利益界定为两点：美国应当在阿富汗获得一个体面的、持久的结局；防止在阿富汗重新出现一个庇护包括“伊斯兰国”和“基地”组织在内的国际恐怖分子的“真空”。为此，“美国必须阻止阿富汗重新成为恐怖分子的庇护所，并攻击美国，必须阻止核武器与核材料落入恐怖分子之手，并被用于反对美国和其他国家”。为保证这些利益，美国在阿富汗和南亚地区的战略支柱主要有四个：一是美国阿富汗政策将会从“基于时间”转变为“基于条件”，即美军不会在阿富汗事先设定时间表，而是要根据未来局势决定驻军人数或是否撤军；二是将会在阿富汗问题上整合所有政策手段，比如外交、经济和军事等；三是改变对巴基斯坦的政策，美国将不再容忍巴基斯坦成为恐怖分子的庇护所；四是进一步发展美印战略伙伴关系，美国“赞赏印度为阿富汗稳定发挥作用”[②]。

从本质上说，特朗普政府的阿富汗政策和奥巴马政府有很大的共通之处。二者的核心都是美国将试图从阿富汗战场抽身，以甩掉这个“战争包

---

① Office of the Press Secretary, “Statement by the President on Afghanistan,” The White House, July 6, 2016, https://obamawhitehouse.archives.gov/the－press－office/2016/07/06/statement－president－afghanistan, accessed: 2021－5－12.

② Donald J. Trump, “Remarks by President Trump on the Strategy in Afghanistan and South Asia,” Fort Myer, Arlington, August 21, 2017, https://www.whitehouse.gov/briefings－statements/remarks－president－trump－strategy－afghanistan－south－asia/, accessed: 2021－5－12.

袱”。二者的区别主要在于三点：一是特朗普政府拒绝为美国撤军设置时间表，而是试图根据阿富汗的形势进展采取相应措施，以确保在阿富汗问题上的主动权；二是与奥巴马政府强调“负责任地撤军”相比，特朗普政府似乎并不关注美国在阿富汗的“责任”，也不愿向阿富汗投入更多资源，只是寻求以“体面的方式”离开；三是特朗普政府将美国解决阿富汗问题的视野进一步扩大到印度，希望利用印度对冲巴基斯坦在阿富汗地区的影响力，进而推动阿富汗问题的解决。2018 年初，特朗普政府开始对巴基斯坦施压，宣称在巴基斯坦承诺打击该地区所有恐怖分子之前，美国将停止数亿美元对巴安全方面的援助。

2018 年 10 月，特朗普政府正式开始与塔利班进行谈判。经过为期 16 个月的谈判，双方于 2020 年 2 月 29 日在卡塔尔签署和平协议。目前已公开的协议文本共有 4 页，其核心内容主要如下。①建立执行和保证机制，以保证阿富汗不会被任何个人和组织用于“反对美国和盟友的安全”，同时设立所有军队撤出阿富汗的时间表。一旦宣布撤军之后，阿富汗内部各方将在 3 月 20 日开始政治谈判。②美国承诺将会在协议签署后的 14 个月内撤出所有美军和盟国军队，包括私人安全承包商、非外交官的平民、训练人员和顾问等。在第一阶段，美军将在最初的 135 天内从 5 个阿富汗军事基地完全撤出，使驻军 1.3 万人降至 8600 人；在第二阶段，美军将会在 14 个月内从其余军事基地完全撤出。③塔利班承诺将会采取措施，防止任何组织和个人（包括“基地”组织）以阿富汗为基地反对美国及其盟友。为此，塔利班将不允许、不支持对美构成“威胁”的恐怖组织和个人在其境内活动，也不会为其提供庇护或发放签证、通行证等，并将采取措施阻止此类活动发生。④在 2020 年 3 月 10 日之前，阿富汗内部各方将开始就永久性停火等进行政治谈判。谈判开始后，双方将开始交换战俘，其中塔利班方面的囚犯最高为 5000 人，另一方最多为 1000 人。⑤政治谈判开始后，美国将推动联合国安理会在 2020 年 5 月底之前解除对塔利班成员的制裁。在此期间，美国与盟友也将克制干预阿富汗内部事务，包括武力的使用。[①] 美国与塔利班之间的协议一方面表明美国已经放弃了“9·11”事件后彻底从阿富汗根除塔利班的目标，开始务实地寻求从阿富汗撤出；另一方面，它从根本上消除了美国从阿富汗撤军的最后一个政治障碍，为美军从全球反恐战线上收缩铺平了道路。

二　拜登政府从阿富汗撤军的动因

拜登总统公布从阿富汗撤军的计划后，在美国内部及国际社会上再次引起了广泛关注和争论。比如，一些共和党参议员认为拜登总统撤军的决定是一个“错误”，因为阿富汗有可能会重新成为一个全球跨国“圣战”分子的天堂。这不仅会为下一次“9·11”事件铺平道路，也会对美国的“国际领导权”带来不利影响。[②] 更多人则担心，一旦美国从阿富汗撤军，这里将会不可避免地发生内战，而塔利班将会迅速在阿富汗掌权。塔利班掌权后，有可能会重新采取比较激进的社会政策，比如限制妇女和儿童自由等，从而造成新的人道主义灾难，这违背了当初美国对阿富汗民众的承诺。[③] 个别共和党议员甚至认为，失去靠近中国和伊朗的这些军事基地将会损害美国“威

---

① “Agreement for Bringing Peace to Afghanistan between the Islamic Emirate of Afghanistan which Is not Recognized by the United States as a State and is Known as the Taliban and the United States of America,” Doha, Qatar, February 29, 2020, https://www.state.gov/wp-content/uploads/2020/02/Agreement-For-Bringing-Peace-to-Afghanistan-02.29.20.pdf. accessed: 2020-5-2.

② Jack Brewster, “Republicans Split on Biden's Afghanistan Withdrawal, With Some Calling It ‘A Grave Mistake’ and Others in Support,” Forbes, April 14, 2021, https://www.forbes.com/sites/jackbrewster/2021/04/14/republicans-split-on-bidens-afghanistan-withdrawal-with-some-calling-it-a-grave-mistake-and-others-in-support/?sh=7f0c682d3d36; Karoun Demirjian, “Republicans Say Biden's Afghanistan Withdrawal Plan is ‘Dumber than Dirt’,” *The Washington Post*, April 13, 2021, https://www.washingtonpost.com/national-security/republicans-afghanistan-biden/2021/04/13/7167a2f8-9c84-11eb-b7a8-014b14aeb9e4_story.html, accessed: 2020-5-2.

③ Cheryl Teh, “Top GOP Hawks Come Out in Full Force Against an Afghanistan Withdrawal by September 11,” Business Insider, April 15, 2021, https://www.businessinsider.com/top-republicans-object-to-bidens-afghanistan-pullout-2021-4, accessed: 2021-5-25.

慑”其对手的能力，因为阿富汗有助于美国“在中国西面开辟第二条战线”①。拜登政府之所以在上任之初就选择公布其阿富汗政策，原因是多方面的。其中，最直接原因是2020年2月特朗普政府与塔利班达成的协议，新政府需要在2021年5月1日前做出是否继续撤军的决定，而深层次原因则包括了美国面临恐怖威胁的改变、国家安全战略调整以及国内政治和民意变化等多重因素。

1. 美国面临主要恐怖威胁的改变

“9·11”事件后，美国入侵阿富汗并长期驻军的主要目标就在于打击当地的恐怖组织及其国际网络。经过20年的反恐战争，美国面临的主要恐怖威胁及其反恐战略已经发生了根本性变化。在此背景下，拜登政府调整阿富汗战略自然势在必行。2017年8月，美国国会研究局在一份研究报告中指出，国内恐怖分子是一种涉及“独狼”和无领袖抵抗型的“去中心化威胁”。由于政府并不公布国内恐怖事件（包括被挫败的阴谋和袭击）清单，加上“不一定使用炸弹袭击或劫机之类的恐怖手段”，他们对美国本土造成的威胁在“9·11”事件后被“严重忽视”了。报告还援引新美国基金会的研究指出，截至2017年8月，美国境内的国内恐怖分子在“9·11”事件后共使75人死亡，而“圣战”恐怖分子则杀害了95人。联邦调查局的估计则认为，从1979年到2009年初，动物保护极端分子和生态恐怖分子一共制造了1800~2000起袭击事件，造成的经济损失超过1.1亿美元。② 2021年2月，美国反诽谤联盟（ADL）在《2020年美国的谋杀与极端主义》报告中指出，2020年美国境内的国内极端分子共造成17人死亡，比2018年（54人死亡）和2019年（45人死亡）都有大幅下降。但是，右翼极端分子的活动次数却并未下降。反诽谤联盟对仇恨、反犹主义、恐怖主义的监测显示，

① Lucas Y. Tomlinson, Jennifer Griffin, "Concerns over Leaving US Bases in Afghanistan on China's 'Western Flank'," Fox News, May 6, 2021, https://www.foxnews.com/politics/concern-leaving-us-bases-afghanistan-china-western-flank, accessed: 2021-5-25.

② Jerome P. Bjelopera, *Domestic Terrorism: An Overview*, *Congressional Research Service*, CRS Report, R44921, August 21, 2017, pp. 39-41.

2020 年（截至 11 月）与恐怖分子有关的极右翼袭击或阴谋共 16 起，高于 2019 年（13 起）；2020 年美国境内“白人至上”种族主义分子散发宣传材料事件为 4500 起，远高于 2019 年的 2724 起。从 2011 ~ 2019 年，与美国国内极端分子有关的暴力袭击共造成 429 人死亡，其中 58% 为“白人至上”种族主义分子所为。①

2021 年 3 月 1 日，美国国家情报总监办公室破例公布了一份解密的《2021 年国内暴力极端主义威胁加剧》评估报告。报告指出，受各种意识形态驱动以及近期国内政治和社会事件的影响，2021 年国内暴力极端分子对美国本土形成了更大的威胁。针对少数族裔的偏见、关于大选的欺骗性论述、国会山暴力事件、有关新冠肺炎疫情形势和阴谋论的信息等，都会继续驱动国内暴力极端分子参与暴力活动。相比之下，源于各种意识形态的“独狼”或小型组织更容易在美国本土发动袭击。这些攻击者往往并未接受其他极端暴力组织的指令，而是通过接触网上极端信息后独立走向激进化，这使得侦破和阻止此类活动极为困难。这些极端暴力分子既包括受种族或族裔因素驱动的暴力极端分子，也包括受反政府、反堕胎和动物保护等因素驱动下的暴力极端分子。此外，这项评估还认为，出于种族或族裔动机的暴力极端主义分子和民兵暴力极端分子构成了最致命的威胁。前者有可能会针对平民发动大规模袭击，后者主要针对政府机构和执法人员，“由于一些持续不断的社会政治因素，二者的威胁将会进一步升级”②。

2021 年 4 月，美国国家情报共同体在《2021 年度威胁评估》中指出，对美国海外利益而言，“基地”组织和“伊斯兰国”仍是最大的“逊尼派恐怖分子威胁”。在美国和盟友持续的反恐打击下，二者发动恐怖袭击的能力已被严重削弱，但仍在寻求“从美国内部发动袭击”。与此同时，在各种意识形态驱动下，来自美国本土的“独狼”和小型组织构成了一个“更大的

① Mark Pitcavage, *Murder and Extremism in the United States in 2020*, the ADL Center on Extremism (COE), February 2021, pp. 7 - 11.

② Office of the Director of National Intelligence (ODNI), (*U*) *Domestic Violent Extremism Poses Heightened Threat in 2021*, March 1, 2021.

国内直接威胁”。在此类单一行为者构成的恐怖威胁当中，既包括受到“基地”组织和“伊斯兰国”激励的“土生土长的暴力极端分子”，也包括基于各种意识形态（如种族偏见、反政府情绪等）而从事恐怖活动的“国内暴力极端分子”。[①] 显然，通过这些威胁评估信息可知，当前美国战略界对于恐怖威胁的认知已经发生了根本性变化，这一变化势必会反映在其全球反恐战略当中。

2. 美国安全战略重心的调整

“9·11”事件发生后，小布什政府迅速将其定义为“战争行为”。2002年，小布什总统在其《国家安全战略》序言中表示：捍卫国家利益并对抗敌人是联邦政府首要的基本承诺，但是这项任务已经发生了“巨大变化”。在以往，敌人需要强大的军队和工业能力来危害美国。如今，来自单一个体的阴暗网络就可以给美国带来极大的混乱和痛苦，其成本却比购买“单个的坦克”花费还要少。为了对开放社会进行渗透并利用现代科技的力量反对我们，恐怖分子已经被组织了起来。为了战胜这一威胁，“我们必须利用武器库中的所有手段，包括军事力量，更好的国土防御、执法和情报，以及为切断恐怖分子融资而做出的巨大努力……美国将会追踪那些与恐怖分子妥协的国家，包括庇护恐怖分子的国家，因为与恐怖分子结盟就是与人类文明为敌”[②]。这份报告勾画了美国的全球反恐战略，认为“美国正在全球范围内进行一场打击恐怖分子的战争。敌人并非某个单一的政权、个人或是某种宗教和意识形态，而是政治驱动下针对无辜者有预谋地使用暴力的恐怖主义”。为此，美国反恐战争的首要任务是在全球范围内破坏并摧毁恐怖分子，包括其领导层、指挥、控制、通信系统以及物质和经济支持等，削弱恐怖组织的策划和行动能力。为此，美国将寻求与盟国、区域合作伙伴等进行反恐合作。但是，“如有必要，美国将会毫不犹豫地单独行事。通过先发制

① Office of the Director of National Intelligence (ODNI), *Annual Threat Assessment of the US Intelligence Community*, April 9, 2021, p. 23.

② The White House, *The National Security Strategy of the United States of America*, Washington, D. C., September 2002.

人行使自卫权，打击恐怖分子，并阻止其对美国和美国人民造成伤害”①。

从奥巴马政府开始，美国开始逐步调整反恐战争在其国家安全战略中的地位。2011 年 6 月，奥巴马政府在其《国家反恐战略》报告中表示：“美国有意使用‘战争’一词来形容对‘基地’组织的无情打击。然而，本届政府也清楚我们并不是在和恐怖主义战术或伊斯兰教进行作战，而是在与一个特定的组织——‘基地’组织进行战斗。”这是因为，“美国最突出的安全威胁仍然来自‘基地’组织及其附属组织和追随者”②。奥巴马政府为淡化美国全球反恐中的“战争”色彩，避免进一步刺激伊斯兰世界。其官方文件和声明中逐渐用“抗衡（或打击）暴力极端主义”取代了“反恐战争”。③

特朗普执政后，一方面在“美国优先”的名义下将反恐战争逐步聚焦于其“国内恐怖主义”；另一方面，更为强调通过帮助盟友和伙伴提升反恐能力而减轻自身的国际责任，使后者“能够独立地打击恐怖分子”。④ 目前，拜登政府尚未公布其国家安全战略或反恐战略。但是，拜登政府在 2021 年 3 月公布的《国家安全战略过渡指南》中已经勾画出了其国家安全战略的基本构想。这份文件指出，恐怖主义已不再被认定国家安全的头号威胁，美国反恐的重心开始转向“国内暴力极端主义”。尽管国际恐怖主义仍对美国构成了零星的、分散的威胁，但国内暴力极端主义显然是一个更大的挑战。为此，美国必须调整反恐政策，“使我们的资源与变化中的威胁相一致”。在阿富汗问题上，美国不会继续进行耗费数千人命和上万亿美元的“永久性战争”。“我们将以负责任的态度努力结束美国在阿富汗持续时间最长的战

---

① The White House, *The National Security Strategy of the United States of America*, Washington, D. C., September 2002, pp. 5 – 7.

② The White House, *The National Strategy for Counterterrorism*, Washington, June 2011, pp. 2 – 3.

③ 〔美〕埃里克·施密特、汤姆·尚卡尔：《反恐秘密战：美国如何打击“基地”组织》，洪漫译，新华出版社，2015，第 132 页。

④ The White House, *The National Strategy for Counterterrorism of the United States of America*, Washington, D. C., October 2018, p. 11.

争，同时确保阿富汗不再成为针对美国的恐怖袭击的避风港。”①

在拜登政府的战略威胁评估中，来自国家层面的威胁重新得到重视，而中国则成为美国情报界的“优先关注”。② 美国国家情报委员会公布的《全球趋势报告2040》认为，未来20年中涉及全球影响力的竞争将会达到“冷战以来的最高水平”。美国国家情报委员会在随后公布的《2021年度威胁评估报告》中，同样将中国界定为“一个越来越近乎匹敌的竞争对手”（a near-peer competitor），认为中国在经济、军事、科技和全球性规范等领域对美国构成了挑战。③ 显然，无论是拜登政府对于战略威胁的认知，还是其未来的战略重心，都已转向与中国和俄罗斯之间的“大国竞争”，而不再是“9·11”事件后一直被反复强调的“国际恐怖主义”。

3. 国内政治诉求

在阿富汗撤军问题上，美国国内的政治诉求也是促成拜登政府决策的重要因素。尽管美国国内民众在撤军问题上存在着不同声音，但越来越多的民众倾向放弃美国在阿富汗的战争包袱。2019年7月，皮尤研究中心公布的一项调查显示：58%的退伍军人和59%的普通民众认为，为阿富汗而战是“不值得的”；相比之下，只有不到40%的人持相反看法。④ 盖洛普公司在2020年9月进行的调查则显示：在2002年时，美国民众认为美国出兵阿富汗是一个“正确决定”的比例高达93%；到2019年时，这一比例已下降至52%；此外，希望从阿富汗“全部撤军”和“减少驻军”的比例更是高达61%，超过一半的民众并不关注美国在阿富汗的消息，也不再将阿富汗视为

① The White House, *Renewing American's Advantages: Interim National Security Strategic Guidance*, March 2021, pp. 6 – 20.

② Remarks as Prepared for Delivery by the Honorable Avril Haines Director of National Intelligence, *Annual Threat Assessment Opening Statement*, April 14, 2021.

③ Office of the Director of National Intelligence (ODNI), *Annual Threat Assessment of the US Intelligence Community*, Washington, April 9, 2021, pp. 6 – 8.

④ Ruth Igielnik and Kim Parker, "Majorities of U. S. Veterans, Public Say the Wars in Iraq and Afghanistan Were not Worth Fighting," Pew Research Center, July 10, 2019, https://www.pewresearch.org/fact-tank/2019/07/10/majorities-of-u-s-veterans-public-say-the-wars-in-iraq-and-afghanistan-were-not-worth-fighting/, accessed: 2020-5-2.

“最重要的问题”。[①] 近年来，笔者在和一些美国学者交流时，即便是一些并不认同特朗普执政的学者，对其从阿富汗撤军的政策也表示拥护。这或可在一定程度上代表了当前美国社会的民意和舆论。

和“9·11”事件初期相比，美国社会在阿富汗撤军问题上的舆论转向主要受到两方面因素的影响。一是美国在阿富汗的战争成本持续攀升，被越来越多的美国民众当成了一个“包袱”。据媒体报道，美国在阿富汗的年度战争成本已从2001年的230亿美元不断增长，2010年和2011年均超过了1000亿美元。[②] 美国布朗大学“战争成本项目”课题组认为，在阿富汗战争支出当中，除了国防部公布的美军在阿富汗直接行动预算（9330亿美元）外，还应包括国务院的战争相关支出（约590亿美元）、国防部用于战争支持等相关的预算（约4430亿美元）、退伍军人医疗等预算（约2960亿美元）以及美国战争借款的利息支出（约5300亿美元）。如果把各项直接费用和间接开支相加的话，截至2020/2021财年，美国在阿富汗进行战争的经济支出已经超过了2.26万亿美元。除经济支出外，截至2021年4月，美军在阿富汗的死亡人数为2442人，另有20093人受伤；美国承包商死亡3846人，北约盟军士兵死亡1144人。此外，阿富汗军队和警察死亡人数为66000~69000人，平民死亡人数也高达47245人。在巴基斯坦，因战争而死亡的政府武装人员和无辜平民也分别高达9314人和24099人。[③] 2008年全球金融危机发生后，美国经济相对疲软，久拖不决的阿富汗战争更是成了其急于脱手的包袱。

---

① Frank Newport, “U. S. Defense Budget, Afghanistan Withdrawal not Hot-Button Issues,” Gallup Poll, April 23, 2021, https://news.gallup.com/opinion/polling - matters/348857/defense - budget - afghanistan - withdrawal - not - hot - button - issues.aspx, accessed: 2021 - 5 - 2.

② Isabel Debre, “Counting the Costs of America's 20-Year War in Afghanistan: Price Tag, Casualties,” Associated Press, April 30, 2021.

③ Neta C. Crawford and Catherine Lutz, “Human and Budgetary Costs to Date of the U. S. War in Afghanistan, 2001 - 2021,” The Costs of War Project, The Watson Institute, Brown University, April 15, 2021, https://watson.brown.edu/costsofwar/files/cow/imce/figures/2021/Human%20and%20Budgetary%20Costs%20of%20Afghan%20War%2C%202001 - 2021.pdf, accessed: 2021 - 5 - 2.

二是美国社会和决策层的优先关注发生了根本性的变化。“9·11”事件后，美国民众和决策层出现了前所未有的“不安全感”。在当时社会条件下，打击国际恐怖主义并开展反恐战争成为国内民众和决策层的首要关注点。然而，随着美国所面临的恐怖主义威胁逐渐下降，国际恐怖主义早已不是美国民众的首要关注。皮尤研究中心在2021年初的一项调查显示：在美国民众所认为的20件“最优先事项”中，80%的人选择“加强经济”，78%的人选择“应对新冠肺炎疫情”，67%选择“促进就业”，63%的人选择“防御恐怖主义”，62%的人选择了“改进政治制度”。[①] 而无论是阿富汗问题还是伊拉克问题，并不是大多数普通民众的优先关注点。

由此可见，无论是基于恐怖威胁来源和国家安全战略的变化，还是着眼于国内政治和减少海外军事成本的角度，拜登政府调整美国阿富汗战略并撤出军队都并非心血来潮。尽管美国政府内部和媒体对于撤军的方式、节奏和后果等存在若干争议，但是撤军本身已经没有太大悬念。

三　阿富汗局势对全球跨国“圣战”运动和反恐战争的影响

阿富汗地处亚欧大陆腹地，自抗苏战争以来一直在全球跨国“圣战”运动中有着举足轻重的地位。在20世纪90年代的全球跨国“圣战”和国际恐怖浪潮中，脱胎于抗苏战争的“阿富汗毕业生”在其中扮演了非常重要的角色。2001年美军入侵阿富汗后，虽然在短时间内击垮了塔利班政权，并击毙了包括本·拉登在内的一批跨国恐怖组织头目，但同时在全球范围内也引发了一场旷日持久的跨国“圣战”运动。2013年，“伊斯兰国”在叙利亚和伊拉克地区横空出世后，全球跨国“圣战”运动的范围一度西进至叙利亚和伊拉克北部地区。然而，随着2017年后“伊斯兰国”出现军事溃败，叙

① Carroll Doherty, Jocelyn Kiley, Nida Asheer and Calvin Jordan, “Economy and COVID - 19 Top the Public’s Policy Agenda for 2021,” Pew Research Center, January 28, 2021.

利亚和伊拉克战乱地区的秩序正在逐步恢复，其在全球跨国“圣战”运动中的地位也随之下降。相比之下，境内活跃着大量跨国恐怖组织的阿富汗却出现了很大的不确定性，这不能不使人担忧其对未来全球反恐的潜在风险。

迄今为止，阿富汗境内仍然盘踞着为数众多的跨国“圣战”组织。联合国塔利班制裁监测小组在2019年指出，阿富汗境内活跃着超过20个地区性或全球性“反政府恐怖组织”。除“伊斯兰国”外，它们大都与塔利班和“基地”组织进行了广泛的结盟。据估计，这些“外国武装分子的数量”有8000~10000人，主要活动在阿富汗边境地区。① 2021年2月，该小组公布的另一份报告也指出，目前阿富汗境内仍活跃着一大批致命的跨国恐怖组织，它依然是世界上“遭受恐怖主义危害最为严重的国家”。② 对阿富汗境内的众多跨国“圣战”武装而言，无论是美军从阿富汗撤出，还是阿富汗自身局势的不确定性，都会影响到未来全球跨国“圣战”与国际恐怖活动。

首先，无论美军以何种借口撤出，都无法改变一个既定的事实，即作为当今世界上唯一超级大国的美国，在耗费2万多亿美元、2400多名士兵战死、超过2万人受伤的代价之后，也未能征服阿富汗这个具有浓厚伊斯兰传统的山地国家，反而被塔利班和活跃于阿富汗的各种“圣战”武装所击败。这一事实对于全球跨国“圣战”运动来说，无疑是一种极大的鼓舞和激励。当年苏联从阿富汗撤军就曾被当成了通过“伊斯兰圣战”最终战胜“一个信奉无神论的超级大国”的最好证明。③ 在这些“圣战”分子看来，“既然一场‘圣战’就能摧毁苏联这个超级大国，他们完全可以用另一场‘圣战’

---

① The Security Council Committee, UN, “Tenth Report of the Analytical Support and Sanctions Monitoring Team Submitted Pursuant to Resolution 2255 (2015) Concerning the Taliban and Other Associated Individuals and Entities Constituting a Threat to the Peace, Stability and Security of Afghanistan, S/2019/48,” June 19, 2019, pp. 17 – 18.

② The Security Council Committee, UN, “Twenty-seventh Report of the Analytical Support and Sanctions Monitoring Team Submitted Pursuant to Resolution 2368 (2017) Concerning ISIL (Da'esh), Al-Qaida and Associated Individuals and Entities, S/2021/68,” February 3, 2021, pp. 15 – 16.

③ H. Sidky, “War, Changing Patterns of Warfare, State Collapse, and Transnational Violence in Afghanistan: 1978 – 2001,” *Modern Asia Studies*, Vol. 41, No. 4, 2007, p. 867.

将另一个超级大国击倒，顺带把本国的政府一并推翻……只要战士能够不畏牺牲、献出热血和生命，一个新的乌玛世界就会再次降临人间”①。20 世纪 80 年代阿富汗抗苏战争不仅促使更多极端分子走上了跨国“圣战”之路，也在全球范围内形成了错综复杂的跨国“圣战”网络，并由此开启了一个跨国暴力冲突的新时代。历史或许不会重演，但我们也无法否认今日这一景象与当年的历史何其相似。

其次，当前阿富汗境内依旧活跃着大量的“圣战”恐怖组织，美国撤军势必会给这些跨国“圣战”组织提供死灰复燃的新机会。“9·11”事件后，美国通过在阿富汗进行所谓的“持久自由”军事行动，打垮了潜藏在阿富汗境内的一批跨国恐怖组织。在随后近 20 年中，美国一方面大力扶植阿富汗现政权恢复当地的秩序和治理，尤其是美军的空中支援，已经成为阿富汗政府在平叛和反恐过程中不可或缺的因素；另一方面，美军还对阿富汗、巴基斯坦境内的塔利班和其他“圣战”武装保持了长期的高压态势，这一压力极大地减少了其活动空间和影响力。如果美军全部按时撤出，届时不仅阿富汗政府所仰赖的情报与空中优势将会消失殆尽，美军对于这些极端恐怖组织的军事高压也将不复存在，这将使阿富汗境内的跨国“圣战”武装和国际恐怖组织获得一个千载难逢的喘息机会。

再次，阿富汗局势的不确定性同样会影响到未来的全球反恐形势。2021 年 4 月中旬，拜登宣布美国将会从阿富汗撤军后不久，塔利班随即对政府军发动了攻击。比如，5 月 3 日凌晨，塔利班对法拉省一处政府军哨所发动袭击，造成至少 20 名士兵丧生；此外，塔利班成员还在当天袭击了一处军事检查站，造成 6 名士兵死亡；5 月 27 日，塔利班在法里亚布省对阿富汗安全部队发动袭击，导致 4 人死亡、6 人受伤。显然，塔利班的拒不妥协使得双方达成有效政治和解的概率越来越低。塔利班重新掌权后，考虑到塔利班与其境内各类跨国“圣战”组织之间的历史联系，塔利班的政策走向将会

① 〔巴基斯坦〕艾哈迈德·拉希德：《塔利班：宗教极端主义在阿富汗及其周边地区》，钟鹰翔译，重庆出版社，2015，第 131 ~ 132 页。

是决定阿富汗跨国“圣战”组织发展的关键。目前，塔利班对其他“圣战”组织的活动进行了某些限制。但与此同时，塔利班仍与包括“基地”组织在内的恐怖组织保持着密切联系。以塔利班和“基地”组织的关系为例，联合国塔利班制裁监测小组在2020年5月指出，阿富汗“基地”组织和塔利班领导人在过去12个月内共举行了6次会议，主要讨论双方间的行动规划、培训和安全避难等事宜。[①] 2021年2月，该小组的另一份报告进一步指出，“基地”组织的一些高层头目，如媒体负责人阿布·穆赫森·马斯里（Abu Muhsen al-Masri）、印度次大陆负责人穆罕默德·哈尼夫（Mohammad Hanif）等，均于2020年在塔利班控制区内被击毙，这也是该组织与塔利班继续保持联系的又一证明。[②]

最后，当前新一轮的全球地缘政治争夺和大国竞争不仅会影响未来阿富汗的局势，也会对全球跨国“圣战”运动和反恐战争带来深远影响。拜登总统在宣布从阿富汗撤军计划时，一方面希望中国、俄罗斯和印度等积极为阿富汗稳定做出更多努力；另一方面又认为美国必须专注于眼前的挑战、增强竞争力，以“应对来自日益自信的中国的激烈竞争”[③]。一些学者和媒体更是迫不及待地宣称美国从阿富汗撤军是对中国的“一个打击”，甚至认为“中国是拜登阿富汗撤军决定的最大输家”[④]。美国政府为了开展所谓的“大国竞争”和

---

① The Security Council Committee, UN, “Eleventh Report of the Analytical Support and Sanctions Monitoring Team Submitted Pursuant to Resolution 2501 (2019) Concerning the Taliban and other Associated Individuals and Entities Constituting a Threat to the Peace, Stability and Security of Afghanistan, S/2020/415,” May 27, 2020, pp. 11 – 12.

② The Security Council Committee, UN, “Twenty-seventh Report of the Analytical Support and Sanctions Monitoring Team Submitted Pursuant to Resolution 2368 (2017) Concerning ISIL (Da'esh), Al-Qaida and Associated Individuals and Entities, S/2021/68,” February 3, 2021, p. 15.

③ Joe. Biden, “Remarks by President Biden on the Way Forward in Afghanistan,” Treaty Room of White House, April 14, 2021, https: //www. whitehouse. gov/briefing – room/speeches – remarks/2021/04/14/remarks – by – president – biden – on – the – way – forward – in – afghanistan/, accessed: 2020 – 5 – 2.

④ Rick Larsen, “As U. S. Exits Afghanistan, Focus is on China, NATO,” The Seattle Times, April 21, 2021; Bobby Ghosh, “Biden's Afghanistan Withdrawal is a Blow for China,” The Bloomberg, April 15, 2021, https: //www. bloomberg. com/opinion/articles/2021 – 04 – 15/biden – s – afghanistan – withdrawal – is – a – blow – for – china.

地缘政治争夺，不仅放弃了其在阿富汗反恐战争中的国际责任，甚至还存在着工具性地利用阿富汗局势的可能。正如一些学者所言，美国在正式结束阿富汗战争之后，仍可再次将其“用于在该地区的战术目的”，正如当年美国训练、资助和武装本·拉登一样。[①] 对此，区域内各国必须保持高度警惕。

四 结论：美军撤出阿富汗后的全球反恐

2011 年春，中东地区爆发社会动荡后，叙利亚和伊拉克地区一度取代阿富汗和巴基斯坦边境地区成了全球跨国“圣战”和恐怖活动的集中地区。如今，随着“伊斯兰国”组织在伊拉克和叙利亚地区的溃败，以及当地社会秩序的逐步恢复，前途未卜的阿富汗再一次成为全球反恐战争的焦点所在。

“9·11”事件以来，美国对阿富汗政策经历了一个不断演变的过程，其政策重心已从早期以“反恐战争”名义报复藏匿于阿富汗的“圣战”恐怖组织及其庇护者逐渐转变为摆脱在阿富汗的战争包袱。这一战略既源于“9·11”事件 20 年后美国自身所面临恐怖威胁的本土化，也与其国家安全战略重心转移以及国内民意和两党政治等因素有关。美国从阿富汗撤军不仅意味着阿富汗正处在一个十字路口，全球跨国“圣战”运动和国际反恐形势同样处在一个新的十字路口。一方面，美军在反恐战争 20 年之后从阿富汗撤军这一事实将会刺激全球跨国“圣战”运动，尤其是活动于阿富汗的“圣战”恐怖组织；另一方面，美国 2001 年进入阿富汗后已经极大地改变了当地的政治生态和地缘政治格局，如今的仓促撤出反而会在阿富汗造成新的不确定和不稳定因素。对于活跃在阿富汗境内的 20 多个跨国恐怖组织来说，这种不确定和不稳定性很可能会成为它们死灰复燃的重要契机。因此，对于国际社会的反恐斗争来说，如何应对因美国撤军而造成的新地缘政治格局，尤其是未来阿富汗局势所带来的安全挑战，已经成为其迫切需要面对的新课题。

① Yun Sun, “How China Views the U. S. Withdrawal from Afghanistan,” War on the Rocks, May 13, 2021, https: //warontherocks. com/2021/05/how – china – views – the – u – s – withdrawal – from – afghanistan/, accessed: 2021 – 5 – 22.

中阿关系

Sino-Arab Relations

Y.23

构建经贸发展新格局 打造中阿命运共同体

罗 林*

摘 要： 近年来，中阿加强战略协调和行动对接，中阿战略伙伴关系得到深化。中阿经贸合作呈现以下几个特点：一是共建“一带一路”不断走深走实；二是发挥互补优势，不断扩大合作的深度和广度；三是不断发挥高质量贸易投资促进平台的助力作用。四是经贸合作机制建设不断加强，法律框架不断完善；五是中阿投资合作持续推进。在当前形势下，中阿双方更需要加强合作，以稳定的中阿关系应对世界各种不确定性。对此，本报告就深化中阿经贸合作提出若干建议。

* 罗林，教授、博士生导师，高校国别和区域研究工作秘书处主任、教育部国别和区域研究基地北京语言大学阿拉伯研究中心主任、北京语言大学中东学院院长、国别和区域研究院院长，主要研究领域为阿拉伯－伊斯兰文化和中东问题等。

关键词： 中国　阿拉伯世界　经贸关系　中阿命运共同体

中阿交往源远流长，友谊深厚。中阿在共建“一带一路”中携手相伴，共同致力于实现国家富强、民族复兴梦想。2020 年，中阿合作论坛第九届部长级会议成功召开，双方一致同意举行中阿峰会。中阿政治关系开启新篇章。习近平主席在致本届部长级会议的贺信中指出，“2018 年，我在中阿合作论坛第八届部长级会议开幕式上宣布中阿双方建立战略伙伴关系，倡议打造中阿命运共同体，共同推动构建人类命运共同体，得到阿拉伯国家热烈响应。两年来，中阿双方加强战略协调和行动对接，全面合作、共同发展、面向未来的中阿战略伙伴关系得到深化”①。

面对突如其来的新冠肺炎疫情，中国和阿拉伯国家风雨同舟、守望相助，坚定相互支持，开展密切合作，这是中阿命运与共的生动写照。沙特国王是第一个致电习近平主席支持中国抗疫的外国元首，阿联酋是第一个接受中国疫苗境外 3 期试验的国家，中阿合作论坛第九届部长级会议通过了《中国和阿拉伯国家团结抗击新冠肺炎疫情联合声明》，为中阿团结抗疫树立了新典范。当前形势下，中阿双方比以往任何时候都更需要加强合作、共克时艰、携手前行。

一　中阿经贸的特点

近年来，中阿经贸往来稳步向前，共建项目深耕细作，取得长足进展，未来前景广阔。中国成为阿拉伯国家第一大贸易伙伴国地位，阿拉伯国家整体稳居中国第一大原油进口来源地，中阿双向投资规模稳步扩大。2020 年，中阿贸易额约为 2400 亿美元，中阿经贸合作呈现以下几个特点。

---

① 《习近平向中国－阿拉伯国家合作论坛第九届部长级会议致贺信》，2020 年 7 月 6 日。

（一）共建“一带一路”不断走深走实

共建“一带一路”是习近平主席亲自谋划、亲自部署和亲自推动的重大倡议。7 年多来，经过各方努力，共建“一带一路”从理念到行动，取得很多令人瞩目的成就，成为最受欢迎的国际公共产品和最大规模的国际合作平台，为推动建设开放型世界经济、构建人类命运共同体做出了重要贡献。阿拉伯国家对共建“一带一路”表示认同，多个阿拉伯国家主动将本国发展战略同共建“一带一路”对接，取得了丰硕的成果。

作为共建“一带一路”的重点项目，中国与埃及共建的泰达苏伊士经贸合作区（以下简称“合作区”）截至 2020 年 6 月已吸引企业 85 家，累计销售额达 17 亿美元，直接解决就业逾 4000 人。负责合作区运营的中非泰达投资股份有限公司战略部品牌主管曹雪告诉记者，合作区目前已形成以新型建材、石油装备、高低压设备和机械制造为主导的产业集群，规模效应不断显现，龙头企业正在崛起，经营状况良好。

面对疫情防控和经济发展的双重任务，中国与阿拉伯国家将共建“一带一路”与抗疫合作同步推进。在广袤的约旦东南部沙漠腹地，中国企业在艰苦环境中拓荒建厂发电，建成约旦规模最大的发电站，预计年供电量达 37 亿千瓦时，可满足约旦约 15% 的用电需求。这就是中约共建“一带一路”合作重点项目——阿塔拉特油页岩电站，项目承建方为中国能源建设集团广东火电工程有限公司。阿塔拉特油页岩电站项目让约旦丰富的油页岩资源得以开发，对推动约旦能源自给自足具有重要意义，也为约旦人民带来看得见的利好和机遇。

（二）发挥互补优势，不断扩大合作的深度和广度

阿拉伯国家地缘优势突出，资源禀赋丰厚，市场开放度高，对周边国家辐射力较强，目前正大力推进经济转型并加速发展工业。中国作为世界第二大经济体，工业基础完备，装备、技术具备较强优势。中阿双方正持续构建以能源合作为主轴，以基础设施建设、贸易和投资便利化为两翼，以核能、

航天卫星、新能源三大高新领域为新突破口的“1 +2 +3”合作格局，致力于建立“油气和低碳能源”双轮驱动、“金融与高新技术”两翼齐飞的合作新机制。双方在传统领域的合作不断深化，并进一步拓展了合作的范围。

从2020年开始，沙特阿拉伯超过俄罗斯，成为中国第一大石油供应国。2021年1~2月，中国第一大石油供应国依旧是沙特，日均进口量达186万桶，同比增长2.1%。沙特阿美石油公司首席执行官阿敏·纳赛尔（Amin Nasser）2021年3月21日以视频方式出席中国发展论坛，并在致辞中表示，“未来将最优先保障对中国的能源供应。这不仅是未来5年，而是在未来50年以至更长的时间内”。纳赛尔同时表示，“沙特阿美正在与中国的大学和公司展开绿色能源方面的合作，将进一步扩大和加强这种合作关系”。他计划在蓝氢、氨和碳捕获技术等方面加强与中国的合作。

随着阿拉伯国家基础设施建设步伐的加快，越来越多的中国企业积极参与阿拉伯国家基础设施建设，双方持续加强在港口、海事管理部门、机场、陆路运输场站、物流中心和铁路经营管理方面的合作；阿方支持中国企业参与阿拉伯国家铁路、机场、港口、公路、能源、电力、电信和水务等领域基础设施建设。目前，中国企业在阿拉伯地区承建项目的领域逐步拓宽，已从最初的房建、路桥扩展到输油管线、通信、铁路、港口和建材等众多领域，科技含量与装备水平不断提高。阿尔及利亚东西高速公路、苏丹麦罗维大坝、沙特水泥生产线等一大批重大项目已建成投入运营，在当地经济建设和社会事业中发挥着重要作用。

双方金融业互利合作持续加强。除埃及、约旦、科威特、阿曼、卡塔尔、沙特和阿联酋7个创始成员国外，巴林、黎巴嫩、摩洛哥、突尼斯和吉布提等8各阿拉伯国家也先后加入亚投行。2017年1月，亚投行与阿曼杜库姆经济特区管委会签署贷款协议，向阿曼提供2.65亿美元贷款，用于杜库姆港商用码头终端建设项目。这是亚投行首次为港口项目提供贷款，也是首次向阿拉伯半岛构建提供贷款。同年12月，亚投行董事会批准向阿曼发放2.392亿美元的高级贷款，用于阿曼发展通信基础设施。这不仅有助于改善阿曼过于依赖油气行业的经济发展现状，也便利阿曼居民和企业，增进阿曼制造业和物流业市场吸引力。

2017 年 9 月，作为亚投行支持的首个非亚洲国家，埃及获得 2.1 亿美元的长期债务融资，建设 11 个总容量为 490 兆瓦的太阳能光伏装置。此项目旨在提升埃及利用可再生能源发电的能力。

习近平主席在中阿合作论坛第八届部长级会议开幕式上宣布，中方将成立“中国－阿拉伯国家银行联合体”，配备 30 亿美元金融合作专项贷款。中国国家开发银行表示，为进一步加大对中阿合作的支持力度，除了提供首期 30 亿美元中阿金融合作专项贷款以外，还将研究提供 100 亿美元重建与产业振兴贷款。2018 年 7 月 12 日上午，中国－阿拉伯国家银行联合体首届理事会会议在北京举行，各成员行共同签署了《关于中国－阿拉伯银行联合体成立宣言》，中阿银联体正式成立，成员包括埃及国民银行、黎巴嫩法兰萨银行、摩洛哥外贸银行和阿联酋阿布扎比第一银行。旨在中阿合作论坛框架下，加强“一带一路”倡议与阿拉伯国家发展愿景有效对接，建立长期稳定、互利共赢的金融合作关系，为促进中阿全方位、多领域务实合作提供重要支撑。

此外，中阿高新技术合作也取得不少成果，迪拜光热电站等一批重大项目顺利推进。越来越多阿拉伯国家的航天梦插上了中国技术的“翅膀”，苏丹第一颗卫星“苏星 1 号”成功发射。在中阿抗疫合作中，双方积极分享并利用数字贸易和创新技术在危机中创造合作机会，培育出了电商、网上教学和远程医疗等新的增长点。

（三）不断发挥高质量贸易投资促进平台的助力作用

中阿双方致力于搭建高质量的交流平台，一贯支持举办相关贸易投资推介活动，积极参加在对方国家和地区举办的展览会、投资洽谈会等活动。通过建立企业家互访机制，宣介投资机会、投资规定和相关优惠政策，鼓励相互投资，鼓励双方企业家开展互访和交流。

2004 年，中国国家主席胡锦涛访问阿盟总部。会见结束后，外长李肇星与阿盟秘书长穆萨共同宣布成立中阿合作论坛，成员包括中国和阿盟 22

个成员国。中阿合作论坛的建立标志着中阿交往内涵的进一步丰富，双方合作潜能得到全面释放，在推动中阿合作机制化、拓展合作领域方面发挥了重要的引领作用，为中阿贸易奠定了坚实的政治基础，形成了“共同发展、共享繁荣”的中国方案。为推动中阿经贸关系深入发展，在中国外交部、阿拉伯国家联盟秘书处等机构的支持下，2005 年中国贸促会举办了首届中阿企业家大会。该会议每两年在中国和阿拉伯国家轮流举办，由贸促会与阿盟秘书处、阿拉伯农工商会总联盟和阿拉伯国家有关机构共同主办，至 2021 年已举办九届。历届中阿企业家大会得到了中阿双方政府和工商界的高度重视和支持，已逐渐发展成为中阿经贸交流与合作的最重要平台之一，合作成果丰硕。出席历届中阿企业家大会开幕式并发表演讲的我国家领导人有：国务院总理温家宝（2012）、全国政协主席贾庆林（2005）、全国政协副主席罗豪才（2007）、全国政协副主席阿不来提·阿不都热西提（2009）、全国政协副主席陈元（2013）、全国政协副主席王正伟（2015）、全国人大常委会副委员长张平（2017）、全国政协副主席陈晓光（2019）、全国政协副主席辜胜阻（2021）。

中国国际进口博览会也得到了阿拉伯国家的广泛支持。首届中国国际进口博览会，埃及、沙特、阿联酋、摩洛哥 4 国参加了国家展，其中埃及是主宾国。17 个阿拉伯国家的 93 家企业参加了企业展，意向成交额约 1.22 亿美元，主要涉及食品、工艺品和日用消费品等。第二届中国国际进口博览会，约旦、突尼斯、黎巴嫩、沙特 4 国参加国家展，共达成意向成交额 2.1 亿美元，同比增长 72.1%。第三届中国国际进口博览会，10 个阿拉伯国家的 28 家企业参加企业展。此外，阿拉伯国家还积极参与中阿博览会、北京世园会等活动，中方也积极支持并参与迪拜世博会，中国馆是迪拜世博会最大的国家馆之一。这些优质平台框架下的活动为促进中阿交流，加深互相了解，增进互利合作发挥着重要作用。

中阿双方正积极加快中国 - 巴勒斯坦自由贸易区建设，争取尽早完成中国 - 海湾阿拉伯国家合作委员会自由贸易区谈判，支持中国与阿拉伯国家间的贸易自由化、便利化，并强调发挥经贸合作区等对深化双方产能与投资合作的平台和集聚作用，为中国同阿拉伯国家间的贸易往来提供便利，为双方企业提供更多贸易机会，支持中阿企业在合作区建设领域开展更多的合作。

（四）经贸合作机制建设不断加强，法律框架不断完善

中阿双方致力于加强经贸合作机制建设，持续深化贸易、投资和金融等领域的战略合作关系。目前，中国已与22个阿拉伯国家中的20个国家签订双边贸易协定，与16国签订投资保护协定，与12国签订避免双重征税协定，与21国建立了双边经贸联委会机制。中方愿与更多阿拉伯国家探讨建立双边产能与投资合作机制，结合双方意愿和需要探讨在双边经贸联委会框架下建立贸易等专项工作组。

中阿双方还加强在以世界贸易组织为核心的多边贸易体制框架内的双多边合作，共同反对贸易保护主义。中阿经贸合作机制建设促进了中阿经贸合作的广泛开展与迅速发展，给中国与阿拉伯国家的经济发展都注入了强劲动力。随着中国与阿拉伯国家和地区的商务交流日益频繁，双方对外投资规模的加大，随之而来的相关商事法律服务需求急速上升，这对于相关行业而言既是机遇，又是挑战。从中阿合作尤其是中阿经贸合作的良好发展势头来看，进一步的发展必然需要加强双边法律合作。而从国际区域经济贸易合作的经验来看，加强法律合作也是经贸合作的必然要求。法律合作一方面能促进中国与阿拉伯国家对彼此的法律传统与法律制度有更为深入的了解，从而增加彼此的认同与信赖；另一方面也能为中国与阿拉伯国家相关法律制度的完善与发展搭建交流沟通的平台。中阿合作尤其是中阿经贸合作亟待建立起一个相对完善且具有普遍效力的法律制度框架，为中阿经贸合作的后续发展指路引航。

鉴于此，近年来，中阿双方致力于完善经贸合作领域的法律框架，进一步推动中国与阿拉伯国家之间探讨签署避免双重征税和防止偷税漏税协定、双边保护和鼓励投资协定、基础设施建设合作协定、劳务合作协定以及合作区合作协定，为双方企业间的合作提供法律支持。继续加强经贸合作机制建设，持续深化贸易、投资和金融等领域的战略合作关系。同时，加强双方政

府质检部门间的合作，积极落实双方业已签署的谅解备忘录和合作协议，加强出口商品打假维权合作，采取有效措施打击进出口假冒伪劣商品的行为，共同努力保证进出口产品的质量与安全，保护双方消费者的健康与安全，积极交流有关中阿标准化工作方面的信息。

中国与阿拉伯国家法律体系不同，相互之间存在着显著的差异，包括区域性法律、多边条约、双边条约和国内法等均存在不同。双方充分发挥法律合作机制的作用，加强法律服务机构联系，定期开展法律交流活动，拓展多样化信息互通方式，通过磋商、对话、调解和仲裁等多元化方式，努力在双边和集体层面建立双方贸易争端解决机制，解决贸易问题。在双边和集体层面逐步建立贸易争端预警机制，妥善解决贸易争端。化解可能出现的经贸摩擦与纠纷，从而为企业提供多样化法律服务，帮助企业化解经贸风险。

（五）中阿投资合作持续推进

中阿关系以前所未有的速度不断深化，经贸合作提质升级，双边投资合作也持续推进。中阿双方在平等互利、合作共赢的基础上，鼓励和支持双方企业扩大和优化相互投资，拓展合作领域，丰富合作方式，并通过股权和债权的方式，利用贷款、夹层融资、直接投资和基金等多种手段，拓宽投融资渠道，加强双向投融资合作。

中方作为自由贸易和多边贸易体制的坚定捍卫者，实施新的《中华人民共和国外商投资法》，放宽市场准入条件，推动自贸试验区建设，探索建设自由贸易港，这将为世界各国带来更多合作机遇。中方积极向阿拉伯国家提供援外优惠贷款和出口信贷等资金，并提供出口信用和海外投资保险支持；推动中阿商签避免双重征税和防止偷税漏税协定，营造良好的投资环境，为双方投资者提供便利条件并保护双方投资者的合法权益；特别鼓励中国企业在阿拉伯国家，尤其是正在遭受经济危机的国家各经济领域加强投资。阿拉伯国家经济发展日益多元化，也致力于通过共同开发第三方市场等途径，找寻新的投资合作方式，改进投资环境，促进双边经济合作及发展。

阿拉伯国家对中阿投资合作也十分重视。阿联酋的阿布扎比国际金融中心及金融服务监管局在2020年服贸会上收获满满：阿布扎比和北京深度落实两首都金融科技和创新投资合作、遴选中国创新企业对接阿布扎比投资机构、与北京中关村科学城签署战略合作备忘录；多家阿布扎比当地大型企业、金融机构、创新机构和产业机构信息清晰陈列，它们当中很多在阿布扎比国际金融中心的促成下落地中国和开拓市场，深度精准投资中国。毛里塔尼亚政府在其首都设立了努瓦迪布自由经济区，目的是发挥努瓦迪布的地理和经济首都优势吸引投资，打造连接非洲、欧洲以及美洲大陆的经济平台，进而促进本国经济发展，该自由区享有税收减免、行政手续简化等优惠政策，投资者无论什么国籍均可享有公正、透明和平等的待遇。毛里塔尼亚呼吁中国企业家对这一战略性项目进行投资。截至2019年底，中国对毛里塔尼亚直接投资存量1.81亿美元；2020年，中国对毛里塔尼亚直接投资额为4678万美元。投资额增长迅速，潜力巨大，自由贸易区的设立将进一步推动双边投资合作。此外，埃及政府呼吁召开苏伊士运河经济区中阿企业家投资大会，以鼓励投资，并努力改善该经济区的营商环境。

二　对中阿经贸合作的建议

当前世界正经历百年未有之大变局，新冠肺炎疫情全球大流行使这个大变局加速演进。中阿工商界应团结协作、共克时艰，持续加强合作，促进世界经济重振和可持续发展。

2020年，中国在极不寻常的年份创造了极不寻常的辉煌。统筹疫情防控和经济社会发展取得了重大战略成果，2020年国内生产总值同比增长2.3%，全年对外货物贸易总额增长1.9%，在世界主要经济体中率先实现正增长，GDP总量迈上100万亿元新台阶，交出一份令人民满意、世界瞩目、可载史册的答卷。

2020年11月，中国共产党十九届五中全会审议通过了关于制定第十四个五年规划的建议，提出全面建成小康社会奋斗目标将如期实现。2021年是“十四五”规划的开局之年，中国开启全面建设社会主义现代化国家新征程。进入新发展阶段，中国将加快构建以国内大循环为主体、国内国际双循环相互促进的新发展格局。这必将为共建“一带一路”经贸合作带来历史性机遇，提供更强劲的动力和更广阔的空间。中国是重情义、有定力、讲原则和敢担当的国家，愿与各国一路同行，共创繁荣。中国将继续促进贸易和投资自由化便利化，维护全球产业链供应链稳定顺畅，推进高质量共建“一带一路”。中国将着力推动规则、管理和标准等制度型开放，持续打造市场化、法治化和国际化营商环境，发挥超大市场优势和内需潜力，为包括阿拉伯国家在内的世界各国合作提供更多机遇，为世界经济复苏和增长注入更多动力。

中方将科学把握新发展阶段，坚定贯彻新发展理念，开放的中国，经济将长期向好，市场空间广阔，发展韧性强大，这将为包括阿拉伯国家在内的世界各国提供更广阔的市场和发展机会。中方欢迎阿拉伯各国积极参与中国的发展新进程，共享发展新机遇。

世界身处一个充满挑战的时代。面对前所未有的挑战，各国需要前所未有的团结协作共同应对。在当前形势下，中阿双方更需要加强合作，以稳定的中阿关系应对世界各种不确定性。在此，笔者愿对深化中阿经贸合作提出几点建议。

（一）加强团结协作 有效应对疫情挑战

人类正处在一个特殊的历史时期。当前，世纪疫情和百年大变局交织共振，世界经济复苏不稳定、不平衡，单边主义、保护主义上升，国际贸易和投资大幅萎缩，疫情冲击导致各类衍生风险增加。赢得全球抗疫最终胜利、推动世界经济复苏需要各国加强团结协作，密切沟通协调，弘扬伙伴精神，共同应对危机，促进世界经济重振和可持续发展。新冠肺炎疫情给全人类敲响警钟，各国必须加强团结协作，才能有效应对新冠肺炎疫情等全球危机的挑战。2020 年 3 月 26 日，习近平主席出席沙特二十国集团领导人应对新冠肺炎特别峰会并发表题为《携手抗疫 共克时艰》的重要讲话。习近平主席强调，重大传染性疾病是全人类的敌人。新冠肺炎疫情正在全球蔓延，给人民生命安全和身体健康带来巨大威胁，给全球公共卫生安全带来巨大挑战，形势令人担忧。当前，国际社会最需要的是坚定信心、齐心协力、团结应对，全面加强国际合作，凝聚起战胜疫情强大合力，携手赢得这场人类同重大传染性疾病的斗争。

受疫情影响，世界经济面临较大的下行压力，中阿双方应加强信息沟通、政策协调和行动配合，持续增强互信，协调制定共同应对疫情、恢复经济的短期和中长期计划，统筹好疫情防控和经济社会发展，稳妥有序恢复人员往来，推动复工复产，保持贸易投资市场开放，共同维护全球金融市场、产业链供应链稳定。中阿应携起手来，共同协商应对全球经济衰退的对策，分享相关信息和经验。在有效防控疫情的前提下，尽快打通跨境物流通道，确保跨境供应链畅通；构建基于全球突发事件的供应链应急体制机制，推动全球供应链应急预警体系建设与信息共享，搭建全球应急资源信息发布平台，助力应急救援物资的全球协同调度。中阿双方需要就各国宏观经济政策协调做出机制性安排。

（二）聚焦互联互通 促进经济融合发展

共建“一带一路”为经济增长铺设出连接各国各地区的合作桥梁。互联互通的目的，正是要使经济血脉更加通畅，从而提升发展潜力。习近平主席在第二届“一带一路”国际合作高峰论坛开幕式上强调：“商品、资金、技术、人员流通，可以为经济增长提供强劲动力和广阔空间。”①

习近平主席同时指出，要坚持对话协商、共建共享、合作共赢、交流互鉴，同沿线国家谋求合作的最大公约数，推动各国加强政治互信、经济互融和人文互通。共建“一带一路”所推动的互联互通，不仅是修路架桥，而更应该是基础设施、制度规章和人员交流三位一体，政策沟通、设施联通、贸易畅通、资金融通和民心相通五大领域齐头并进的全方位、立体化和网络

① 《习近平在第二届“一带一路”国际合作高峰论坛开幕式上的主旨演讲（全文实录）》，国际在线，2019 年 4 月 26 日。

状的大联通。为此，应积极推进经济走廊建设，以交通线为纽带和依托，将沿线国家和地区的节点城市、重要城镇、产业集群及边境经济合作区连接起来，拓展互联互通和经济合作的地缘空间。以重要港口为节点，建设一批具有区位优势和支撑作用的港口，打造与沿线国家通畅、安全、高效的航运大通道。促进互联互通走深走实，释放各国发展潜力，实现经济大融合、发展大联动和成果大共享。

在此背景下，中阿双方应不断完善融通格局，携手高质量共建“一带一路”。中方应加强与阿方在港口、海事管理部门、机场、陆路运输场站、物流中心和铁路经营管理方面的合作；利用中国企业的技术和经验，鼓励中国企业参与阿拉伯国家铁路、机场、港口、公路、能源、电力、电信和水务等领域基础设施建设，为阿拉伯国家经济多元化发展提供有力支撑。中阿双方应共同打造开放型合作平台，维护和发展开放型世界经济，共同创造有利于开放发展的环境，促进生产要素有序流动、资源高效配置和市场深度融合。更广领域扩大外资市场准入、更大力度加强知识产权保护国际合作、更大规模增加商品和服务进口。

（三）坚持务实导向 强化多边贸易体制

世界身处百年未有之大变局，当前，逆全球化的单边主义、孤立主义和贸易保护主义甚嚣尘上，严重冲击了多边主义、多边贸易体制和规则，不断加剧世界经济的不稳定性和不确定性。以 WTO 为核心的多边贸易体制是国际贸易的基石，为推动全球贸易发展、建设开放型世界经济发挥了中流砥柱的作用。维护 WTO 框架下建立的多边贸易体制，既是支持多边主义的具体举措，也是实现全球经济增长的重要保障。中国始终是多边主义的积极支持者，始终是多边贸易体制和规则的坚定捍卫者。只有践行多边主义，才能共同应对各种全球性挑战。

中国与阿拉伯国家同为发展中国家，都是多边主义的坚定支持者，代表着广大发展中国家的利益和诉求，在当前形势下比任何时候都更需要加强合作、共克时艰、携手前行，以稳定的中阿关系应对世界各种不确定性。特别值得一提的是，2020 年在 G20 轮值主席国沙特的有力领导下，G20 领导人就勠力战疫，共创未来达成重要共识，为重塑疫情防控常态化时期的世界指明方向。G20 框架下的 20 国集团工商峰会政策建议报告提出了 25 条政策建议，在当前世界经济面临严重困难的时期，向国际社会传递坚定支持多边体制和自由贸易、促进世界经济重振和可持续发展的有力信号，体现了工商界团结合作、共克时艰的精神，具有十分积极的意义。中国和阿拉伯的国家工商界应继续团结一致，加强协调，形成合力，推动世界经济实现强劲、可持续、平衡和包容增长。

（四）共兴绿色经济 打造未来合作动能

“十四五”规划纲要中指出，“十四五”时期经济社会发展主要目标：经济发展取得新成效；改革开放迈出新步伐；社会文明程度得到新提高；生态文明建设实现新进步；民生福祉达到新水平；国家治理效能得到新提升。该纲要共分为 19 篇，包括“坚持创新驱动发展，全面塑造发展新优势”“加快数字化发展，建设数字中国”“推动绿色发展，促进人与自然和谐共生”“实行高水平对外开放，开拓合作共赢新局面”等内容。同时，随着阿拉伯国家经济的转型升级，多国也逐渐意识到了绿色经济的重要性。2015 年，黎巴嫩农工商会、阿拉伯国家绿色经济委员会和黎巴嫩央行在贝鲁特举办阿拉伯绿色经济论坛。2018 年，阿联酋绿色经济数据库上线，而近期阿联酋更是把可再生能源和绿色经济看作经济复苏的重要渠道。2021 年，沙特宣布投资 2000 亿美元打造绿色智慧城市。鉴此，绿色经济不仅仅是中国经济高质量发展的需要，也是阿拉伯国家经济转型的现实需求。

中阿双方应进一步拓展在数字经济、电子商务和健康产业等领域的合作，加强双方在互联网和数字经济发展领域的合作与互鉴，鼓励双方信息通信企业加强交流与合作，进一步提高信息通信和电子商务服务水平，加强双方政府与企业在绿色工业发展相关政策措施、法律法规和解决方案等领域的交流和双方在光伏制造与应用等方面的合作，拓宽合作领域和范围，培育新的增长点，推动经济转型。

结　语

发展是解决一切问题的基础和关键。“十四五”时期，中国发展面临的环境更加复杂，机遇和挑战都有新的发展变化。从国际形势看，当今世界正经历百年未有之大变局，新冠肺炎疫情全球大流行使这个变局加速变化，保护主义、单边主义上升，世界经济低迷，全球产业链供应链因非经济因素影响而面临冲击。从国内情况看，中国正处于转变发展方式、优化经济结构和转换增长动力的攻关阶段，发展不平衡不充分问题仍然突出，尤其是创新能力还不适应高质量发展要求。但同时更要看到，中国发展仍处于重要战略机遇期，制度优势显著，治理效能提升，经济长期向好、物质基础雄厚、人力资源丰富、市场空间广阔、发展韧性强劲、社会大局稳定以及继续发展具有多方面优势和条件。要辩证认识和把握国内外大势，增强机遇意识和风险意识，善于在危机中育先机、于变局中开拓新局。

实践证明，开放带来进步，封闭必然落后。“十四五”时期，中国开放的大门不会关闭，只会越开越大。中国将加快构建新发展格局，建设更高水平开放型经济新体制，持续推动贸易和投资自由化便利化，完善外商投资准入前国民待遇加负面清单管理制度，有序扩大服务业对外开放，完善自由贸易试验区布局，稳步推进海南自由贸易港建设。要推动共建“一带一路”高质量发展，深化务实合作，加强安全保障，促进共同发展。要积极参与全球经济治理体系改革，促进国际合作，实现互利共赢。中国持续发展和开放将为世界经济复苏和增长注入强大动能，也将为中阿合作开辟更广阔的空间。

中阿双方优势互补，利益交汇，在双方共同努力下，中阿各领域合作全面推进，战略伙伴关系建设硕果累累，中阿命运共同体正在生根发芽。只要中阿工商界把握时代机遇和挑战、加强谋划、积极进取、携手并进、扎实共建“一带一路”合作以及谋划推进中阿集体合作，定能实现中阿双方互利共赢、共同发展，推动构建中阿命运共同体再上新台阶。

附　　录

Appendices

Y.24

2020年中东地区智库发展态势

王晓丽*

摘　要：在纷繁复杂的全球格局中，智库不仅是国家软实力和国际话语权的重要塑造者，也是国家治理体系和治理能力的重要组成部分。中东地区智库作为域内国家软实力的重要组成部分，在创造思想产品、参与外交事务、推动政策转化及促进人文交流方面发挥着独特作用，在了解中东地区相关国家的内政外交方面发挥着“晴雨表”的作用。

关键词：中东　智库　软实力

智库（Think Tank），又称“思想库”，源起于美国，经过数十年的发

* 王晓丽，北京语言大学出版社社长助理，国别和区域研究专业硕士研究生导师，主要研究方向为中东地区大国关系、非传统安全问题等。

展，作为独立的公共政策研究机构，已经成为全球政策咨询领域中比较活跃的行为体和参与者。由于不同国家的历史传承、政治文化不相同，因此国内外学术界对智库的定义分歧较大。目前学术界比较主流的观点：智库（也称为思想库、智囊团），是指以公共政策为研究对象，以影响政府决策为研究目标，以公共利益为研究导向，以社会责任为研究准则的专业研究机构。智库发展水平反映了一个社会的开放水平、精英的活跃程度和一国的软实力；智库发展既能提高决策的科学化、民主化和法治化程度，扩大公众参与决策渠道，也能为国家发展和社会进步储备人才、创新思想和提供信息。在国外，智库也被称为继立法、行政、司法和媒体之外的“第五种力量”。①

中东地区是欧洲经北非到西亚的咽喉和枢纽，是联系东西方的要道，更是当今政治、经济和军事最敏感的地区之一。② 除了地缘上的重要性之外，中东地区还是全球最重要的石油和天然气产地，对全球能源市场的供应和稳定起到决定性的影响作用。因此，中东地区一直是大国争霸和博弈的战场，单个国家的问题往往与区域和国际因素密切相关。作为现代国家治理和政策决策环节中的重要部分，智库建设及其发展已经成为研究中东历史和现实问题时不容忽视的领域。

一　当前中东地区智库总体特征

中东地区国家众多，域内使用阿拉伯语、希伯来语、土耳其语、法语和波斯语等多个语种。中东国家中既有沙特、科威特、阿联酋等海湾地区产油富国，又有苏丹、也门等长期动荡的欠发达国家，还有以色列、土耳其和伊朗三个地区大国，国家间的综合实力和发展程度差异性较大，从而导致地区内的智库规模、发展水平极不均衡，研究内容和影响效度不一。研究中东地

① 周宏春：《中国智库的内涵和现状》，https://www.sohu.com/a/201512460_256721，最后访问时间：2019 年 1 月 9 日。

② 《中东智库的现实特征与研究热点简析》，http://www.china.com.cn/opinion/think/2016-06/29/content_38773802.htm，最后访问时间：2019 年 4 月 2 日。

区智库的发展特征，首先需要从宏观层面了解整体数据，摸清底数，从而进行相对客观的分析。

（一）中东地区智库数量在全球占比中总体偏低

2021年1月28日，美国宾夕法尼亚大学“智库与公民社会研究”项目组（TTCSP）[①] 发布《全球智库报告2020》（*2020 Global Go to Think Tank Index Report*）。根据该报告的统计，全球共有11175家智库，总体分布情况见表1。

表1　2020年全球智库分布

地区	数量(家)
欧洲	2932
美国	2397
亚洲	3389
南美洲和中美洲	1179
撒哈拉沙漠以南非洲地区	679
中东和北非	599
总数	11175

资料来源：James G. McGann, *2020 Global Go to Think Tank Index Report*, 2021, p. 43, https://www.bruegel.org/wp-content/uploads/2021/01/。

中东和北非地区总共有5亿人口，而智库数量为599家，仅占全球智库总数的5.36%，可以说智库数量与地区总人口规模极不匹配。中东地区由于特殊的地缘位置和丰富的能源储备，热点、难点问题高度聚集，历史难题和现实冲突交织，新问题层出不穷，是研究国际问题的知名智库必须密切关

① 项目负责人为詹姆斯·G. 麦甘（James G. McGann）博士，其从2006年起主持启动全球智库（早期译为“思想库”）调查，逐步形成了一套特有的智库评价流程，每年1月下旬发布上一年度的《全球智库报告》。虽然国内外学术界关于《全球智库报告》也存在一定的质疑，如该报告只提供评价结果，未就具体评价过程进行详细说明，且部分数据的客观性有待考证，但由于其他涉及中东地区智库的研究素材和成果没有欧美智库丰富，所以该报告中涉及中东地区智库的内容仍是目前比较系统的研究资料。

注的重要研究领域，仅美国就有诸如美国战略与国际问题研究中心中东问题研究所、哈佛大学中东研究中心、北卡罗来纳大学中东和穆斯林文明研究中心等在内的知名智库。

智库建设能力和水平是评价一个地区和国家综合实力的重要参考指标，从中东地区面临的发展困境和现实挑战而言，由于错综复杂的国际形势和矛盾叠加的地区问题，各国政府在治理过程和政策决策中均需要智库的智力支持，所以域内国家对智库建设有较强的需求。但是，中东地区目前已有的智库数量和规模与中东地区的现实研究需求存在较大错位。与欧美已经形成矩阵的顶尖智库相比，中东地区比较有影响力的智库少之又少，除以色列的智库建设水平整体较高外，其他国家仅有为数不多的知名智库，其中比较有代表性的智库包括埃及金字塔政治与战略研究中心、沙特阿拉伯费萨尔国王伊斯兰研究中心、约旦大学战略研究中心、布鲁金斯学会多哈中心等。

高水平的智库建设需要强大的财力和人力支持，中东地区的智库数量与欧美地区的智库的数量存在较大差距，也从一个侧面折射出智库的总体发展状况与区域内国家自身的发展状况间的密切关系。

（二）2020年中东地区的智库出现数量持续增加趋势

中东和北非地区跨越区域较广，国家内部的差异性也较大，很难用统一的标准进行比较研究。因此，借鉴学术界关于中东地区的内部分区方法①，将整个中东地区划分为海湾地区、沙姆地区、北非地区和中东非阿拉伯国家四个区域，从《全球智库报告》中选取2019年和2020年两个年度的分区国家数据进行对比分析，有助于清晰地追踪区域内智库数量的变化趋势。通过对中东区域所有国家的智库数量进行量化对比分析，结合区域内热点问题的特点，也能从一个侧面评估智库在中东地区社会和政治生活中的地位和作用。

① 李意：《阿拉伯国家智库：发展态势与特点》，《西亚非洲》2016年第4期。

表2　2019～2020年中东地区智库数量统计

地区	国家	年份	
		2019	2020
海湾地区[①]	沙特	10	13
	科威特	16	16
	卡塔尔	15	15
	阿联酋	15	16
	巴林	13	15
	阿曼	3	3
	也门	27	29
	伊拉克	32	35
	小计	131	142
沙姆地区[②]	约旦	28	32
	黎巴嫩	28	35
	叙利亚	10	10
	巴勒斯坦	36	39
	小计	102	116
北非地区	埃及	39	47
	阿尔及利亚	9	11
	摩洛哥	15	29
	突尼斯	21	24
	利比亚	3	4
	塞浦路斯[③]	6	8
	小计	93	123
中东非阿拉伯国家	以色列	69	78
	土耳其	48	53
	伊朗	64	87
	小计	181	218
总数		507	599

资料来源：James G. McGann, *2019 Global Go to Think Tank Index Report*, pp. 42, 47, http://repository. upenn. edu/think_ tanks/16/。

说明：苏丹和毛里塔尼亚在《全球智库报告》中被列入撒哈拉沙漠以南非洲地区统计，因此本表中未体现。

---

① 海湾地区又称波斯湾，阿拉伯人将其称为阿拉伯湾，位于亚洲西南部，向东通过霍尔木兹海峡与阿曼湾连接，出阿曼湾南口，通过阿拉伯海进入印度洋。

② 沙姆地区，阿拉伯世界对于地中海东岸的整个黎凡特地区或大叙利亚地区的称呼。

③ 塞浦路斯地理上归属于中东，但因历史文化原因而更接近于欧洲，于2004年5月加入欧盟。本报告按照《全球智库报告》中的分类方式，将其归入北非地区进行统计。

虽然中东地区智库的数量与欧美智库的数量存在较大差距，但是从中东地区的现状分析，以色列、土耳其、伊朗、也门、伊拉克和黎巴嫩等国的智库数量呈现增长态势（见表2），充分说明中东地区热点问题频出的现状对智库建设的需求更为迫切，又与近年来比较动荡的地区形势形成了鲜明反差。中东地区域内智库数量的持续增加，背后的原因较为复杂。在2021年1月28日发布的《全球智库报告2020》中，对上述现象产生的原因进行了简要梳理：①信息和技术革命；②国内政府结束对信息的垄断；③政策问题呈现越来越多的复杂性和技术特性；④政府规模扩大；⑤对政府和选举产生的官员的信心丧失；⑥全球化以及国家和非国家行为体的增加；⑦对“在正确的时间由合适的人以恰当的形式”提供及时、精准的信息和分析的需求。[①]

2011年爆发的“阿拉伯之春”至今已有10余年时间，中东和北非地区正在经历重大的历史发展转型期，特别是2020年蔓延全球的新冠肺炎疫情对地区的安全与稳定造成严重冲击和深刻影响：因全球消费锐减造成油价断崖式下跌，高度依赖油气产业的海湾传统君主制国家经济增长乏力；经年累月的叙利亚内战产生了大批难民，特别是疫情影响下的难民问题再次成为欧洲乃至全球安全的难题之一；拜登就任新一届美国总统后其中东政策开始调整，与特朗普政府时期形成了较大反差，尤其是对待伊核协议问题上已有松动迹象；以色列与中东地区主要国家关系逐渐正常化，成为影响21世纪中东地区局势发展的重要力量。中东地区转型发展的努力面临内外因素的掣肘，同时全球化和信息技术的发展又将地区内部问题发酵成为国际问题，国家内部的政策制定受到国内外多种因素的影响；信息技术的发展、自媒体的兴起使得公众对政策决策过程的关注度增加。

上述诸多原因导致中东和北非地区对智库建设的需求上升，2019年和

① James G. McGann, *2020 Global Go to Think Tank Index Report*, 2021, https://www.bruegel.org/wp-content/uploads/2021/01/.

2020 年整个地区的智库数量连续增加，特别是北非地区的智库数量增长特别显著，增速远远高于海湾产油诸国。而在中东地区的三个非阿拉伯国家中，伊朗的智库数量就从 2019 年的 64 家增长到 2020 年的 87 家，充分反映出伊朗国内在面对极其复杂的国内外形势时，智库发挥着非常重要的作用。可以说，智库建设是中东地区和域内国家发展状况的“试金石”，也为研究国际问题提供了一个新的视角。

二 2020年中东地区智库的类型特征

由于中东地区国家体制及发展程度差异性较大，既有君主制的海湾国家，又有 2017 年改为总统制的土耳其，所以智库在各国的定位和作用也不尽相同，分类标准也不尽相同。鉴于可供研究中东地区智库的参考文献不多，需要在厘清全球智库分类方式的基础上，对中东地区智库进行合理分类。

（一）全球智库分类方式

智库起源于美国并逐渐发展出完善的体系，但各国的分类标准有所不同，以美国的分类方式为例，《美国思想库及其对华倾向》中根据美国智库的不同特性，分出六大类别。一是按照起源分类，可分为某些大富豪出资建立的智库；由政府组织、资助成立的智库；由社会中“志同道合”的力量倡议、集资而建的智库；由离任总统或者为纪念某个政治人物而设立的智库。二是按照规模分类，可分为小型智库、中型智库和大型智库。三是按照资金来源分类，可分为政府资助型（合同型）智库和通过社会力量获得资金的智库。四是按照隶属关系分类，可以分为独立的民间研究机构；依附于政府、接受政府或其所属部门的委托进行研究的机构；依附于大学的研究机构；党派隶属的研究所。五是按职能性质分类，可分为学术型智库、政府合同型智库和政策鼓吹型智库。六是依据政治倾向分类，可分为自由派智库、保守派智库和中间派智库三类，其中中间派又大体分为中－左、中－右等流派。①

英国作为欧洲智库的发源地，其智库分类方式具备鲜明的特色。英国诺丁汉大学的学者马克·加内特和安德鲁·邓哈姆在《英国智库和舆论环境》一书中将英国智库分为合同型研究机构、政策推销型智库和没有围墙大学三种类型。第一类主要通过与政府机构和私人出资者签订合同，在此基础上从事研究并提供服务；第二类大多数出现于20世纪70年代，通常由私人或者民间团体创立，有着强烈的政策主张和政党倾向，注重政策的推销和政策的辩论；第三类主要为政府提供专业的政策支持，包括一些大型的政策研究机构。② 欧洲大国德国是智库历史最为悠久的国家之一，其第一家智库是成立于1908年的汉堡世界经济档案馆。德国智库分为学术型智库和代言型智库两大类。其中学术型智库包括政府智库、学会智库和高校智库；代言型智库包括极具德国特色的亲政党政治基金会和利益集团创办的智库。③

除了美国和英国的智库分类方式之外，还有按照功能将智库分为政治智库、军事智库、经济智库和外交智库等；按照智库的规模分为大型智库、中型智库和小型智库等其他分类方法。

（二）中东地区智库分类方式

在对全球智库分类模式进行梳理后，结合中东地区的具体情况，以《全球智库报告》中涉及的中东地区智库名单为基础，将中东地区的智库分为官方智库、高校智库、媒体智库、民间智库和国际合作智库五大类型。

官方智库指中东地区相关国家的政府通过立法或者行政组织条例组建的存在于政府体系内部，为各级政府部门领导层提供决策服务的智库机构，如阿联酋战略研究中心、埃及外交事务委员会等。高校智库指附属于中东地区各国大学的各类研究中心、研究所和研究院，如约旦大学战略研究中心、以

---

① 现代国际关系研究所编《美国思想库及其对华倾向》，时事出版社，2003，第26～38页。

② 袁莉莉、杨国梁：《英国智库概况及对我国智库建设启示》，《社会科学文摘》2016年第5期。

③ 刘潇潇：《德国智库的运营机制及启示》，《中国社会科学评价》2017年第2期。

色列特拉维夫大学国家安全研究中心等。媒体智库指隶属于中东地区相关知名媒体的智库机构，如卡塔尔半岛电视台下属的卡塔尔半岛研究中心、埃及《金字塔报》下属的埃及金字塔政治与战略研究中心等。民间智库指由民间出资组织并且体现民间声音或者政策需求的公共政策研究机构，组织上独立于其他任何机构，经费自筹，如约旦的阿拉伯思想论坛、土耳其的自由思想协会等。国际合作智库主要指欧美国家和地区的知名智库在中东地区建立的分支机构，如卡塔尔的布鲁金斯学会多哈中心、黎巴嫩的卡内基中东中心等。

智库名称上也能反映出研究议题的多样化，既有专门研究国内问题的智库，也有关注中东地区安全和战略发展的智库，还有美国知名智库的中东分支机构。多种类型智库并存，国内、地区和国际问题研究全面覆盖，使得中东地区的智库呈现鲜明的特色。因此，在研究中东地区智库时，必须重视不同区域和国家智库的个性化特点，不能用一刀切的方式进行泛化研究。

（三）中东地区代表性智库

海湾地区国家依赖石油和天然气能源，积聚了大量石油财富，因此能够为智库建设投入充足的经费，受到王室直接支持和国际合作类型智库较多，其中比较有影响力的智库有沙特阿拉伯的阿卜杜拉国王石油研究中心、海湾研究中心；卡塔尔半岛研究中心、布鲁金斯学会多哈中心；阿联酋政策中心；巴林国际战略研究中心；等等。

沙姆地区在中东地区的发展史中一直扮演者文化高地的角色，大学体系发达，为中东地区培养了大批高水平人才。黎巴嫩、叙利亚都是具有悠久历史的国家，在发生政局动荡前两国的综合实力均位于中东地区前列。约旦大学战略研究中心连续多年占据《全球智库报告》中的中东地区最佳智库榜单头部位置；黎巴嫩的卡内基中东中心是中东地区比较知名的国际合作智库。

北非地区的埃及也是中东地区的教育重镇，开罗大学、亚历山大大学等均系中东地区知名高等学府，为智库建设提供了大批高素质人才。埃及

2020年智库数量高达47家，是阿拉伯国家中智库数量最多的，其金字塔政治与战略研究中心一直是中东地区影响力较大的智库之一，摩洛哥皇家战略研究院、OCP政策中心均系北非地区知名智库。

在以色列、土耳其和伊朗三个非阿拉伯国家中，以色列的智库建设水平在中东地区乃至全球都位居前列，属于中东地区智库发展的一类地区，比较有代表性的智库包括以色列国家安全研究所、贝京－萨达特战略研究中心等。土耳其经济政策研究基金会、经济与外交政策研究中心以及伊朗政治与国际问题研究院在国际上均有一定影响力。

三　中东地区智库的发展特征

智库从其自身定位而言，主要是为政策服务，而且在决策体系中，总是并存多个行为体，相互开展竞争，以争夺影响力和话语权。纵观国内外各国不同类型智库的发展历程，其影响政策的路径主要包括以下几种：通过新思维和新观念来影响公众和国家政策方向；通过重构已有观念来影响公众舆论和国家内外方针；政府政策转变后，智库对政策实施的细节提出具体建议；通过获得政治权力来影响国家内政外交决策；通过“旋转门”机制来影响国家政策，即学者或政治家在智库和高级政治助理之间转换；智库通过出版物对政策行为做出预测或评价；智库与智库之间、智库与民间团体之间的沟通与合作也是智库提高其影响力的重要方式。①

（一）中东地区智库发展不平衡，多元特色鲜明

中东地区由于国家众多，且发展水平不一，所以其智库体系呈现鲜明的发展不平衡特色，很难用统一的标准进行评判。目前，中东地区的智库基本涵盖了各种类型的智库，包括政府智库、高校智库、独立智库、媒体智库和国际合作智库等，实现了政策、学术和媒体等渠道的连接，关注的议题包括

---

① 王佳尼：《当代土耳其智库的发展及其影响》，《阿拉伯世界研究》2019年第1期。

安全、经济和能源等多个领域，形成了具备中东地区特色的发展模式。由于中东地区特殊的地缘位置和国际战略地位，智库多集中于本区域内的能源安全、国家安全战略、中东地区和平、被占领土的未来及与以色列和平共处的前景等政治、能源、安全和社会问题研究，对国际上广泛关注的全球金融危机与国际金融体系改革、气候变暖与环境问题、防止大规模杀伤性武器扩散与国际军控、公共卫生与食品安全、网络与信息安全等议题研究力度不够。

（二）中东地区智库建设中资金和人才两大要素发挥重要作用

从中东地区智库发展的实践中，不难发现支撑智库建设的两大关键要素：资金和人才。充足的经费投入确保智库能够顺利运转，并且按照各自的定位开展相关的议题研究，为其所在国家的王室或者政府提供多领域的政策咨询服务，国际合作类智库同时又能为中东与相关国家建立政府外交之外的民间渠道，进行有关消息的沟通交流，海湾地区的相关智库就是其中的范例。海湾研究中心、卡塔尔半岛研究中心等智库的发展都离不开政府资金的支持。

此外，高素质的人才队伍是智库运行的重要影响因素。2011 年“阿拉伯之春”爆发后，中东地区整体局势处于剧烈的变革时期，叙利亚内战、恐怖主义和难民问题均成为全球关注的热点，部分国家政局的动荡对其经济发展造成了较大影响，民生问题成为影响各国稳定的突出问题。虽然目前中东地区仍处于转型发展的关键阶段，但其在高等教育方面的积淀深厚，教育水平和实力受到政局冲击不大，仍然能够持续为中东地区培养高素质的人才，使中东地区的智库一直保持相对稳定的发展态势。埃及能够在阿拉伯国家中保持智库数量持续增长的态势，与其发达的高等教育体系密不可分。

（三）中东地区智库具备稳定的研究队伍和成果

关于中东地区智库如何影响政策的实施，目前并没有太多的研究成果，但是无论智库是通过何种途径对政策产生直接或者间接影响，研究者和研究成果一定是其中两个最为关键的因素。中东地区的大多数智库均有自己稳定的研究队伍，明确的研究方向，以及书籍、刊物、报告等公开出版的研究成果。如沙特虽然是君主世袭制国家，但其高度重视智库在政府决策和社会治理中的作用，采用国际合作方式，其代表性智库海湾研究中心大量聘请欧美国家高素质人才担任智库专职研究人员，《海湾观察》是第一份专业的全球性海湾事务期刊，从海湾本地化视角对影响海湾地区的重要政治、经济、安全和社会问题进行深度分析和审视。同时沙特高度注重对其核心产业石油业的研究，阿卜杜拉国王石油研究中心是中东地区为数不多的单体石油类智库，对沙特石油产业的发展以及全球能源供应与可持续发展问题进行追踪研究。

值得关注的是，在全球智库发展历程中形成的“旋转门”特色在中东地区体现得并不突出，未形成智库研究人员与政界的轮转模式，这与中东地区的政治传统密切相关，部落、家族是中东地区，特别是阿拉伯世界的内在性结构，与现代政治体系形成了鲜明的对比。也正因如此，中东地区的智库研究队伍保持相对稳定。

余　论

智库建设日益成为各国政府提高决策水平和治理能力的重要途径，而智库研究在近几年内成为国内学术界的研究热点，但是目前的研究主要集中于欧美发达国家的智库体系，对中东地区的智库总体研究较少。受制于中东地区多语种因素的影响，第一手研究素材的收集难度较大，仍有大量的研究工作需要跟进。以《全球智库报告》为蓝本，通过年度梳理的方式对中东地区智库的发展趋势进行跟踪，也是研究中东地区形势和现状的一个有力抓手。

Y.25
2020年阿拉伯语国家大事记

李赫男　侯艺伟*

1月

1月1日，位于叙利亚西北部伊德利卜省的一处家庭庇护所遭到叙军发射导弹轰击，至少8人死亡，16人受伤。

1月3日，伊朗伊斯兰革命卫队特种部队“圣城旅”高级军官卡西姆·苏莱曼尼少将和伊拉克准军事组织指挥官阿布·马赫迪·穆罕迪斯乘坐的车辆遭遇3枚火箭弹袭击，包括这两人在内的数人丧生。

1月7日，卡塔尔埃米尔谢赫塔米姆·本·哈马德·阿勒萨尼和美国总统特朗普讨论了伊朗的事态发展以及减轻紧张局势的方法。

1月10日，1970年以来一直担任阿曼苏丹国苏丹的卡布斯·本·赛义德去世，阿曼任命已故苏丹卡布斯的堂弟海瑟姆·本·塔里克·赛义德为新统治者。

1月11日，苏丹瓦德迈达尼发生游行活动，支持前政权的游行队伍中有参与者发射实弹，炸伤了两名公民。

1月14日，以色列战机对位于叙利亚霍姆斯郊区的T4机场发起空袭。

1月18日，黎巴嫩贝鲁特爆发大型游行示威活动，在本次抗议活动中至少有150人受伤。

1月23日，以色列军队突袭阿萨克清真寺，试图驱赶寺内巴勒斯坦民

* 李赫男，北京语言大学阿拉伯研究中心科研秘书，硕士研究生；侯艺伟，北京语言大学国别和区域研究院博士研究生。

众，并当场逮捕至少13人。

1月25日，巴格达爆发大型游行示威活动，抗议人群与伊拉克安保部队发生严重冲突，并造成4人死亡。

1月26日，也门胡塞武装宣布，两名胡塞武装军事领导人在萨那市附近与政府军的激战中丧生，这两名领导人分别是奥萨姆·阿卜杜勒·哈迪和叶海亚·艾哈迈德·萨拉吉。

1月29日，叙利亚政府军成功控制伊德利卜省重要城市马累特·努曼。该市为连接大马士革与阿勒颇的军事与交通枢纽，为叙西北部最具战略价值的城市之一。

2月

2月1日，伊拉克总统萨利赫任命前通信部部长穆罕默德·阿拉维（Mohammed Allawi）为新一任伊拉克总理，阿拉维将在一个月内组建新政府。

2月6日，叙利亚政府军对由土耳其军队控制的塔夫塔纳兹空军基地进行空袭。

2月7日，约旦人民于当日在美国驻约旦大使馆附近聚集，就美国特朗普政府公布的“中东和平新计划”及拥护“犹太复国主义”势力进行抗议。

2月9日，埃及总统塞西上在亚的斯亚贝巴总统府与联合国秘书长安东尼奥·古特雷斯会面。

2月13日，美军军队在位于叙利亚北部卡米什利以东通过边防关卡时与当地亲政府武装力量发生冲突并导致双方发生交火。

2月14日，沙特空军的“狂风”战斗机在也门北部的贾瓦夫省执行任务时坠毁。

2月16日，2020年迪拜全球妇女论坛开幕。阿联酋副总统兼总理穆罕默德·本·拉希德·阿勒马克图姆将出席开幕式，美国总统顾问伊万卡·特朗普在开幕式上发表主题演讲。

2 月 19 日，约旦外交与侨务大臣萨法迪与俄罗斯外长拉夫罗夫于当日在莫斯科举行友好会谈。

2 月 21 日，沙特空军拦截并摧毁了来自也门首都萨那的数枚弹道导弹。

2 月 22 日，以色列和巴勒斯坦恢复正常贸易。

3月

3 月 2 日，联合国利比亚问题特使加桑·萨拉姆因身体原因宣布辞职。

3 月 4 日，由于对新冠肺炎疫情的恐慌，科威特对印度、孟加拉国、菲律宾、斯里兰卡、叙利亚、黎巴嫩和埃及 7 个国家实施了旅行禁令。

3 月 6 日，美国驻突尼斯大使馆附近生自杀式袭击，5 名安防人员及平民不同程度受伤。此次自杀式袭击攻击目标是突尼斯市美国大使馆旁的安防人员。

3 月 7 日，沙特以“叛国”罪逮捕了 3 名王室高级成员，包括沙特国王萨勒曼的弟弟艾哈迈德·本·阿卜杜勒阿齐兹亲王、前王储穆罕默德·本·纳伊夫及其同父异母兄弟纳瓦夫。

3 月 10 日，联合国秘书长安东尼奥·古特雷斯周三晚上宣布任命美国外交官斯蒂芬妮·图尔库·威廉姆斯为他的特别代表，并临时担任联合国支持组织驻利比亚代表团团长，以接任辞职的特使加桑·萨拉姆。

3 月 11 日，伊拉克首都巴格达附近的一个基地遭到 18 枚导弹袭击，导致 2 名美国士兵及 1 名英国士兵丧生。

3 月 13 日，美国在伊拉克采取报复性空袭导致 6 人死亡，其中 5 人为伊拉克士兵，另有 1 名平民。

3 月 15 日，随着新冠肺炎疫情在世界各地蔓延，以色列和巴勒斯坦当局正在努力控制当地的疫情，这场疫情几乎导致进出以色列的空中交通中断、学校关闭以及数万人进入隔离状态。

3 月 17 日，伊拉克总统萨利赫任命阿德南·祖鲁菲为新任总理，以解决长达数月的政治危机。

3 月 21 日，阿联酋卫生和预防部宣布有 2 名新冠肺炎患者死亡，这是阿联酋首次出现死亡病例。

3 月 24 日，利比亚民族团结政府的部队与哈夫塔尔的民兵组织在的黎波里以南的艾因扎拉和拉姆勒两地重新爆发冲突。

3 月 25 日，利比亚西部瓦蒂亚空军基地战事不断，利比亚民族团结政府发起名为“和平风暴”的军事行动，对该空军基地实施猛烈袭击。

3 月 28 日，沙特首都利雅得遭遇 2 枚火箭弹袭击，在城市上空被拦截后并未造成人员伤亡。

3 月 31 日，叙利亚媒体晚间报道称以色列空军战斗机从黎巴嫩上空向叙利亚西部城市霍姆斯附近地区发射导弹。

4月

4 月 3 日，在纳西里耶（伊拉克南部迪卡尔省中心）与伊拉克安全部队的对峙中，有 1 名抗议者死亡，另外 7 人被枪杀。

4 月 4 日，约旦阿卜杜拉国王和王后拉尼娅在电话中对中国慈善家和商人马云捐赠的医疗用品和设备以支持约旦的医疗保健部门以及该国与新冠肺炎疫情斗争表示了赞赏和感谢。

4 月 8 日，利比亚民族团结政府部队表示，一艘载有大量军用装备的船从埃及驶来抵达利比亚，并对利比亚国民军提供帮助。

4 月 11 日，苏丹决定解散该国伊斯兰宣教组织，并没收其全部财产，并将其交给财政部。

4 月 15 日，一批利比亚移民试图通过海运抵达欧洲，其中有至少 5 名移民在利比亚沿海溺水死亡。

4 月 16 日，也门境内报告了首例新冠肺炎病人，但也门医疗系统没有能力应对疫情。

4 月 19 日，2 枚火箭弹袭击了伊拉克巴格达以南的一家中国石油基地附近，但并未造成任何人员伤亡，这是本月第二起针对该国能源基地的袭击。

4 月 20 日，以色列在叙利亚中部城市巴尔米拉发动空袭，造成 9 名效忠于巴沙尔政府的武装人员死亡。

4 月 22 日报道，巴林将防止新冠肺炎疫情传播的封闭措施延长了两个星期，即从今日起至 5 月 7 日继续关闭所有电影院、体育中心、各类娱乐场所以及将餐馆的经营仅限于食品的外卖。

4 月 24 日，利比亚民族团结政府空军对位于瓦蒂亚空军基地的哈夫塔尔民兵组织进行了 4 次空袭。

4 月 25 日，土耳其国防部表示，土耳其安全部队在叙利亚北部接近土耳其南部边界地区，消灭了至少 20 名叙利亚库尔德武装分子。

4 月 28 日，叙利亚北部城市阿夫林当天发生一起油罐车爆炸事件，导致多人死伤。

4 月 30 日，以色列的直升机从戈兰高地领空发射数枚飞弹，攻击叙利亚南部地区几个据点，数日前，以色列也发动了类似的空袭行动。

5月

5 月 2 日，“伊斯兰国”袭击了伊拉克的哈希德·沙比比部队，准军事部队至少有 10 名成员被杀害。

5 月 5 日，利比亚民族团结政府部队攻击瓦蒂亚空军基地，该基地被视为哈夫塔尔最后一个大型军事要地。

5 月 8 日，伊拉克议会对卡迪米及其部分内阁进行了信任投票，卡迪米宣誓就职伊拉克新任总理。

5 月 10 日，伊朗海军报告称，在伊朗南部海域举行的一次军事演练中军方船只“科纳拉克”号发生事故，导致 19 人殉难，15 人受伤。

5 月 14 日，叙利亚人权观察组织表示，土耳其已动员 150 名 16 ~ 18 岁的叙利亚未成年人参与利比亚的战斗，至今已有 16 名未成年人死亡。

5 月 18 日，利比亚国民军在利比亚西部取得重大战略性胜利，完全控制了瓦蒂亚空军基地。

5 月 22 日，伊拉克副总理阿拉维访问了沙特阿拉伯，以促进双边关系。

5 月 29 日，俄罗斯总统普京已下令俄罗斯国防部和外交部与叙利亚进行谈判，以使莫斯科获得更多设施和在叙利亚的海上通道。

5 月 30 日，黎巴嫩部队逮捕了 5 名试图越境进入以色列的苏丹国民。

6月

6 月 3 日，利比亚国民军将领哈夫塔尔周三抵达开罗，与埃及各官员会晤，共同商讨利比亚当下局势的相关问题。

6 月 6 日，叙利亚东北部哈塞克省发生一起汽车爆炸袭击事件，造成 8 名平民死亡、7 人受伤。

6 月 9 日，效忠于土耳其的民兵组织对利比亚苏尔特城南部的居民区进行了轰炸。

6 月 12 日，巴勒斯坦政府表示将开始直接向巴勒斯坦阿拉伯人直接发放个人身份证件并绕过以色列政府。

6 月 13 日，有两枚火箭弹袭击了伊拉克巴格达附近一处美军的军事基地，未造成人员伤亡。

6 月 19 日，土耳其空军在伊拉克北部进行了又一次空袭，导致至少 4 名伊拉克平民死亡，而此前土军已经在伊拉克北部杀死了大约 50 名库尔德工人党武装分子。

6 月 20 日，利比亚民族团结政府总理萨拉杰抵达阿尔及利亚与阿尔及利亚总统特本会晤。

6 月 24 日，以色列对叙利亚的南部、中部和东部进行了轰炸。据报道，轰炸造成 2 名士兵死亡，4 名士兵受伤。

6 月 27 日，叙利亚与伊朗边境附近的发生空袭，有 6 名伊朗民兵被杀，其中有 4 人是叙利亚国民。

6 月 28 日，美军 1 架高科技无人机在伊拉克的安巴尔省被击落。当时这架无人机在伊拉克领空进行巡查，突然就凌空爆炸。美国方面认为并不是伊拉克民兵武装的实力，而是伊朗在其背后操控。

7月

7月2日，土耳其总统埃尔多安本访问卡塔尔，这是埃尔多安自新冠肺炎疫情大流行的首次海外访问，两国领导人就地区和国际问题交换意见。

7月4日，真主党最近在黎巴嫩东部的贝卡地区开设了与叙利亚新的非法过境点，准备将平民越境进入叙利亚，并抵达大马士革西部乡村的扎巴达尼地区。

7月8日，伊拉克政治和安全专家希沙姆·哈希米在首都巴格住宅门前遭不明身份者枪击身亡，行凶者在完成暗杀后逃离。

7月11日，伊拉克安全部队在首都巴格达萨多恩地区的汽车内发现了奥林匹克足球队前门将卡尔拉·易卜拉欣的遗体。该足球明星被勒死在车内。

7月18日，叙利亚首都大马士革发生爆炸袭击事件，2个事先安置的爆炸装置在大马士革奈赫尔艾沙区的一处售货亭附近被引爆，周围车辆和设施受损，1人死亡、1人重伤。

7月21日，土耳其国防部部长胡鲁西·阿卡尔（Hulusi Akar）、利比亚民族团结政府内政部部长法特希·巴沙赫（Fethi Basaga）和马耳他内政部部长拜伦·卡米莱里（Byron Camilleri）在安卡拉举行三方会议探讨了地区形势。

7月24日，以色列军队袭击了叙利亚南部的军事目标。此次袭击的目的是应对叙利亚早先时候对于戈兰高地南部的袭击。

7月26日，叙利亚拉苏拉茵县一室内蔬菜市场，1辆载有炸弹的摩托车被引爆。袭击导致包括妇女和儿童在内的8位平民丧生，10位平民受伤。

7月30日，在与伊朗的协调下，埃及已经向叙利亚西北部的阿勒颇省派遣了约150名士兵。这150名携带轻武器的士兵已经抵达了阿勒颇省的农村地区，其中一些被部署在了伊德利卜省以南的萨拉凯卜市。

8月

8月1日，叙利亚北部军事反对派控制的拉苏拉茵发生汽车炸弹袭击，恐怖袭击导致至少5人丧生，12名平民受伤，其中3人伤势严重。

8月4日，黎巴嫩贝鲁特北部港口区发生爆炸事故，该事故造成220人死亡，超过7000人受伤，60人失踪以及30万人无家可归，事故引发了大规模反政府游行。

8月11日，美国驻利比亚大使理查德·诺兰德在开罗会见了利比亚国民代表大会议长阿基拉·萨拉赫，双方讨论了华盛顿呼吁在苏尔特和朱夫拉实施非军事化解决方案一事。

8月13日，美国、以色列和阿联酋发表联合声明，宣布阿联酋和以色列同意实现关系全面正常化。

8月15日，在叙利亚汗谢洪城一枚恐怖组织遗留地雷发生爆炸，造成4人死亡，5人受伤，其中两人伤势严重。

8月16日，利比亚国民军表示，其部队已设法消灭了隶属于“伊斯兰国”的一支分队，该组织正准备袭击利比亚南部的油田。

8月20日，伊拉克总理卡迪米在当天对美国进行访问，美国总统特朗普在白宫接待，这是两位国家元首上任后的首次会面。

8月24日，大马士革郊区一条天然气管道发生爆炸，引发大火，造成叙利亚全境停电。

8月27日，黎巴嫩首都贝鲁特南部发生交火，造成2人死亡，至少3人受伤。

8月30日，阿联酋总统废除了一项关于抵制以色列的法律，并允许两国达成贸易和金融协议。

9月

9月2日，法国总统马克龙在当日访问伊拉克。访问期间，马克龙表示，支持伊拉克政府维护国家主权，支持总理卡迪米整顿武装部队。

9月3日，叙利亚的防空系统击落了向叙利亚霍姆斯省蒂亚斯机场（Tiyas International Airport）方向发射的数枚火箭弹，并未出现人员伤亡。

9月6日，沙特运营商Zain KSA已完成了在沙特的5G服务部署，Zain KSA的5G网络现在覆盖了沙特的38个城市。

9月12日，叙利亚拉斯艾因发生爆炸事故，造成4名平民丧生，5人受伤。

9月12日，阿富汗政府与塔利班的直接和谈在卡塔尔首都多哈举行，旨在结束数十年来在阿富汗造成10多万人丧生的冲突局面。

9月15日，英国驻伊拉克大使馆表示，一辆英国外交用车被放置在路边的自制爆炸装置中，爆炸后，伊拉克特种部队已从西部封锁了巴格达前往“绿区”（Green Zone）的道路。

9月16日，阿联酋和巴林与以色列签署了历史性的关系正常化协议。随后，巴林与以色列讨论运输和电信方面的合作。

9月18日，阿曼对巴林和以色列的关系正常化表示欢迎，分析人士指出，阿曼有望成为继巴林之后又一个与以色列建立正常关系的国家。

9月24日，叙利亚塔哈夫（Tal Half）发生汽车爆炸，导致3人死亡，12人受伤。

9月26日，黎巴嫩候选总理穆斯塔法·阿迪卜（Mustapha Adib）宣布辞职。这位前黎巴嫩驻德国大使于8月31日被选为候选总统，并与马克龙就基督教、伊斯兰教分享国家权力一事达成了共识。

9月30日，伊拉克民兵组织“人民动员”（Popular Mobilization Forces）向库尔德自治区的埃尔比勒国际机场（Erbil Airport）发射火箭弹，共有4枚火箭弹袭击了该机场，2枚火箭弹爆炸，目标是驻扎该地区的美军。

10月

10 月 1 日，科威特第十五任埃米尔谢赫萨巴赫·艾哈迈德·贾比尔萨巴赫于当地时间 9 月 29 日去世，享年 91 岁。王储谢赫纳瓦夫·艾哈迈德·萨巴赫成为科威特新任埃米尔。

10 月 4 日，约旦国王阿卜杜拉接受了约旦总理奥马尔·拉扎兹（Omar al-Razzaz）的辞呈，要求其担任代理总理至 11 月 10 日，届时将举行议会选举。

10 月 5 日，阿曼向叙利亚派出大使，成为第一个派驻外交使团的海湾阿拉伯国家。叙利亚外交部部长接受了阿曼驻叙利亚大使塔尔基·布赛迪的全权授权，阿曼外交使团正式进入叙利亚。

10 月 6 日，叙利亚西北部发生卡车爆炸，导致 18 人死亡，82 人受伤。目前，暂无组织或个人对此次袭击负责，但爆炸发生地区目前由土耳其势力占领。

10 月 8 日，以色列交通部部长宣布以色列和约旦之间达成允许飞机跨越对方领空的协议。

10 月 12 日，约旦国王阿卜杜拉二世宣布，比舍尔·哈索内赫（Bisher al-Khaswaneh）任职为约旦新任首相，并从 11 月开始组阁，建立新任政府。

10 月 14 日，沙特外交大臣费萨尔亲王到访美国，与美国国务卿麦克·蓬佩奥展开战略对话。蓬佩奥表示美国正在加强与沙特的联系，并宣布了双计划在沙特首都利雅得建立新的美国大使馆的计划。

10 月 15 日，叙利亚释放了数百名关押在北部的“伊斯兰国”武装分子。

10 月 17 日，西班牙外交大臣阿兰查·冈萨雷斯·拉亚与埃及总统塞西、埃及外交部部长舒克里举行会晤，会谈内容包括双边关系、军事安全和疫情防控等议题。

10 月 26 日，俄罗斯对叙利亚西北部的一个军事训练基地进行空袭，导致超过 35 名反对派士兵死亡，50 多人受伤。

11月

11 月 4 日，叙利亚政府军对西北部反政府武装展开空袭，造成 7 人死亡，其中包括 4 名儿童。

11 月 5 日，以色列军队在被占领的约旦河西岸地区拆除了一个巴勒斯坦村镇，造成 73 人无家可归，其中包括 41 名儿童。这是近些年以来最大规模的一次拆除。

11 月 9 日，1 名身份不明的枪手袭击了位于巴格达西部的伊拉克军队哨所，造成至少 11 人死亡，8 人受伤。消息人士称，袭击者共驾驶 4 辆汽车，使用手榴弹和自动武器。

11 月 11 日，埃及总统塞西访问希腊并与希腊总理基里亚科斯·米佐塔基斯会晤。

11 月 20 日，沙特阿拉伯与伊拉克之间的贾迪达 – 阿拉尔过境点时隔 30 年后重新开放，此举将扩大两国经济发展，贸易和投资的机会。

11 月 25 日，叙利亚军方对外表示，以色列战机轰炸了首都大马士革南部，这是本周以来叙利亚第二次遭到袭击，造成 8 名军事人员死亡。

11 月 27 日，伊拉克南部发生反政府示威。示威途中，反政府人士和什叶派穆斯林领导人穆克塔达·萨德尔（Muqtada al-Sadr）的支持者发生冲突，造成 6 人死亡，数十人受伤。

12月

12 月 9 日，伊拉克石油部发表声明，称伊拉克北部一处油田的两口油井在周三的“恐怖袭击”中被炸药点燃，但该油田的整体产量未受影响。

12 月 10 日，以色列和摩洛哥在美国的斡旋下同意实现两国关系的正常化，摩洛哥成为 2020 年继阿联酋、巴林和苏丹之后第四个与以色列实现关系正常化的阿拉伯国家。

12 月 17 日，巴林 70 岁的国王哈马德·本·伊萨·哈利法接种了新冠病毒疫苗，他是全世界首批接种新冠病毒疫苗的国家领导人之一。

12 月 19 日，土耳其支持的叙利亚武装与叙利亚库尔德武装在叙利亚北部埃因伊萨（Ain Issa）地区展开交火。交火区域位于俄罗斯－土耳其联合巡逻军队的一条公路上。

12 月 21 日，由于英国报告变异的新冠肺炎疫情，约旦政府在英国首相约翰逊发表声明后，立刻暂停英国公民入境该国。

12 月 25 日，一份叙利亚官方的声明称，25 日午夜，叙利亚防空部队在哈马省迈斯亚夫地区遭遇以色列的袭击。

12 月 26 日，新组建的也门联合政府在沙特首都利雅得宣誓就职。也门总统哈迪主持宣誓就职仪式，新内阁由 24 人组成，其中包括南方过渡委员会的 5 名成员。

12 月 30 日，凌晨以色列空军在叙利亚境内进行多次空袭，其中包括对叙利亚防空部队的一次袭击，造成 1 名士兵死亡。

Abstract

With the year 2021 marking the 10th anniversary of the "Arab Spring", the core theme of this year's Yellow Book is a systematic review of and reflection on the "Arab Spring", which was the result of the accumulation of various ills in Arab countries over a long period of time and a new attempt by the Middle Eastern countries to explore the road to revival. However, ten years after the "Arab Spring" in the Middle East, the Arab world has not been able to get out of the adversity; instead, it has fallen into a deeper disaster. In terms of the domestic situation, Arab countries have never found a suitable development path for themselves, institutional confusion and economic difficulties having formed a vicious circle for these countries. From the perspective of the regional pattern, the regional influence of the Arab countries has declined significantly, with non-Arab countries becoming the protagonists of the geopolitical game for the first time; regionalist conflicts have shifted from the Arab-Israeli conflict to the Iranian issue; the regional identity crisis has been intensified as never before; and the threshold of external intervention has come to a historical low. Under the impact of the spread of COVID-19 in 2020, the Middle Eastern economy has become unusually difficult, which may breed a new round of political turmoil. In addition to external intervention, the main reason why the Arab world is in a deep predicament is that Arab countries "have diagnosed the disease but prescribed the wrong medicine". The main cause of the intensification of conflicts in these countries before the "Arab Spring" was that the policies of those in power betrayed the interests of the people. After the "Arab Spring", each country mistook the centralized system of government as the crux of the problem and resorted to "democratic transformation" as a way to alleviate the plight. Eventually, ineffective democracy led to ineffective governance. In the future, Arab countries will need to overcome multiple challenges in order to get out of their predicament.

The Arab Development Report (2021) is divided into six parts. Part 1 is a general report, which focuses on the political and economic situation of Arab countries in the past decade since the "Arab Spring", the regional game dynamics, the U. S. Middle East policy and some other major issues. Part 2 is country reports, which mainly assesses the annual situation in Egypt, Libya, Tunisia, Algeria, Saudi Arabia, Syria, Iraq. Part 3 is special reports, covering the Arab oil and gas market under low oil prices, the Israeli-Palestinian issue, the expansion of Iran in the Arab world, the development of non-Iranian Shiite forces in the Gulf region. Part 4 focuses on the game situation of the U. S. , EU and Russia in the Middle East. Part 5 is on Sino-Arab relations, which introduces the new pattern of Sino-Arab trade and economy. Part 6 is appendix, which arranges the think tank and annual events of Arab countries.

Contents

Ⅰ General Report

Abstract: This paper presents a summary of the situation in the Middle East ten years after the "Arab Spring" . From the perspective of the Arab world itself, the dramatic change has led to a vicious cycle of institutional confusion and economic hardship, as well as a significant decline in the regional influence of the Arab world. The coronavirus pandemic has aggravated the economic predicament of the Middle East, breeding a new round of political turmoil. From the perspective of the regional pattern, non-Arab countries have become the protagonists of the geopolitical game. Regionalism has shifted from the Arab-Israeli conflict to the Iranian issue; the regional identity crisis has intensified as never before; and the threshold of external intervention has reached a historical low. The main reason for the Arab world's plight is the "wrong prescription" , mistaking the centralized regime for a revolutionary object. To get out of their predicament, Arab countries need to overcome a multitude of challenges.

Keywords: "Arab Spring" ; Middle East; Great Change; Regionalism

Ⅱ Country Reports

Y.2 An Assessment of Egypt's General Situation in 2020

Nan Beibao / 029

Abstract: In the face of the most serious global public health emergency since the end of World War II and the unfavorable sharp drop in global oil prices in 2020, Egypt's domestic political situation remains basically stable, with remarkable results in the war against terrorism, the introduction of a number of anti-epidemic measures to slow down the spread of COVID-19, and the election of the upper and lower houses of the Egyptian parliament, which further consolidates Sisi's ruling position. Although COVID-19 has exerted no serious impact on the Egyptian economy, it has exposed the deep-rooted problems already existent for a long time: excessive reliance on the rent-based economy, weak local manufacturing industry, and slow development of small and medium-sized private enterprises are still restricting the sustainable, stable and healthy development of the Egyptian economy. On a different front, the Sisi administration continues to pursue a pluralistic and pragmatic foreign policy, maintaining a diplomatic balance with world powers and actively participating in African and Middle Eastern affairs. However, due to resource competition and changes in inter-state relations, the geopolitical game between Egypt and neighboring countries has intensified.

Keywords: Egypt; Sisi; COVID-19; Global Oil Prices; Multi Diplomatic

Y.3 A Review of Saudi Arabia's Economic Transformation

Ding Long, *Li Nan* / 053

Abstract: Saudi Arabia's "Vision 2030" is an economic transformation plan to diversify its economy from oil dependence, with the construction of NEOM and foreign investment being the core elements. In 2020, Saudi Arabia's financial difficulties have become apparent due to the decline in oil revenues as a result of COVID-19 and the drop in oil prices. The implementation of large-scale projects such as NEOM construction is on hold, and Saudi Arabia's foreign investment risks have increased, losses having been incurred. Since the Biden administration took office, the U. S. has re-examined the U. S. -Saudi relationship, which has had a negative impact on Saudi Arabia. At the joint work of these unfavorable factors, the goal of "Vision 2030" may not be realized as scheduled, and Saudi Arabia's economic transformation will become more difficult.

Keywords: Saudi Arabia; "Vision 2030"; NEOM Construction; Foreign Investment

Abstract: This paper reviews the five rounds of large scale protest movements in Iraq over the ten years after the "Arab Spring", arguing that the inherent reasons for the recurrence of periodic protest movements in Iraq are the fragile social and economic foundations that are difficult to change in a short period of time, and the deep-rooted exchange of interests arising from the ethnic sectarian quota system, which renders it difficult to reform the Iraqi political system from within. The fundamental demands of protesters are basically impossible to achieve, and protesters will take to the streets at any time in the wake of unexpected events. In the meantime, due to sectarianism and lack of identity, it is difficult for the protest movements to form a unified organization and put forward a viable political platform. Under the dual measures of government concession and repression, and the reshaping of the elites within the system to divide them, the protest movements is liable to decline. All things considered, Iraq is likely to be trapped in a vicious cycle of periodic outbreaks and subsidence of protest movements in the future.

Keywords: Iraq; "Arab Spring" ; National Governance

Y.5 Assessing Syria's Developments and Prospects after Ten Years of Civil War *Cao Lei* / 080

Abstract: As of 2021, the Syrian civil war has lasted for ten years, which has brought devastating destruction to the country. This catastrophe can be seen as part of the "Arab Spring", but Syria's special status as a middle east geopolitical focal point, a victim of the petrodollar system, and the special national conditions of the ruling class dominated by minorities that the fate of Syria is very different from that of other countries which also suffered from the "Arab Spring".

Keywords: Syria; "Arab Spring"; Bashar Regime; Syrian Reconstruction

Y.6 Development of Yemen Crisis in 2020 and Its Impact

Dong Qi, *Liu Xinlu* / 096

Abstract: In 2020, the war in Yemen has continued and a breakthrough in the political process. On the battlefield, the Houthis takes the initiative to attack the government forces to seize more controlled areas internally, and continues to attack the Saudi border externally. The Yemeni government forces are on strict defense, though slightly passive; the Saudi coalition airstrikes are fierce and powerful in response. Outside the battlefield, COVID-19 has broken out in Yemen, with the humanitarian crisis is imminent; the "currency war" set off by Houthis once again puts the Yemeni people in a difficult life. When it comes to peace talks, the *Stockholm Agreement* progresses and Yemen has launched the largest prisoner exchange operation in its history; the *Riyadh Agreement* is fully implemented, the southern provinces of Yemen having been unified.

Keywords: Yemen Crisis; Houthis; Saudi Arabia; Humanitarian Crisis; Political Process

Abstract: In 2020, Tunisia's political situation is complex and volatile, which is mainly seen in fierce struggles among parties, resistance to democratic transformation and renewed political turmoil. The economic situation faces serious challenges; with the pillar industries seriously affected by the coronavirus pandemic, the future development trend cannot be optimistic. The security situation remains complicated, social contradictions becoming more prominent, terrorism gaining momentum, and goods and human smuggling frequently occurring. The diplomatic situation, nonetheless, is generally stable, marked by active international cooperation and participation in regional affairs, as well as a firm position on key issues.

Keywords: Tunisia; "Jasmine Revolution"; Democratic Transformation; Terrorism

Abstract: The war in Libya, which broke out in 2011, has produced more than a million refugees, most of whom have fled into its neighboring North African countries as well as European countries across the Mediterranean Sea. Libya's postwar national reconstruction has not progressed smoothly, the country having gradually fallen into political deadlock, economic difficulties and security chaos. In this situation, not only does Libya continue to produce more refugees, but also millions of refugees and migrants from African countries south of Libya have entered Libya, waiting for an opportunity to cross the Mediterranean Sea to enter Europe, which causes Europe to suffer the most serious refugee crisis since World War II. The refugee issue in Libya involves many countries and has a wide range of impacts. Although it has been controlled to a certain extent, the issue is far from being completely solved and will remain an challenge for Libya and the EU countries in the future.

Keywords: Libya; Refugees Issue; EU

Y.9 Algeria in the Post-Bouteflika Era

Lu Yingbo / 151

Abstract: The Algerian society in the post-Bouteflika era is best characterized by "turmoil" and "depression". "Turmoil" is seen in all social aspects: constant street protests, unemployment plagued young people, a marked decline in the quality of public services, and a sharp rise in juvenile delinquency. "Depression" concerns primarily the economic sphere. Structurally unbalanced by overly depending on oil and gas exports, Algeria's national economy is severely affected by fluctuations in international oil prices and the COVID-19 pandemic. Civil society groups resort to street politics to change the government's decisions and realize their interests and political ideals, but due to their own limitations, they are unable to form an alliance with a broad mass base, which predetermines that street politics will not be able to lift Algerian society out of the crisis at this stage.

Keywords: Algeria; Post-Bouteflika Era; Street Politic

Y.10 Three Trends of Political Transformation in Sudan's Transitional Period

Tu Longde / 162

Abstract: Sudan's Bashir regime, which had been in power for nearly 30 years, collapsed in April 2019, and Sudan has since entered a transitional period of political transformation. For more than two years, Sudan's domestic political forces have been fiercely struggling and compromising with one another around the distribution of power and the long-term interests of the post-transitional period. The post-Bashir era is characterized by three major trends: political democratization, political pluralism and de-extremism of political ideology. Conservative forces hope to maintain their vested interests through a "soft landing" of the political transformation, which results in a shift to the right of the transitional regime. In addition, the economic development and livelihood issues that triggered the Sudanese revolution are likely to deteriorate in the short term. Such domestic and foreign factors as the projection of competition among major powers in the context of the great change unprecedented in 100 years, the reshaping of the West Asia and North Africa region, and the impact of COVID-19 will add great uncertainty to the future of Sudan's political transformation. How the transitional regime in Sudan can make the best use of the situation, break out of the "trap" of Western-style democracy, and lead Sudan onto the road to peace, stability and sustainable development will test the collective wisdom of the Sudanese people and political elites.

Keywords: Sudan; Africa; Democratization; De-extremism; Sudanese Communist Party

Ⅲ Special Reports

Abstract: Since the "Arab Spring", the UAE has changed its role from a participant in geopolitics to a shaper of regional order, and from a consumer to a provider of security public goods, in response to the internal and external threats posed by changes in the regional order and pattern. At the domestic level, Mohammed bin Zayed has been fighting political dissent and political Islam with an iron fist; actively promoting the nationalization of religion, strengthening state dominance of religious affairs, spreading moderate doctrines and promoting tolerance; and strengthening national identity building and enhancing cyber security capabilities. At the regional level, he has been cooperating with the U. S. and other allies in regional counter-terrorism operations; relying on security partners such as Saudi Arabia and Egypt to coordinate their positions in regional operations; and enhancing military capacity building and actively conducting overseas military operations. Overall, the adjustments of UAE's national security strategy and regional policies have been heavily influenced by the decision-making preferences of Crown Prince Mohammed bin Zayed of Abu Dhabi, with a strong personal touch.

Keywords: UAE; National Security Strategy; Mohammed bin Zayed

Y. 12 Measures and Effects of Counter-terrorism and De-extremism in Egypt in the "Sisi Era" *Dai Bei*, *Zhou Hua* / 209

Abstract: Since Sisi was elected as president of Egypt in 2014, the Egyptian government has been dealing with terrorism and extremism in the country with a "combination" of security and development counter-terrorism, and has achieved relatively obvious results. In recent years, the overall security situation in Egypt has been improving, with the number of terrorist attacks decreasing significantly and extremist forces becoming increasingly unpopular. Mainly from the perspective of security, this paper reviews the situation facing the Sisi regime in counter-terrorism and de-extremism, the measures it has taken and the results it has achieved, and analyzes the challenges it may face in the future, with a view to presenting a three-dimensional characterization of the systematic project of counter-terrorism and de-extremism in the "Sisi Era", including such aspects as mechanism construction, security-oriented strikes, financial counter-terrorism, international cooperation, religious restoration, education reform, etc. This research is of reference value for the summarization and exchange of experience in international counter-terrorism and de-extremism operations.

Keywords: Egypt; Counter-terrorism; De-extremism; Sisi Era

Abstract: In 2020, the stalemate over the Palestinian-Israeli issue remains unbroken. Israel continues to expand its settlements in the Palestinian territories and even proposes plans to annex part of the occupied Palestinian territories. Meanwhile, the Middle East regional landscape has changed, with several Arab countries establishing diplomatic relations with Israel. The advances in normalizing Arab-Israeli relations have deprived the Palestinian-Israeli issue of the core issue status in the region. In addition, the response to the COVID-19 crisis has become the focus of the international community's attention. The above factors have gradually marginalized the Palestinian issue, bringing the Palestinian-Israeli peace process to stagnation. This paper, after briefly outlining the major events in the development process of the Palestinian-Israeli issue during 2020, analyzes the main factors affecting and hindering the Palestinian-Israeli peace process, and then provides an outlook on the development prospects of the Palestinian-Israeli issue in 2021.

Keywords: Palestinian-Israeli Issue; Arab-Israeli Relation; COVID-19

Abstract: Since the "Arab Spring", especially since Trump took office, Iran has been facing the toughest U. S. sanctions and direct threats from hostile regional countries, but it has not only successfully resisted international pressure, but also continuously expanded its influence in the Arab world through the comprehensive use of diplomacy, military, religion, and media by taking full advantage of the complex international relations in the region and the "fragmentation" of the Arab world. Since 2019, Iran's policies toward Arab countries have maintained this general trend. With the new U. S. administration coming to power and it adjustments to the policies in the Middle East and Iran, Iran's policies toward Arab countries are bound to be adjusted accordingly.

Keywords: Iran; Foreign Policy; Arab World; Shiite Camp

Y. 15 Development of Non-Iranian Shiite Forces in the Gulf Region

Wang Guangyuan / 243

Abstract: With the increasing influence of Iran in the Middle East, a system of Shiite camps centering on Iran has emerged in this area. There are both sectarian and historical identities between Iran and Arab Shiites, and differences and disagreements due to ethnic differences and practical interests. In particular, multiple Shiite forces outside of Iran have grown rapidly in the Middle East since the "Arab Spring", challenging Iran's religious and political authority. Iraq's Shiite religious leaders, Sistani and Sadr, have repeatedly spoken out against Iran's regional policies and have even made moves to weaken Iran's influence. The Shiraz Movement, which is at odds with Iran, has achieved widespread attention by using satellite channels and new media as propaganda fronts to spread anti-Iranian ideology. The development and growth of non-Iranian Shiite forces in the Gulf Region not only reveals the complexity of intra-Shiite relations, but also foreshadows the future decline of Iranian influence on Shiites in the Middle East.

Keywords: Shiite; Iran; Iraq; Shiraz Movement

Y. 16 Impact of COVID-19 on the Economic Development of the Middle East and Future Reflections

Jiang Yingmei / 258

Abstract: In recent years, affected by various factors, Middle East economy has been in a long-term downturn and has fallen into development dilemma. The global epidemic of COVID-19 led to a global recession. Middle East economy has been hit by the epidemic situation and low oil price. Solving economic development dilemma has become one of the main challenges facing the Middle East countries. In the post epidemic era, the concept and strategy of economic development in the Middle East may change, so as to explore a development path suitable for national conditions. In order to cope with the era of "low oil price", oil exporting countries must speed up the process of economic diversification; the epidemic situation has given birth to the development of digital economy in the Middle East to meet the fourth wave of Industrial Revolution; the epidemic has also caused the Middle East countries to attach importance to the industrial chain and supply chain, so as to reduce economic dependence on foreign countries. The epidemic has accelerated the arrival of the "Great Transformations Once in a Century". How to grasp the historical opportunity and turn "challenges" into "opportunity" has also become a major test for Middle East policy makers and elites.

Keywords: COVID-19; Middle East Economy; World Economy

Abstract: In 2020, the Arab oil and gas market has experienced huge fluctuations, with oil prices oscillating at low levels after a precipitous fall. The main causes for such a situation include the COVID-19 pandemic, the changing oil production policies of oil-producing countries such as Saudi Arabia, and renewable clean energy that squeezes the market share of traditional energy. This paper analyzes the impact of low oil prices on oil-producing and non-oil-producing Arab countries in terms of politics, economy, and livelihoods, and elaborates on the responses of different Arab countries in this situation.

Keywords: Low Oil Prices; Arab Countries; Oil and Gas Marke

Ⅳ The Middle East and the World

Y.18 An Assessment of U. S. Middle East Policy in 2020

Shou Huisheng / 294

Abstract: 2020 is the last year of the Trump administration, which brings Trump's Middle East policy to an end and Biden may introduce a different Middle East policy in the future. However, overestimating the changes in U. S. Middle East policy caused by the its political cycle can result in misjudgment. Four years into the Trump administration, the Middle East has undergone structural changes that cannot be easily reversed by a successor. This paper presents a brief summary of the changes in the Middle East situation, and on this basis, summarizes Trump's Middle East policy and analyzes its impact.

Keywords: America; Middle East; Trump; Biden; Regional Security

Y.19 The "Arab Spring" and Russian Diplomacy in the Middle East

Li Jingya / 309

Abstract: "Arab Spring" triggered a rethinking of Russia's Middle East policies in political and academic circles, pushing Russia to adjust its Middle East policies in a more proactive direction. Since the "Arab Spring", Russia has further strengthened its relations with Syria, focused more on Turkey and Iran, actively participated in shaping the situation in the Middle East, and established good interaction with the Middle Eastern countries in a balanced, pragmatic and flexible manner, and in the meantime actively promoted its cooperation with the Middle Eastern countries in various fields. At the joint work of different policies toward the Middle East, Russia has returned to the list of major powers that have significant influence on the Middle East. From the perspective of the great power game, the

U. S. –Russian tussle is still the background of Russia's Middle East diplomacy, but with the relative reduction of U. S. investment, Russia-Turkey cooperation-competition gradually becomes the main line of Russia's Middle East diplomacy.

Keywords: "Arab Spring"; Middle East; Russian Diplomacy

Y. 20 The Impact of the Establishment of Diplomatic Relations between Arab Countries and Israel on the EU's Middle East Policy *Jia Lieying, Hao Bowen* / 325

Abstract: Under the strong encouragement of the Trump administration, the UAE and Bahrain established full diplomatic relations with Israel respectively in September of 2020. The establishment of diplomatic relations between Arab countries and Israel means that Israel's geopolitical environment in the Middle East has improved, adding new variables to the settlement of the Palestinian-Israeli issue. These changes have undoubtedly created a more complex geopolitical situation in the Middle East. In order to better implement its Middle East policy, achieve the strategic goal of its "own security", and effectively maintain regional peace and stability, the EU needs, on the one hand, to establish a more independent Middle East strategy, by reducing the interference of the U. S. government, grasping the first opportunity, and undertaking initiatives in the regional political game, and on the other hand, to resolve endogenous contradictions, accelerate the cultivation of "resilience" in neighboring countries and societies, and enhance the dynamic ability of the EU to absorb external shocks and adapt to relevant changes.

Keywords: Arab Countries; Israel; EU; Middle East Policy

Y.21 Targeting, Expanding, and Offsetting: Saudi Arabia's Participation in Global Economic Governance

—*Centered on the G20 Framework*

Shao Yuzhuo / 338

Abstract: At the joint work of global trade protectionism and the COVID－19 pandemic, some countries have adopted unilateral trade restriction measures, which have seriously damaged global industrial chains and supply chains. With both developed and emerging economies under tremendous pressure, the downward trend of the world economy is ever more obvious. As the rotating presidency of the G20 in 2020, Saudi Arabia needs to coordinate and unite member states to assume the major responsibility of restoring the world economy and boosting market confidence. At the same time, it must make a choice between trade protectionism and the multilateral trade and investment system. Saudi Arabia has adopted a strategy of targeting, expanding and offsetting in its participation in the global governance process, firmly upholding the multilateral trade and investment system, promoting WTO negotiations to include emerging economic sectors such as e-commerce and trade in services within the multilateral system, and paying attention to the needs of developing countries and LDCs to achieve sustainable development goals as a response to the "new normal" of geopolitical and trade uncertainty.

Keywords: Saudi Arabia; Global Economic Governance; G20; Protectionism

Y.22 U. S. Troop Withdrawal from Afghanistan and Global Counter-terrorism Situation

Wang Zhen / 365

Abstract: Since the September 11 attacks, the U. S. policy in Afghanistan has undergone a process of continuous adaptation, which is closely related to the political changes and public opinion within the United States, as well as to the sources of terrorist threats it faces and the changes in the focus of its security strategies. The current withdrawal of U. S. troops from Afghanistan will not only stimulate transnational "jihadist" movements in Afghanistan and other parts of the world, but will also bring great uncertainty and instability to the future situation in Afghanistan, thus increasing the risk of the resurgence of transnational jihadist forces and terrorist organizations.

Keywords: Afghanistan; Global Counter-terrorism; Transnational "Jihad"; U. S.

V Sino-Arab Relations

Abstract: In recent years, China and Arab countries have strengthened strategic coordination and action alignment, and the strategic partnership between China and Arab countries has been deepened. China-Arab economic and trade cooperation presents the following characteristics: first, the joint construction of "Belt and Road" has been deepened and strengthened; second, cooperation has been deepened and broadened by leveraging complementary advantages; third, a high-quality trade and investment promotion platform has been brought into play; fourth, the construction of economic and trade cooperation mechanism has been strengthened and the legal framework improved; and fifth, China-Arab investment cooperation continues to advance. As the current situation stands, China and Arab countries need to ratchet up cooperation to cope with various uncertainties in the world with stable China-Arab relations. In this regard, this paper puts forward some suggestions to deepen China-Arab economic and trade cooperation.

Keywords: China; Arab World; Economic and Trade Relation; Sino-Arab Community of Destiny

Ⅵ Appendices

Abstract: In the complex global landscape, think tanks are not only important shapers of national soft power and international discourse, but also an important part of national governance system and capacity. Think tanks in the Middle East play a unique role in creating thought products, participating in foreign affairs, promoting policy transformation, and facilitating humanistic exchanges. They can be taken as the "barometer" of the domestic and foreign affairs of the countries in the Middle East.

Keywords: Middle East; Think Tank; Soft Power

皮 书

智库成果出版与传播平台

✤ 皮书定义 ✤

皮书是对中国与世界发展状况和热点问题进行年度监测，以专业的角度、专家的视野和实证研究方法，针对某一领域或区域现状与发展态势展开分析和预测，具备前沿性、原创性、实证性、连续性、时效性等特点的公开出版物，由一系列权威研究报告组成。

✤ 皮书作者 ✤

皮书系列报告作者以国内外一流研究机构、知名高校等重点智库的研究人员为主，多为相关领域一流专家学者，他们的观点代表了当下学界对中国与世界的现实和未来最高水平的解读与分析。截至 2021 年底，皮书研创机构逾千家，报告作者累计超过 10 万人。

✤ 皮书荣誉 ✤

皮书作为中国社会科学院基础理论研究与应用对策研究融合发展的代表性成果，不仅是哲学社会科学工作者服务中国特色社会主义现代化建设的重要成果，更是助力中国特色新型智库建设、构建中国特色哲学社会科学“三大体系”的重要平台。皮书系列先后被列入“十二五”“十三五”“ 十四五”时期国家重点出版物出版专项规划项目；2013~2022 年，重点皮书列入中国社会科学院国家哲学社会科学创新工程项目。

S 基本子库
UB DATABASE

中国社会发展数据库（下设 12 个专题子库）

紧扣人口、政治、外交、法律、教育、医疗卫生、资源环境等 12 个社会发展领域的前沿和热点，全面整合专业著作、智库报告、学术资讯、调研数据等类型资源，帮助用户追踪中国社会发展动态、研究社会发展战略与政策、了解社会热点问题、分析社会发展趋势。

中国经济发展数据库（下设 12 专题子库）

内容涵盖宏观经济、产业经济、工业经济、农业经济、财政金融、房地产经济、城市经济、商业贸易等12个重点经济领域，为把握经济运行态势、洞察经济发展规律、研判经济发展趋势、进行经济调控决策提供参考和依据。

中国行业发展数据库（下设 17 个专题子库）

以中国国民经济行业分类为依据，覆盖金融业、旅游业、交通运输业、能源矿产业、制造业等 100 多个行业，跟踪分析国民经济相关行业市场运行状况和政策导向，汇集行业发展前沿资讯，为投资、从业及各种经济决策提供理论支撑和实践指导。

中国区域发展数据库（下设 4 个专题子库）

对中国特定区域内的经济、社会、文化等领域现状与发展情况进行深度分析和预测，涉及省级行政区、城市群、城市、农村等不同维度，研究层级至县及县以下行政区，为学者研究地方经济社会宏观态势、经验模式、发展案例提供支撑，为地方政府决策提供参考。

中国文化传媒数据库（下设 18 个专题子库）

内容覆盖文化产业、新闻传播、电影娱乐、文学艺术、群众文化、图书情报等 18 个重点研究领域，聚焦文化传媒领域发展前沿、热点话题、行业实践，服务用户的教学科研、文化投资、企业规划等需要。

世界经济与国际关系数据库（下设 6 个专题子库）

整合世界经济、国际政治、世界文化与科技、全球性问题、国际组织与国际法、区域研究 6 大领域研究成果，对世界经济形势、国际形势进行连续性深度分析，对年度热点问题进行专题解读，为研判全球发展趋势提供事实和数据支持。

法律声明